『일제강점기 한국 관련 프로파간다 팸플릿』
팸플릿 시리즈 제2권

경성을 가다 - 소책자 편

이 번역서는 2024년 대한민국 교육부와 한국연구재단의
지원을 받아 수행된 연구임(NRF-2024S1A5C2A02046073).

동아대학교 역사인문이미지연구소 총서 06

『일제강점기 한국 관련 프로파간다 팸플릿』
팸플릿 시리즈 제2권

경성을 가다 - 소책자 편

경인문화사

서 문

동아대학교 역사인문이미지연구소는 2024년 9월 한국연구재단 인문사회연구소지원사업에 선정되어 「일제강점기 한국 관련 팸플릿의 분석·번역·해제·이미지 DB 구축」(6년간 수행 예정)이라는 과제를 수행하고 있다. 본 사업에서는 본 연구소 소장이 수집한 '신동규 컬렉션' 1,500여 점의 일제강점기 한국 관련 팸플릿 자료들을 리플릿과 소책자로 분류하고, 그중에서 학문적·사료적 가치가 높은 480점을 선별해서 체계적으로 분석함과 동시에 이를 해제·번역하고 이미지까지 DB로 구축하여 공개하는 것을 목표로 삼고 있다(최종적으로 550점 예상). 본서는 이러한 연구 사업의 일환으로 연구 성과를 공유하고 그 결과를 널리 알려 학술적 파급효과를 극대화 하기 위해 기획한 것이다.

본서 『일제강점기 한국 관련 프로파간다 팸플릿: 경성을 가다-소책자 편』(팸플릿 시리즈 제2권)은 2024년 9월부터 2025년 8월까지 약 1년 동안 9명의 집필자가 수행한 연구 성과의 일부를 수록한 것으로 1920년대 초반부터 1930년대 후반 사이에 조선총독부와 민간기업 등이 제작·배포한 11권의 경성 관련 소책자들이다. 각 자료는 발행 주체와 시기, 팸플릿의 성격에 따라 그 목적과 기능은 다르지만, 식민지 조선의 정치·경제·사회·문화·역사·건축·관광 등 상당히 많은 정보가 인쇄되어 있고 제국주의 프로파간다를 입증하는 귀중한 자료라는 사실은 같다. 각 자료는 충실한 번역과 함께 당대의 사회와 시대상을 반영한 해제까지 집필하여 수록하였고, 번역 과정에서 난해한 부분은 매달 진행된 정기세미나를 통해 검토·보완함으로써 자료의 역사적 가치와 의미를 보다 명확히 전달하고자 노력했다. 이를 통해 독자는 단순한 팸플릿 이상의 사회·문화적 맥락을 보다 쉽게 이해할 수 있고, 나아가 일제강점기 경성의 도시 경관과 사회상을 입체적으로 떠올려 볼 수 있지 않을까 생각한다.

본서에 수록한 11점의 소책자에는 일제강점기 경성의 행정구역, 관공서, 기관, 회사, 상공업 시설, 역사 유적지에 대한 설명문을 비롯해, 각종 통계와 도시 공간을 축약한 지도 및 사진, 삽화, 역사·문화적 특징이 반영된 관광 코스와 일정 등 관광 전반에 관련된 정보까지도 실려있다. 그 구체적 내용을 개관해 보면, 다음과 같다. 1920년대 초반의 『포켓 경성안내』(1923, 경성일보사)에서는 경성의 도시적 위상을 근대화의 측면에서 홍보함으로써 식민지 통치의 합리화를 모색하는 일제강점기 전반부의 시도를 확인해 볼 수 있다. 이어서 남만주철도주식회사 경성관리국과 조선총독부 철도국이 발간한 『경성-수원·개성』(연도 미상, 1921~22년경으로 추정) 및 『경성-개성·인천·수원』(1925, 1929, 1939)은 교통망과 관광지를 연결해 식민지 인프라의 체험을 관광의 핵심 요소로 제시하고 있다. 말하자면, 경성과 그 주변이 어떠한 방식으로 '제국의 관광도시'로 재현되었는지를 드러내고 있는 자료들이다.

1930년대에 들어서면서 경성관광협회와 일본여행협회가 제작한 『경성정서』(1934), 『경성안내-근교·온천』(1935), 『관광의 경성』(1937, 1938)은 경성을 근대적·국제적 관광도시로 이미지화하는 동시에, 식민지 조선에 대한제국의 향유 공간을 시각적으로 구성하고 있다. 이들은 특히 정서, 근교, 온천과 같은 감각적·체험적 키워드를 강조함으로써 피상적 정보의 제공을 넘어 식민지 경성을 하나의 체험 가능한 제국의 문화적 공간으로 재현하고자 한 의도마저도 느끼게 해 준다. 마지막으로, 『경복궁안내』(1923, 조선총독부)와 『경복궁지안내』(1930, 조선총독부)에서는 조선 왕조의 상징적 공간인 경복궁이 조선총독부 청사 건립으로 인해 물리적·상징적으로 훼철(毁撤)을 겪게 되면서 전통 유적이 근대적 관광 자원으로 재해석되어 일본 제국의 역사·문화 서사에 통합되어 가는 과정 또한 살펴볼 수 있다. 이 두 팸플릿은 식민 권력이 경복궁을 대상으로 수행한 문화적 개입과 공간 재편의 양상을 단적으로 보여주는 사례라고 할 수 있다.

즉, 일제강점기 팸플릿 속의 경성은 제국의 근대성과 강제된 식민지 통치 질서를 동시에 드러내는 공간으로 묘사된다. 조선총독부 청사를 비롯한 관공서, 근대식 건축물, 전차와 도로망은 근대 도시의 상징과 근대화의 표상으로 부각되었고, 경복궁·창덕궁·창경궁·경희궁·덕수궁을 비롯해 수많은 유적, 그리고 전통적 또는 조선의 권위를 표상하는 장소는 제국의 필수 관광지와 공원으로 탈바꿈하였다. 이 과정에서 조선인의 일상적 공간은 비가시적 공간으로 배제되거나 이국적 풍경으로 소비된 것이다. 한편, 본서에 수록된 팸플릿(소책자)은 발행 주체가 조선총독부·철도국·남만주철도주식회사·경성관광협회·신문사 등으로 다양하며, 각 기관의 정책적 필요와 홍보 전략에 따라 경성과 근교의 공간은 흡사하게 혹은 다르게 서술되며 시각화하고 있다. 따라서 이 자료들은 팸플릿이 당대 관광 문화 자료의 범주를 벗어나 식민지 권력이 도시를 어떻게 설명하고 통제했는지를 드러내는 하나의 상징적 기록물이라는 것을 입증한다. 동시에 경성의 공간을 제국주의적 질서 속에 위치시키려는 시각과 전략을 구체적으로 드러내는 사료로서도 중요한 의미를 지닌다고 할 것이다.

지금까지 시각 자료와 텍스트가 결합된 팸플릿이라는 장르, 특히 일제강점기 한국 관련 팸플릿을 종합적으로 번역·분석하여 연구자와 일반 독자가 쉽게 접할 수 있도록 제공한 서적은 거의 없었다. 그렇기에 본 총서에서는 해당 자료들을 가능한 원형에 가깝게 정리하여 제시함으로써 일제강점기 경성의 공간이 제국의 담론 속에서 어떻게 재현되었는지를 탐구할 수 있는 기초 토대로 삼고자 한다. 이것이 본서의 근본 취지이자 목표이기도 하다.

경성은 역사 속 과거의 도시가 아니라, 오늘날 서울의 공간과 기억 속에 여전히 흔적을 남기고 있다. 일제강점기 팸플릿을 통해 제국주의 관광 담론이 어떻게 도시를 규정하고 위계를 만들었는지에 대해 살펴보는 일은 현재의 도시와 사회를 이해하는 데에도 중요한 단서를 제공한다. 또한, 일제강점기 한국 관련 분야의 연구자에게는 학술 연구의 자료로서, 일반 독자에게는 일제강점기 도시와 관광의 문화적 지형을 새로운 시각에서 생각해 볼 수 있는 기회를 제공하지 않을까 생각해 본다.

끝으로 본서는 동아대학교 역사인문이미지연구소 공동연구원 9명의 집필자 모두가 꾸준한 노력과 긴밀한 협력으로 완성한 결과물이다. 당시 인쇄술의 조악함으로 인해 일부 사진을 수록하지 못했고 해제와 번역 등에 다소 미흡한 부분이 없지 않으리라 생각되는데, 부디 독자 여러분들의 너그러운 양해를 부탁드린다. 아울러 본 총서의 출판을 맡아 주시고 세심하게 도와주신 경인문화사 한정희 대표와 편집자 여러분께 깊은 감사를 드린다.

2025년 10월 26일에

동아대학교 역사인문이미지연구소

공동연구원 일동

범 례

1. 본 일제강점기 팸플릿 관련 총서는 동아대학교 역사인문이미지연구소(소장 신동규) '신동규 컬렉션'의 자료 약 1,500여 건 중에서 선별하여 주제별로 출판하는 것이며, 모든 번역문과 수록 이미지는 원본을 기준으로 하였다.
2. 각 팸플릿 자료는 이중 겹낫표『 』로, 자료 속의 강조된 단어와 문구는 작은 따옴표' '로 표기한다.
3. 원문에는 연호를 사용하고 있으나 서력으로 수정한다. 기본적으로 일본 연호는 생략하고 한국 연호는 한글로 괄호 안에 병기한다. 다만, 문맥상 필요할 경우에는 한국과 일본 연호를 함께 표기하며, 이때 일본 연호는 한자로 표기한다.

   예) 隆熙四年→1910년(융희4), 明治四十三年→1910년, 李太王三十三年即ち明治二十九年→1896년(고종33, 明治29).
4. 원문에 국가 상호 간의 관계를 표현할 때 일한(日韓)·일조(日朝)·일중(日中)·일러(日露) 등 일본을 먼저 표기한 것은 국내의 통상적인 표현인 한일·조일·중일·러일 등으로 수정한다. 다만, 회사 명칭이나 고유명사일 경우에는 그대로 사용한다.

   예) 일한가스회사(日韓瓦斯會社), 일한인쇄주식회사(日韓印刷株式會社).
5. 외국의 인명, 지명 점포명 등은 외래어 표기법에 따라 원음대로 표기하고 한자음이나 서양어 표기는 소괄호 ( ) 안에 쓴다. 단, 각 장의 첫 등장에만 표기하며 소괄호 안에 중복 설명이 필요한 경우는 대괄호 [ ]로 병기한다.

   예) 가토 기요마사(加藤清正), 다롄(大連), 쇼와여관([昭和旅館], 역 앞) 등.
6. 원문에는 없으나, 본문 중 대괄호 안의 문구는 집필자가 독자의 이해를 돕기 위해 삽입한 것이다. 또한, 일제강점기의 용어나 조선을 비하하는 표현 등은 현재의 표준 용어를 사용하고 원문은 소괄호 안에 병기한다. 단, 임진왜란은 원서 본래 표현의 의미 전달을 위해 원문대로 쓰고 대괄호 안에 [임진왜란]으로 표기한다.

   예) 러시아공사관으로 옮기셨고[아관파천], 1894·5년의 전쟁[청일전쟁] 등.

예) '분로쿠의 역(文禄の役)'[임진왜란]. '임진역(壬辰役)'[임진왜란]

7. 원문 오류는 수정하여 번역하되, 명백한 역사적·사실적 오류는 각 자료의 집필자가 괄호 혹은 각주에서 설명하고 정정하였다.

예) 백제는 20대 개로왕(蓋鹵王) 때 → 각주: 개로왕은 백제 21대 왕임.

8. 도량형 수치는 만 단위 이상은 숫자와 한글 단위로 병기하며, 천 단위 이하는 숫자만 표기한다.

예) 몇 정(丁)~10정(丁), 1만 3,200척, 66칸(間), 일본인 12만 1,309명 등.

9. 각주에서의 인용 문헌은 괄호 안에 표기하되 "(저자, 『서명』·「논문명」, 출판사, 연도, 쪽수)"의 순서로 나열하여 표시한다.

예) 서적: (최인택 외, 『이미지로 읽는 근대 서울 2-사대문 안 한국인들의 공간과 일제의 침투』, 서울역사편찬원, 2023, 214쪽).

예) 논문: (박영희, 「1930년대 경성(京城) 관광팸플릿 표지 연구-시각 언어 관점으로-」, 『한일관계사연구』 89집, 2025, 143~178쪽).

10. 원본의 훼손으로 글자를 식별할 수 없는 경우는 ●로 표시하되, 앞뒤 문맥을 통해 추정 가능한 경우에는 해당 표현을 보완하여 각주에 제시한다.

11. 본문 내 독특한 용어나 개념은 첫 등장 시 집필자가 각주에 설명한다. 각주에 활용된 자료는 주로 다음의 신뢰 가능한 사전 및 정보원을 바탕으로 한다.

- 한국정신문화연구원 『한국민족문화대백과사전』: encykorea.aks.ac.kr
- 문화콘텐츠진흥원 『문화콘텐츠닷컴』: culturecontent.com
- 국가기록원: archives.go.kr
- 『다음백과』: 100.daum.net
- 『네이버사전』: dict.naver.com, 기타 관련 전문 사전.

12. 해제와 번역문은 각각의 집필자가 담당하여 작성하였으며, 어휘 선택과 내용의 오류에 대한 책임은 해당 집필자에게 있다.

차 례

[1] 경성 - 수원·개성(京城-水原·開城)

남만주철도주식회사 경성관리국(南滿洲鐵道株式會社京城管理局), 미상

집필·번역 **배병욱**

소책자 표지 앞면, 88㎜×185㎜

소책자 표지 뒷면
(앞면과 디자인 동일)

| 해 제 |

이 자료는 남만주철도주식회사 경성관리국(南滿洲鐵道株式會社京城管理局)에서 제작하여 배포한 발행 연도 미상의 『경성-수원·개성(京城-水原·開城)』이라는 제목의 소책자형 팸플릿이다. 가로 88㎜, 세로 185㎜, 크기로 표지 면을 포함하여 총 24쪽 분량이다. 조선총독부 등의 인쇄물을 다수 취급하였던 경성의 합자회사 동양당인쇄소(東洋堂印刷所)에서 인쇄·제작하였다.

일제는 1904년 12월 27일 경부선 완공을 기점으로 경인선, 경의선 등의 철도 부설권을 확보하였다. 나아가 1906년에는 경인철도, 경부철도, 삼마철도, 경의철도 등 4개 철도회사를 국영화 후 통합하고, 통감부 산하에 철도관리국을 설치하였다. 철도관리국은 1910년 8월 강제 병합과 함께 조선총독부 철도국으로 개칭되었으며, 1917년에는 그 운영이 남만주철도주식회사에 위탁되었다가 1925년 다시 조선총독부의 직영 체제로 환원되었다.

또 조선총독부 철도국은 1914년 경성의 환구단에 조선호텔을 설립하여 여객·숙박 사업에도 뛰어들었을 만큼 관광 활성화를 통한 수익 창출에 적극적이었고, 각 지역별 관광자원 개발에도 각고의 노력을 기울였다. 그 단적인 예가 바로 철도국 발행 '경성' 관광 안내 소책자 시리즈라 할 수 있는데, 동아대학교 역사인문이미지연구소는 이를 연도별로 다수

소장하고 있다. 본 자료는 그중 가장 발행 연도가 이른 것으로 추정되고, 유일하게 남만주철도주식회사에 조선철도 경영을 위탁하였던 시기의 산물이라는 점에서 사료로서 주목할 만한 가치가 있다.

표지의 앞면과 뒷면은 같은 디자인으로 남대문을 묘사한 듯한 검은색 그림자 이미지를 배경으로 배치한 후 주제인 '경성'을 상단 여백에, 부제인 '수원'과 '개성'을 검은색 그림자 안에 각각 붉은색으로 인쇄하였다. 하늘을 표현한 듯한 상단 여백에는 구름 모양을 흰 선으로 그렸고, 검은색 건물 그림자에 밝은 문을 그려, 어른 2명과 어린이 3명이 함께 출입하는 장면을 구성하였다. 자료 하단에는 조선을 상징하는 분홍색 나팔꽃을 그려 넣었고, 발행사인 '남만주철도주식회사 경성관리국'을 새겼다.

이어서 속표지에는 '경성안내(京城案內) 부(附), 인천(仁川), 수원(水原), 개성(開城)'이라고 써, 자료의 제목과는 차이가 있다. 목차에도 제시되었듯이, 이 자료는 경성 및 인근 지역의 정보와 여행지를 함께 다루는 것으로 충남 천안의 성환과 아산의 온양온천에 관한 내용도 수록하였다.

본문의 서두에는 해당 지역에 관한 총 14건의 이미지 자료를 수록하고 있는데, 경성 관련 4건(시가 전경, 남대문통, 경복궁 근정전, 벽제관 터), 인천 2건(월미도, 월미도해수욕장), 수원 2건(화홍문, 서호), 성환 2건(안성나루터, 마쓰자키[松崎] 대위의 비), 온양온천 1건, 개성 3건(박연폭포, 현릉[顯陵], 선죽교) 등이다. 대상 지역이나 이미지 자료의 내용에서도 알 수 있듯이 철도역을 통해 지역에 도착한 후 승합자동차, 인력거 등의 교통수단으로 관광할 수 있는 범위의 여행지와 지역 정보를 소개하면서도 기본적으로 임진왜란(벽제관), 청일전쟁(인천, 성환), 러일전쟁(인천)과 함께 벚꽃놀이 명소, 온천 등 일본인 관광객의 관심사를 반영하였다. 경성의 궁궐이나 개성, 수원 등 한국의 역사를 다루더라도 왕조 흥망의 결과가 현재 일제 통치로 귀결된 것에 대해 옹호하거나 한국사에 대한 왜곡·폄훼도 드러내었다.

또 하나 지적하고 싶은 것은 엄연히 관찬 사료임에도 일제의 한국사 지식이 현재와는 상당한 격차가 있다는 것이다. 이는 융릉과 건릉을 각각 정조와 사도세자의 능묘로 혼동하여 서술한 대목에서 보듯 철저하지 못한 조사에서 연유한 것일 수도 있고, 왕조의 존속기간이나 왕의 계보에 대한 오류 등 한국사에 대한 체계적 지식의 미비 때문일 수도 있다. 일제에 의한 한국사 연구의 본격적 계기라 할 수 있는 조선사편수회의 설립은 1925년이었고, 그 전신인 조선사편찬위원회로 거슬러 올라가더라도 1922년이었다.

그렇다면, 만철 위탁 경영에서 조선총독부 직영으로 전환된 1925년 4월 1일 이전에 발행된 이 자료의 발행 연도는 대략 언제쯤일까? 서술 내용을 단서로 추정할 수밖에 없는데, 예를 들면 다음과 같은 것들이다. 먼저, 1919년 고종 승하 후 홍릉의 명성황후를 이장하여 합장한 일을 서술하면서 "몇 해 전(先年) 이를 왕릉과 동일한 장소로 옮겼던 것"이라고 하였는데, 만약 1920년 발행된 자료라면 '전년(前年)'이라는 표현을 썼을 것이라는 점에서 최소한 1921년 이후라고 추측된다. 또, "1392년 조선 태조에게 멸망한 이래 530여 년"이라 하였는데, 둘을 합산하면 서술 시점은 1922년 전후가 된다. 또 1925년 발행된 같은 시리즈의 자료와 비교해 볼 때 서술 내용이나 수록된 이용 요금의 차가 꽤 있어 시간의 흐름도 느껴진다. 특히 청량리에 대해 서술하면서 이후 발행 자료에서는 빠짐없이 등장하는 영친왕의 장남 이진(李晋, 1921.08~1922.05)의 묘 숭인원(崇仁園)에 대한 언급이 없는 것도 눈여겨볼 만하다. 따라서 이 자료의 발행 연도는

1921~1922년경이라고 추측해 본다.

자료 말미의 서지사항에는 남만주철도주식회사 경성관리국(경성 용산)과 만철 선만안내소(도쿄), 오사카 출장소(詰所)의 위치가 기재되었다. 권말 부록으로는 「경성부근지도」가 박스 형태로 삽입된 「경성시가지도」가 수록되어 있다.

「경성시가지도」

| 번역문 |

1. 경성

1) 과거의 경성

고구려 주몽왕의 두 아들 온조(溫祚)와 비류(沸流)는 서로 연대하여 남쪽으로 옮겼는데, 온조는 위례성(慰禮城)에 백제를 창건했다. 위례성은 지금의 직산(稷山) 부근(성환역[成歡驛]에서 남쪽으로 2리[7.85km])인데, 얼마 후 남한산(南漢山)으로 도읍을 옮겼다. 온조에서 11대가 이어져 근초고왕(近肖古王)[1] 시대에 고구려의 침략을 받았지만 역습하여 이를 물리쳤고, 수도를 다시 경성의 북한산(北漢山)으로 옮겼다. 그 무렵부터 백제와 고구려 사이는 끊임없이 갈등을 거듭하였는데, 백제는 20대[2] 개로왕(蓋鹵王) 때에 고구려로부터 통한의 공격을 받아 지금의 공주 웅진(熊津)으로 도읍을 옮길 수밖에 없었다. 그간 백제가 경성에 도읍을 정한 지 120여 년, 이것이 경성이 왕도가 된 최초의 역사인데, 그 후 고구려의 평원왕(平原王)도 일시적으로 이 지역을 수도로 삼은 적이 있다.

그 후 세상은 신라로 바뀌고 고려로 변했다. 고려 중기 숙종왕(肅宗王)

1 근초고왕은 백제의 13대 국왕이므로 원문은 오류이다.

2 개로왕은 백제의 21대 국왕이므로 원문은 오류이다.

은 남산에 궁궐을 짓고 남경(南京)이라 불렀는데, 여기에는 짤막한 재미있는 이야기가 전해지고 있다. 신라시대 도선(道詵)이라고 하는 승려의 비기(祕記)에 "다음에 왕이 되는 자는 이(李) 씨로 한양에 도읍을 정한다."라고 하였다. 왕은 이를 우려하여 스스로 이 남산 땅을 살펴보고 궁을 세워 매년 한 번씩 순렵(巡獵)을 하였고, 심어놓은 자두나무의 어린싹을 떼어냈으며, 또한 용과 봉황 그림을 묻어서 왕기(王氣)를 억누르게 빌었다는 것이다. 당시 궁전은 1128년(인종6)에 사라지고 아무것도 남지 않았고 또다시 재건했지만, 그것도 지금은 남아있지 않다.

조선의 태조 이성계가 개성에서 즉위하면서 우선 대전 부근의 계룡산 기슭으로 도읍을 정하려고 하였으나, 참판 유관(柳觀)의 상표(上表)[3]에 따라 한양으로 계획을 변경하여 백악(白岳)[4] 남쪽, 목멱(木覓)[5]의 북쪽에 도성을 조영했다. 이것이 지금 경성이라고 하는 조선 제일의 대도시가 되는 싹이 자리를 잡게 된 시초이다. 1394년(태조3) 종묘·궁궐이 준공되고 1396년(태조5) 정월부터 성곽의 축조에 들어갔다. 성벽의 높이는 약 28척(尺)[8.48m] 정도, 둘레는 9,775보(步)[약 17km]이며, 문을 8개 만들었는데 개방형 궐문 위에는 모두 누각을 갖추었다. 그중에서 남쪽에 면해 있는 숭례문(崇禮門), 동쪽의 흥인문(興仁門)은 대단히 장대하여 성의 정면과 후문을 장식하고 있다. 이 공사에는 각 도에서 20만 명이 넘는 부역인(賦役人)들이 모였다는 것으로 보아 당시 신 왕조의 세력이 얼마나 강력했는가를

3 신하가 마음에 품은 생각을 적어서 임금에게 바치는 글인 '표문(表文)'을 올리는 행위를 일컫는다.

4 북악산을 말한다.

5 남산을 말한다.

추측해 볼 수 있다. 성안의 지역은 동·서·중·남·북의 5서(署)로 나누었고, 또한 49방(坊)과 340동(洞)으로 나누었는데, 실로 당당한 시가 계획이었다.

조선이 경성에 도읍을 정한지 520여 년 세월의 운명이 변천하여 여러 사건이 일어났다. 그 중엽 이후는 '분로쿠의 역(文祿の役)'[임진왜란], 청 태조의 침략, 정권 쟁탈, 붕당(朋黨)의 분열 등이 이어져 흥성하고 쇠퇴하기를 반복하는 어지러운 상태였다. 1868년 대원군이라고 하는 괴걸(怪傑)이 나타나 반도의 위세를 떨칠 무렵에도 서세동점(西勢東漸)의 형세는 둑을 무너뜨리고 침입하여 내우외환이 연이었으며, 마침내는 청일전쟁·러일전쟁이 발발하였다. 조선의 독립, 한국병합 등 4·50년 간 이곳 경성의 상태는 마치 주마등을 보는 듯한 느낌이 든다.

2) 현재의 경성

경성시가의 한가운데 서서 토지의 형승(形勝)을 관망한다. 북쪽에 백악(白岳), 남쪽에 남산(南山)이 솟아 있고, 서쪽으로는 인왕(仁王), 동북에 낙타(駱駝) 등 여러 산이 웅장하게 자리하고 있다. 산이 연이어서 사방을 둘러싸고 있는 것이 천성(天成)의 성곽을 이루고 있다. 성벽은 산꼭대기를 잇고 계곡을 넘어 구불구불하게 이어져 있는 것이 긴 뱀과 같으며, 한강 물은 성 밖의 동남쪽 일대를 감도는 산하금대(山河襟帶)[6]의 요충지이다. 과연 조선 500여 년의 도성이라는 것에 수긍이 간다.

6 산이 옷깃처럼 둘러 솟아 있고 강이 띠처럼 감돌아 있는 곳이라는 뜻으로, 자연의 요충지를 이르는 말이다.

경성은 조선총독부의 소재지로 정치는 물론 군사·경제 기타 중요한 기관이 대부분 이 지역에 모여있다. 철도는 경부·경의·경인·경원의 4선이 집중되고 사통팔달의 도로에 자동차가 다녀, 소위 교통상 중심의 지위를 점한다. 시내의 주요 가로로는 남대문통(南大門通), 태평통(太平通), 영락정(永樂町), 약초정(若草町)의 각기 큰 길이 남북으로 통하고, 거기에 종로, 황금정(黃金町)의 큰 길이 교차하고 있다. 이들 큰 도로는 예전의 좁고 더러운 조선 마을(朝鮮町)의 그림자조차 남아있지 않을 정도로 정리되었고, 특히 남대문, 태평통, 영락정, 약초정, 종로, 황금정의 큰길은 아스팔트로 다져진 인도와 차도 양측에 아름다운 가로수의 녹음이 음영을 만들고 있다.

신시정(新始政)[7] 이래로 시가는 주로 서쪽과 남쪽으로 팽창하였고, 인가(人家)는 이미 신·구 용산의 시가로 이어지면서, 이 양(兩) 방면의 성벽은 전부 철거되었고 홀로 남대문의 높은 누각만이 옛 성의 안팎을 알리는 기념물로 남아있다. 일본인 가옥은 이 남대문과 본정(本町)을 중심으로 주로 시의 동남부에 있고 완전히 신면목의 가구(街區)를 형성하였다. 또 조선인은 종로를 중심으로 대부분 북서부에 집중되어 있는데, 이 주위에는 길이 아직 조선 마을과 같은 정취를 풍기고 있다. 그 외에 변화한 색채의 마을로 수표교 부근에는 중국인이 많고, 태평통 뒤편 정동(貞洞)에는 영·미·러의 영사관을 비롯해 서구인의 주택이 모여있는 조용한 마을이다.

지금 경성의 인구는 조선인 18만 8,000, 일본인 6만 9,000, 외국인 3,200, 합계 26만 1,600여 명을 헤아린다. 시가지다운 시설로 전화·전차·

7 1910년 8월 한국에 대한 강제 병합에 따른 조선총독부의 통치를 일컫는다.

전등·가스(瓦斯)·수도 기타 근세 도시의 조건은 대체로 구비하고 있으며, 학교로는 의학 및 공업전문학교, 고등상업학교를 비롯하여 일본인과 조선인 교육의 실업학교, 중·소학교 등이 수십 개 교가 있다.

- 전차: 용산을 포함한 시내는 5전 균일, 용산·마포·왕십리·청량리 등 교외는 별도로 5전 균일. 따라서 시내에서 교외 행은 각 10전 균일이다.
- 자동차: 남대문역에서 시내 승합자동차가 있다. 요금은 본정·종로 근처까지 30전 전후, 동물원·용산 등 조금 먼 곳까지 50~60전 정도. 대절(貸切) 1시간 5원, 반일 약 15원, 1일 25원 정도.
- 인력거: 승합자동차 요금보다 조금 고가이다.
- 여관: 조선호텔(장곡천정[長谷川町]), 천진루(天眞樓), 경성호텔, 파성관(巴城館), 야마모토(山本), 우라오(浦尾), 아라이(荒井), 기요미쓰관(淸光館, 본정), 시라누이(不知火, 욱정[旭町]), 하라카네(原金, 수정[壽町]), 쇼후쿠(笑福), 후타미관(二見館), 봉래관(蓬萊館, 경성역 앞), 숙박 요금 7원 내지 3원.

○남대문

시내에서 가장 눈에 잘 띄는 큰 거리 남대문통 중앙에 있으며, 부근의 당당한 서양식 대건축물 사이에 홀로 500년의 이끼를 개의치 않고 위엄 있게 동양 예술의 정수를 보여주고 있다. 경성의 8개 성문 중 하나로 동대문과 함께 가장 훌륭한데, 동대문보다 한층 더 기교가 정교하고 연대도 조금 더 오래되었다. '분로쿠(文祿)'[임진왜란] 때 고니시 유키나가(小西行長)가 동대문으로 입성하여 각각의 문을 지키고 있었다. 한편 가토 기요마사(加藤淸正)[8]는 3일 후에 이 남대문에 도착하였는데, 고니시(小西)의 병사가 벌써 문을 지키고 있다는 것을 알고 도성 입성의 선수를 빼앗긴 것에 울분을 참지 못하여 끝내 성 밖에 진을 치고 문으로 들어가지 않았다고 한다.

○ 경운궁(慶運宮)

남대문에서 길은 두 갈래로 나뉘는데, 오른쪽은 남대문통이고, 왼쪽은 태평통이다. 태평통으로 몇 정(丁)[9]만 가면 맨 끝에 경성일보사 건물이 서 있고, 그 좌측에 대한문(大漢門)이라는 편액이 걸린 적색의 큰 문이 있다. 고 이태왕 전하[10]의 저택 경운궁이 이곳으로, 일찍이 한왕(韓王)의 러시아 공사관 잠행의 일[아관파천(俄館播遷)]이 있은 후 약 9년간 반도 정기(政機) 발동의 근원이 된 장소였다. 태평통을 직진하여 더 나아가면 종로통을 곁에 두고 경복궁 정문과 만난다. 또 궁 뒤편 정동은 속칭 '리게이션 스트리트(공사관 거리)'라고 하는데 영·미·러의 총영사관을 비롯해 외국인의 주택이 많다.

○ 조선호텔

남대문에서 오른쪽 길을 몇 정 가면 부청(府廳) 앞 광장이 나온다. 여기는 경성 일본인 거리의 중축(中軸)이라고도 할 수 있는 장소로 욱정 1·2정목, 본정, 장곡천정, 남대문통과 대소 가로가 방사형으로 뻗어 있다. 또

8 원문에는 '加藤請正'로 표기.

9 '정(丁)'과 '정(町)'은 길이를 나타낼 때는 같은 의미로 사용된다. 1정은 60칸(間)인데, 360척(尺)에 해당하며 약 109.09m이다.

10 대한제국의 초대 황제이자 조선 제26대 국왕 고종 황제를 지칭한다.

이 광장 부근에는 조선은행, 실업은행, 우편국, 공회당, 조선호텔 등 시내 굴지의 대 건축물이 모여있으며, 거리의 미관이 완전히 구미 도시의 그것과도 비할 만하다. 조선호텔은 만철 회사가 경영하고 객실 수 80개 이상으로 설비가 완전히 갖추어져 있는데다 규모가 커서 동양 유수의 이름 높은 호텔이라고 한다. 또 그 위치는 고려시대의 목멱양(木覓壤)이 있었던 곳이며, 후에 지금의 이왕[11] 전하가 즉위식을 거행하였던 환구단(圜丘壇)[12]도 또한 이곳으로 호텔 후원에는 지금도 아직 그때 건물이 일부 남아있다.

○ 보신각(普信閣)

광장에서 또 회사와 은행 등 대규모 건물이 줄지어 늘어선 남대문통을 지나면 도중에 황금정통에서 전차선로가 분기하고, 그 앞 종로에서 또 선로가 정자(丁字) 형태로 좌우로 분기한다. 보신각은 이 모퉁이의 좌측 구석에 있고, 안에 높이 1장(丈)[3.03m], 둘레 2장[6.06m] 정도의 거종이 보관되어 있다. 종은 원래 남대문 누각 위에 설치되었던 경종(警鐘)으로, 아침저녁으로 각 성문의 개폐 시각을 명하였던 것이라고 한다. 그 주조는 약 450년 전이며 반도 유수의 거종이다.

11 문맥상 순종을 지칭한 것으로 추측되는데, 서술 내용은 오류이다. 환구단에서 황제 등극 의식을 행했던 고종과는 달리, 순종의 즉위식은 1907년 8월 27일 덕수궁 돈덕전(惇德殿)에서 거행되었다.

12 환구단(圜丘壇)은 천자가 하늘에 제사를 드리는 장소로 일명 환단(圜壇)이라고도 한다. 1967년 7월 15일에 사적 제157호로 지정되었는데, 일제강점기인 1914년 조선철도호텔(조선호텔)을 건립하면서 환구단이 철거되었고, 현재는 신위를 모셨던 황궁우(皇穹宇)만 남아있다.

○미술품제작소

종로통을 좌측으로 몇 정 가면, 오른쪽으로 광화문 행 전차가 분기한다. 그 분기점의 좌측에 미술품제작소가 있다. 이곳은 원래 이왕직(李王職)의 소관으로 금·은·옥석 등에 조선의 디자인을 장식하여 그것을 진열장에 공개하고 일반이 마음껏 관람하도록 제공하면서, 또 판매도 하고 있다. 현재 민간에 매각되어 회사조직으로 경영되고 있다.

○경복궁(景福宮)

광화문 행 전차의 종점이 경복궁의 정문 광화문이다. 궁은 태조 이성계가 창건한 당시는 왕성의 정전이었으나 '분로쿠(文祿)'[임진왜란] 때 고니시(小西)군의 입성에 앞서 전소되었고, 그 이래 폐허 상태로 있었던 것을 50여 년 전 섭정 대원군이 중수한 것이다. 문으로 들어가면 총독부 신청사를 한창 건축 중인데, 좌측에 교통관이 있고 그 안쪽에 미술관이 있다. 내벽은 경주 불국사 석굴암의 내부를 본떠서 만들었으며 삼한시대 발굴물, 신라 불상, 고려 도기, 조선시대 회화·묵적(墨蹟) 등을 진열하고 있다. 미술관의 옆쪽 일대에는 옛 궁전의 대소 건물이 늘어서 있는데, 그중에서도 근정전, 경회루 등의 대 건축은 조선 말기 조선 예술의 정화(精華)라고 할 만하며, 경성 명소 중 꼭 관람하지 않으면 안 되는 장소이다.

○파고다공원

경복궁에서 종로통을 동쪽으로 되돌아가면, 보신각 앞 몇 정 거리에 탑동공원(塔洞公園)이 있다. 이곳은 대원각사(大圓覺寺)가 있었던 터인데, 지금은 음악당을 중심으로 소규모 공원을 형성하였고, 이름 높은 13층의 한수석탑(寒水石塔)이 있다. 탑은 원(元) 순제(順帝)가 고려 충순왕(忠順王)[13] 에게 보낸 것이라고 하기에 600년 가까이 지난 옛 탑인데, 석질과 기교 모두 보기 드문 일품이다. 전해지는 이야기로는 '분로쿠(文祿)'[임진왜란] 때 가토 기요마사가 이 탑을 일본으로 가지고 가려고 상층 3기를 내려놓았는데, 운송의 어려움으로 인해 중지하였다고 한다. 이것 외에 원 내에는 대원각사비도 역시 훌륭한 예술품이다.

○ 창덕궁(昌德宮)

공원에서 동쪽으로 또 10정 정도 나아가면, 돈화문 앞에서 약초정으로 통하는 큰길을 가로지른다. 창덕궁은 이 길의 왼쪽 돈화문이 그 정문으로, 현재 이왕[14] 전하의 거전(居殿)이다. 궁역(宮域)이 매우 넓고 안에 이왕직과 창경원이 있다.

○ 창경원(昌慶園)

창덕궁 내 일부인 창경원으로 가기 위해서는 종로 4정목에서 본정선 전차로 갈아타고 좌측으로 전매국 연초공장 앞을 지나 의학전문학교 앞에서 내린다. 창경원은 옛날 수강궁(壽康宮)이라 불렸고, 지금은 박물관의 일부로 사용된 조선풍의 건축이 모두 그 궁터인데, 경성에 남은 궁전 중 가장 오래된 건물이다. 원내(園內)의 박물관과 동물원, 식물원 등은 물론 이왕가의 것이지만 평상시 일반에게 공개하고 있다. 때문에 시민들은

13 원 간섭기 '충순왕'은 존재하지 않으며, 원 순제(順帝) 재위 당시인 1348년(충목왕 4년)에 '원각사지 10층 석탑'과 닮은 '경천사지 10층 석탑'이 건립되었다.

14 대한제국의 제2대 황제이자 조선 제27대 마지막 국왕 순종(純宗)을 지칭한다.

이곳을 유일한 행락지로 여겨, 봄꽃, 가을 단풍을 감상하며 놀러 간다. 또 식물원 안에는 소위 '비원(祕苑)'이 있는데, 원내(苑內)에는 구릉이 구불구불 이어져 있고, 노수(老樹)가 많고, 샘물이 있고, 기석(奇石)이 있어, 매우 그윽하고 심오한 경지를 이루고 있다. 이곳은 특히 이왕가의 허가를 받은 자가 아니면 들어갈 수 없다.

○공업전습소

본정선(本町線) 전차로 돌아와 종로 4정목에서 동대문을 바라보고 다음 정류장에서 하차해서 왼쪽으로 10정[1.09km] 정도 가면, 오른편에 중앙시험소 건물이 있다. 공업전습소 및 고등공업학교는 모두 같은 구내에 있고 각종 공업 실습실은 부탁하면 참관할 수 있다. 시험소에서 종로통으로 돌아간다. 여기서 몇 정 동쪽으로 가면 동대문의 고루(高樓)가 있는데, 이미 남대문을 본 사람은 굳이 보러 갈 정도의 흥미는 없을 것이기 때문에 종로 4정목에서 본정선으로 갈아타고 본정 5정목 종점에 하차한다.

○남산공원

내린 곳은 본정 5정목의 모퉁이로 이곳에서 서남쪽 4·3·2·1정목의 본정통은 경성에서 가장 번성한 가로이다. 양측에는 일본인 상점들이 늘어서 있고 왕래하는 사람들이 실올같이 빽빽하여 흡사 오사카 신사이바시(心齋橋)의 대로를 이곳에 옮긴 것 같은 느낌이 든다. 본정의 중앙부에서 영락정(永樂町) 대로를 산을 따라 오르면 총독 관저나 본원사(本願寺) 앞을 지나 총독부 앞으로 나온다. 이 주변은 옛날 마시타 나가모리(增田長盛)가 진을 쳤던 터였기에 아직 그곳을 왜성대정(倭城臺町)이라고 부르고 있다. 남산공원(南山公園)이라는 곳은 이 위 일대의 산복(山腹)을 일컫는데 갑오전승기념비(甲午戰勝記念碑), 경성신사(京城神社) 등이 아주 가까이 있고, 노송 아래로 뚫린 산책길을 나아가면 메이지신궁(明治神宮) 건설 예정지와 한양공원(漢陽公園)이 있다. 원내(園內)는 이르는 곳마다 전망이 좋아 시가 전체가 발아래에 펼쳐지며 멀리 청량리 숲이나 한강도 지척 간이다.

○상품진열관

영락정에 있는데 찾아가려면 오히려 황금정통, 영락정으로 들어가는 편이 알기 쉽다. 이곳은 주로 조선 생산품을 진열하고 참고품으로 일본 제품도 출진하고 있는데, 일본인과 조선인 모두에게 매우 귀중한 상품소개 기관이 되고 있다.

3) 경성 근교

경성 시내 구경을 마치고 지금부터 교외에 놀러 가보고자 한다. 일단 먼저 방문할 곳은 집들이 밀집해 있는 용산으로 경성 정거장 앞에서 전차를 타면 용광관(龍光館) 앞에서 선로가 둘로 나뉜다. 오른쪽은 구 용산(舊龍山) 시가이고 왼쪽은 신 용산(新龍山)이다. 구 용산과 신 용산은 정거장을 경계로 나눈 속칭인데, 행정상의 구획으로 말한다면 똑같은 경성시가의 일부이다. 구 용산은 예부터 한강의 선착장이었으나, 지금은 대로 양측에 일본인 상가가 처마를 잇대고 있는, 대단히 번화한 원정통(元町通)이 되었다.

○ 효창원(孝昌園)

원정통에서 좌측으로 들어가서 보이는 구릉 기슭에 있는데 조선 정조의 세자 문효(文孝)[15]의 분영(墳塋)이 있다. 역내(域內)는 노송 가지가 서로 얽혀 있으며 매우 조용한 곳이다. 최근 조선호텔이 이 부근에 일대 골프 코스를 건설하였는데 각 그린마다 전망이 달라서 청신한 기운이 끊이지 않아 경기하는 이의 기분을 좋게 해준다.

○ 한강 인도교

신 용산의 대로는 한강통이라고도 하는데 이는 실제 명칭이다. 이 거리는 남대문통의 직로에 해당하며 그 끝부분인 한강에는 인도 철교가 가설되어 있다. 이 시가는 경의선 부설 당시 철도감부(鐵道監部)가 설치된 이래 신개지(新開地)였으나, 지금은 철도 수뇌부, 공장 및 그 사택, 또 제20사단과 그 외 군대의 여러 관아 등이 중심이 되어 구 용산 이상의 번영을 보인다. 인도교 부근에서 구 용산 강기슭에 걸쳐 있는 강줄기는 여름에는 유람선이나 보트가 떠 있으며, 겨울에는 두껍게 깔린 얼음이 호쾌하기 그지없는 스케이팅의 활주장이 되고 있다.

○ 봉산공원(鳳山公園)

인도교를 건너서 맞은편에 인천 수도의 수원지가 있고 그 뒤편의 구릉이 공원이 되었다. 새로 개장한 공원이기에 아직 설비가 완전하지는 않

15 문효세자(1782.10~1786.6)는 조선 제22대 정조의 장자이며, 의빈 성 씨에게서 얻은 첫아들이다. 휘는 양(㬀), 시호는 온효(溫孝)였다가 뒤에 문효로 개칭되었다. 제23대 순조의 이복형이다.

지만 이곳에서 한강의 긴 물줄기를 조망할 수 있으며 신구 용산 시가를 멀리 내다보는 경치 또한 포기하기 어렵다. 산으로 이어져 있는 한강신사(漢江神社)의 높은 곳에서 남산 동남쪽 산기슭의 서빙고 부근 강둑을 바라보는 경치는 더욱 아름답다.

○ 청량리(淸凉里)

동대문 밖으로 가는 전차는 청량리까지 이어진다. 이곳은 경성의 동남쪽 교외를 우회하고 있는 경원선(京元線)의 청량리 정거장 소재지이고, 전차는 마침 정거장 앞까지 온다. 이 부근 도로 양측에는 버드나무가 푸른 잎사귀를 드리우고 있으며 구릉에는 소나무의 늙은 가지가 밀림을 이뤄 완전히 도시의 먼지로부터 멀어진 기분이 든다. 그래서 시민들은 봄가을에 산책지로서 많이 찾는다. 홍릉(洪陵),[16] 청량사(淸凉寺) 등도 송림 속에 있다.

○ 금곡릉(金谷陵) 및 동구릉(東九陵)

청량리에서 춘천 가도로 나아가 망우리의 고개를 넘어 왼쪽으로 10정[1.09km] 정도 위치에 있는 동구릉으로 간다. 구릉산 산 중턱의 노송이 울창한 사이에 조선 태조 이하 7왕, 2비의 능묘가 흩어져 있다. 구릉이 거듭해서 겹쳐 있고 시냇물은 나무 그림자 사이로 졸졸 소리를 내며 흐르니

16 고종의 비인 명성황후(明成皇后) 민 씨(閔氏)의 능. 1919년 고종이 붕어했을 때 경기도 양주군 미금면 금곡리(현 남양주시 금곡동)로 묘를 옮겼지만, 이후에도 이곳을 '홍릉'이라고 불렀다.

유수(幽邃)[17]의 경지를 이루고 있다.

금곡릉은 경춘가도에서 더 나가 2리 정도의 금곡읍에 있으며, 고 이태왕 및 왕비[명성황후]의 능묘 소재지이다. 금곡릉 중 왕비의 능은 원래 청량리에 있었던 것인데, 몇 해 전 이를 왕릉과 동일한 장소로 옮겼던 것이다. 동구릉과 금곡릉 모두 경성에서는 춘천행 승합자동차를 도중까지 이용할 수 있고, 또한 특별히 요금을 내면 능 앞까지 자동차를 타고 갈 수 있다.

○ 우이동(牛耳洞)

우이동은 경성에서는 2리 정도, 경원선 창동역에서라면 30정[3.27km] 정도밖에 안 되는 거리에 있다. 뒤로는 북한산의 준봉을 업고 있으며, 여기저기 기이한 암석이 있는 계곡에는 시냇물이 졸졸 흐르고 있어 경치가 매우 뛰어나다. 이곳은 또 봄에 벚꽃의 명소로, 꽃이 피는 계절에는 시민들의 형형색색의 옷과 모자가 모여 홍진(紅塵)[18]의 세상으로 변한다. 우이동 앞 10정 정도에 가오리(加五里)라고 불리는 벚꽃의 명소가 또 있다.

○ 독립문(獨立門)

경성의 서대문 밖(西郊)의주통에 서 있다. 시가에서는 서대문 밖 의주통까지 전차가 있기 때문에 이곳에서 북으로 약 10정의 거리에 있다. 청일전쟁 후 청국에 대한 독립을 선양한 기념문으로 바로 앞에 있는 명나라 사신의 송영문[19]과 나란하게 이 문을 세웠다는 것에 의의가 있는 것이다.

17 경치가 그윽하고 조용함.

18 '홍진(紅塵)'은 속세, 번잡한 세상, 인간 세상의 티끌 같은 번잡함 등을 비유적으로 표현한 한자이다.

○ 북한산(北漢山)

독립문에서 파발리(擺撥里)를 지나 산성의 서문까지 약 4리[15.71km]인데, 이곳까지는 인력거로 갈 수 있다. 이 산은 경성의 진산으로 삼한시대부터의 역사가 있고 조선시대에 들어와 진성(鎭城)이 설치되었는데, 현재까지도 그 성벽이 그대로 남아있다. 성내의 계곡 사이에 군데군데 민가가 있고 또한 순사 주재소(駐在所)도 있다. 산중에는 이궁(離宮) 터와 중흥사(重興寺) 빈터가 있고 성벽을 따라서 올라가면 동장대(東將臺)·만경대(萬景臺) 등의 망루 터가 있다. 산이 전부 화강암으로 되어 있어 바위의 뼈대가 날카롭고 험준하기 그지없어 등반하려면 단단히 마음을 먹지 않으면 안된다. 산 정상에 백운(白雲)·인수(仁秀)·국망(國望)의 3개 봉우리가 정립해 있어 삼각산이라는 별칭이 있다. 가을에 단풍이 들면 그 경치가 아름다워 등산하는 사람이 많다.

○ 벽제관(碧蹄館)

벽제관이 있는 곳은 고양읍으로, 의주통에서 4리 정도이고 도로가 평탄하며 승합자동차가 다니고 있다. 또 경의선 일산역(一山驛)에서 가면 2리 정도의 거리이다. '분로쿠'[임진왜란] 당시 벽제관은 건물도 위치도 지금과 다르지만, 문에 걸었던 벽제관이라고 적혀있는 현판은 당시의 것이라고 한다.

'분로쿠의 역(文祿の役)'[임진왜란]에 고니시 유키나가가 평양에서 패하였

19 조선시대 명나라에서 오는 사신을 맞아들이기 위해 1536년(중종31) 모화관 남쪽에 세운 영은문(迎恩門)을 말한다. 1895년 2월 사대주의의 상징물이라 하여 김홍집 내각에 의해 철거되었으며, 이후 독립협회 주도로 그 옆에 독립문이 세워졌다.

다는 소식이 원근의 일본군에게 전해져, 여러 군은 아연실색하며 모두 경성까지 그 군세를 물렸다. 1593년 1월 25일 명의 장군 이여송(李如松)이 대군을 이끌고 파주까지 밀고 내려왔다. 그런데 경성의 일본군은 두려움에 나서려는 자가 없었다. 그중에 고바야카와 다카카게(小早川隆景)와 다치바나 무네시게(立花宗茂)는 수하의 병사 겨우 2만 5,000여 명으로 명의 대군을 맞아 싸우려고 서대문을 출발했다. 일반적으로 생각하면, 이 전투에서 일본군이 승리할 수 없는 것이 분명했기 때문에 여러 장수들은 모두 다카카게 등의 무모함에 가담하려고 하지 않았다.

이튿날 26일 양측의 선봉이 여석현(礪石峴)에서 충돌하여 정오경에는 쌍방의 주력이 고양 부근에서 맞부딪혔다. 현재 이 부근은 붉은 흙의 민둥산이지만, 당시에는 호랑이와 이리가 서식하고 있을 정도의 삼림이었다. 일본군은 이 숲에 병사를 숨겼고, 정면의 군사는 퇴각하는 것처럼 적군을 깊이 끌어들여 갑자기 복병을 보내 적의 중심으로 돌격하였기 때문에 명군의 낭패는 유별났다. 기마가 많은 적 대군은 어지럽게 몰려와 도리어 스스로 자신의 군세를 교란하는 것과 같은 결과를 낳았고, 보병인 일본군으로 인해 산산이 격파되어 쓰러졌다. 부장(副將)이 전사하고 대장 이여송까지도 이노우에 고로베(井上五郎兵衛)의 창을 간신히 피했다고 할 정도로 무참한 대패였다. 현재 벽제관의 뒤쪽 언덕에는 갑괘수(甲掛樹)라고 하여 다카카게(隆景)가 휴식한 터가 남아있다. 이곳에는 구적보존회(舊蹟保存會)가 있어 요청하면 안내를 받을 수가 있다.

○ 독도모범농장(纛島模範農場)

시내 황금정통에서의 전차는 광화문을 거쳐 왕십리까지 간다. 농장은 이곳에서 약 30정 거리에 있고 수원권업모범장(水原勸業模範場)의 농예지장(農藝支場)이다. 장내에는 종묘포(種苗圃), 소채원(蔬菜園), 화원(花園) 및 과수원 등이 있으며, 조선 풍토에 적합한 농작물을 시배하고 원예업의 개량 장려에 노력하고 있다.

○ 남한산

전차 종점 왕십리에서 5리[19.64km] 정도 떨어진 곳에 있다. 지금의 광주읍(廣州邑)이 바로 이 남한산으로 경성에서는 승합자동차 편이 있다. 산은 백제 초기의 왕도였으며 그 유적으로 전해지고 있는 성벽 등이 여기저기에 흩어져 있다. 또 조선 16대 인조가 청 태종의 침입을 맞아 한때 이 산으로 피난하여 40여 일 농성한 후 항복한 옛 전쟁터이기 때문에 그 당시의 행궁이나 장대 등 유적도 있다.

2. 인천 및 부근

인천은 경성에서 기차 1시간 정도에 도착하고, 지형도 마치 일본의 도쿄(東京)-요코하마(橫濱)의 관계와 유사한 경성의 인후(咽喉)를 움켜쥔 개항지이다. 이곳은 약 40년 전까지는 제물포라고 하는 고기 잡는 민가 45호뿐인 일개 한촌이었으나 지금은 5만 이상의 인구를 가져, 그 번영의 빠르기가 실로 놀라울 따름이다. 항 내에는 월미도가 옆으로 퍼져 있으며 그 안을 인천내항이라고 부른다. 섬 밖에는 또 영종(永宗)·용유(龍流)·영봉(永峰)·무의(無依)·신도(信島) 등 여러 도서(島嶼)가 늘어서 있어 스스로 하나의 커다란 만의 형상을 만들고 있다. 이것을 내항과 구분하여 외항이라고 한다.

일찍이 대원군이 서교(西敎)를 엄금하고 신도 12만 명을 대역죄로 처단하였던 때는 프랑스 군함 7척이 내침하였고[병인양요], 1871년에는 미국 함대 5척으로부터 2회의 공격을 받았으며[신미양요], 1875년에는 우리 '운요호 포격사건'[20]이 일어났다. 1882년 경성의 난[임오군란] 때에는 하나부사(花房) 공사가 영국함대로 피신한 사건이 있었고, 청일전쟁 때에는 풍도(豊島) 앞바다에서의 해전, 오시마(大島) 여단의 상륙, 또 러일전쟁 때에는 러시아 함정 '코레츠(Koryeth)', '바리야크(Variak)'의 격침, 기코시(木越)[21] 여단의 상륙 등이 이어졌다. 단지 겉으로 보자면 무게감 있는 평화로운 항만이지만, 비상하는 갈매기와 왕래하는 흰 돛단배가 이야기하는 것은 이같이 다사(多事)한 것이다.

인천항의 가장 큰 걱정거리는 해조 간만의 차가 30척(呎)에 달하는 것이었는데, 이 천연의 결함을 보완하기 위해 갑문식 축항 공사를 하고, 인위적으로 해수를 항내에 충만하게 하여 선박의 출입을 편리하게 하고 있다. 시가는 본정(本町), 경정(京町) 등이 번화의 중심으로 동서로 길게 전개

20 '운요호 사건(雲揚號事件)'은 1875년 9월 20일에 일본 군함 운요호가 불법으로 강화도에 들어와 측량을 구실로 조선 정부의 동태를 살피다가 조선 수비대와 전투를 벌인 사건이다. '강화도 사건(江華島事件)'이라고도 한다. 이를 계기로 일본과는 이듬해 '조일수호조규'라는 불평등 조약을 체결하였다.

21 기코시 야스쓰나(木越安綱, 1854~1932)는 메이지시기의 일본 육군 군인으로 남작의 작위를 받았다. 1873년 교도단(教導團)에 입단하였으며, 1877년 세이난전쟁(西南戰爭)에 종군하였다가 부상을 당했다. 청일전쟁 때에는 제3사단 고급참모·참모장으로서 가쓰라 타로(桂太郎) 사단장을 보좌했으며, 그 후 가쓰라의 비호 아래 군무국장 등을 역임했다. 러일전쟁 때는 제5사단장을 맡았으며, 1912년에는 육군대신이 되었다.

되어 있고, 그 동쪽 끝에 축현(杻峴)이라고 하는 정거장이 하나 있다. 시가 중앙에 각국 공원이라는 작은 언덕이 있고, 해상에서 보는 외관의 아름다움은 특히 이 항구의 자랑이라고 할 것이다.

- 여관: 아사히야(旭屋, 빈정[濱町]), 하라카네(原金, 중정[仲町]), 하나야(花屋, 본정), 기쿠야(菊屋, 역 앞), 야마구치야(山口屋, 역 앞).

○ 각국 공원

일찍이 거류지회가 설치한 공원으로 시가의 중앙부 구릉 위에 있어 산책하기 좋은 곳이다. 또 시의 남해안에 인천공원이 있는데, 각국 공원에 대해 원래는 '일본공원(日本公園)', 혹은 '팔판공원(八坂公園)'이라고 불렀다. 공원 내에서는 항내를 조망하는 풍경이 좋다. 태신궁(太神宮)·금도비라신사(金刀比羅神社)·덴만구(天滿宮) 등이 또한 원내에 자리하고 있다.

○ 월미도(月尾島)

인천역 뒤쪽에서 길이 9정[981.81m]의 제방으로 육지와 월미도는 연결되어 있다. 남쪽으로 팔미(八尾), 풍도해전(豊島海戰)의 자취를 멀리서 볼 수 있으며, 또 러시아 함정 폭침의 터를 가까이서 내려다볼 수 있다. 섬 안을 일주하는 도로는 시내를 벗어나 있어 공기가 청정하여 천천히 거닐며 산책하기에도 아주 좋은 곳이다. 도로의 양측에는 벚나무가 심겨 있어 꽃이 필 무렵에는 경성 일대에서 찾아온 관광객으로 붐빈다. 또한 이 섬의 맨 위쪽에는 무선전신소, 남쪽 귀퉁이에는 회선등대(回旋燈臺)가 있다.

○ 조탕(潮湯)과 해수욕

제방에서 월미도로 건너와 우측 안쪽의 해안에 해수욕장이 있다. 뒤쪽 푸른 산을 짊어지고 바다를 멀리하고 인천시가를 바라보는 조망이 좋다. 백사의 해변에는 탈의장, 휴게소 등이 설비되어 있다. 그 앞 약간 높은 언덕 위에 세워진 큰 양관(洋館)이 조탕이다. 이곳은 만철회사(滿鐵會社)가 신설한 조선 유일의 행락지로 내부는 남녀별 대욕조와 큰 방을 아래층으로 하고 위층에는 넓은 오락장을 두었으며, 건물 뒤편 해변에는 큰 해수욕장 설비까지 갖추어져 있다.

○ 강화도(江華島)

인천에서 기선이 매일 다니고 약 2시간이면 도착한다. 운임은 2등 1원, 3등 60전. 이 섬은 한강 하구에 가로놓여 있고, 주위는 약 3리[11.78km] 정도이다. 섬 수도를 강화(江華)라고 한다. 고려 고종이 몽골의 병화를 피하여 이곳에 이르렀고, 강도(江都)라고 칭하며 일시 반도 정치의 수뇌부를 두었던 적도 있다. 해안은 깎아지른 듯한 절벽(懸崖絶壁)을 이루고 있고 옛 포대의 흔적이 아직 남아있는데, 1875년 운요호가 포격을 받았던 곳이 이 포대로부터였다.

3. 수원

수원은 경성에서 기차로 1시간 정도면 갈 수 있다. 남쪽으로는 울창한 팔달산이 서 있고, 동북쪽에는 광교산맥(光敎山脈)이 높고 낮게 솟아 있는데 높이 20여 척[6.06m]의 성벽이 시가를 둘러싸고 있으며 동서남북의 사대문이 있다. 성벽은 조선 정조 갑인년(1794)에 기공하여 3년의 시간을 들여서 준공한 것으로 그 연장이 1만 3,200척[4km]에 이른다. 시가의 교외에는 소나무 숲이 이어져 있고, 또한 호수와 물이 풍부하기에 예로부터 수원은 '나무의 도시', '물의 도시'라고 불릴 정도로 반도에서는 보기 드물게 경치가 아름다운 땅이다. 이곳에는 총독부 모범장 및 이왕가 산마장(産馬場) 등이 있어 고갈된 반도의 농업계 진흥의 원천으로 인식된다.

• 여관: 야마모토여관(山本旅館), 화성여관(華城旅館, 역 앞), 아오키여관(青木旅館, 성내).

○ 화홍문(華虹門)

과천 물이 흘러 성내에 들어오는 곳으로 그 하천 바닥에는 돌을 겹겹이 쌓았고 성벽이 그 위에 걸쳐 있으며 장려한 화홍문 누각이 가로 놓여 있다. 팔달산의 녹취(綠翠)가 흘러내리고 방화수류정(訪花隨柳亭)의 붉은 기둥이 그 곁에 있어 매우 경치가 아름답다. 이 문간(門口)에서 떨어지는 물소리가 상쾌한데, 특히 봄가을 경에 정취가 깊다. 역에서 여기까지 시가를 통과하여 약 1리[3.93km] 정도 걸리며 승합자동차, 인력거 등을 이용할 수 있다.

○ 서호(西湖)

역에서 몇 정(丁), 축만제(祝萬堤)[22]의 진녹색으로 충만한 곳에 서호가 있다. 이는 조선 정조가 농민을 위해 건설한 저수지인데, 언젠가부터 서호라고 불리며 수원 명소로 꼽히고 있는 것이다. 그리고 몇 정에 걸친 축만제의 푸른 소나무 또한 이 풍치에 없어서는 안 될 첨경(添景)을 이루고 있음은 말할 것도 없다. 소나무 가로수 앞쪽 일수언(溢水堰) 언덕 위에는 항미정(杭眉亭) 건물이 보이는데, 이것은 풍아(風雅)를 즐기는 사람이 중국의 서호(西湖)를 본떠서 흉내를 낸 취향이다. 언덕 뒤쪽에는 권업모범장이 있어 봄에는 이 부근 일대에 왕벚나무(吉野櫻)의 꽃그늘이 길게 드리워지고 경성에서 온 꽃놀이 손님들로 붐빈다.

○ 팔달산(八達山)

역에서 30정 떨어진 수원 시가의 배경을 이루는 푸른 언덕으로 정상에 화성장대(華城將臺) 유적이 있고 중턱에는 미로한정(未老閒亭)[23]이 있으며, 또 산기슭에는 문묘(文廟), 화령전(華寧殿) 등의 옛 유적이 있다. 화령전은 옛 수원행궁 터이다.

○ 화산(華山)

역에서 남쪽으로 2리에 있고 병점역(餠店驛) 쪽에서 오면 가장 가깝다. 조선 21대 [영조의] 세자[24]는 부왕의 화를 돋우어 살해되었다. 세자의 아들인 정조가 왕위에 오르자 박명(薄命)한 부군의 영령을 위로하기 위해 부군이 평소에 사랑해 왔던 수원에 그 묘를 옮겼다. 화산에 있는 융릉(隆陵)[25]

22 원문에는 '만축제(萬祝堤)'라고 표기.
23 원문에는 '미성문정(未成聞亭)'이라고 표기.
24 원문에는 '왕자'라고 표기.
25 원문은 사도세자의 묘 '융릉(隆陵)'과 정조의 묘 '건릉(健陵)'을 오기.

이 바로 그것이다. 왕은 스스로 주위 4리의 능역(陵域)을 정해 식수 계획을 세웠고, 또한 그 아들 순조가 즉위한 후 부왕의 뜻을 이어 이것을 완성했다. 정조의 능묘인 건릉(健陵)의 위치도 이 숲속에 정한 이래로 120여 년간 한 아름의 정정한 소나무가 울창하게 산을 덮고 있어 반도에서 드물게 볼 수 있는 좋은 산림을 이루고 있다.

4. 성환(成歡)

○ 성환과 안성 나루터

경성에서 기차로 약 2시간에 도착한다. 역 뒤의 촌락은 이름 높은 성환의 옛 역으로 청일전쟁 초엽에 오시마여단(大島旅團)이 청군을 격파하였던 곳이다. 역 동북쪽으로 몇 정 거리의 월봉산(月峰山)에는 청군이 사수한 포루(砲壘) 터가 있고, 또 역 북쪽 1리 정도에 안성천이 있다. 천은 평야 사이를 흐르는 일개 작은 개울이지만 만조 시에는 깊이가 몇 미터에 이른다. 성환의 적을 제압하려고 오시마여단이 경성 방면에서 남하하였을 때 마침 안성천은 흘러넘쳐 건너기가 매우 곤란한 상태였다. 마쓰자키(松崎)[26] 대위는 부하와 도하를 강행하다 결국 적탄에 쓰러진 것이다. 역 앞 언덕 위에 1기의 충혼비가 있는데 대위의 사적을 기록하고 있다. 이 비는 기차 창에서 좌측에 보인다.

26 마쓰자키 나오오미(松崎直臣, 1856~1894)는 1894년 7월 청일전쟁의 성환 전투 때 전사한 일본군 대위인데, 최초의 전사자라고 일본에 널리 알려져 있으며, 그를 추모하기 위해 세운 비가 '마쓰자키대위충혼비'이다.

5. 온양

○ 온양온천(溫陽溫泉)

성환 다음 역은 천안이라고 하는데, 이 역에서 경남철도(京南鐵道)로 환승하여 30분 만에 온양온천역에 도착한다. 역 앞에서부터 온천정의 집들이 이어져 약 3정 앞에 온천장이 있다. 이 온천의 수질은 알칼리성에 속하고 냄새가 없이 투명하며, 위장병, 부인병, 피부병 등에 특효가 있다. 옛날 경성에서 국왕이 속리산으로 행차하는 길에는 반드시 가마를 이곳에 돌려 입욕하였다고 하며, 경성과 용산의 지체 높은 이들의 행락 장소로 이용되었다. 5·60년 전 당시 섭정 대원군이 욕실을 개수하고 때때로 행락한 이후로는 한층 더 온천의 이름이 경성시가에 선전되었다. 지금 이곳에는 온양관(溫陽館)·전옥(錢屋)[27] 등 온천숙(溫泉宿)이 있고 경성에서 당일치기 입욕하기에 좋다. 또 경성, 용산, 인천 등에서 왕복 2할 할인의 연락 티켓이 발매되고 있다.

6. 개성(開城)

개성은 고려의 구도(舊都)이고, 혹은 송도(松都)라고 한다. 경성에서는 기차로 2시간 정도면 도착한다. 북쪽에 송악(松嶽)을 두고 남쪽에 용수산(龍岫山)이 서 있으며 주위에는 나성(羅城)을 둘러 구불구불하게 산과 계곡,

27 일본식 한자어로 대부업자나 돈을 빌려주고 이자를 받는 전당포·대부업소 등을 말한다.

평야 사이를 감싸고 있다. 또 그 내부에는 내성이 설치되었고 배천(白川)과 조천(鳥川)이 성내를 관통하며 흐른다.

신라가 오랫동안 쇠한 나머지 점차 무너지는 쪽으로 기울자, 견훤(甄萱)은 전주에 근거지를 마련하였고, 궁예(弓裔)는 철원에서 패자(霸者)를 칭하니, 두 영웅의 쟁투가 거의 20여 년에 이르렀다. 고려 태조 왕건은 궁예의 비장(裨將)에서 몸을 일으켜 관후(寬厚)의 덕으로써 민중들의 마음을 얻어 궁예의 뒤를 이었다. 그리고 결국 견훤을 꺾고 신라의 귀순을 받아들여 이 송악에 수도를 정함으로써 반도[28] 통일의 대업을 완성하였다(일본 기원 1,500년대).

태조는 불교를 깊이 숭상하여 국가의 대업이 반드시 불법 가호의 힘으로 인해 이루어진다고 믿었고 일의 대소 구분 없이 부처에 자순(諮詢)[29]한 후에 시행하였다. 역대 왕들 또한 순순히 이에 탐닉하였고, 후세에 고려는 결국 부처에게 망했다는 비난을 받기에 이르렀다. 그러나 반도의 역사에 있어 장구한 세월 동안 건축·미술·공예 등이 발달·융성하였던 것은 이 시대에 미치지 못하였으니, 이는 대개 불법번영(佛法繁榮)의 덕분이라고 할만한 것이다. 현재 또한 전도(全道) 각소(各所)에 남아있는 사원, 또는 건축 및 제작물 등에서 주목할 가치가 있는 것이 매우 많다.

개성의 번영은 고려 34대 440여 년간[30]으로 1392년(공양왕4) 조선 태조에게 멸망한 이래 530여 년, 이 땅의 번영은 점차 시들해지고 옛날의 위

28 원문은 '우도(牛島)'라고 하였지만, '반도(半島)'의 오기라고 생각된다.

29 윗사람이 아랫사람에게 의견을 묻고 의논하는 것을 말함.

30 원문에는 '32대'로 표기하고 있으나, 고려의 마지막 왕인 공양왕은 제34대(재위: 1389~1392)이다. 또한, 고려는 918년부터 1392년까지 474여 년간 존속하였으므로 이것 역시 오류이다.

관(偉觀)은 흔적도 없이 사라져 버렸다. 다시 당시의 형적을 희미하게라도 보여줄 길이 없을까. 그러나 아직 여기 2개가 있어 개성의 자원을 이루고 있다. 그 첫째는 고려인삼이고, 다른 것은 고려자기(高麗燒)이다. 인삼은 지질과 기후 관계상 개성이 아니면 우량한 것을 생산할 수 없다고 할 정도로, 지금은 총독부 전매국 출장소가 설치되어 배양·제조·판매를 취급하며 그 생산액은 3만 6,000근을 헤아린다. 또 고려자기는 개성을 중심으로 사방 4·5리의 촌락에서 발굴되며 품질·색채 등 동일한 것은 아니지만, 가끔 우량품은 그릇 1개에 천금의 가치를 매기기도 한다. 정거장은 시가에서 십여 정이 떨어져 있기 때문에 옛 유적 구경에는 인력거를 부르는 편이 좋다.

• 여관: 개화관(開和館, 역 앞), 개성관(開城館, 대화정[大和町]), 그 외.

○철도공원

정거장 앞의 작은 언덕을 품은 개성 유일의 공원이다. 원내 수천 그루의 앵두(桃櫻)가 식재되어 있기 때문에 꽃피는 계절에 꽃 그림자가 흐릿하게 배후의 성벽에 걸쳐 있는 미관은 이루 말할 수 없다.

○남문루(南門樓)

개성 성벽의 남대문으로 시가가 문밖에 전개되어 있기 때문에 지금은 시가 중심부에 우뚝 서 있다. 건물은 500여 년이 지난 고건축이다. 누상에 조선 명종의 하나인 대범종(大梵鍾)이 걸려 있다. 약 600년 전 원나라 때 주조되어 주위의 도안 모양의 예술미가 매우 풍부하다.

○ 선죽교(善竹橋)

역에서 25정[2.73km], 남문루에서 10정(町) 정도의 교외에 있다. 고려 말기 무신의 권세가 실로 사직을 쓰러트리려는 형세를 보이고 있을 때, 유신(儒臣)의 중심 세력인 정몽주(鄭夢周)가 무신의 동량인 이성계 일당에게 암살되었던 곳이다. 지금 돌다리에 1개의 반점이 흔적으로 남아 정몽주의 푸른 피가 아직도 사라지지 않은 것이라고 전해지고 있다. 그 부근에는 정몽주의 사적이 새겨진 2개의 비(碑)를 보호하는 비각이 있다.

○ 만월대(滿月臺)

남문루에서 북본정(北本町) 쪽으로 직진해서 약 15정[1.64km] 나아가면 고려 왕궁터인 만월대이다. 송악산(松嶽山)을 등지고 좌우에 시냇물을 끼며 건물터가 몇 단이나 되는 거기에 [만월대가] 있다. 정면 돌계단의 오른쪽에는 찻집인 진열관이 있는데, 관내에 고려왕조의 유물을 모아놓고 있다. 계단을 올라가면 그 일대의 광장에 누문(樓門)과 전각이 나란히 세워져 있었던 초석만이 남아있다. 500년 전 영화의 장소도 이처럼 황폐하여 쓸쓸한 광경으로 변해있는 것을 보니 성한 자 반드시 멸망한다는 정법(定法)을 절실하게 느끼게 된다.

○ 채하동(彩霞洞)

시가의 북부 송악산 기슭의 경승지로 만월대에서 가면 관왕묘(關王廟)[31]

31 관우(關羽)를 신앙하기 위하여 건립된 묘당(廟堂)을 말하는데, 관성묘(關聖廟)라고도 한다. 중국에서는 명나라 초부터 관왕묘를 건립하여 일반 서민에게도 그 신앙이 전파되었다. 우리나라에서는 임진·정유재란 때 명나라 군사들에 의해 관

를 도중에 보고 갈 수 있다. 정거장에서 채하동까지는 1리 정도이다. 이 부근 일대는 깊고 그윽한 경치를 이루고 있으며, 특히 가을의 단풍과 밤줍기로 유명하다. 또한 부근에는 부산동(扶山洞), 자하동(紫霞洞) 등 경치가 뛰어난 곳이 있다.

○ 현릉(顯陵), 현릉(玄陵)

현릉(顯陵)은 역에서 서쪽으로 1리 조금 안 되는 중서면(中西面)[32] 태조동(太祖洞)에 있는 고려 태조의 능묘이다. 이곳은 승려 도선(道詵)이 태조의 수릉(壽陵)[33]으로 정한 곳으로 경내에는 울창한 노송들의 가지가 서로 얽혀 있어 신전(神殿)의 기운이 저절로 넘쳐나는 곳이다. 태조 만년에 유명(遺命)으로 왕(王) 씨의 분묘로 삼았기 때문에 고려시대 능은 대개 이 부근에 있다.

현릉(玄陵)은 현릉(顯陵)에서 산을 넘어 약 반 리[1.96km] 떨어진 곳으로 또한 다음 역인 토성(土城)에서 가더라도 약 반 리이다. 중서면(中西面) 여능리(麗陵里)의 오지인 봉명산(鳳鳴山) 중턱에 있다. 왕과 왕비의 분묘 2개가 나란히 있고 석수·문무양반·석등을 보면 능묘로서의 양식을 거의 완전하게 갖추고 있다. 대개 현재 개성 부근에 있는 고려의 유물 중에서 가장 대표적인 석조예술로 고고학에 관심이 있는 사람이나 애호가가 침을 흘리며 탐내는 것이다.

왕묘가 건립되었다.

32 원문에는 '서면'이라 하였는데, 오류이므로 바로잡았다.

33 '수릉(壽陵)'은 임금이 살아 있는 동안에 미리 마련해 둔 임금의 능묘를 말한다.

○ 박연폭포(朴淵瀑布)

천마산(天摩山)의 기슭에 있고 일명 소성폭포(小城瀑布)라고도 부른다. 높이 30척[9.09m]으로 텅텅 물소리를 내며 암벽에 걸려 있다. 폭포 부근은 여러 겹의 기암괴석이 기울어져 우뚝 서 있고, 소나무·잣나무·단풍나무 등의 수목 배합 또한 멋져 한번 놀러 올 만하다. 역으로부터 6리[23.56km] 떨어져 있고 자동차 편이 있다.

○ 대흥산성(大興山城)

폭포 위쪽 절벽에 아취(雅趣) 있는 누문(樓門)이 보는데, 그것이 산성의 북문으로 그 옛날 고려 조정의 이궁(離宮)이 있었던 진성(鎭城)의 옛터이다. 북문에서 올라가면 관음사(觀音寺) 약수, 만경대(萬景岱) 등 명승지를 지나 대흥사(大興寺)에 다다른다. 옛날에는 거찰이었다고 하는데, 지금은 옛 행궁의 건물을 이용해 본당으로 삼아 사원의 면목을 유지하고 있을 뿐이다. 그러나 이 부근은 벌써 산속의 분위기가 넘쳐나고 있어 기분이 좋다.

동양당인쇄소(東洋堂印刷所) 납(納)

남만주철도주식회사(南滿洲鐵道株式會社) 경성관리국: 조선 용산

만철 선만안내소(鮮滿案內所): 도쿄 마루노우치(丸の內)

오사카 출장소(出張員詰所): 오사카 기타구(北區) 데이리바시(出入橋)

[2] 경성-개성·인천·수원(京城-開城·仁川·水原)

조선총독부 철도국, 1925

집필·번역 **신동규**

소책자 표지 앞면, 100㎜×179㎜

소책자 표지 뒷면
(앞면과 디자인 동일)

| 해 제 |

이 자료는 조선총독부 철도국에서 1925년에 발행한 42쪽의 『경성-개성·인천·수원(京城-開城·仁川·水原)』이라는 제명의 소책자이다. 조선총독부 철도국은 1910년 10월 1일 조선총독부 관제의 시작과 함께 설치되었는데, 1917년 7월 31일에 조선의 철도가 남만주철도(南滿洲鐵道)에 위탁되면서 조선총독부 총독관방(總督官房)으로 편제되었고, 이후 1919년 8월 20일 '조선총독부 관제 개정(칙령 제386호)'에 의해 철도부(鐵道部)로 개정되었다. 1925년 3월에는 남만주철도의 위탁운영이 해제되면서 다시 조선총독부 철도국으로 변경되었으며 이후 식민지 조선의 철도 운영 관리국이 되었다.

이에 따라 1925년 4월 1일에 '조선총독부 철도국 관제(칙령 제84호)'가 시행되었고, 1943년 12월 1일에는 조선총독부 관제 개정에 따라 철도국이 폐지되어 교통국(交通局)이 설치되었는데, 이렇듯 여러 차례 개편이 이루어진 과정 중에도 조선을 홍보하기 위한 다양한 종류의 팸플릿(리플릿과 소책자)을 비롯한 선전용 인쇄 홍보물을 발행하고 있었다. 기본적으로 식민지 관광을 표면적으로 선전하고는 있지만, 그 내면에는 자원개발과 운송, 대륙침탈을 전제로 하고 있었는데, 이것은 청일·러일전쟁 이후 한반도의 식민지화가 대륙진출의 교두보였고, 이를 위해 한반도에서의 철도 부설을 통해 만주와 중국, 남중국 지역과 동남아시아, 나아가 시베리아와 유럽으로의 팽창을 상정했기 때문이다. 그렇기에 다른 무엇보다 철도의 증설은 일본 제국주의의 팽창을 위한 선제적인 작업이었고, 이를 선전하기 위해서도 팸플릿은 유용한 도구였다.

한편, 이와 같은 종류의 소책자는 1925년 남만주철도의 위탁운영이 해제되어 다시 조선총독부 철도국으로 재건되면서 발행된 것으로 여겨지는데, 매년 조금씩 구성과 내용을 달리하고는 있지만, 기본적인 내용인 체제는 비슷하다. 본 소책자는 1925년 다시 철도국으로 재편되면서 나온 첫 번째의 소책자로서의 의미가 있으며, 이후에 철도국에서 발행되는 소책자의 기본 형태가 되고 있다. 책의 표지는 경복궁 경회루 그림으로 앞뒷면 표지가 동일한 디자인으로 만들어졌다. 표지 다음의 내지면 제명 페이지는 남산에서 경성을 내려다보는 그림이며 이후의 소책자에서도 이와 같은 이미지가 적용된 사례가 보이는데, 본서의 1928년 소책자도 이 이미지를 사용하고 있다. 다만, 표지 앞면의 제목이 『경성-개성·인천·수원』인데, 표지 다음 내지면의 제목은 『경성-인천·수원·개성』으로 지역명의 순서에 오류를 보인다. 이는 1928년의 소책자도 마찬가지이다.

내용은 경성, 인천, 수원, 성환, 개성, 경성 부근의 온천 등 6개의 장으로 구성되어 있고, 경성 부분에서는 옛날의 경성, 지금의 경성, 시내의 구경거리, 교외의 구경거리로 나누어져 있다. 경성의 시작 부분에는 「경성시가 전도」(1/32,000)가 접힌 상태로 삽입되어 있으며, 용산 주변의 군부대 시설과 경성역, 그리고 사대문 안을 그리고 있어 1925년을 전후한 시기의 경성 중심부의 모습을 살펴볼 수 있다. 각 지역의 시작 부분에도 「인천부약도」, 「수원약도」, 「개성약도」가 삽입되어 있는데, 이러한 내용의 구성은 1928년에 발행된 소책자에서도 똑같이 적용되고 있다. 이외에

'새롭게 경성의 관문을 장식하고 있는 경성역', '남산공원에서 바라본 경성시가', '경성 경복궁 경회루', '경성 창덕궁 창경원의 일부(수정[水亭])', '인천 월미도 조탕(潮湯)의 수영 풀장', '수원 명소 방화수류정(訪花隨柳亭)', '정몽주가 난을 당한 선죽교(善竹橋)' 등 7매의 사진도 수록되어 있다.

각 지역의 대체적인 내용은 서두부터 지역에 대한 개관과 근대 이래의 일본과의 관련 속에서 연혁을 기술하고 있으며, 한국병합을 기점으로 삼아 전근대와 근대라는 양분론 속에서 도시의 변혁을 일종의 근대화 과정으로 비교하여 서술하는 방식을 취하고 있다. 그밖에 각 도시의 명성·고적지에 대한 소개도 이루어지고 있다.

| 번역문 |

원서의 예언(例言)

- 도회지를 구경할 때 어떠한 순서로 구경할까 하고 누구라도 망설이게 되는 것이 보통입니다. 본서는 경성에 도착한 여행객들에게 그 망설임을 없애 주려는 목적이 있습니다.
- 경성의 교외와 그 부근의 경승지에 대해서는 본서에 당연히 수록해야 할 것으로 생각하여 주로 하루 일정의 장소를 선택하여 기재했습니다.
- 구경할 곳의 채택과 설명이 간략한 것은 이 책자 분량으로서는 어쩔 수 없기에 여러분들의 양해를 구합니다.
- 취재를 비롯해 문체에 불만족스러운 점이 많을 것으로 생각됩니다만, 많은 분의 수정 요청을 기다려 다음 판본에 완벽함을 기하려고 생각합니다.

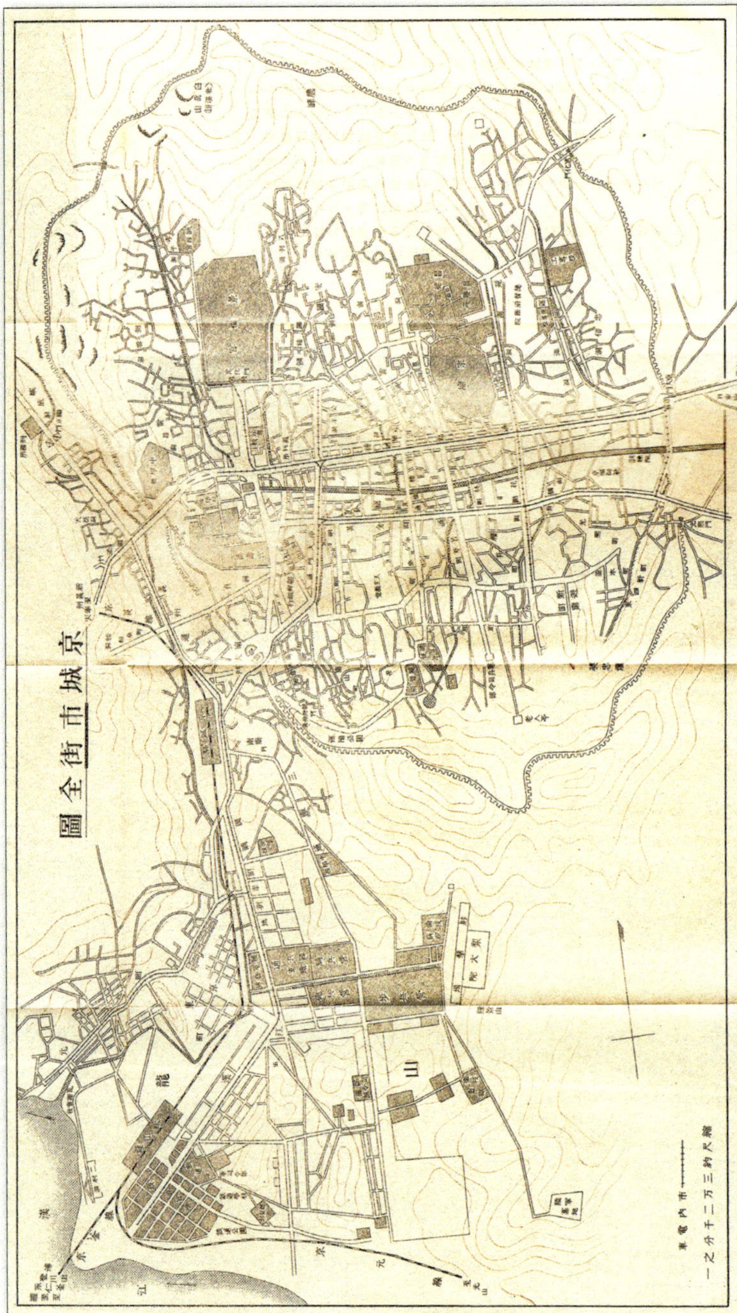

「경성시가지도」(1/32,000)

제1장 경성 안내

제1절 과거의 경성

고구려 주몽왕의 두 아들 온조(溫祚)와 비류(沸流)는 서로 연대하여 남쪽으로 옮겼는데, 온조는 위례성(慰禮城)에 백제를 창건했다. 위례성은 지금의 직산(稷山) 부근(성환역[成歡驛]에서 남쪽으로 2리[7.85km])이라고도 하고, 또 남한산이라고도 전해져 오고 있다. 온조에서 11대 근초고왕 시대에 고구려의 침략을 받았지만, 역습하여 이를 물리치고 수도를 경성의 북한산군(北漢山郡)으로 옮겼다. 그 무렵부터 백제와 고구려는 끊임없이 갈등을 거듭하였으며, 백제는 20대 개로왕(蓋鹵王) 때에 고구려로부터 통한의 공격을 받아 지금의 공주 웅진(熊津)으로 어쩔 수 없이 도읍을 옮길 수밖에 없었다. 그간 백제가 경성에 도읍을 정한 지 120여 년, 이것이 경성이 왕도가 된 최초의 역사인데, 그 후 고구려의 평원왕(平原王)도 일시적으로 이 지역을 수도로 삼은 적이 있다.

그 후 세상은 신라로 바뀌고 고려로 변했다. 고려 중기 숙종왕(肅宗王)은 경성의 목멱산(木覓山)에 궁궐을 짓고 남경(南京)이라 부르고 있었는데, 거기에는 짤막한 재미있는 이야기가 전해지고 있다. 신라시대 도선(道詵)이라고 하는 승의 비기(祕記)에 "다음에 왕이 되는 자는 이(李) 씨이고 한양에 도읍을 정한다."라고 적혀있는 것을 왕이 우려하여 스스로 이 남산의 지역을 보고 궁을 세워 매년 한 번씩 돌아가며 수렵(狩獵)하였고 심어

놓은 자두나무의 어린싹을 떼어냈으며, 또한 용과 봉황의 그림을 묻어서 왕기(王氣)를 억누르게 빌었다는 것이다. 이 당시의 궁전은 1128년(인종6)에 사라지고 아무것도 남지 않았고 또 다시 재건했지만, 지금은 남아있지 않다.

조선왕조의 태조 이성계가 개성에서 즉위하면서 왕사(王師) 무학(無學)의 이야기를 듣고 천도의 계획을 세워 우선 대전 부근의 계룡산 기슭으로 도읍을 정하려고 하였으나, 참판 유관(柳觀)의 상표에 따라 한양으로 계획을 변경하여 백악(白岳) 남쪽 목멱(木覓)의 북쪽에 도성을 조영했다. 이것이 지금 조선 제일의 대도시 경성이 되는 싹이 자리를 잡게 된 시초이다. 1394년(태조3) 10월에 백관을 이끌고 이 지역으로 옮겨 백악의 남쪽 기슭에 궁궐을 세웠는데, 이것이 바로 경복궁이다. 종묘·궁전 모두 다음해인 1395년 9월에 준공하였고, 11월에는 새로운 궁에서 모든 정사를 돌볼 수 있게 되었다. 1396년 정월부터 성곽의 축조에 나섰다. 성곽의 높이는 약 28척(尺)[8.48m], 주위는 4리(里)[15.71km] 26정(町)[2.84km]이며, 8개의 문을 만들었는데 궐문 위에는 모두 누각을 갖추었다. 그중에서 남쪽에 면해 있는 숭례문(崇禮門), 동쪽의 흥인문(興仁門)은 대단히 장대하여 성의 정면과 후문을 장식하고 있다. 이 공사에 각 도에서 20만 명이 넘는 부역인(賦役人)들이 모였다는 것으로 보아 당시 신 왕조 세력이 얼마나 강력했는가를 추측해 볼 수 있다. 성안의 지역은 동·서·중·남·북의 5서(署)로 나누었고, 또한 49방(坊), 340동(洞)으로 나누었는데, 실로 당당한 시가 계획이었다.

조선이 경성에 도읍을 정한지 520여 년 세월의 운명이 변천하여 여러 사건이 일어났다. 그 중엽 이후는 '분로쿠(文祿)의 역(役)'[임진왜란], 청 태조의 침략, 정권 쟁탈 등 연이어서 홍성하고 쇠퇴하기를 반복하는 어지러운 상태였다. 1868년 대원군이라고 하는 괴걸(怪傑)이 나타나 반도의 위세를 떨칠 무렵에도 밀려드는 외세와 열강의 세력이 전쟁을 결심하고 침입하여 내우외환이 끊이지 않고 계속 연이어 발생하였으며, 마침내는 청일전쟁·러일전쟁이 발발하였다. 불현듯 조선의 독립, 한국병합 등을 돌이켜 보면 4·50년 이곳 경성은 다사다난하여 마치 주마등을 보는 듯한 느낌이 든다.

제2절 현재의 경성

경성은 북으로 백악(白岳), 남으로 남산(南山), 서로는 인왕(仁王), 동북에는 낙타(駱駝)의 여러 산이 웅장하게 자리하고 있다. 산이 연이어서 사방을 둘러싸고 있는 것이 하늘이 만든 성곽의 형태를 이루고 있다. 성벽은 산꼭대기를 잇고, 계곡을 넘어 구불구불하게 이어져 있는 것이 긴 뱀과 같으며, 한강의 물은 성 밖의 동남쪽 일대를 감돌고 있을 뿐만 아니라, 산과 강에 둘러싸여 있어 적의 침입을 막을 수 있는 요충지의 형승이므로 과연 조선 500여 년의 도성이라는 것에 수긍이 간다.

경성은 조선총독부의 소재지로 정치는 물론, 군사·경제·기타 중요한 기관은 대부분 이 지역에 모여있다. 관공서·학교·은행·회사 및 기타 중요한 곳은 다음과 같다.

- 조선총독부, 동 체신국, 동 철도국, 동 전매국, 이왕직(李王職), 중추

원(中樞院), 고등법원, 복심법원, 지방법원, 조선군사령부, 제20사단 사령부, 제40여단 사령부, 경기도청, 경성부청, 경찰서, 헌병대 사령부, 우편국, 형무소, 중앙시험소, 총독부의원, 총독부 도서관, 은사수산기업장(恩賜授産機業場), 상업회의소, 상품진열관 등.

- 제국대학, 법학전문학교, 고등상업학교, 고등공업학교, 의학전문학교, 세브란스의학전문학교, 연희전문학교, 사범학교, 약학교(藥學校), 기타 남녀 중등학교, 실업학교 및 소학교 등.
- 조선은행, 조선식산은행, 조선상업은행, 한성은행, 한일은행, 해동은행(海東銀行), 제일은행 지점, 야스다은행(安田銀行) 지점, 야마구치은행(山口銀行) 지점, 다이주하치은행(第十八銀行) 지점, 조선철도회사, 조선우선회사(朝鮮郵船會社), 동양척식회사 지점, 미쓰이물산회사(三井物産會社) 지점, 스즈키상점(鈴木商店) 지점, 미쓰코시오복점(三越吳服店) 지점, 공익사, 내국통운회사 지점, 후지홍업주식회사(不二興業株式會社), 경성주식현물시장(京城株式現物市場), 경성전기회사, 조선도서회사(朝鮮圖書會社), 조선운송·회사 지점 등.
- 경성일보사, 조선신문사, 경성일일신문사(京城日日新聞社), 서울프레스사 등.

시가의 넓이는 동서 1리(里) 33정(町)[7.53km], 남북 3리 12정[13.09km], 면적 1,512만 평(2,254방리)으로 시구(市區) 개정을 실시하여 근대적인 대건축물이 연이어 만들어졌다. 옛 조선의 조악한 모습은 완전히 사라졌으며, 주요 가로는 남대문통(南大門通), 태평통(太平通), 영락정(永樂町), 약초정(若草町)의 각기 큰 길이 남북으로 통하고 거기에 종로, 황금정(黃金町)

의 큰 길이 교차하고 있다. 이들 큰 도로는 단단한 아스팔트의 일본의 대도시를 보는 것처럼 훌륭하고, 인도와 차도의 사이에는 가로수의 녹음이 음영을 만들고 있다. 조선총독부의 새로운 시정(始政) 이후 시가지는 주로 서쪽과 남쪽으로 팽창하였는데, 인가(人家)가 이미 신·구 용산의 시가로 이어지면서 이 방면의 성벽은 전부 철거되었고, 홀로 남대문의 높은 누각만이 옛 성의 안팎을 알리는 기념물로 남아있다. 일본인 가옥은 이 남대문 안쪽의 본정(本町)과 남대문통을 중심으로 용산 쪽의 도시 동남부로 뻗쳐나갔고, 조선인 가옥은 종로를 중심으로 대부분 북서부에 집중되어 있는데, 실로 아직도 이곳은 조선 마을과 같은 정취를 풍기고 있다. 그 외에 수표교 부근에는 중국인이 많고, 또한 정동 부근에는 영·미·러의 영사관을 비롯해 서구인의 주택이 모여들어 조용한 지역을 이루고 있다.

시가에는 전차·자동차·상하수도·전화·전등·가스(瓦斯) 등의 도시시설을 비롯해 극장과 활동사진 상설관, 공연장 등의 오락기관, 기타 근대도시로서 설비가 모두 갖추어져 있다. 인구 약 27만 명(일본인 7만 3,000, 조선인 19만 4,000, 외국인 3,000)으로 도시가 번성해 있어 조선 제일의 대도시라는 명성에 어울린다.

○ 시내의 교통

- 전차: 시내(용산 포함) 5전 균일, 교외 별도로 5전 균일.
- 자동차: 대절(貸切) 30분 4원, 1시간 6원, 반일 약 18원, 1일 약 30원. 교외로는 정기 운행의 승합자동차가 있다.
- 인력거: 전세 1시간 70전, 반일 2원 50전, 1일 4원.
- 승합자동차·마차 및 인력거 운임(경성역 출발).

승합자동차		인력거
조선은행까지	25전	30전
조선호텔 앞까지	30전	35전
경기도청 앞까지	35전	45전
총독부 앞까지	35전	45전
총독부의원 앞까지	70전	80전
중앙시험소 앞까지	75전	70전
황금정·영락정 교차로까지	35전	35전
광희문 앞까지	65전	80전

* 마차의 요금은 인력거와 동일

- 호텔: 조선호텔(철도국 직영, 장곡천정[長谷川町]), 숙박요금 미국식(1박 3식) 8원 이상, 유럽식(숙박) 3원 이상.
- 여관

  천진루(天眞樓): 남산정(南山町).

  경성호텔·파성관(巴城館)·야마모토여관(山本旅館)·우라오여관(浦尾旅館)·아라이여관(荒井旅館)·기요미쓰여관(清光旅館): 본정(本町).

  시라누이여관(不知火旅館): 욱정(旭町).

  하라카네여관(原金旅館): 수정(壽町).

  오나리여관(御成旅館)·사쿠라야여관(櫻屋旅館)·쇼후쿠여관(笑福旅館)·우메야야관(梅屋旅館)·다이토여관(大東旅館): 남대문 밖.

  아사히여관(旭旅旅館): 영락정(永樂町).

  비젠야여관(備前屋旅館): 장곡천정(長谷川町).

  후타미여관(二見旅館)·봉래여관(蓬萊旅館): 경성역 앞.

  태양관(太陽館)·히노모토여관(日の本旅館): 용산역 앞.*각기 숙박요금 1박 2식(팁 폐지): 3원~7원.

• 요리점

지요모토(千代本)·가게쓰(花月)·남산장(南山莊)·교키쿠(京喜久)·지토세(千歲)·하쿠스이(白水)·세이요켄(靜養軒) 등은 일본 요리.

명월관(明月館)·식도원(食道園)·국일관(國一館) 등은 조선 요리.

금곡원(金谷園)·사해루(四海樓) 등은 중국요리.

제3절 시내 관람

1) 당일 여정 시내 관람 순서

○ 전차를 이용하는 경우

정거장(경성역, 도보)→남대문(도보)→조선신궁(도보)→남산공원(도보)→영락정(永樂町, 전차)→창덕궁→창경원(점심, 전차)→파고다공원(전차)→경복궁(도보)→미술품제작소(도보)→조선은행 앞(저녁 식사 후 본정의 야경 구경).

○ 자동차를 이용하는 경우

정거장(자동차)→남대문(자동차)→조선신궁(자동차)→남산공원(자동차)→상품진열관(자동차)→미술품제작소(자동차)→경복궁(자동차)→파고다공원(자동차)→창덕궁→창경원(자동차)→중앙시험소(자동차)→장충단(장충단에서 돌아와 저녁 식사 후 본정의 야경 구경).

새롭게 경성의 현관을 장식할 예정인 경성역

○ 경성역(京城驛)

경성역은 조선 제일의 대도시로 경성부의 바깥 현관이고, 그 위치는 옛 성벽의 남대문 밖, 지금은 시가의 중앙부에 해당한다. 북쪽으로는 경성의 중심 시가, 남쪽으로는 용산 시가를 두고 있어 마치 엎어져 있는 표주박을 묶은 곳에 있다. 역 앞쪽에서 전차가 두 시가지로 통하고 자동차·마차·인력거 편이 마련되어 있어 시내의 교통에 부족함은 없다. 역 청사를 보면 임시 건축이지만, 그 옆에 신축 역사의 공사를 서두르고 있다. 신축 역사는 르네상스식의 석재 벽돌을 병용한 철근 콘크리트 건축으로 바깥면은 2층 구조, 승강장 쪽은 3층 구조이며, 주 건물 전면의 폭은 77칸[140m], 총 연건평 1,750여 평. 중앙의 큰 출입구는 승차객의 통로이고, 맞은 편 오른쪽 끝에는 하차객의 통로, 왼쪽의 현관은 특별 출입구, 2층의 오른쪽에는 사무실, 왼쪽에는 식당이 갖추어져 있으며, 플랫폼은 1층 아래로 내려가게 되어 있다. 약 3년의 기간과 140만 원의 경비를 투입하여 올해 가을에 준공될 예정이다. 역을 출발해 북쪽으로 경성의 시내를 관람할 수 있다.

○ 남대문(南大門)

남대문의 누각은 경성역에서 몇 백 미터 앞, 남대문통의 중앙에 우뚝 솟아 있다. 본명은 숭례문(崇禮門)이라고 한다. 부근의 당당한 서양식 대건축물 사이에 홀로 오백 년의 이끼를 개의치 않고 위엄있게 동양 예술의 정수를 보여주고 있다. 문은 경성의 8개 성문 중의 하나로 동대문과 함께 가장 훌륭한데, 동대문보다 한층 더 기교가 정교하고 연대도 조금 더 오래되었다. '분로쿠(文祿)'[임진왜란] 때 고니시 유키나가(小西行長)가 동대문으로 입성하여 각각의 문을 지키고 있었고, 그것보다 하루 늦게 가토 기요마사(加藤清正)가 남대문에 도착하였는데, [기요마사는] 고니시(小西)의 병사가 벌써 문을 지키고 있다는 것을 알고 도성 입성의 선수를 빼앗긴 것에 울분을 참지 못하여 끝내 성 밖에 진을 치고 문으로 들어가지 않았다고 한다. 남대문을 나가면 남대문통과 태평통의 큰길로 나뉜다. 또 오른쪽 산으로 향하는 큰 도로는 조선신궁(朝鮮神宮)으로 참배하러 가는 바깥쪽의 길(表參道)이다.

○ 조선신사(朝鮮神社)

옛 성벽을 따라 381단의 돌계단을 거슬러 올라가며 정면에 높은 관폐대사(官弊大社)[1] 조선신궁의 가쓰오기(勝男木)[2]를 볼 수 있다. 제신은 황태신(皇太神, 天照大神)과 메이지천황(明治天皇) 2주(柱)이다. 황송하게도 반도진호(半島鎮護)의 주신으로 올해 가을에 영령을 받아들이는 것으로 되어 있다. 신사 앞의 외원(外苑)은 한양공원(漢陽公園)으로 삼면이 트여 있어 전망이 좋고, 시가지의 대부분이 발아래에 펼쳐져 있는데, 멀리 청량리의 숲과 한강의 긴 줄기도 손으로 부르면 될 것 같은 가까운 거리에 보인다. 외원에서 노송 밑으로 펼쳐진 뒤쪽의 참배 길을 내려가면 길은 자연히 남산공원으로 이어진다.

○남산공원(南山公園)

조선신궁에서 남산공원으로 가는 도중에 향사(鄕社)[3]인 덴만구(天滿宮)[4]가 있고, 그 앞에 경성신사(京城神社)가 있다. 언덕 위에 서 있는 창 모양의 비는 1894·95년 청일전쟁 후에 거류민이 세운 갑오전승기념비(甲午戰勝記念碑)이고, 그 기슭에 조선총독부의 청사가 있다. 그 주변 일대는 푸른 소나무가 우아하게 가지를 늘어뜨리고 있는데, 봄에는 벚꽃과 개나리꽃 그늘 아래로 산책하기에 아주 좋은 곳이다. 그중에서도 특히, 총독부의 후원은 속세에서 '벚나무 골짜기(櫻谷)'라고 하여 꽃이 피는 시기에는 일반에게 개방하고 있기에 봄날 밤에 놀러 오는 사람이 많다. 본원사(本願寺)와 총독 관저 앞을 지나 산에서 내려가면 이 부근 높은 대(臺)가 있다. 이곳

1 관폐대사(官幣大社)는 일본에서 관(官), 즉 조정이나 국가로부터 폐백(幣帛) 내지는 폐백료(幣帛料)를 지급받는 신사로서 가장 격식이 높은 신사를 말하며, 일본의 역대 천황이나 황족을 기리는 국가가 관리하는 신사(神社)이기도 하다.

2 '가쓰오기(勝男木)'는 신사 본전(本殿) 등의 마룻대 위에 가로로 놓은 장식 나무를 말한다.

3 원래 신사 사격(社格)의 하나로 현사(縣社)의 아래에 있고, 촌사(村社)의 위에 있으며, 향촌의 향토신을 모시는 신사이다.

4 덴만구(天滿宮, 천만구)는 일본 헤이안시대(平安時代)의 귀족인 동시에 정치가로서 이름이 높은 스가와라노 미치자네(菅原道眞)를 제신으로 삼는 신사를 말한다.

남산공원에서 바라본 경성시가

은 '분로쿠(文祿)의 역'[임진왜란] 때 마시타 나가모리(增田長盛)와 오타니 요시쓰구(大谷義隆)가 진을 쳤던 흔적이 있기 때문에 지금까지도 왜성대정(倭城臺町)이라는 명칭이 전해지고 있다.

○ 본정(本町)

본정은 남산 기슭으로 이어진 경성에서 최고로 번성한 시가로 양측에는 일본인 상점들이 늘어서 있고, 그곳의 도로 폭은 좁으며 왕래하는 사람들이 실올 같이 빽빽하여 오사카 신사이바시(心齋橋)의 중심가를 떠올리게 한다. 1정목(丁目)부터 5정목에 걸친 본정 중심의 기다란 길의 북쪽 끝에는 유곽이 있는 신정(新町), 남쪽 끝은 조선은행 앞의 대광장이다. 이 광장에서 욱정(旭町)·남대문통·장곡천정(長谷川町)·본정의 대소 가로가 방사형으로 뻗어 있다. 또한 부근에는 조선은행·상업은행·상업회의소·조선호텔 등 시내 굴지의 대 건축물이 옹립해 있으며 갈림길의 미관이 구미 도시와 견줄만하다.

○ 상품진열장(商品陳列場)

상품진열장은 본정 2정목에서 갈 수 있다. 이곳은 조선총독부 식산국(殖産局)이 관리하는 곳으로 주로 조선의 생산품을 진열하고 참고품으로 일본제품도 선보이고 있다. 진열품에 관한 질의응답, 생산품에 관한 조사 등의 의뢰에도 응하고 있다. 생각건대, 가장 중요한 상품소개 및 조사기관으로 조선 생산계의 일반을 알고자 하고, 또 상품의 판매 확장을 모색하는 사람이라면 꼭 한번 방문해야 하는 곳이다.

○ 조선호텔

조선호텔은 객실의 수가 80개 이상으로 식당·바(酒場)·연예장(演藝場)·독서실 등의 설비를 모두 갖추었고, 그 규모가 광대한 동양 유수의 큰 호텔로 당국[조선총독부 철도국] 직영 하에 내외 여객의 이용을 기다리고 있다. 호텔의 후원(後園) 로즈가든은 고려시대 목멱성(木覓城)이 있던 자리이고, '분로쿠(文祿)'[임진왜란] 때에는 우키타 히데이에(浮田秀家)의 진지였다. 또한 이왕 전하의 즉위식을 거행한 환구단(圜丘壇)[5]도 이곳에 있다. 후원에는 당시의 유물인 일화루(一畵樓)[6]를 중앙에 두고 주위에 정원을 만들었는데,

5 환구단(圜丘壇)은 천자가 하늘에 제사하는 곳으로 일명 환단(圜壇)이라고도 한다. 1967년 7월 15일에 사적 제157호로 지정되었는데, 일제강점기인 1914년 '조선철도호텔(조선호텔)'을 건립하면서 환구단이 철거되었고, 현재는 신위를 모셨던 황궁우(皇穹宇)만 남아있다.

6 원문에는 '일화루(一畵樓)'라고 표기하고 있는데, 정확한 명칭의 유래는 알 수 없으

여름철에는 더위를 식히기 위한 손님들을 위하여 공개하고 있다.

○대한문(大漢門)

호텔에서 태평통(太平通)으로 나오면, 그곳에 대한문(大漢門)이라는 편액이 걸린 적색의 큰 문이 있는데 덕수궁의 정문이다. 궁은 원래 경운궁(慶運宮)으로 불렀으며, 고 민후(閔后[명성황후])의 사저였던 곳이었는데, 고 이태왕 전하의 러시아공사관 잠행[아관파천(俄館播遷)]이 발생한 후에 정궁(正宮)을 이곳으로 옮겨 약 9년간 반도 행정기구 발동의 근원이 된 장소로서 세상 사람들에게 널리 알려진 곳이다. 궁궐 안에 있는 서양풍의 석조전(石造殿)은 황태자 전하가 오셨을 때 숙소 등으로 이용되고 있다. 궁의 후방 정동(貞洞)에는 영·미·러의 총영사관을 비롯해 외국인의 주택이 많아 일명 '리게이션 스트리트(공사관 거리)'라고 한다. 고등법원·중추원 등이 이곳에 있다.

○미술품제작소(美術品製作所)

태평통을 나아가면 왼쪽에 미술품제작소가 있다. 이곳에서는 금·은·옥석 등에 조선의 디자인을 장식하여 그것을 진열장에 공개하고 일반에 판매하고 있다. 이곳은 원래 이왕직(李王職)의 소관이었으나, 지난해 민간에 매각되어 회사조직으로 경영되고 있다. 종로의 전차 노선을 가로질

나 아마도 황궁우(皇穹宇)로 추정된다. 대한제국이 '병합'되어 '황(皇)'자를 사용할 수 없고, 또 황궁우는 대한제국의 고종황제가 세워 하늘에 제사 지낸 환구단의 부속 건물로서 하늘과 땅의 모든 신령의 위패(位牌)를 모신 곳이기에 '황궁우'라는 건물 명칭을 일부러 사용하지 않은 것으로 보인다.

러 광화문통으로 가면 법학전문학교·경관강습소·경기도청·체신국·저금관리소·조선보병대 등이 양쪽에 늘어서 있고, 거리의 정면에는 경복궁의 정문인 광화문이 서 있다.

○경복궁(景福宮)

경복궁은 백악의 남쪽 기슭에 위치하고 조선의 태조가 창건한 것을 '분로쿠의 역(文祿の役)'[임진왜란] 때 가토(加藤)·고니시(小西) 선봉의 입성에 앞서 난민들 때문에 잿더미로 변한 이래 200여 년간 폐허 상태로 있었던 것을 60년 전 섭정이었던 대원군이 당대의 민력(民力)을 모두 사용하여 재건한 것이다. 문으로 들어가면 총독부에서 새로 건축 중인 화강석으로 만들어진 웅장하고 아름다운 청사가 우뚝 솟아 있다.

왼쪽으로 우회하면 안쪽에 박물관이 있다. 박물관의 계단 아래 내벽은

경성 경복궁 경회루

경주 불국사 석굴암을 본떠서 만들었으며, 양쪽 끝 계단 위에는 삼한의 발굴물, 신라의 불상, 고려의 도기, 조선시대의 회화·묵적(墨蹟) 등을 진열하고 있다. 박물관의 옆쪽에는 옛 궁전의 대소 건물이 늘어서 있는데, 그중에서도 가장 용마루가 높고 큰 건축물이 주전(主殿)인 근정전으로 옛날 조근(朝覲)[7]의 대례가 행해진 유적을 그대로 가지고 있다. 경회루는 동서 19칸[34.55m], 동북 15칸[27.27m] 높이 15척[4.55m]의 석주(石柱) 48개로 이루어진 커다란 누대(樓臺)로 이루어졌고, 계단의 위아래는 군신의 연회장으로 사용된 곳으로 조선 후기 대표적인 조선 건축의 하나이다. 경회루와 근정전 사이의 수정전(修政殿)이라는 궁전에는 지난해 오타니 고즈이(大谷光瑞)[8]가 수집한 티베트의 발굴물이 진열되어 있다. 경복궁 관람을 끝내고 전차로 종로통의 동쪽으로 가면, 남대문통과의 교차점에 보신각이 있다.

○ 보신각(普信閣)

보신각 안에 있는 커다란 종은 높이 1장(丈)[3.03m], 둘레 2장[6.06m] 정

7 조근(朝覲)은 신하가 조정에 나아가 임금을 뵙는 것을 말함.

8 오타니 고즈이(大谷光瑞, 1876~1948)는 일본의 종교가로 1903년에 아버지의 뒤를 이어 일본 정토진종 니시혼간지(淨土眞宗 西本願寺)의 22대 법주가 되었으며, 법명(法名)은 교뇨(鏡如)였다. 런던에 유학한 후 27세 때 중앙아시아 1차 탐험(1902~1904)을 시작하여 1914년까지 총 3차례의 탐험을 경험했다. 둔황(敦煌) 등지에서 예술품들을 구매하거나 약탈하여 소장하고 있었는데, 니시혼간지의 파산으로 그 일부를 일본의 재벌인 구하라에게 팔았고, 이후 1916년에 구하라의 친구인 데라우치가 총독으로 부임하자 조선총독부에 기증되었다. 이 물품들은 해방 후 한국 국고에 귀속되어 현재는 국립중앙박물관에서 관리하고 있다. 오타니의 소장품은 무려 5,000점이나 되는데, 그 중 1/3은 일본에, 나머지 1/3은 한국에, 나머지는 중국 뤼순(旅順)에 분산되어 있다.

도로 지금으로부터 440여 년 전인 조선 1789년(정조13)에 주조되었다. 원래는 남대문의 누각 위에 설치되어 아침저녁으로 각 성문의 개폐의 시각을 알리는 용도로 사용되었던 것이다. 종로통은 경성부 안에서 가장 번화한 조선 거리로 조선시대에는 관상(官商)이 이곳에서 줄지어 가게를 열었던 성의 큰 거리였다.

○ 파고다공원

파고다공원으로 통하는 탑동공원(塔洞公園)은 보신각 앞 종로통에 있다. 이곳은 대원각사(大圓覺寺)가 있었던 터로 공원 내에는 유명한 13층의 한수석탑(寒水石塔)이 있다. 탑은 원(元)의 순제(順帝)가 고려 충순왕(忠順王)에게 보낸 것이라고 전해지고 있지만 그 이야기는 확실하지 않다. 아무튼 600년 가까이 지난 희귀한 옛 탑으로 둘레 한 면에 불상 등을 조각하였는데, 석질과 기교의 모든 면에서 보기 드문 일품이다. 지금 그 상층의 3기(基)가 바닥에 놓여 있는데, 전해지는 이야기로 '분로쿠(文祿)'[임진왜란] 때 당시 가토 기요마사가 이 탑을 일본으로 가지고 가려 하였다가 운송의 어려움으로 인해 중지하였다고 한다. 이 외원 안에 있는 대원각사의 비도 훌륭한 예술품이다.

○ 창덕궁(昌德宮)

창덕궁의 정문 돈화문은 공원에서 조금 더 종로통을 지나간 수은동(授恩洞)의 안쪽에 있다. 궁은 조선 3대 태종 때인 1405년(태종5)에 이궁(離宮)으로 건축된 것으로 그 후 여러 차례 화마를 입었고, 현재의 건물은 '분로쿠(文祿)의 역(役)'[임진왜란] 후에 재건되어 1912년 이래 이왕 전하의 거전(居

경성 창덕궁 창경원의 일부

殿)이 되고 있다. 돈화문으로 들어가면 오른편에 이왕직이 있고, 왼편에 우뚝 솟아 있는 인정전(仁政殿)과 이어서 선정전(宣政殿), 안쪽 깊은 곳에 일상의 생활 공간인 대조전(大造殿)이 있다. 궁에서 돌아 나와 종로 4정목에서 왼쪽으로 꺾어서 전매국 연초공장, 총독부의원 앞을 지나면 창경원이 있다.

○ 창경원(昌慶園)

창경원은 창덕궁의 일부로 원내(園內)에 이왕직 소관의 박물관, 동·식물원 등이 있으며 이 부분만 일반에 공개되고 있다. 이 곳은 원래 수강궁(壽康宮)이라 불린 궁궐터인데, 문을 들어가서 정면에 있는 명정궁(明政宮)은 고려 말기의 건물로 궁전의 동쪽에 세워져 있다는 점, 또 경성에서 제일 오래된 건축물이라는 점에서 고고(考古)에 흥미가 있는 사람들의 주의를 끌고 있다. 명정궁을 포함하는 원의 중앙부에는 박물관이 있고 정원 안에는 여기저기에 여러 동(棟)의 옛 전각 터가 있다. 약간 높은 곳에 본관이 있고, 신라시대 이래의 옛 기물(器物)·불상·무구(武具)·서화 등 반도 고금 문화의 일단을 엿보기에 충분한 좋은 자료를 각 동에 구분하여 진열하고 있다.

동물원과 식물원은 박물관의 좌우로 나뉘어 있으며, 두 곳 모두 진기한 동·식물을 수집하고 있다. 소나무와 벚나무의 고목이 숲을 이루고 있는 원의 안쪽 한 곳에는 열대식물의 향내가 넘치는 온실이 있는가 하면, 다른 곳에는 맹수가 포효하는 우리가 있다. 봄에는 꽃, 가을에는 단풍이 있어 시민들은 이곳을 더할 나위 없는 가장 좋은 행락지로 생각하고 있다. 다만, 목요일은 입장 할 수가 없다. 식물원에서 안쪽 궁전의 배후에 있는 것은 응봉(鷹峰)으로 구릉이 늘어져 있고, 고목의 녹음이 우거져 어두운데 샘물이 뿜어져 나오는 곳에 괴상하고 기이한 바위가 있다. 누각과 연못의 정자들이 여기저기 흩어져 있는데, 참으로 그윽하고 심오한 경지를 이루고 있다. 명성이 자자한 창덕궁 비원이 이곳으로 이 지역은 특별히 이왕직의 허가를 받지 않으면 들어갈 수 없다.

○경학원(經學院)

경학원은 창경원 앞에서 북쪽으로 약 10정(丁)[1.09km][9] 떨어진 곳에 있다. 이곳은 문묘 중심의 유림 학당으로 문묘에는 공자를 중심으로 하여

9 '정(丁)'과 '정(町)'은 길이를 나타낼 때는 같은 의미로 사용된다. '정(丁/町)'은 거리의 단위로 1정은 60칸(間)인데, 360척(尺)에 해당하며 약 108m이다. 이후 '정(丁/町)'의 거리를 미터법으로 표시할 때의 계산은 이 기준에 따른다.

안자(顔子)·사자(思子)·증자(曾子)·맹자(孟子) 등의 성철(聖哲)을 제사 지내고 있다. 조선 태조가 창건하였는데 건물은 그 후 화재로 인해 개축되었지만, 역대의 전사(典祀)는 끊임없이 이어져 왔으며, 지금도 매년 봄과 가을 2회 거행되고 있는 석전제(釋奠祭)[10]는 조선 연중행사의 하나가 되었다. 그리고 가장 고전적인 조선의 고악(古樂)이 이 곳에 전해지고 있다. 본정선(本町線) 전차로 돌아와 종로에서 동대문으로 향해 다음 정류장에서 하차하여 왼쪽으로 10정[1.09km] 정도를 가면 오른편에 중앙시험소가 있다.

○중앙시험소(中央試驗所)

중앙시험소에는 고등공업학교와 공업전습소도 같은 구내에 있다. 각종 공업의 실습실과 함께 제작된 생산품의 진열장 등도 부탁해서 참관할 수가 있다. 길을 돌아 나와 종로로 더 들어가면 동대문의 고루(高樓)가 있다. 성 밖에는 유명한 조선시장과 관우를 제사하는 동묘(東廟)가 있다. 전차를 타고 동대문에서 교외의 청량리로 가는 것과 오른편으로 꺾어 성내의 지역에서 황금정(黃金町) 거리로 나가는 2개 노선으로 나뉘는데, 황금정 거리에 이르면 또 왕십리 노선으로 갈라진다. 그 분기점에 구 한국시대의 연병장 훈련원이 있다. 지금은 광장이 되었지만, 전차가 통과하는 동쪽은 '경성부설 운동장'이 되어 야구장과 트랙 등의 설비가 일본에도 뒤지지 않는다. 훈련원에서 남쪽으로 남산의 북쪽 기슭으로 향하면 장충단공원이 있다.

10 매년 음력 2월과 8월의 상정일에 문묘에서 공자를 비롯하여 4성 10철 18현을 제사 지내는 의식.

○장충단공원(奬忠壇公園)

이 공원은 왕년에 한국 사졸의 위령제를 거행하는 초혼장(招魂場)이었다. 남산 북쪽 기슭의 소나무의 푸르름을 등에 업고 시냇물과 구릉이 있으며, 시전(市廛)에서 그리 멀지 않으면서도 들판의 정취를 잘 보존하고 있어 봄과 가을에 계절이 교차하는 시기에는 방문하여 산책하는 시민들이 많다. 이곳에서 언덕 하나를 넘으면 신정(新町)이 나오고 거기에서 나아가 대화정(大和町) 안쪽의 남산 기슭으로 가면, 1894년 무렵 오토리(大鳥)[11] 공사가 한국 정부의 중신과 회동하여 시국에 대해 상의를 거듭한 산장의 노인정(老人亭)이 있다. 부근 남산의 산기슭 깊은 산골짜기에는 바위 위에 소나무가 기이하게 휘어져 있는 곳이 있는데, 시정이 넘쳐나서 한번 가볼 만한 가치가 있다.

○훈련원(訓鍊院)

훈련원에서 전차를 타고 황금정 길을 이용해 돌아온다. 길의 4정목 본정(本町) 전차선과의 교차점 부근에는 활동사진관과 '조선 연극(朝鮮芝居)' 등이 있어 반주 음악과 화려한 그림 간판이 오고 가는 사람의 마음을 흔

11 원문에는 '오시마(大島)'로 표기되어 있으나, 이것은 '오토리(大鳥)'의 오기이다. '오토리(大鳥)'는 오토리 게이스케(大鳥圭介, 1833~1911)로 일본의 정치가이며, 주한특명전권공사(駐韓特命全權公使)를 역임한 인물이다. 1894년 조선에서 갑오농민전쟁이 발발해 명성황후 세력이 청에 구원병을 요청하자, 오토리는 재차 조선으로 건너왔다. 이때 조선 정부의 요청이 없었음에도 불구하고 일본은 대부대를 상륙시켜 청나라와의 전쟁을 도발하였고, 7월 23일 왕궁을 습격했다. 이어 조선에 압력을 가해 김홍집을 수반으로 한 친일 개화파 정권의 수립을 후원하였다. 10월에 귀국하여 추밀원 고문관이 되었고, 1895년 훈1등(勳一等)에 서품되었으며 1900년 남작 작위를 받았다.

들고 있다. 황금정(黃金町) 거리는 그대로 남대문 거리와 교차한다. 이 근방에는 동양척식회사·일본생명보험회사·미쓰이물산회사(三井物産會社)·스즈키상점(鈴木商店)·제일은행 등의 각 지점, 그리고 식산은행과 기타 은행·회사·상점 등 우러러볼 훌륭한 건축물이 즐비하다.

2) 교외 관람

- 동쪽: 청량리·동구릉(東九陵)·금곡릉·우이동·남한산.
- 서쪽: 공덕리(孔德里)·마포.
- 남쪽: 용산·한강·봉산공원(鳳山公園).
- 북쪽: 세검정·천연정·독립문·북한산·벽제관.

○청량리(淸涼里)

청량리는 동대문에서 전차로 간다. 이곳은 경성의 동남쪽 교외를 우회하고 있는 경원선(京元線)의 청량리역 소재지이다. 이 부근 도로의 양측에는 버드나무가 푸른 잎사귀를 드리우고 있으며, 기복이 있는 구릉에는 소나무가 무성하여 상쾌한 것이 청량(淸涼)이라는 이름에 어긋나지 않는다. 큰길을 따라 제국대학과 농업학교가 있고, 숲속에는 청량사(淸凉寺) 등이 있다. 영휘원(永徽園)[12]은 원래 고 이태왕 전하의 왕비 민비(閔妃)의 능

12 영휘원(永徽園)은 현재 서울 동대문구에 있는데, 고종의 후비로 조선 마지막 황태자 영친왕의 어머니 순헌귀비(純獻貴妃) 엄 씨(嚴氏)의 원(園)이다. 이곳에는 원래 고종의 비인 명성황후(明成皇后) 민 씨(閔氏)의 능인 홍릉(洪陵)이 있었다. 1919년 고종이 붕어했을 때 경기도 양주군 미금면 금곡리(현 남양주시 금곡동)로 묘를 옮겼지만, 아직도 이곳은 '홍릉'이라 불리고 있다. 순헌귀비는 1859년에 입궁해 명성

묘였던 곳으로 통상 '왕비의 무덤'으로 통하였는데, 이태왕 전하가 붕어하신 후에 이태왕의 묘소인 금곡으로 개장하여 지금은 진(晋)[13] 전하가 조용히 잠들어 있다. 그곳에서 더 안쪽으로 들어가면 임업시험소가 있는데, 교외의 산책지로서 봄과 가을에는 많은 사람들이 찾아가는 곳이다. 또 가도를 1리[3.93km] 정도 가면 골프장과 스케이트장이 있다.

○ 동구릉(東九陵)

동구릉은 청량리에서 춘천 가도로 나아가 망우리의 고개를 넘어 왼쪽으로 10정(丁)[1.09km] 정도 위치에 있다. 구릉 산 중턱의 노송이 울창한 사이에 조선 태조 이하 7왕, 2비의 무덤이 있다. 구릉이 거듭해서 겹쳐 있고 시냇물은 나무 그림자 사이로 졸졸 소리를 내며 흐르니 유수의 경지를 이루고 있다.

○ 금곡릉(金谷陵)

금곡릉은 경춘가도에서 더 나가 2리[7.85km] 정도의 금곡읍에 있으며, 고 이태왕 및 왕비[명성황후]의 능묘 소재지이다. 동구릉과 금곡릉 모두 경성에서는 춘천행 승합자동차를 도중까지 이용할 수 있고, 또한 특별히

황후가 을미사변으로 시해당하자 아관파천(俄館播遷) 때 고종을 시봉(侍奉)하였으며, 1897년 영친왕을 낳고 1903년 귀비로 책봉되었다. 엄귀비는 양정의숙·진명여학교·명신여학교의 설립에 참여하는 등 근대 여성의 교육 발전에 기여했다.

13 이진(李晋, 1921~1922)은 대한제국의 황족으로 일제강점기 이왕가의 원손이자 영친왕의 장남이며, 이구의 형이다. 영친왕과 이방자 사이에서 태어났으며 큰아버지인 순종 황제 생전에 출생한 왕세손이었으나, 생후 1년도 안 되어 병으로 사망했다.

요금을 내면 능 앞까지 자동차를 타고 갈 수 있다.

○ 우이동(牛耳洞)

우이동은 경성 동소문 밖 경원가도 2리[7.85km] 정도의 거리에 있는데, 경원선 철로를 이용하면 창동역에서 30정(町)[3.27km] 정도의 거리에 있다. 뒤로는 북한산의 준봉을 업고 있으며, 여기저기 기이한 암석이 있는 계곡에는 시냇물이 졸졸 흐르고 있어 경치가 매우 뛰어나다. 홍양호(洪良浩)[14] 씨가 은거했던 곳으로 속세를 벗어난 경지로서 홍 씨가 일본에서 옮겨심은 벚나무가 숲을 이루었고, 마침내 벚꽃의 명소가 되어 꽃이 피는 계절에는 시민들의 형형색색의 옷과 모자가 모여 홍진의 세상으로 변하였다. 우이동의 앞 10정(丁)[1.09km] 정도 떨어진 곳에도 가오리(加五里)라고 불리는 벚꽃의 명소가 있다.

○ 남한산(南漢山)

남한산은 전차의 종점 왕십리에서 5리[19.64km] 정도 떨어진 곳에 있다. 지금의 광주읍(廣州邑)이 바로 이 남한산으로서 경성에서는 승합자동

14 홍양호(洪良浩, 1724~1802)는 평안도 관찰사, 이조판서, 홍문관·예문관 양관(兩館)의 대제학을 지낸 인물로 본관은 풍산(豊山)이며, 이조판서 홍경모(洪敬謨)의 할아버지이다. 1747년 진사시에 합격하였고, 1752년 정시 문과에 병과로 급제하였다. 1777년에 홍국영(洪國榮)의 세도정치가 시작되면서 경흥부사로 밀려났다가 홍국영이 실각하자 1781년 한성부 우윤이 되었다. 사간원 대사간, 사헌부 대사헌, 평안도 관찰사, 이조판서 등을 거쳐 1799년에는 홍문관·예문관 양관(兩館)의 대제학을 겸임하는 최고의 영예를 지냈다. 특히, 1764년에는 일본에 가는 통신사(通信使) 일행에게 부탁해 벚나무 묘목을 들여다가 서울 우이동에 심어 뒷날의 경승지를 이루게 했다고 한다. 1801년 판중추부사로 물러났다가 이듬해 79세의 나이로 사망했다.

차 편이 있다(수표정[水標町] 출발로 운임은 2원 30전). 산은 백제 초기의 왕도였으며, 그 유적으로 전해지고 있는 성벽 등이 여기저기에 흩어져 있다. 또 조선 16대 인조가 청 태종의 공격을 당하여 한 때 일시적으로 이 산으로 피난하여 40여 일 농성한 후에 항복한 옛 전쟁터이기도 하다. 산 정상의 서장대(西將臺)는 해발 1,600척[484.85m]의 고지로 높은 대에서는 경성과 용산 시가를 발아래로 볼 수 있다. 인조의 행궁 및 기타 옛 궁전은 그대로 현재 군청과 우편국 등의 관공서로 사용되고 있으며, 이 지역 일본 여관의 입구에도 유안청(維安廳)이라고 하는 예스럽고 우아한 현판이 걸려 있다. 기타 주필암(駐蹕岩)·현절사(顯節祠)·헌릉(獻陵)·선릉(宣陵)·정릉(靖陵)·장경사(長慶寺) 등 유서 있는 옛 유적이 부근에 많이 있다.

○ 공덕리(孔德里)

공덕리는 마포행 전차의 중간에 있는 촌락으로 한줄기 구릉을 경계로 구 용산 시가와 이웃하고 있다. 구릉은 노송이 울창하여 올빼미가 낮에 우는 고요한 곳인데, 이곳에는 대원군이 애당초에 묻혔던 묘지가 있다. 일찍이 대원군이 뜻을 품고 이곳에 산장을 만들어 은거한 지 30년이었는데, 때때로 용사(龍蛇)의 기를 뿜으며 조선 말기 천지를 뒤흔든 것으로 유명하다.

○ 마포(麻浦)

마포는 공덕리의 앞 한강 변에 있다. 한강 5항의 하나로 가옥이 1,000여 채가 있고, 조선인을 대상으로 한 일용물자의 출입이 활발하여 상업이 번창한 곳이다. 건너편은 율도(栗島)로 백사장이 이어져 있고 푸른 버드나무가 우거져 있어 삼복더위 때 더위를 식히기에 적합하다. 또한 하류로 1리[3.93km] 정도 떨어진 용암(龍岩) 부근은 그 풍경이 고요하고 경치가 좋은 지역으로 이 주변 일대는 투망·낚시 및 뱃놀이에 가장 좋다.

○ 용산(龍山)

용산은 경성역에서 남방 일대 시가지의 총칭이며, 그 위에 신·구 용산 두 개의 구역으로 나누어 불리고 있다. 경성역 앞에서 출발한 전차를 타면 연병정(錬兵町)에 이르러 두 곳으로 갈라진다. 오른쪽의 노선은 구 용산 시가를 관통하여 한강의 강기슭으로, 직진하는 선은 신 용산을 관통하여 마찬가지로 강기슭에 이른다. 전차의 분기점 부근에서 왼쪽의 산기슭 일대는 '분로쿠의 역(文祿の役)'[임진왜란] 때 가토 기요마사(加藤淸正)가 진을 쳤던 곳이며, 또한 지금의 육군창고 주변은 식량[쌀] 창고가 있던 곳이다. 구 용산의 시가는 옛날부터 배를 대던 용산진(龍山津)으로 번창하였던 곳이며, 그곳에는 도서인쇄회사(圖書印刷會社), 경성전기회사의 발전소, 가스 돔, 효창원(孝昌園), 도산유곽(桃山遊廓)[15] 등이 있다. 신 용산은 1904년 경의철도(京義鐵道)의 출발점이 된 이래로 철도 관련의 여러 기관을 비롯해 주택 등이 이곳에 들어섰다. 지난날 모래사장이었던 곳이 순식간에 시가지로 바뀌면서 육군의 여러 설비들과 서로 연결되어 발전했는데, 현재는 역사 깊은 구 용산의 번영을 능가하는 성황을 보여주고 있다. 이쪽에는 군사령부와 사단 및 여단 사령부, 보병 제78·79연대, 철도국, 철도

15 도산유곽(桃山遊廓, '모모야마유곽')은 1906년에 하타 야에몬(畑彌右衛門)의 주도로 조성되었다. 1914년 시구(市區)의 개정으로 명칭이 미생정(彌生町)으로 바뀌면서 미생정유곽(彌生町遊廓)으로 명칭이 변경되기도 했다.

공장, 용산역, 총독 관저(특별한 경우에 사용), 철도관사, 철도공원 등이 있다.

○ 한강(漢江)

한강은 조선 5대강의 하나로서 신·구 용산의 남대문 밖을 되돌아 흐르는데, 상류의 충주에서는 경기의 농산물을, 하류의 인천에서는 바다의 해산물을 경성에 반입하는 조선 선박의 수로로 이용되고 있다. 신 용산 해안에는 인도교가 있어 경성·부산 간 가도의 교통에 편리하다. 다리에서 구 용산 강기슭에 걸쳐 있는 강줄기는 봄과 여름에 투망을 던진다거나, 낚시를 즐기는 배와 보트가 떠 있으며, 겨울에 두껍게 깔린 얼음은 호쾌하기 그지없는 스케이팅의 활주장이 되고 있다.

○ 봉산공원(鳳山公園)

이 공원은 인도교를 건너서 맞은편 해안에 있는 산의 언덕에 조성된 공원이다. 아직 공원의 설비가 완전하지는 않지만, 벚꽃이 피는 봄부터 여름까지 이곳을 찾는 시민이 많다. 산으로 이어져 있는 한강신사(漢江神社)의 높은 곳에서는 남산 동남쪽 산기슭의 서빙고 부근을 전망할 수 있으며 경치가 매우 아름답다. 이곳에 인천 수도의 수원지가 있다.

○ 세검정(洗劍亭)

세검정은 경복궁의 뒤쪽 북문에서 언덕을 북쪽으로 약 10정[1.09km] 정도 내려가면 신라 무열왕이 고구려의 군대를 무너뜨린 옛 전쟁터인 탕춘대(蕩春臺)[16] 근처에 있는데, 시냇물의 물살이 세차고 가파른 낭떠러지에 세워져 있는 육각형의 정자이다. 조선 15대 광해군이 왕위를 찬탈하고 포학무도함이 밤낮으로 극에 달하자 능양군(인조)이 광해군의 폐위를 모의한 장소이다. 세검정은 당시의 반정 인사들이 맹세를 하면서 칼을 갈아 씻었다고 하는 것에서 그 이름이 유래되었다고 한다. 또한 이 근처에는 홍지문(弘智門)·칠간수(七間水) 등의 볼거리가 있다.

○ 천연정(天然亭)

천연정은 시내 의주통(義州通)에서 북쪽으로 몇 정(町) 떨어진 거리의 왼쪽 뒤편에 있는데, 1880년 '강화도조약[조일수호조규]'에 따라 외무대승 하나부사(花房) 공사가 입성하여 이곳을 처음 일본공사관으로 사용한 유서 있는 곳이다. 정자 앞에 연못이 하나 있는데 '노론(老論)의 연못' 혹은 '고서지(古西池)'라고 하고 가뭄에 비를 기원하면 그에 대한 응답이 있었다고 한다. 연못 안에 연꽃이 필 무렵에는 매우 아름다운 미관을 드러낸다.

○ 독립문(獨立門)

독립문은 천연정에서 몇 정 앞에 있다. 이 문은 청일전쟁 후에 중국과의 번속(藩屬) 관계를 끊고 조선이 독립국임을 선양하기 위하여 만든 기념문으로 지난 날 명나라 사신을 송영한 영은문(迎恩門)[17]에서 몇 칸 떨어진

16 서울특별시 종로구 신영동에 있으며, 1505년 연산군이 창의문(彰義門) 바깥의 고찰 장의사(藏義寺)를 철거하고 탕춘정(蕩春亭)이라는 정자를 지어 연회를 즐겼던 데에서 유래한다.

17 조선시대 명나라에서 오는 사신을 맞아들이기 위해 1536년 모화관 남쪽에 세운 문이다. 원래 명칭은 영조문(迎詔門)이었으나 1539년에 영조(迎詔)라고 하는 것은 한군데로 치우친 듯하다고 하여 영은문(迎恩門)으로 바꾸었다. 영은문은 1895년 2월에 사대주의의 상징물이라 하여 김홍집 내각에 의해 철거되어 현재 초석만 남아있다. 이후 독립협회의 주도로 성금이 모금되어 그 부근에 독립문

곳에 나란히 세워져 있다. 이 근방에 원(元)의 모화관(慕華館)을 고쳐 독립관이라고 칭한 건물이 있었는데 지금은 철거되었다.

○ 북한산(北漢山)

북한산은 경성의 북쪽에 검을 세워 놓은 듯한 준령(峻嶺)의 한 줄기가 바로 그것이다. 독립문에서 파발리(擺撥里)를 지나 산성의 서문까지 약 4리[15.71km]인데 이곳까지는 인력거로 갈 수 있다(북문의 세검정에서 올라가는 길도 있음). 이 산은 경성의 진산으로 삼한시대부터의 역사가 있고 조선시대에 들어와 진성(鎭城)이 설치되었는데 현재까지도 그 성벽이 그대로 남아 있다. 성내의 계곡 사이에 군데군데 민가가 있고, 또한 순사 주재소(駐在所)도 있다. 산중에는 이궁(離宮) 터와 중흥사(重興寺)[18] 빈터가 있고, 성벽을 따라서 올라가면 동장대(東將臺)·만경대(萬景臺) 등의 망루 터가 있다. 산이 전부 화강암으로 되어 있어 바위의 뼈대가 날카롭고 험준하기 그지없어 등반하려면 단단히 마음을 먹지 않으면 안된다. 산 정상에 백운(白雲)·인수(仁秀)·국망(國望)의 3개 봉우리가 정립해 있어 삼각산이라는 별칭이 세워졌다.

18 중흥사(重興寺)는 고려 말기 보우(普愚)가 중수한 사찰로 대찰(大刹)의 면모를 갖춘 것은 1713년에 북한산성을 축성한 뒤이다. 이 사찰은 승군이 주둔하였던 북한산성 안의 용암사(龍巖寺)·보국사(輔國寺)·보광사(普光寺)·부왕사(扶旺寺)·원각사(圓覺寺) 등 여러 사찰을 관장하여 승대장이 머물렀던 북한산성의 승영이었다. 승영 당시에는 대웅전을 중심으로 앞쪽에는 누각인 만세루(萬歲樓)와 나한전(羅漢殿)을 두었고, 동쪽에는 산신당(山神堂)이 있었다고 하며, 대웅전 안에는 삼존불상이 봉안되어 있었다. 1915년에 홍수로 무너졌으나, 2005년 지홍 스님이 주지로 부임하여 불사를 새로 시작하여 2012년 대웅전을 준공하였으며, 이후 불사가 계속 진행되어 2017년에는 만세루(萬歲樓)와 전륜전(轉輪殿), 2018년에는 도총섭(都摠攝)과 제2 요사채가 완공되어 옛 모습을 거의 회복하였다.

이 있다. 최고봉인 백운대(白雲臺)는 해발 2,600척[787.88m]이고, 가을에 단풍이 들면 그 경치가 아름다워 등산하는 사람이 많다.

○벽제관(碧蹄館)

벽제관이 있는 곳은 고양읍으로 의주통에서 4리[15.71km] 정도이고 도로가 평탄하며 승합자동차가 있다(의주통 출발 운임 1원 50전). 또 경의선 일산역(一山驛)에서 가면 2리[7.85km] 정도의 거리이다. '분로쿠(文祿)'[임진왜란] 당시 벽제관은 건물도 위치도 지금과 다르지만, 문에 걸었던 벽제관이라고 적혀있는 현판은 당시의 것이라고 한다. 1593년 정월 7일 고니시 유키나가(小西行長)가 평양에서 패하고 물러나자 명의 장군 이여송이 파죽지세로 남하하여 25일에는 경성에서 10리[39.27km] 떨어진 파주까지 밀고 내려왔다. 경성의 아군[일본군]이 두려움에 나서려는 자가 없었는데, 고바야카와 다카카게(小早川隆景)와 다치바나 무네시게(立花宗茂)는 수하의 병사 겨우 3만 5,000여 명으로 명의 대군을 맞아 싸웠다. 일반적으로 생각하면, 이 전투에서 아군이 승리할 수 없는 것이 분명했기 때문에 여러 장수들 중에는 이 무모한 전투에 놀라는 자가 많았다.

26일 미명에 다치바나 무네시게는 의주가도(義州街道)의 진지를 출발했다. 진군하다가 3리[11.78km] 떨어진 미근원(彌勤院) 앞쪽 창릉천(昌陵川)의 평야에서 먼저 척후병의 충돌이 시작되었고, 격전 5시간 끝에 필사적인 다치바나(立花) 군사에게 명군이 마침내 패하였다. 그때 추격해 온 무네시게(宗茂)가 평야의 반대편 쪽에 있는 구릉 여석현(礪石峴) 부근의 작은 산에서 잠시 쉬고 있었고, 파주에 있었던 이여송은 수하의 몇몇 병사를 이끌고 혜음령(惠陰嶺)을 넘어 고양까지 왔었는데, 뜻밖에도 퇴각하는 같은

편을 만나게 되어 이 군대를 이끌고 계속 전진해서 고바야카와(小早川)의 군대가 있는 전장에 도착한 것이 정오였다. 여석현과 농경지를 사이에 두고 서로 대치했던 구릉이 망객현(望客峴)인데, 오후의 전투는 이곳을 중심으로 일어났다.

현재 이 부근은 붉은 흙의 민둥산이지만, 당시 이곳은 호랑이와 이리가 서식하고 있을 정도의 삼림으로 아군은 이곳에 병사를 숨겼고, 정면의 군사는 퇴각하는 것처럼 적군을 유인하여 불의에 복병을 보내 적의 중심으로 돌격하였기 때문에 명군이 당한 낭패가 한둘이 아니었다. 아침이 되자 흐린 하늘에서는 비가 내렸고, 단검으로 무장한 명군의 기병은 빗속의 수전(水田)에서 행동의 자유를 잃어버려 오히려 자신의 군세를 교란하는 것과 같은 결과를 초래했다. 이 기회를 이용하여 장도로 무장한 일본군 보병은 거침없이 오가며 적을 무찔렀다. 오른편에 있는 다치바나군(立花軍), 왼편에 있는 우키타군(浮田軍)도 일제히 분전하니 전투는 정오부터 4시에 걸쳐 계속되었고, 명군은 마침내 모두 무너져 파주를 향해 패주했다. 부장(副將) 이유승(李有昇)이 전사하고 대장 이여송까지도 이노우에 고로베(井上五郎兵衛)의 창을 간신히 피했다고 할 정도로 무참하게 큰 패배를 당했다.

현재 벽제관의 뒤쪽 언덕에는 갑괘수(甲掛樹)라고 하여 장수 다카카게(隆景)가 휴식한 터가 남아있다. 이곳에는 구적보존회(舊蹟保存會)가 있어 요청하면 안내를 받을 수가 있다.

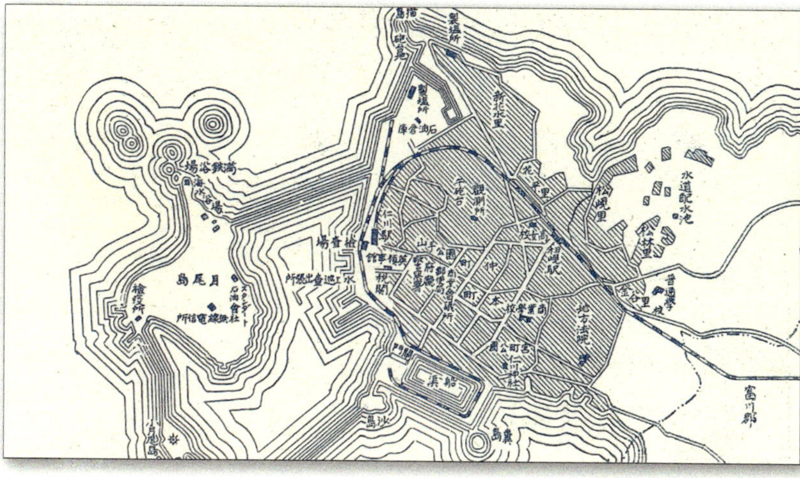

「인천부약도」

제2장 인천 안내

인천은 불과 50여 년 전까지 제물포라고 하는 황해안에서 하나의 작은 어촌에 지나지 않았었다. 대원군 섭정시대에 야소교(耶蘇敎)를 엄금하고, 신도 12만 인에 대한 종교 탄압을 행하여 프랑스와의 사이에 문제가 발생하기에 이르렀는데, 프랑스는 군함 7척을 이끌고 그 잘못을 따지기 위해 이 지역의 외항을 내습하였다[병인양요]. 1871년 양각도(羊角島)에서의 사건[제너럴셔먼호 사건][19]을 계기로 미국 함대 또한 그 잘못을 묻기 위해 전후 2회 내습하였고, 이어서 1875년에는 우리의 '운요호 포격사건'[20]이 일어났다. 지금까지 가까스로 '쇄국주의'를 고집하여 왔던 조선은 이때 처음으로 수교(修交) 조약에 조인했다. 그 후 경성에 사변[임오군란]이 일어났을 때에 하나부사(花房) 공사 일행이 여기에서 한국 선박에 목숨을 의지하여 영국함대의 도움을 받은 적이 있다. 다음 해인 1883년 1월 개항장이 되었다.

청일전쟁에서는 항구 바깥 풍도(豊島) 앞바다에서의 해전을 도화선으로 전쟁의 서막이 열려 오시마(大島) 여단이 이 항구로 상륙하였고, 러일전쟁에서는 러시아 함정 2척이 외항에서 격침되었으며, 기코시(木越)[21] 사단 또한 이 항구로 상륙했다. 셀 수 없을 정도로 일본과의 관계는 끝이 없지만, 그러는 사이에 인천은 놀라울 정도로 급속하게 번영해 나갔다.

인천은 부산·원산의 뒤를 잇는 오래된 개항장으로 그 지위는 흡사 도쿄와 요코하마 관계와 비슷하여 경성의 인후(咽喉)를 움켜쥐고 있는 것 같다. 항구의 안쪽에는 월미도가 옆으로 퍼져 있으며 그 안을 인천 내항이라고 부른다. 섬 밖에는 영종(永宗)·용유(龍流)·영봉(永峰)·무의(無依)·신도(信島)의 여러 도서(島嶼)가 늘어서 있어 하나의 커다란 만의 형상을 만들

19 '제너럴셔먼호 사건'은 1866년 8월 21일에 평양 군민들이 미국 상선 제너럴셔먼호(General Sherman號)를 응징하여 불에 태워버린 사건이다. 이 배는 대동강을 거슬러 올라가 평양에서 통상을 요구하다가 거절당하자 행패를 부렸는데, 이에 박규수의 지휘하에 관민들이 저항하여 배는 소각하였고, 선원들은 모두 처형했다. 이 사건은 신미양요의 원인이 되었다.

20 '운요호 사건(雲揚號事件)'은 '강화도 사건(江華島事件)'이라고도 말하는데, 1875년 9월 20일에 일본 군함 운요호가 불법으로 강화도에 들어와 측량을 구실로 조선 정부의 동태를 살피다가 조선 수비대와 전투를 벌인 사건이다. 이를 계기로 일본과는 이듬해 '조일수호조규'라는 불평등 조약을 체결하게 된다.

21 기코시 야스쓰나(木越安綱, 1854~1932)는 메이지시기의 일본 육군 군인으로 남작의 작위를 받았다. 1873년 교도단(教導團)에 입단하였으며, 1877년 '세이난전쟁(西南戰爭)'에 종군하였다가 부상을 당했다. 청일전쟁 때에는 제3사단 고급참모·참모장으로서 가쓰라 타로(桂太郎) 사단장을 보좌했으며, 그 후 가쓰라의 비호 아래 군무국장 등을 역임했다. 러일전쟁 때는 제5사단장을 맡았으며, 1912년에는 육군대신이 되었다.

고 있다. 이것을 내항과 구분하여 외항이라고 한다. 이곳은 황해(黃海)를 사이에 두고 중국 중부의 여러 항구와 상대하여 지형상 뛰어난 위치를 차지하고 있기 때문에 대중국 무역은 반도 개항장 중에서 제1위를 차지하고 있다.

인천은 삼면이 바다를 접해서 구릉에 의지해 시가를 형성하고 있으며, 거리는 활모양으로 가로선을 그리듯 좁고 길게 발달하였고, 세로선의 길은 매우 경사가 급하게 해안으로 이어져 있어 바다 위에서 보면 시가는 더할 나위 없이 아름답다. 해안선을 따라 시가에는 무역상이 많고 본정통(本町通)과 궁정(宮町) 부근은 이 지역 번화가의 중심이다. 또한 정거장에 가까운 '중국인 거리(支那町)'의 일곽은 이색적인 색채를 지니며 번성하고 있다.

- 인구: 약 4만 1,600 여명(내지인 1만 1,100, 조선인 2만 8,700, 외국인 1,800).
- 관공서·은행·회사: 부청, 지방법원지청, 세관, 관측소, 체신국 해사(海事) 출장소, 우편국, 경찰서, 검역소, 중화민국영사관, 조선은행 지점, 식산은행 지점, 상업은행 지점, 조선우선회사(朝鮮郵船會社) 지점, 오사카상선회사(大阪商船會社) 지점, 미쓰이물산회사(三井物産會社) 출장소 등.
- 인천의 교통: 인천·경성 간은 기차로 약 1시간이 소요되며, 하루 12회로 대략 1시간 마다 운행하고 있다. 인천·지부(芝罘)·다렌(大連)·칭다오선(靑島線), 부산·상하이(上海)·칭다오·인천선, 신의주·인천·일본의 각 항로선, 인천·목포선, 인천·진남포선, 기타 근해를 정기 운항하는 것. 승합자동차는 인천역과 월미도 간 15전. 축현

역(杻峴驛)·인천역과 시가지 사이의 승합자동차로 10전.

○ 각국 공원

각국 공원은 일찍이 거류지회가 시설한 것으로 시가의 배경이 되는 구릉의 위에 있다. 인천에서 몇 정(町) 떨어진 산수정(山手町)에 있기에 산수공원(山手公園)이라고도 한다. 언덕 위에서는 항구와 시가의 전경을 조망할 수가 있으며, 월미도·소월미도 쪽에는 영종·용류·무의 등의 여러 섬을 조망하기에 좋은 대지가 있다. 인천역에서 시내 번화가의 중심인 본정(本町)·궁정(宮町)을 지나 약 15정[1.64km]의 거리에 궁정공원(宮町公園)이 있다.

○ 인천공원(仁川公園)

인천공원은 각국공원에 대한 명칭으로 일본공원이라고도 한다. 원내에는 대신궁(大神宮)·금도비라신사(金刀比羅神社)·덴만구(天滿宮) 등이 있다. 공원에서 해안으로 내려가 몇 정 떨어진 곳에 인천 선거(船渠)[22]가 있다.

○ 인천 선거(船渠[독])

인천항의 가장 큰 걱정거리는 조수간만의 차가 30척[9.1m]에 달하는 것으로 내항은 대형 선박의 정박에 전혀 적당하지 않으며, 또한 외항은 육상과의 거리가 멀어 결점으로 여겨졌는데 작년에 시가 전면의 개펄을 개착(開鑿)[23]하고 갑문식의 커다란 축항을 완성하였다. 선거의 길이는 250칸

22 '선거(船渠)'는 배를 건조하고 수리하기 위하여 조선소나 항만 등에 건설한 설비.
23 '개착(開鑿)'은 산을 뚫거나 땅을 파서 길을 내는 것.

[454.54m], 폭 120칸[218.18m], 최소 수심은 27척[8.18m] 정도인데, 서쪽 면 90칸[163.63m]의 갑문벽에 2개의 갑문을 만들어 만조 시에는 문을 열어 기선이 출입하도록 하였다. 간조 시에는 문을 닫아 독 내부의 해수를 지키는 설비로 선거의 삼면에는 철로를 끌어들여 부설함으로써 화물의 취급에 편리를 도모하였다. 이 선거는 약 7년의 시간과 566만여 원의 공사비를 투입하여 1918년 11월에 준공하였다.

○ 월미도(月尾島)

월미도는 인천역 뒤쪽에서 길이 9정(丁)[981.81m]의 제방으로 육지와 연결되어 있다. 남쪽으로 팔미(八尾)와 풍도해전(豊島海戰)의 자취를 멀리서 볼 수 있으며, 러시아 함정 코레츠함과 바리야크함의 격침 장소를 가까이서 내려다볼 수 있다. 섬 안을 일주할 수 있는데, 도로는 시장을 벗어나면서 공기가 청정하고 천천히 거닐며 산책하기에도 아주 좋은 곳이다. 도로의 양측에는 벚나무가 있어 꽃이 필 무렵에는 경성 일대에서 찾아온 관광객으로 붐빈다. 또한 그 해변은 해수욕장으로 적합하여 여름이면 탈의장·휴게소가 설치되고, 섬의 북단에는 인천 월미도 유원주식회사(遊園株式會社)가 경영하는 호텔과 대여 별장 등이 있다.

○ 조탕(潮湯)

조탕은 월미도 오른쪽 끝의 약간 높은 언덕 위에 세워진 당당한 미술적 건축의 서양식 건물(洋館)이다. 이곳은 만철회사(滿鐵會社)가 만들었고, 내부 설비로는 건물의 아래층에 남녀 2개의 대욕조가 있어 끊임없이 바닷물을 데운 목욕물을 분출하고 있으며, 위층에는 휴게실 및 오락실로

인천 월미도 조탕(潮湯)의 수영장

이용되는 무대와 매점 등이 설치되어 있다. 양관의 뒤편에는 거대한 수영 풀장이 하나 있고, 오른쪽 해안 기슭을 따라서는 순 일본식의 객실이 있는데, 객실에는 가족 욕조가 설치되어 있다. 뜨거운 여름날이면 경성과 인천 시민이 월미도를 많이 찾아오는데 그것은 실로 조탕이 있기 때문이다.

○강화도(江華島)

강화도는 한강 하구에 옆으로 펼쳐져 있는 둘레 약 3리[11.78km]의 섬으로 인천에서 기선의 배편이 매일 있다(기선 운임은 3등 50전, 2등 1원 40전). 예전에 방어사(防禦使)를 설치한 곳으로 1875년 운요호가 포격을 당한 일이 있었는데, 이곳 포대에서 발사된 것이었다. 해안은 단애 절벽으로 지금도 옛 포대의 자취가 남아 있다. 섬의 주읍인 강화는 옛날에 강도(江都)

라 불렸는데, 고려의 고조(高祖)[24]가 몽골과의 전쟁을 피해 한때 이곳에 수부(首府)를 설치한 적이 있었다. 읍 부근 2·3리[7.85-11.78km]의 산간에는 고려시대의 홍릉(弘陵)·곤릉(坤陵)·석릉(碩陵) 등의 능묘 및 전등사(傳燈寺)·적석사(積石寺)가 있고, 또 읍의 남쪽 4리[15.71km]의 마니산(摩尼山) 위에는 태고 단군이 하늘에 제사를 지냈다고 전해지는 참성단(塹城壇) 등의 고적이 있다.

○ 미추홀성지(彌鄒忽城址)

미추홀성지는 축현역(杻峴驛) 다음 역인 주안역(朱安驛)의 남쪽으로 26정(丁)[2.84km] 떨어진 관청리(官廳里) 부근의 문학산(文鶴山) 위에 있다. 지금으로부터 1900년 전 고구려왕 주몽의 두 아들 비류와 온조 형제가 서로 도와 부여에서 나왔다. 동생 온조는 위례성에 자리를 잡아 백제의 기반을 세우고, 형 비류는 이곳을 본거지로 정하였는데 땅이 습하고 물이 짜서 사람이 살기에 적당하지 않았으므로 실의에 빠져 이 땅에서 세상을 떠났다.

24 강화천도 시기 고려의 왕은 고조(高祖)가 아니라 고종(高宗)이다. 고종은 고려 제23대 왕으로 1212년(강종1)에 태자에 책봉되어 이듬해 즉위하였다. 1231년(고종18)에 몽골군의 침입이 시작되자 당시 고려조정은 무인집정이었던 최우(崔瑀)의 주도로 1232년(고종19)에 강화도로 천도하였다. 몽골의 침입은 1259년(고종46)까지도 계속되었고, 고종은 결국 개경으로 돌아오지 못한 채 강화도에서 생을 마감하였다. 강화도의 홍릉에 안장되었다.

제3장 수원 안내

수원은 경성에서 기차로 1시간 정도에 갈 수 있다. 남쪽으로는 울창한 팔달산이 서 있고 동북쪽에는 광교산맥(光敎山脈)이 높고 낮게 솟아 있는데, 높이 20여 척[6.06m]의 성벽이 시가를 둘러 싸고 있으며 동서남북의 사대문이 열려있다. 성벽은 1793년(정조18)에 공사를 시작해 3년의 시간을 들여서 준공한 것으로 그 길이가 1만 3,200척[4km]에 이른다. 시가의 교외에는 소나무 숲이 이어져 있고, 또한 호수와 물이 풍부하였으므로 예로부터 '나무의 도시', '물의 도시'라고 불릴 정도로 반도에서는 보기 드물게 경치가 아름다운 땅이다. 이곳에는 정조의 화성지(華城址)·화녕전(華寧殿)·서장대(西將臺)·연무대(練武臺)·방화수류정(訪花隨柳亭) 등의 유적이 있다. 성 밖의 역에서 읍내까지는 거의 민가가 계속 연이어 있는데, 그 남쪽

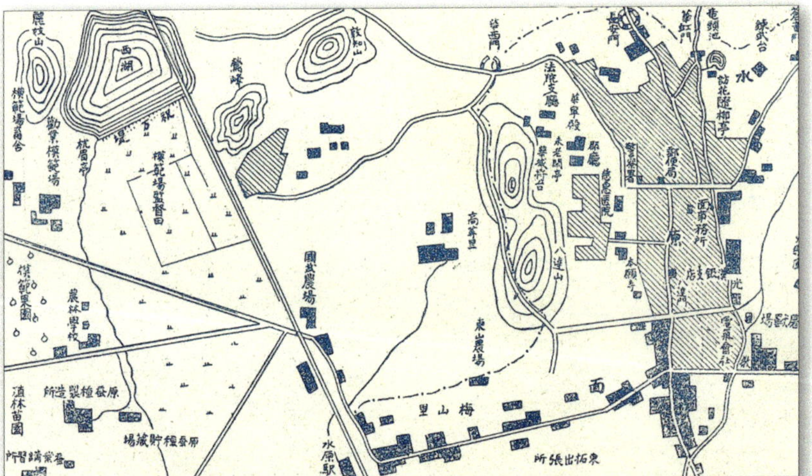

「수원약도」

출구인 팔달문까지 약 20정(町)[2.18km]이다.

- 인구: 약 1만 600여 명(일본인 1,500, 조선인 9,100, 외국인 40).
- 관공서·학교: 군청, 법원지청, 우편국, 자혜의원, 권업모범장, 잠업강습소, 잠업시험소, 수원목장, 고등농림학교, 동양척식회사 출장소, 동산농장, 구니타케농장(國武農場) 및 기타.
- 여관: 야마모토여관(山本旅館), 화성여관(華城旅館): 역 앞, 아오키여관(靑木旅館): 성내.
- 교통비: 역과 읍내 간 승합자동차 30전, 인력거 35전.

○ 팔달문(八達門)

역에서 직로로 20정(町)[2.16km] 정도의 거리에 있고, 수원 성벽의 남문이다. 문은 2층 구조로 위에서는 읍내의 전경을 한눈에 바라볼 수 있다. 문에서 읍내로 약 5정[0.55km] 정도 가서 왼쪽으로 가면 팔달산의 녹음을 배경으로 누문(樓門)이 하나 있는데 이것은 정조대왕이 세운 것이다.

○ 행궁(行宮)

행궁은 성벽 및 사루문(四樓門)과 함께 축조된 것이다. 정조대왕 부군(父君)의 능묘를 화산(華山, 수원에서 2리[7.85km])으로 옮기고 그 능묘의 근처로 환도를 계획하여 이 경치가 좋은 수원을 선택한 것이지만, 성벽 궁궐이 완성될 무렵에 불행하게도 병마에 쓰러져 돌아가셨다. 지금은 자혜의원(慈惠醫院)이 자리하고 있다. 행궁에서 오른쪽으로 꺾으면 화령전이 있다.

○ 화령전(華寧殿)

정조대왕이 화산(華山)에 있는 부군(父君) 능묘를 일시적으로 옮겨 제사를 지냈던 곳으로 경내 일대에 작약(芍藥)이 심겨 있다. 행궁에서 화령전에 걸친 일대는 푸르른 노송으로 둘러싸여 있으며, 또한 봄에는 그 무성한 푸른 잎들 사이로 왕벚나무(吉野櫻)가 반짝이는 아름다운 빛깔을 섞어낸다. 팔달산의 정상에는 화성장대가 있다.

○ 화성장대(華城將臺)

옛 망루의 터로 여기에서 보면 수원의 근교는 지호지간의 거리로 보인다. 지금 걸려 있는 화성장대의 편액은 정조대왕의 친필이다. 산을 내려 읍내를 가로질러 광교천(光敎川)을 따라 시장 안을 몇 정(町)정도 가면 화홍문에 다다른다.

○ 화홍문(華虹門)

장안문(長安門)에서 창룡문(蒼龍文)에 걸쳐 성벽이 개천을 가로지르는 곳에 7개의 수문을 설치하고, 그 위에 누각을 만든 것이 화홍문이다. 지난해 홍수로 부서졌는데 가까운 시일에 중수할 예정이다.

○ 방화수류정(訪花隨柳亭)

화홍문에 인접한 언덕 위에 있다. 팔달산의 녹취가 넘칠 듯이 충만해 있고, 대(臺)의 아래에 있는 용두지(龍頭池)에는 붉은 색을 칠한 정자의 난간(朱欄)이 비치고 있으며, 왼쪽의 푸른 소나무의 나뭇가지 끝에는 장안문의 용마루가 드높이 빛나고 있다. 이 부근은 수원의 뛰어난 경치의 진수

수원 명소 방화수류정

라고 말 할 수 있는 곳이다. 정자에서 남쪽으로 몇 정(町)을 지나 연무대를 보고 거기서 20정[2.18km] 정도를 가면 성벽의 일부에 봉화대의 화덕이 보인다.

○ 봉로대(烽爐臺)

이곳은 옛날의 경보기관으로 연와(煉瓦)를 쌓아 올린 굴뚝 모양의 화덕[봉수]이 5개가 나란히 서 있는데, 여기에서 올린 연기의 개수로 여러 사정이 다음에서 다음으로 이어져 경성까지 보고되었다. 이곳에서 동쪽으로 가면 성벽의 동쪽 출구에 해당하는 창룡문(蒼龍文)이 있다.

○ 서호(西湖)

역에서 서북쪽으로 몇 정(町)정도 거리에 진녹색으로 충만한 긴 둑으로 막아 놓은 저수지인데, 조선의 정조가 농민을 위해 건설한 것으로 언제부터인가 서호(西湖)라고 불리게 되었다. 소나무 가로수 앞쪽 일수언(溢水堰)[25]위에는 항미정(杭眉亭) 건물이 보인다. 이것은 풍아(風雅)를 즐기는 사람이 중국의 서호(西湖)를 본뜬 취향이다. 언덕의 뒤쪽에는 권업모범장이 있다.

○권업모범장(勸業模範場)

고갈된 반도 농산계(農産界)의 개량과 지도를 위해 총독부가 만든 시설로 파종과 이식, 토양의 연구, 시비(施肥)와 병해의 구제 방법, 특용작물·잠업·축산, 기타 일반 농업에 관한 제반의 설비는 견학할 만한 가치가 있다. 조선의 각지에 산재하는 지장(支場)에는 원예·면작(棉作)·목장(말·양) 등의 각 사업도 망라하고 있다. 부속되어 있는 장내에는 여자잠업강습소와 잠업시험소가 있고 부근에는 시작전(試作田) 및 양어장(西湖)이 있다. 또한 고등농림학교도 이곳에 있다. 봄에는 이 부근 일대의 왕벚나무(吉野櫻)를 감상하러 경성에서 온 상춘객으로 붐빈다.

○화산(華山)

역에서 남쪽으로 2리[7.85km]에 있지만, 다음 역인 병점(餠店) 쪽에서는 몇 정 정도이다. 조선 21대 [영조의] 세자는 부왕의 화를 돋구어 살해되었다. 세자의 아들인 정조가 왕위에 이르자 박명(薄命)한 부군의 영령을 위로하기 위해 부군이 평소에 사랑해 왔던 수원에 그 묘를 옮겼는데, 화산

25 '일수언(溢水堰)'은 물이 넘칠 때를 대비하여 만든 둑이나 구조물을 말하며, 물의 수위가 일정 수준을 넘을 경우 자연스럽게 물이 넘쳐흐르도록 설계되었다.

에 있는 건릉(健陵)[26]이 바로 그것이다. 왕 스스로가 주위의 4리[15.71km]의 능역(陵域)을 정해 식수의 계획을 세웠고, 또한 그의 아들 순조가 즉위한 후에 부왕의 뜻을 이어 이것을 완성했다. 정조의 능묘인 융릉(隆陵)[27]의 위치도 이 숲속에 정한 이래로 120여 년간 한 아름의 정정한 소나무가 울창하게 산을 덮고 있어 반도에서 드물게 볼 수 있는 산림을 이루고 있다. 숲속에는 용주사(龍珠寺)[28]가 있다.

제4장 성환(成歡)

1894·95년의 청일전쟁 때에 오시마 여단(大島旅團)이 청군을 격파하여 이 전쟁의 기록에 영광스럽게 빛나는 첫 페이지를 장식한 '성환 전투'의 옛터는 경성에서 기차로 약 2시간에 갈 수 있는 경부선 성환역(成歡驛) 부근에 있다. 역 앞의 촌락은 당시의 성환읍이고, 읍의 뒤쪽에 연이어 걸쳐 있는 구릉은 청군이 포열을 나열했던 월봉산(月峰山)인데, 청군의 상륙 지

26 건릉(健陵)은 정조대왕과 왕비 효의왕후 김 씨의 능이다.

27 융릉(隆陵)은 장조(莊祖, 사도세자)와 헌경황후(獻敬皇后, 혜경궁 홍씨)의 무덤이다.

28 경기도 화성시에 있는 절이다. 본래 그 자리에는 854년에 창건한 갈양사(葛陽寺)가 있었으나 병자호란 이후 소실되어서 폐사지가 되었다. 이후 1789년(정조13)에 사도세자의 무덤인 현륭원을 지금의 위치로 이장하였는데, 이듬해에 사도세자의 명복을 기리고 현륭원을 돌보는 능침사찰로서 용주사를 창건하였다. 용주사는 왕실 주도로 건립된 사찰이기 때문에 다른 사찰과는 달리 산이 아닌 평지에 자리를 잡을 수 있었고, 일반적인 사찰 구조와는 다르게 궁궐과 관아 건축 양식이 섞여 있는 형태로 만들어졌다.

점인 둔포(屯浦)는 서쪽으로 3리 반[13.75km] 정도 떨어진 아산만에 있다. 역은 현재 직산(稷山) 금광으로 가는 하차 역으로 알려진 것 이외에는 그다지 일반의 주의를 끌고 있지는 않지만, 전적을 조문하는 것을 겸하여 가까운 성환 목장 주변에서의 산책은 경성에서 하루 일정의 여정에 아주 좋은 곳이다.

○마쓰자키 대위 충혼비(松崎大尉忠魂碑)[29]

역 앞의 마을에서 북쪽으로 2정(町)[218.18m] 정도의 월봉산(月峰山) 일각에 있다. 1894년 7월에 4,000의 청국 병사들은 아산만에 상륙했고, 우리[일본]의 오시마여단(大島旅團)은 인천에 상륙하여 경성으로 몰려 들어갔다. 이렇게도 저렇게도 결정짓지 못하고 망설이고 있었던 한국의 조정도 이 형세에 따라 움직여 태도를 결정하였고, 그렇게나 지략에 뛰어난 청국공사 원세개(袁世凱)도 경성에 머물러 있을 수 없을 정도로 곤란한 처지가 되어 톈진(天津)으로 돌아가게 되었다. 이렇게 전쟁이 일어날 기미는 무르익었고 청군은 월봉산을 중심으로 포루와 병사들의 참호를 구축하는 한편, 경성에서 내려온 오시마여단은 7월 28일에 소사리(素砂里)에 도착하여 공격을 개시했다. 소사리의 남쪽에는 진흙땅으로 깊은 안덕천(安德川)이 흐르고 있다(앞의 역[驛]인 평택에서 동쪽으로 1리[3.93km] 정도 떨어진 이곳으로 정하여 기념비가 세워져 있음). 이곳에서 물을 건너기 위한 전투가 야음에 벌어졌는데, 마쓰자키(松崎) 대위는 이 전투에서 청일전쟁 최초의 희생자가 되

29 마쓰자키 나오오미(松崎直臣, 1856~1894)는 청일전쟁 때인 1894년 7월 성환 전투 때에 전사한 일본군 대위로서 최초의 전사자라는 것으로 다양한 매체를 통해 일본에 널리 알려졌으며, 그를 기념하기 위해 세운 비가 '마쓰자키 대위 충혼비'이다.

었던 것이다. 전투는 다음 날 아침까지 계속되어 오전 8시 무렵 적의 중심 진지인 월봉산을 점령하면서 끝이 났다. 전후에 대위 등의 충혼을 기리기 위해 세워진 것이 바로 이 비이다. 언덕 위에서 바라보는 평탄한 평야는 당시 공격하는 쪽이었던 우리 군대가 얼마나 고전을 당하고 있었는지를 떠올리게 한다. 언덕 아래에서 서남쪽으로 20정(町)[2.18km] 정도 떨어진 곳에 성환 아카보시목장(赤星牧場)이 있다.

○성환 아카보시목장(赤星牧場)

마쓰자키 대위 충혼비에서 성환 아카보시목장으로 오는 길에 보이는 언덕과 작은 냇가는 모두 지난날 우리 용사들의 피로 물들었던 옛 전쟁터이다. 넓은 목장 안에는 도로가 종횡으로 뚫려있는데, 오른쪽에는 목마장(木馬場), 왼쪽에는 목우장(木牛場)이 있고, 중앙의 가장 끝에 있는 언덕 위에는 목장주 아카보시(赤星) 씨의 별장이 목장을 내려보듯이 세워져 있다. 순 조선식 어전(御殿) 풍의 큰 건축인데, 마을 사람들은 부르기를 '아카보시 어전(赤星御殿)'이라고 부르고 있다. 본 목장의 주요 사업인 목마장은 몽골 말(蒙古馬)의 개량을 목적으로 영리 이외에도 20여 두의 우량 마필을 키우고 있다. 목장에서는 취미를 위한 방문자들을 즐거이 맞이하고 있다.

○직산금광(稷山金鑛)

역의 동남쪽으로 3리[11.78km]에 있다. 직산금광주식회사(稷山金鑛株式會社)가 경영하고 있는 조선 유수의 사금광(砂金鑛)으로 연간 산출액이 약 160관(貫)[600㎏]이고, 광구에는 전기채광기(電氣採鑛機)를 설치하였으며,

역 부근에 선철소(銑鐵所)를 만들어 두고 있다. 금광으로 가는 길의 중간 정도에 위치한 직산읍 부근에는 고대 백제의 수도였다고 전해지는 성산(城山)의 성터가 있다.

제5장 개성(開城)

신라가 오랫동안 쇠한 나머지 점차 무너지는 쪽으로 기울어 그 왕족인 궁예는 강원도 철원에 나라를 세워 태봉이라 불렀고, 견훤은 전라북도 전주에서 나라를 세워 후백제라고 불렀는데, 이 두 인걸이 20여 년에 걸쳐 승패를 겨루기에 이르렀다. 바로 그때 고려의 태조 왕건은 궁예의 비장에서부터 세력을 키워 관후(寬厚)의 덕으로써 민중들의 마음을 얻었고, 궁예의 뒤를 이어 왕위에 올라 그의 고향인 송도(松都, 개성)에 수도를 정하여 드디어는 견훤을 멸망시킴과 동시에 신라를 병탄(併呑)하여 반도 통일의 대업을 완성했다(936년). 그 이래로 고려의 왕위는 32대가 이어졌고, 약 440여 년간 왕도를 한결같이 개성에 두었다. 일찍이 불교 예술의 찬란한 문화를 자랑한 고도(古都)였지만, 단지 자연의 황폐에 몸을 맡겨 옛날의 전성을 볼 수 없고 겨우 개성의 고려삼(高麗蔘)만이 옛날의 번성을 간직하고 있다.

- 인구: 약 4만 100명(일본인 1,300, 조선인 3만 8,700, 외국인 100).
- 관공서·기타: 군청·지방법원 지청, 전매국 출장소, 경찰서, 형무소

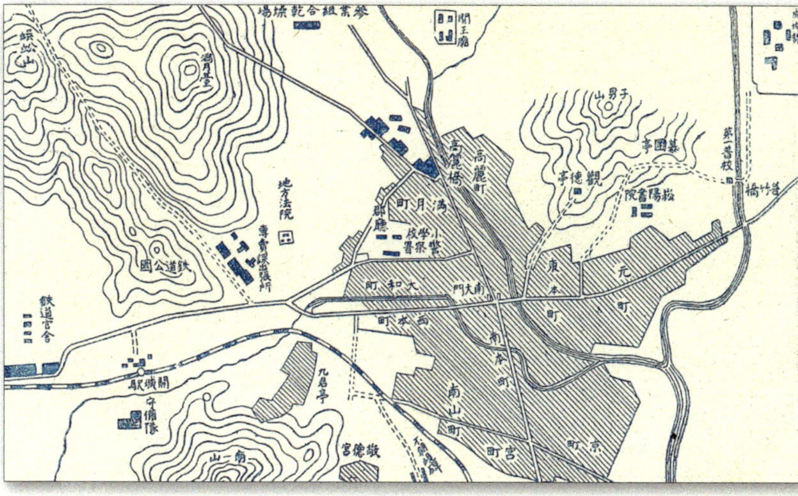

「개성약도」

지소, 우편국, 조선식산은행 지점, 한성은행 지점, 경성전기회사 지점.

- 여관: 개화관(開和館, 서본정[西本町]), 개성여관(대화정[大和町]), 이와미여관(岩見旅館, 대수정[大手町]).
- 교통비: 자동차 1시간 5원, 반일 20원, 1일 35원. 인력거 반일 1원 80전, 1일 3원 20전.

경성에서 기차로 2시간 정도면 개성에 이른다. 정거장은 옛 성벽의 서남쪽 성벽 바깥에 있으며, 시가지는 그 남쪽으로 몇 정(丁) 거리에 있는데, 옛 성문인 남문루(南門樓)를 중심으로 성의 안쪽과 바깥쪽의 지역에 길을 사이에 두고 서로 마주 보면서 전개되어 있다.

○ 철도공원(鐵道公園)

개성의 정거장을 나오면 약간 높게 경사진 도로를 따라 우측에 철도공원이 이어지고 있다. 이곳은 철도 용지의 일부를 이용해 만든 정원으로 개성에서 유일한 공원이다. 공원 안에는 수천 그루의 벚나무를 심었기 때문에 꽃이 피는 계절에는 꽃 그림자가 모호하게 성벽에 비쳐 매우 고아한 풍취를 자아낸다. 기복 있는 구릉의 안쪽에는 샘물을 비롯해 빽빽하게 들어찬 산림, 운동장과 정자 등이 있는데, 1일 여정으로 유람할 만한 가치를 가지고 있어 봄여름이 바뀌는 계절에는 경성 주변에서 산책하러 오는 사람들이 많다.

○ 전매국 출장소(專賣局 出張所)

철도공원 옆에 전매국 출장소가 있다. 이곳은 개성의 특산물인 고려인삼의 제조공장으로 정부가 전매하는 홍삼은 이곳에서 제조되어 미쓰이물산회사(三井物産會社)를 거쳐 주로 중국으로 수출되고 있다. 최근 인삼의 연 생산량은 3만 6,000여 근[21.6t]으로 가격은 약 200만 원이고, 그 품질이 우수하여 가격 또한 비싼데, 세계 각지에서 산출되는 것보다 훨씬 좋아 1근에 종종 2백 수십 원하는 것도 적지 않다. 장내는 부탁하면 참관할 수 있고, 이곳에서 제조하는 홍삼 이외에 시내에는 민영의 백삼 제조공장이 있다. 여기서 개성에 거주하는 일본인들 거리의 중심인 대화정(大和町)을 지나면 남문루로 갈 수 있다.

○ 남문루(南門樓)

남문루는 개성의 시가지가 문 바깥쪽으로 전개되어 있기 때문에 지금은 시가의 중심부에 우뚝 서 있다. 문은 조선 태조가 1394년(태조34)에 건조한 것으로 경성의 남대문보다 2년 오래되었다. 누각 위에는 조선 명종의 하나인 대범종(大梵鍾)이 있다. 약 600년 전에 원(元)이 침입했던 시대에 주조되어 주위의 도안 디자인의 예술미가 대단히 풍부하다.

○선죽교(善竹橋)

남문루에서 10정(町)[1.09km] 정도이고, 역에서 25정[2.73km] 정도의 교외에 있다. 고려 말기에 무신의 권세가 실로 사직을 쓰러트리려는 형세를 보이고 있을 때, 유신(儒臣)의 중심 세력인 정몽주(鄭夢周)가 무신의 동량인 이성계의 병문안을 다녀오는 길에 이성계 일당에게 암살되었던 곳이다. 돌다리 위에 있는 1개의 반점 흔적은 정몽주의 진한 피가 아직도 사라지지 않은 것이라고 전해지고 있다. 그 부근에는 정 씨의 사적을 새긴 2개의 비(碑)를 보전하는 비각이 있다. 1기는 약 200년 전 영조가 세운 것이고, 다른 1기는 50여 년 전에 고 이태왕이 세운 것이다. 비각의 배후 일대에는 정원을 이루고 있는데, 모포정(慕圃亭)의 건물과 다정(茶亭) 등이 있다. 그곳에서 더 나아가 구릉으로 이어지는 지점에 호정(虎亭)·숭양서원(崧陽書院)·관덕정(觀德亭) 등의 명소가 있고, 이곳을 거쳐 남문루로 나가는 길은 도보를 이용하는 유람객들에게 추천하고 싶은 좋은 코스이다.

○목청전(穆淸殿)

이성계의 잠저지(潛邸址)로 선죽교에서 몇 정(町)정도 앞쪽의 밭 안에 보이는 건물이다. 옛 건물은 '분로쿠(文祿)'[임진왜란] 때 병화를 입었는데, 재건한 뒤에 이성계의 초상을 안치하고 제사를 지내고 있으며 그 일부는 지

정몽주가 살해당한 곳인 개성의 선죽교(善竹橋)

금 은사수산장(恩賜授産場)으로 사용하고 있다. 정몽주가 피살당했을 때 이성계를 방문했었다고 전해지는 저택이 바로 이 목청전이다.

○만월대(滿月臺)

만월대는 고려의 왕궁터이다. 남문루에서 보면, 북본정(北本町) 쪽으로 직진해서 약 15정[1.64km]의 거리에 있고, 선죽교에서 다른 길로 가면 약 25정[2.73km]의 거리로 시가지의 북쪽 교외 지역을 돌아서 간다. 대(臺)는 송악산(松嶽山)을 등지고 좌우에 계류를 끼고 있으며 50척의 고대(高臺)로 남쪽으로 면해 있다. 정면 돌계단의 오른쪽에는 찻집인 진열관이 있는데, 관내에는 고려조의 유물을 모아놓고 있다. 계단을 올라가면 그 일대의 광장에 누문(樓門)과 전각의 초석들이 정연하게 현존해 있으며 그 옛날 수십 채의 옥루와 화려한 전각들이 꿈에 보이듯이 그 장관을 떠올리게 한다. 이 궁전은 고려 말기의 적란(賊亂)으로 소실된 이래 재건되지 못하여 황폐한 채 그대로 있다. 500년 영화의 장소도 이처럼 황폐하여 쓸쓸한 광경으로 변해있는 것을 보니 세상사가 변하기 쉬워 덧없다는 이치를 절실하게 느끼게 된다.

○ 채하동(彩霞洞)

채하동은 시가의 북부 송악산 기슭의 경승지로 만월대에서 가면 관왕묘(關王廟)[30]를 도중에 보고 갈 수 있다. 정거장에서 이곳까지는 1리[3.93km] 정도 떨어져 있다. 이 부근 일대는 깊고 그윽한 경지를 이루고 있으며, 특히 가을의 단풍과 밤 줍기로 유명하다. 또한 부근에는 부산동(扶山洞) 등의 뛰어난 곳이 있다. 만월대·채하동의 구경을 끝내고 시가의 남문루까지 돌아와서 남본정(南本町)의 거리를 이용해 경덕궁으로 갈 수 있다.

○ 경덕궁(敬德宮)

경덕궁은 남문루에서 남쪽으로 13정[1.42km] 떨어진 철도의 선로 방향 쪽에 있다. 이것도 이성계의 잠저(潛邸)로서 원래는 추동궁(楸洞宮)이라고 칭하고 있었다. 1394년(태조3)에 수도를 경성으로 정했는데, 2대째인 정조에 이르러 잠시 개성으로 천도했을 때 이 궁이 궁궐로 사용되었다고 한다. 건물은 '분로쿠(文祿)'[임진왜란]의 병화로 인해 이름만 남았었는데, 효종

30 관우(關羽)를 신앙하기 위하여 건립된 묘당(廟堂)을 말하는데, 관성묘(關聖廟)라고도 한다. 중국에서는 명나라 초부터 관왕묘를 건립하여 일반 서민에게도 그 신앙이 전파되었다. 우리나라에서는 임진·정유재란 때에 명나라 군사들에 의해 관왕묘가 건립되었다.

때에 석벽을 구축하여 옛터를 보존했던 것이다. 궁의 뒤쪽 남산(南山)의 기슭에는 반구정(反求亭)이 있다. 또한 여기서 동쪽의 가도에는 부조현(不朝峴)이라고 하는 옛 유적이 있다. 고려의 중신 등 72인이 두 임금을 모실 수 없다고 하여 이 고개에서 송도를 떠났다고 전해지고 있다. 개성 시내를 구경한 후에 근교의 고적을 방문하는 길과 순서를 보면 우선 제일 첫 번째로 방문해야 할 곳은 태조의 능묘이다.

○ 현릉(顯陵)

현릉은 태조의 능묘로 역에서 서쪽으로 1리 조금 안되는 중서면(中西面) 태조능동(太祖陵洞)에 있다. 이 곳은 승려 도선(道詵)이 태조의 수릉(壽陵)[31]으로 정한 곳으로 경내에는 울창한 노송들이 가지를 서로 겹치고 있으며, 신전(神殿)의 기운이 저절로 넘쳐나는 곳이다. 태조 만년에 마지막으로 남긴 명령으로 왕(王) 씨의 분묘로 삼았기 때문에 고려시대 능의 대부분은 이 근처에 많다.

○ 현릉(玄陵)

현릉(玄陵)은 현릉(顯陵)에서 산을 넘어 약 반리[1.96km] 떨어진 곳에 있는데, 역에서 가면 약 2리[7.85km] 정도, 또한 다음 역인 토성(土城)에서 가면 가장 가까운 거리로 약 반리에 있고, 중서면(中西面) 여능리(麗陵里)의 오지인 봉명산(鳳鳴山) 중턱에 있다. 왕과 왕비의 분묘 2개가 나란히 있고, 석수(石獸)·문무 양반·석등을 보면 능묘로서의 양식을 거의 완전하게 갖

31 '수릉(壽陵)'은 예전에 임금이 살아 있는 동안에 미리 마련해 둔 임금의 능묘.

추고 있다. 생각건대, 현재 개성 부근에 있는 고려 유물 중에서 가장 대표적인 석상 예술품을 보고자 하는 사람은 이곳까지 꼭 유람의 발길을 옮길 필요가 있다.

○ 박연폭포(朴淵瀑布)

박연폭포는 천마산(天摩山)의 기슭에 있는데, 별도로 산성폭포(山城瀑布)라고도 부른다. 높이 30척[9.09m]으로 텅텅 물소리를 내며 암벽에 걸려 있는 폭포 부근은 여러 겹의 기암괴석이 기울어져 우뚝 서 있고, 소나무·잣나무·단풍나무 등의 배합 또한 멋지다. 역으로부터 6리[23.56km] 떨어져 있고, 자동차 편이 있다. 폭포의 위쪽 절벽을 바라보면 아담하고 우아한 누문(樓門)이 세워져 있다.

○ 대흥산성(大興山城)

박연폭포의 위쪽 절벽에 서 있는 것이 대흥산성의 북문으로 그 옛날 고려 조정의 이궁(離宮)이 있었던 진성(鎭城)의 옛터이다. 북문에서 올라가면 관음사(觀音寺) 약수, 만경대(萬景岱)의 경승을 지나 대흥사(大興寺)에 다다른다. 옛날에는 사찰이었다고 하는데, 지금은 옛 행궁의 건물을 이용해 본당으로 삼아 사원의 면목을 유지하고 있을 뿐이다. 이 부근 일대는 산속의 기분이 넘쳐나고 있다. 이상, 일반에 개성의 옛 유적으로서 알려진 것 이외에 동쪽으로 2리[7.85km] 떨어진 영남면(嶺南面) 현화리(玄化里)에 거찰 현화사(玄化寺)의 유적을 방문하고, 돌아오는 길에 산을 넘어 화장사(華藏寺)에 들르는 코스는 개성의 옛 유적을 유람하는 또 하나 흥미 있는 하루 일정이다.

▣ 참조: 경성 부근의 온천

경성 부근에는 다음의 온천이 있고, 경성역에서 20% 할인된 왕복 티켓이 발매되고 있다.

○ 온양온천(溫陽溫泉)

천안에서 경남철도(京南鐵道)로 30분에 다다른다. 여관은 온양관(溫陽館), 광양관(廣陽館), 이시다여관(石田旅館), 이즈미여관(泉旅館) 등이 있다.

○ 유성온천(儒城溫泉)

대전에서 자동차로 20분에 다다른다. 여관은 봉명관(鳳鳴館, 신 온천장), 승리관(勝利館, 구 온천장) 등이 있다.

○ 신천온천(信川溫泉)

사리원(沙里院)에서 경편철도(輕便鐵道)로 2시간에 다다른다. 여관은 온천호텔, 네모토여관(根本旅館), 오쿠니야(大國屋) 등이 있다.

[3] 경성-개성·인천·수원(京城-開城·仁川·水原)

조선총독부 철도국, 1929

집필·번역 **최은경**

소책자 표지 앞면, 106.5㎜×171㎜

소책자 표지 뒷면(앞면과 디자인 동일)

| 해 제 |

이 자료는 1929년 조선총독부 철도국에서 발행한 『경성-개성·인천·수원』이라는 관광 안내용 소책자이다. 가로 106.5㎜, 세로 171㎜의 휴대하기 편한 크기로 본문은 총 1쪽에서 54쪽까지 숫자로 표기되어 있다. 단, 사진과 약도 등은 따로 쪽수가 명기되어 있지 않아서 실제 쪽수는 표지면 제외 80쪽에 이른다.

표지 앞뒤는 동일한 그림으로, 맨 위 검은색 바탕에 '경성'이라는 붉은색 한자가, 아래에는 붉은색 바탕에 '조선총독부철도국'이라는 한자가 오른쪽에서 왼쪽으로 쓰여 있고, 왼쪽 위에는 '개성, 인천, 수원'의 한자가 세로로 기재되어 있다. 또한 중앙에는 한복을 입고 댕기 머리를 한 여성과 쪽머리의 여성이 조선 전통 놀이인 널뛰기를 하는 모습이 컬러로 그려져 있다. 이는 조선을 전통과 여성으로 표상화함으로써 이국적인 정서를 제공한다.

표지면을 넘기면 장소는 특정할 수 없으나 성벽과 큰 나무, 그 아래 민가들이 빽빽이 스케치 되어 있는 그림과 중앙에 '경성-개성·인천·수원'이라는 제목이 한눈에 들어온다. 다음 쪽에는 3만 2,000분의 1의 축척으로 표시된「경성시가전도」가 이 책자의 크기에 맞게 접힌 상태로 붙어있다. 시내의 전찻길은 붉은색으로 표시하여 동선의 이해를 돕는 한편, 이정표가 되는 시설 등을 간략하게 표기함으로써 관광지 파악에 편의를 도모하고 있다. 특히 이 지도에는 경성역과 남산공원을 중심으로 오른쪽에는 주요 관광지가, 왼쪽에는 용산 지역의 군사 관련 시설이 명기되어 있다. 일제는 1904년 러일전쟁 시 대한제국과 체결한 한일의정서를 빌미로 용산의 광대한 부지를 강제 수용하였다. 이후 1906년부터 용산은 일본군의 군사기지로 조성되어 무단 식민 지배의 거점이자 대륙침략의 전진기지로 사용되었다. 즉, 일본인을 대상으로 한 관광 안내 책자의 지도를 통해서도 제국 일본을 홍보하며 식민지 조선을 거듭 인식시키고자 하는 의도를 엿볼 수 있다. 더불어 이 소책자에는 인천, 수원, 개성 지역의 약도도 실려 있으나, 이것들은 경성과는 달리 한 페이지 크기로 주요 명소를 알 수 있을 정도로, 흑백으로 그려져 있다. 「경성시가전도」 뒤쪽에는 '예언(例言)'이라 쓰고 이 책자의 발행 목적과 당부의 말 등을 적고 있다. 이어서 다음 장에는 '목차'라고 제목하며 내용을 한눈에 파악할 수 있게 안내한다. 구체적으로 경성 편에는 1쪽에서 27쪽에 걸쳐 시내의 19곳과 교외 지역 15곳의 관광명소가 소개되어 있다. 인천은 28쪽에서 33쪽에 걸쳐 6곳, 수원은 34쪽에서 39쪽까지 10곳, 성환 3곳 및 온양온천은 39쪽에서 46쪽까지, 개성은 47쪽에서 53쪽까지 12곳의 명승지가 기술되어 있다. 아울러 마지막 54쪽에는 경성 부근의 온천을 안내하고 있다. 각 지역은 역사적 배경 설명을 비롯하여 인구수, 소재하는 관공서 등 구체적 통계와 주요 기관을 적고 있다. 또한 관광객을 위한 교통편과 유람순서 및 숙소, 요리점과 유곽에 이르기까지 여행의 편의성과 유희성까지 고려한 내용으로 구성되어 있음을 알 수 있다.

이밖에 내지면에는 약도와 함께 총 10장의 흑백 사진이 중간중간 인쇄되어 있다. '경성역'을 비롯하여 대부분 그 지역을 대표하는 명소를 소개하고 있지만, 8쪽과 9쪽 사이에 '기생'이라고 제목한 인물 사진이 한 장 첨부되어 있어 눈길을 끈다. 전통 가옥을 배경으로 쪽머리의 한복을 입은 세 명의 여성이 찍힌 사진은 앞선 표지 그림과 일맥상통하는 이미지를 내포한다. 조선의 기생은 1907년 관기 제도의 폐지, 1908년 '기생 및 창기 단속령'의 제정, 이후 기생조합 등이 생겨나면서 관리되었다. 일제강점기에는 일본식 유곽 제도가 1916년 데라우치 마사타케(寺內正毅) 총독에 의해 공포되며 권번 시스템으로 변화하면서 일제는 이들을 등록하고 관리하였다. 이 자료가 발행된 1929년경에는 조선총독부에 의해 제작되었던 기생 사진엽서 등도 이미 대중적으로 유통되어 조선의 기생은 관광명소와 더불어 일종의 관광상품으로 소비되어 갔던 시기였다. 그렇기에 경성의 관문이 되는 '경성역'에 이어 소개된 '기생' 사진은 당시의 지배권력인 일제의 조선 관광을 향한 시선의 단면을 입증하는 자료인 셈이다.

이 자료의 처음은 '경성'으로 시작하는데 경성의 역사적 변천 사항을 망라하여 '예전의 경성'으로 설명하고 있다. 여기에는 근래의 사실로 조선의 독립과 한국병합 등이 언급되어 있다. 일제의 시각에서 조선은 1637년 병자호란으로 청나라에 복속되어 이후 청을 종주국으로 하여 그 영향 아래에 있었다고 여겼다. 청일전쟁에서 패한 청은 1895년에 체결한 시모노세키조약에서 조선이 독립국이라는 것을 인정하고 종주권을 방기하였기에, 일제는 이것을 '조선의 독립'이라고 기술한다. 아울러 '한국병합'이라 쓰고 청에 이어 일제의 지배가 되었음을 명기한 것이다. 요컨대 '지금의 경성'을 조선총독부의 소재지로 표기하며 번성해 가는 조선 대도시는 현재 일제의 식민지라는 것을 강조한다.

또한 이 자료는 조선의 명승고적을 소개하면서 16세기 임진왜란에서

1894~95년의 청일전쟁, 1904~05년의 러일전쟁에 이르기까지 일제가 도발한 전쟁을 언급하며, 그와 관련된 조선 땅에서의 역사적 전투 내용을 다수 구체적으로 기술하고 있다. 예를 들면 남대문, 남산공원, 조선호텔, 용산, 벽제관 등은 임진왜란 당시 일본군이 주둔했거나, 격렬했던 전투장으로 기록하고 있다. 인천 월미도는 러일전쟁의 전승을 기억할 수 있는 장소로, 성환의 '마쓰자키(松崎) 대위 충혼비'는 청일전쟁의 유적으로 소개하고 있다. 즉, 이 자료는 일제가 식민지 조선으로의 관광을 적극 유치하려는 표면적 목적 아래 그 이면으로는 전쟁을 추억하고 현재 제국 일본의 정당성을 홍보하면서 군국주의 이데올로기를 선전하고자 하는 의도를 내포하고 있다.

| 번역문 |

원서의 예언(例言)

- 도시를 구경할 때 어떤 순서로 구경할지 누구나가 망설이는 것이 보통입니다. 본서(本書)는 경성에 도착한 여행자에게 그러한 망설임을 없애주려고 한 것입니다.
- 경성 교외 및 부근의 경승지는 본서로서 당연히 기재해야 한다고 생각하여 주로 당일 여행의 장소를 선택했습니다.
- 구경할 곳의 채택 및 설명이 너무 간략한 것은 이러한 소책자로서는 어쩔 수 없기에 양해를 부탁드립니다.
- 취재한 문장에 불만 있는 곳이 많으리라 생각합니다만, 아무쪼록 여러분의 지적을 받아 수정해서 완벽을 도모하려고 생각합니다.

「경성시가지도」(1/32,000)

제1장 경성 안내(京城案內)

제1절 예전의 경성

고구려(高句麗) 주몽왕(朱蒙王)의 두 아들 온조(溫祚)와 비류(沸流)는 함께 남쪽으로 옮겨가서, 온조는 위례성(慰禮城)에 백제(百濟)를 세웠다. 위례성이란 지금의 직산(稷山) 부근(성환역에서 남쪽으로 2리[里][1])라고도, 남한산이라고도 말해지고 있다. 온조부터 13대[원문은 11대] 근초고왕(近肖古王) 때까지 고구려가 침략했을 때 그것을 피해 도읍을 경성의 북한산군(北漢山郡)으로 옮겼다. 이때부터 백제와 고구려 사이에는 끊임없이 싸움이 있었고, 백제 21대[원문은 20대]의 개로왕(蓋鹵王) 때에는 고구려의 습격을 받고 지금의 공주(公州) 웅진(熊津)으로 도읍을 옮길 수밖에 없었다. 이때 백제가 경성에 도읍을 정했던 120여 년이 경성이 왕도(王都)가 된 최초의 역사이고, 그 후 고구려의 평원왕(平原王)도 일시적으로 이곳에 도읍을 정한 적이 있다.

그 후세(後世)는 신라(新羅)로 옮겨가고 고려(高麗)로 변했다. 고려 중기, 숙종왕(肅宗王)은 경성의 목멱산(木覓山)[2]에 궁궐을 두고 남경(南京)이라고 칭했지만, 그 궁전도 1128년 인종왕(仁宗王) 6년에 없어져서 또다시 재건

1 일본의 리(里)는 약 3.9km로, 한국의 1리=400m와 차이가 있다. 여기서 2리면 약 8km로 해석된다.

2 남산의 옛 이름.

되었지만, 지금은 남아있지 않다.

그 후 조선 태조(太祖) 이성계(李成桂)가 개성에서 즉위하자마자, 왕사(王師) 무학(無學)[3]의 말씀을 듣고 천도를 결심한다. 우선 대전 부근의 계룡산 기슭에 천도하려고 했지만, 한양에 도읍을 정하기로 하여 백악(白岳)의 남쪽, 목멱의 북쪽에 도성을 지었다. 이것이 오늘날의 경성이라고 하는 조선 제일가는 대도시의 시초이다. 즉위 3년 10월 모든 벼슬아치를 이끌고 이곳에 이르러 백악의 남쪽 기슭에 궁궐을 지었다. 그것이 곧 경복궁(景福宮)으로 종묘(宗廟), 궁전과 함께 이듬해 4년 9월에 준공하여, 11월에는 새 궁전에서 국사를 보게 되었다. 5년 정월부터 성곽의 축조에 뛰어들었다. 성벽의 높이 28척(尺)[4] 정도, 그 주위는 4리(里) 26정(町)[5], 문이 8개, 모든 궐문에는 누각을 갖추었다. 그중에서도 남쪽의 숭례문과 동쪽의 흥인문은 꽤 크고 넓어서 성의 앞문과 뒷문이 되었다. 이 공사에는 각 도(道)에서 20만 명 정도의 부역(賦役) 인부가 모였기에 당시 신왕조(新王朝)의 호화로운 기운이 엿보인다. 성안의 땅은 동서중남북(東西中南北)의 5서(署)로 구성되고, 나아가 49방(坊)[6], 340동(洞)으로 나뉘어져 실로 당당한 시가(市街) 계획이었다.

조선이 경성에 도읍을 정한 이래 520여 년, 세운(世運)이 변천하고 여러

3 태조 이성계의 왕사로 무학대사(1327~1405)를 일컫는다. 고려 말 조선 초 명승으로, 이성계가 조선을 개국하자 계룡산과 한양을 오가며 풍수적 길지를 찾아 도읍지를 옮기는 데 참여했다고 알려진다.

4 1척(尺)은 약 30cm.

5 1정(町)은 3,000보(步) 정도 약 109m의 거리, 혹은 넓이로는 3,000평(坪)에 상당한다. 1 km는 약 9.17정.

6 5서(署)를 다시 나눈 행정구역.

사건이 있었다. 그 중엽 이후는 임진왜란, 청나라 태조의 침략, 정권 쟁탈 등 계속되는 일성일쇠(一盛一衰)로 상당히 어지러운 상태였다. 메이지(明治) 초기 대원군이라는 인물이 나타나 한반도에 세력을 떨칠 때도 서력동점(西力東漸)[7]의 세력은 막을 수 없고 내우외환이 계속 일어나 결국에는 청일, 러일전쟁이 되고, 혹은 조선의 독립[8], '한국병합' 등 뒤돌아보면 40~50년 경성은 다사다난(多事多難)하여 마치 주마등을 보는 느낌이다.

제2절 지금의 경성

경성은 북으로 백악, 남으로 남산, 서로 인왕, 동북으로 낙타의 여러 산이 뿌리를 내려 세력을 떨치고 있고, 산들이 둥글게 이어져서 천성(天成)의 성곽을 이루고 있다. 성벽은 산줄기를 만나 계곡을 이루어 꾸불꾸불 긴 뱀 같고, 한강의 물은 성 밖의 동남(東南) 일대를 돌아 산하금대(山河襟帶)[9]의 형승지(形勝地)로, 과연 조선 500여 년의 도성(都城)이라고 납득하게 된다. 경성은 조선총독부의 소재지로 정치는 물론, 군사, 경제 그 외의 중

7 서력(西力)은 서양 열강의 세력을 의미하며 동점(東漸)은 세력이 점점 동쪽으로 전해져 넓어져 간다는 의미로 당시 유럽 각국이 아시아에 진출해 오는 모습을 나타내는 사자성어.

8 일제의 시각에서 조선은 1637년(병자호란) 청나라에 복속되어 이후 청을 종주국으로 하여 그 영향 아래에 있었다고 여겼다. 청일전쟁에서 패한 청은 1895년에 체결한 시모노세키조약에서 조선이 독립국이라는 것을 인정하고 종주권을 방기하였다고 하여 이것을 두고 "조선의 독립"이라고 쓰고 있다.

9 자연의 웅장함과 아름다움을 표현한 성어(成語)로, 산이 옷깃처럼 둘러 솟아있고, 강이 띠처럼 감돌고 있는 자연의 요충지를 일컫는다.

요한 기관은 거의 이곳에 모여있다.

- 조선총독부, 조선총독부 체신국, 조선총독부 철도국, 조선총독부 전매국, 이왕직(李王職), 중추원(中樞院), 고등법원, 복심법원(覆審法院), 지방법원, 조선군사령부, 제20사단 사령부, 제40여단 사령부, 경기도청, 부청, 경찰서, 헌병대사령부, 우편국, 세관, 형무소, 중앙시험소, 대학부속병원, 총독부 도서관, 은사수산기업장(恩賜授産機業場), 상업회의소, 상품진열관, 각국 영사관, 은사과학관(恩賜科學館), 측후소(測候所) 등.
- 제국대학, 법학전문학교, 고등상업학교, 고등공업학교, 의학전문학교, 세브란스의학전문학교, 연희전문학교, 사범전문학교, 약학교, 치과의학전문학교, 그 외 남녀 중등학교, 조선은행, 실업학교 및 소학교 등.
- 조선은행, 조선식산은행, 조선상업은행, 한성은행, 한일은행, 해동은행, 제일은행지점, 야스다은행(安田銀行) 지점, 야마구치은행(山口銀行) 지점, 주하치은행(十八銀行) 지점, 조선철도회사, 조선우선회사(朝鮮郵船會社), 동양척식회사지점, 미쓰이물산회사(三井物產會社) 지점, 미쓰코시오복점(三越吳服店) 지점, 내국통운회사(內國通運會社) 지점, 후지흥업주식회사(不二興業株式會社), 경성주식현물시장(京城株式現物市場), 경성전기회사, 조선도서회사(朝鮮圖書會社), 국제운송회사지점 등.
- 경성일보사, 조선신문사, 경성일일신문사, 세브란스사, 제국통신, 일본전보통신 등.

시가지의 넓이는 동서 1리 33정, 남북 3리 12정, 면적 1천 52만 평(2,254 방리[方里])[10]으로 시구(市區) 개정이 이루어졌고, 근대적 건축물이 계속 세워지게 되면서 예전 조선의 누추함은 전혀 보이지 않는다. 거리는 남대문(南大門), 태평통(太平通), 영락정(永樂町), 약초정(若草町)의 각 큰 길이 남북으로 통하고, 이것에 종로(鐘路), 황금정(黃金町)의 큰 길이 교차하고 있다. 이들 큰길은 단단한 아스팔트로 일본의 대도시에서 보는 것처럼 훌륭하며 사람과 차도 사이에는 가로수가 녹음을 이루고 있다. 신정(新政) 이후[11] 시가는 주로 서와 남으로 팽창하여 민가는 이미 신구(新舊) 용산(龍山)의 시가에 계속하여 생겨나서 이쪽의 성벽은 완전히 철거되었다. 남대문의 높은 누각만이 예전 성의 안팎을 알게 하는 기념물로 남아있다. 일본인의 가옥은 남대문 안의 본정(本町), 남대문통을 중심으로 용산 방면으로 시의 동남부로 뻗어 있고, 조선인의 가옥은 종로를 중심으로 대개 북서부에 집중해 있어서 아직 조선 마을다운 정취가 남아있다. 이 외 수표교(水標橋) 부근에는 중국인(支那人)이 많고, 또 정동(貞洞) 부근은 영국, 미국, 러시아의 영사관을 비롯하여 유럽과 미국인들의 주택이 모여서 조용한 지역을 이루고 있다.

시가에는 전차 및 자동차, 상하수도, 전화, 전등, 가스 등의 도시시설, 극장, 활동사진 상설관 홍행장 등의 오락 기관, 그 외 근세 도시로서의 설비는 갖춰져, 인구 약 32만여(일본인 8만 6,000, 조선인 23만, 외국인 4,500), 번성한 시(市)의 모습은 조선 제일의 대도시인 이름에 걸맞다.

10 사방으로 1리가 되는 넓이.

11 1910년 한국병합 이후 조선총독부에 의한 식민 지배의 시작을 말한다.

○가구 수(戶口)

• 일본인: 가구 수 2만 1,034, 인구 8만 6,548.

• 조선인: 가구 수 4만 9,259, 인구 23만 734.

• 기타: 가구 수 908, 인구 4,566.

• 합계: 가구 수 7만 1,201, 인구 32만 1,848.

○시내 교통

• 전차: 시내(용산 포함)-5전 균일, 교외 별도로 5전 균일(전차선로 지도 참조).

• 자동차: 원(圓)택시[12] 시내 1원 균일, 대절 30분 4원, 1시간 6원, 반나절 약 20원, 하루 약 40원.

• 부(府) 직영 시내 승합자동차: 시내(용산 포함) 5전 균일.

- 운행구간

①한강-경성역-황금정(黃金町)-그라운드.

②한강-경성역-황금정-장충단(獎忠壇).

③한강-경성역-남대문통-고상(高商) 앞.

④차고-종로통(鐘路通) 남대문-영천(靈泉).

• 시내유람 자동차: 시내 명소를 한 바퀴 돌아 경성역에 도착한다. 1인: 3원 50전 이하, 단체로는 특별한 할인이 있다. (4인 미만은 4인분으로 신청받음).

• 인력거: 대절 1시간 70전, 반나절(5시간) 2원 50전, 하루(10시간) 4원.

• 인력거 운임(경성역부터)

12 1원 균일 요금으로 운행한 택시.

- 조선은행 앞까지 25전.
- 조선호텔 앞까지 30전.
- 총독부, 경기도청 앞까지 35전.
- 은사과학관까지 40전.
- 대학부속의원 앞까지 65전.
- 중앙시험소 앞까지 70전.
- 황금정, 영락정(永樂町) 교차점까지 35전.
- 광희문(光熙門) 앞까지 70전.

○ 호텔

• 조선호텔(철도국 직영, 장곡천정[長谷川町]).
• 숙박 요금: 미국식(1박 3식) 9원 이상, 유럽식(객실료) 3원 이상.

○ 여관

• 천진루(天眞樓, 남산정[南山町]), 경성호텔·야마모토여관(山本旅館)·우라오여관(浦尾旅館)·히라타여관(平田旅館, 이상 본정), 낙양장(洛陽莊, 본정 5정목[丁目]), 도키와여관(常盤旅館, 남대문통), 시라누이여관(不知火旅館, 욱정[旭町]), 하라카네여관(原金旅館, 수정[壽町]), 오나리여관(御成旅館)·쇼후쿠여관(笑福旅館)·무라카미여관(村上旅館)·대동여관(大東旅館)·히로사와여관(廣澤旅館, 이상 남대문 밖), 기쿠야여관(喜久屋旅館, 영락정), 비젠야여관(備前屋旅館, 장곡천정), 후타미여관(二見旅館)·미에여관(三重旅館, 이상 역앞), 히노모토여관(日の本旅館, 용산역 앞), 나가사키야여관(長崎屋旅館, 한강통[漢江通]).

• 숙박 요금: 1박 2식(팁 폐지) 7원~3원.

○ 요리점

• 지요모토(千代本)·교키쿠(京喜久)·지토세(千歲)·하쿠스이(白水, 이상 욱정), 가게쓰(花月, 본정), 남산장(南山莊, 서사헌정[西四軒町]) 등 (이상 일본요리).

• 명월관(明月館, 돈의동), 식도원(食道園, 삼각정[三角町]), 국일관(國一館, 관수동)(이상 조선요리), 금곡원(金谷園, 장곡천정), 대관원(大觀園, 관수동[觀水洞]), 아서원(雅敍園, 황금정) 등 (이상 중국요리).

○ 유곽

• 신정(新町), 미생정(彌生町).

제3절 시내 관람

1) 당일 여정 시내 구경 순서

○ 전차를 이용하는 경우

정거장→(도보)→상품진열관→남대문→(도보)→조선신궁→(도보)→남산공원→(도보)→은사과학관→(영락정)→(전차)→창덕궁,창경원(중식)→(전차)→파고다공원→(전차)→총독부→경복궁→(도보)→미술품제작소→(도보)→조선은행 앞(석식 후 본정 야경).

○자동차를 이용할 경우

정거장→(자동차)→상품진열관→남대문→(자동차)→조선신궁→(자동차)→남산공원→(자동차)→은사과학관→(자동차)→미술품제작소→(자동차)→총독부→경복궁→(자동차)→파고다공원→(자동차)→창덕궁·창경원→(자동차)→중앙시험소→(자동차)→장충단→청량리(진전하릉[晋殿下陵])[13]→임업시험소→(장충단에서 되돌아와 석식 후 본정 야경).

○경성역(京城驛)

조선 제일의 대도시 경성부의 바깥 현관, 그 위치는 옛 성벽의 남대문 밖. 지금은 시가의 중앙부에 있고 북쪽으로 경성의 중심 시가, 남쪽으로 용산의 시가를 두고, 마치 옆으로 긴 표주박의 매듭쯤에 위치한다. 역 앞에서부터 전차는 두 시가로 통하고 역에서는 자동차, 인력거, 시내버스 등의 교통편이 마련되어 있어서 시내 교통에 어려움은 없다.

역사(驛舍)는 르네상스식의 석재와 기와를 같이 쓴 철근 콘크리트 건축으로 겉면은 2층 구조, 승강쪽은 3층 구조, 건물의 정면 폭은 77칸(間), 총 연건평 1,750여 평. 중앙의 큰 현관은 승차하는 손님의 통로이고, 맞은편 오른쪽의 끝은 하차하는 손님의 통로이며 왼쪽의 현관은 특별 출입구이다. 2층의 오른쪽은 사무실이고, 왼쪽은 식당으로 되어 플랫폼으로는 1층으로 내려가게 되어 있다. 약 3년의 시간과 140만 원의 경비를 투자한 동양 유수의 큰 역이다. 역을 출발점으로 북쪽으로 경성 시내 구경을 한다.

13 진(晋)전하는 고종황제의 손자로 영친왕과 이방자 사이의 장남 이진(李晋, 1921~1922)을 가리킨다. 일본으로 떠나기 하루 전날 덕수궁 석조전에서 급사한 것으로 알려진다.

경성역

기생

○ 상품진열관(商品陳列館)

남대문통으로 가는 길로 남대문 왼쪽으로 우뚝 솟아 있는 기와 건물이 상품진열관이다. 이곳은 총독부 식산국(殖産局)의 관리에 속해서 주로 조선의 생산품을 진열하고 참고품으로 일본제품을 진열하고 있다. 진열품에 관한 질의응답, 생산품에 관한 조사 등의 의뢰에도 응한다. 만약 상공(商工) 소개 및 조사기관에서 조선 생산계(生産界)의 일반을 알고 싶거나, 혹은 상품의 판매 확장을 도모하려는 사람은 반드시 방문해야 할 곳이다.

○ 남대문(南大門)

남대문통의 중앙에 우뚝 서 있고 본명은 숭례문(崇禮門)이라고 한다. 부근에 기세 당당한 서양풍 대건축물 속에서도 외로이 500년의 이끼를 쌓으며 동양 예술의 정화(精華)를 자랑하고 있다. 문은 경성 팔성문(八城門) 중의 하나로, 동대문과 함께 가장 넓고 웅장하지만 동대문보다는 한층 기술이 뛰어나고 꼼꼼하며 연대도 조금 더 오래다. '분로쿠(文祿)' 때[임진왜란][14] 고니시 유키나가(小西行長)[15]는 동대문으로 입성하여 각각 문을 차지해 갔다. 그것보다 하루 늦게 가토 기요마사(加藤清正)[16]는 남대문에 도착하여 고니시 병사가 이미 문을 차지한 것을 알고, 경성 입성에 늦어진 울분에 결국 성밖에 진을 치고 문으로 들어가지 않았다고 한다. 남대문을 들어가면 남대문통과 태평통의 큰길로 전찻길이 갈라진다.

○조선신궁(朝鮮神宮)

문을 들어가 산 쪽으로 향하는 큰길은 조선신궁의 표참도(表參道), 옛 성벽을 따라 381개의 돌계단을 오르면 남대문에서 정면으로 높게 관폐대사(官幣大社)[17] 조선신궁의 가쓰오기(勝男木)[18]를 만난다. 제신(祭神)은 아마테라스 오카미(天照大神), 메이지천황(明治天皇)의 두 주(柱)로 반도 진호(鎭護)의 주신(主神)으로서 혼령을 맞이하여 안치한 곳이다. 신사 앞 외원(外苑)은 원래 한양공원으로 삼방이 트여서 전망이 좋고 시가를 발아래에

14 임진왜란을 의미하는 것으로, 원문에는 분로쿠, 혹은 '분로쿠 역(文祿役)', '분로쿠의 역(文祿の役)'으로 표기되어 있다. 이후 원문 대로 표기한다.

15 고니시 유키나가(1558~1600)는 당시 조선에 최초로 상륙한 일본군의 선봉장으로 가토 기요마사(加藤清正)와 앙숙지간으로 알려져 있다.

16 가토 기요마사(1562~1611)는 일본 센코쿠(戰國) 시대의 장수이며, 히고노쿠니(肥後國, 현재 규슈의 구마모토현)의 다이묘로 당시 고니시 유키나가와 함께 일본군의 선봉이었다.

17 조선신궁은 일본 근대의 사격제도(社格制度)에서 가장 등급이 높은 관폐대사(官幣大社)이자 칙제사(勅祭社: 천황의 칙사가 파견되어 제사를 진행하는 신사)이다. 사격(社格)의 등급을 높은 순으로 나열하면 관폐대사-국폐대사-관계중사-국폐중사-관폐소사-국폐소사 순이다.

18 신사 건물 지붕에 직각으로 교차되어 있는 통나무 구조물을 가리키며, 가쓰오기(鰹木)는 원래 가쓰오(鰹), 즉 가다랑어를 닮았다고 하여 붙여진 이름으로 원문에 '가쓰오기(勝男木)'는 한자의 같은 발음으로 차용되어 원래의 '가쓰오기(鰹木)'와 같은 의미로 쓰이기도 한다.

두고 멀리 청량리의 숲과 한강의 물줄기도 지척에 있는 듯 조망이 정말 아름다운 곳이다. 외원에서 아래로 노송(老松)길을 따라 이참도(裏參道)를 내려가면 길은 자연스레 남산공원으로 나온다.

○남산공원(南山公園)

도중에 향사(鄕社)[19]인 덴만구(天滿宮)가 있고 그 앞에 경성신사(京城神社)가 있다. 언덕 위에 서 있는 비는 1894~95년(明治27~28)의 전후(戰後) 거류민이 세운 갑오전승기념비(甲午戰勝記念碑)이고 그 기슭에는 은사과학관(恩賜科學館)이 있다. 이 주변 일대 취송(翠松)이 오래된 나뭇가지를 늘어뜨리고 봄은 벚꽃, 개나리꽃 그림자로 산책하기에 적합하다. 은사과학관의 뒤 정원은 속칭 '앵곡(櫻谷)'이라고 불리는 꽃구경의 명소로서, 그때가 되면 일반에게 개방되어 봄에 놀러 오는 사람이 많다. 본원사(本願寺), 총독관저의 앞을 지나 산을 내려온다. 이 부근 높은 지대는 '분로쿠의 역'[임진왜란]의 마시타 나가모리(增田長盛)[20] 오타니 요시쓰구(大谷吉繼)[21]가 주둔했던 터이기에 지금도 왜성대정(倭城臺町)[22]의 이름이 전해지고 있다.

19 신사 사격의 하나로 부·현사(府·縣社)의 아래에 해당한다.

20 마시타 나가모리(增田長盛, 1545~1615)는 아즈치모모야마(安土桃山)시대부터 에도시대(江戸時代) 초기에 걸친 무장. 임진왜란 때는 이시다 미쓰나리, 오타니 요시쓰구와 함께 조선에 주둔하며 점령지 통치와 병참에 종사했다. 벽제관 전투와 행주대첩에도 참가하였다.

21 오타니 요시쓰구(大谷吉繼, 1559~1600)를 원문에는 오타니 요시타카(大谷義隆)로 표기하고 있다. '세키가하라 전투(關が原の戰い)' 때 '요시쓰구'라는 명칭이 이전 오다 노부나가(織田信長)에 대항하다 자살한 '미요시 요시쓰구(三好義繼)'와 발음이 같다고 하여 '요시타카'로 개명했다고 한다. 센고쿠시대(戰國時代)부터 아즈치모모야마시대(安土桃山時代)에 걸쳐 활약한 무장이자 도요토미 히데요시의 가신이다.

22 조선시대의 지명으로 현재 서울특별시 중구 예장동·회현동 1가에 걸쳐 있던 지

○본정(本町)

남산 기슭으로 뻗어 있는 경성 최고로 번성한 거리로, 양측에는 일본인 상점이 늘어서 있고 그 좁은 길을 왕래하는 사람들을 보고 있으면, 마치 오사카의 신사이바시(心霽橋) 거리를 방불케 한다. 1정목(丁目)에서 5정목에 이르는 긴 본정 거리의 북단(北端)은 유곽인 신정(新町), 남단(南端)은 조선은행 앞의 대광장. 이 광장에서 욱정(旭町)·남대문통·장곡천정·본정의 대소가로(大小街路)가 방사형으로 뻗어 있다. 또 이 부근에는 우편국, 조선은행, 상업은행상업회의소, 조선호텔·미쓰코시(三越) 등 시내 굴지의 큰 건축물이 우뚝 솟아 있고 아름다운 거리는 유럽과 미국 도시의 그것과 비교해도 부끄럽지 않다.

○조선호텔

장곡천정의 높은 지대에 서 있는 조선호텔은 객실 수 80여, 식당, 술집, 연예장(演藝場), 독서실 등 설비 완비, 규모가 광대한 동양 유수의 큰 호텔로 당국(當局) 직영으로 일본인과 외국인 여행객의 이용을 기다리고 있다. 호텔 후원의 로즈가든은 고려시대 목멱성(木覓城)이 있었던 자리이다. '분로쿠'[임진왜란] 때에는 우키타 히데이에(浮田秀家)[23]가 주둔했던 곳이며 또 이왕 전하[고종] 즉위의 대전(大典)을 거행했던 환구단(圜丘壇)도 이곳이다. 정원은 당시의 유물인 일화루(一畫樓)를 중앙에 두고 주위는 정원으로

역이다.

23 우키타 히데이에(浮田秀家, 1572~1655)는 1592년 때 스물의 젊은 나이로 총대장으로 참전하여 벽제관 전투에서 승리하는 등의 공을 세웠다. 그러나 행주대첩에서는 권율에 맞서 싸워서 대패하였다.

만들어 여름에는 피서객을 위해 공개하고 있다. 호텔에서 태평통의 광장으로 나갈 수 있다. 오른쪽에 신축의 부청사(府廳舍)가 보이고 왼쪽으로는 대한문(大漢門)과 이마를 맞댄 큰 붉은 문의 덕수궁이 있다.

○ 덕수궁(德壽宮)

궁은 원래 경운궁(慶運宮)이라 칭하고 고(故) 민후(閔后)의 처소였지만, 고(故) 이태왕 전하(李太王殿下[고종]) 러시아공사관 잠행[아관파천(俄館播遷)]이 있고 나서 정궁(正宮)을 이곳으로 옮겨 덕수궁이라 이름하고 약 9년간 조선 정치의 근원이었던 것은 세상 사람들이 잘 알고 있다. 궁내 서양풍 석조전(石造殿)은 황족이 입궁할 시 여관 등으로 사용되었던 곳이다. 궁의 뒤쪽 정동에는 영국·미국·러시아의 각 영사관을 비롯하여 외국인의 주택이 많고 속칭 '리게이션 스트리트'[24] 라고 말한다. 고등법원, 중추원(中樞院) 등이 여기에 있다.

○ 경성방송국(京城放送局, JODK)

덕수궁 뒤편 언덕에 하늘 높이 두 개의 철 기둥이 우뚝 서 있는 곳이 경성방송국으로, 일본과 조선의 독특하고 재미있는 방송은 청취자를 기쁘게 한다.

○ 미술품제작소(美術品製作所)

태평통의 전찻길을 따라 북쪽으로 나가면 왼쪽에 미술품제작소가 있

24 'legation street'로 공사관 거리.

다. 금은옥석 등을 조선적인 의장(意匠)으로 장식한 것, 붓과 종이·문구·가구 등 조선 특유의 것을 진열하여 공개하고 일반에게 판매하고 있다. 이곳은 원래 이왕직(李王職)의 소관이었지만, 앞서 민간에 이관되어 지금은 회사조직으로 경영하고 있다. 종로의 전차선로를 옆으로 가로질러 광화문통(光化門通)으로 가면 법학전문학교, 경찰관강습소, 경기도청, 체신국, 저금관리소(貯金管理所), 조선보병대 등이 양측으로 서 있고 대로의 정면에는 석조로 된 총독부 청사가 우뚝 솟아 있다.

○ 경복궁(景福宮)

백악(白岳)의 남쪽 기슭에 위치하고, 조선 태조가 창건했지만 '분로쿠의 역'[임진왜란] 때에 가토, 고니시 선봉의 입성(入城)에 앞서 난민(亂民)으로 인해 잿더미로 변하였다.[25] 이래 200여 년간 초목이 무성해 있었던 것을 60년 전 그 유명한 섭정 대원군이 백성의 힘으로 재건한 궁궐이다. 앞면은 화강암으로 만들어져서 아름답다. 크고 넓은 총독부청사에 의해 가려져 있지만 청사의 오른쪽으로 돌아서 작은 문으로 들어가면 오른쪽으로 박물관이 있다. 박물관은 계단 아래 내벽을 경주 불국사 석굴암을 모방하고 양쪽 끝과 계단 위에 삼한의 발굴물, 신라시대의 불상, 고려의 도기, 조선에 속하는 회화, 묵적(墨跡) 등을 진열하고 있다. 박물관을 나와서 왼쪽으로 가면 옛 궁전의 크고 작은 건물이 늘어서 있다. 중에서도 가장 인

25 경복궁이 임진왜란 때 일본군의 침략으로 소실된 것이 아니라 임금이 난을 피해 의주로 가자, 한반도 내부의 난민(亂民)이 폭동을 일으켜 궁궐 내에 침입, 불을 지르는 바람에 소실되었다는 것을 강조하고 있다. 이는 조선을 식민 지배하고 있던 제국주의 일본의 시각으로 풀이된다.

경성 경복궁 경회루

경성 창경원 벚꽃

상적인 건축물은 주전(主殿)이 되는 근정전(勤政殿)으로 옛날 조회 대례(大禮)가 행해졌던 곳을 그대로 보존하고 있다. 뒤쪽의 경회루(慶會樓)는 동서 19칸, 동북 15칸, 높이 15척의 돌기둥 48개로 지탱되는 것으로 계단 위아래 군신들의 연회장으로 조선 말기의 대표적 조선 건축 중 하나이다. 경회루와 근정전 사이의 수정전(修政殿)이라고 하는 궁전에는 오타니 고즈이(大谷光瑞)[26]가 모은 시짱(西藏)[27] 발굴물이 진열되어 있다. 경복궁의 구경을 마치고 전차로 종로통의 동쪽으로 간다.

○ 보신각(普信閣)

남대문통과 교차점에 보신각이 있다. 안에 있는 거종(巨鐘)은 높이 1장(丈)[28], 주위 2장 정도로 지금으로부터 440여 년 전 조선 세조 14년[1468년

26 오타니 고즈이(大谷光瑞, 1876~1948)는 일본의 승려이자 탐험가. 1916년 5월 데라우치 조선 총독에게 유물들을 기증하자 데라우치가 1945년 경복궁 수정전에 유물을 보관했다. 현재까지 전해지는 오타니 유물은 한·중·일 모두 합쳐 대략 5,000점 정도이며, 이 유물들은 한국의 국립중앙박물관, 중국의 뤼순(旅順) 박물관, 일본의 도쿄국립박물관에 수장되어 있다.

27 중국 서남부에 있는 고원 지대. 티베트.

28 길이의 단위로 약 3m에 해당.

으로, 원문에는 정조(正祖) 13년으로 표기]에 주조(鑄造)되어 원래 남대문 누각 위에 두고 아침저녁 각 성문 개폐 시각을 알리는 데에 쓰였다고 한다. 종로통은 부내(府內) 가장 번성한 조선가(朝鮮街)로 조선시대에는 관청과 상인이 이곳에 처마를 나란히 했던 성(城)의 정면 도로였다고 말해지고 있다.

○파고다공원

파고다공원으로 통하는 탑동공원(塔洞公園)이 있다. 이곳은 원래 대원각사(大圓覺寺)가 있었던 터로 원내에는 고명한 13층의 한수석탑(寒水石塔)이 있다. 탑은 원나라의 순제(順帝)가 고려 충순왕(忠順王)에게 선물했던 것이라고 전해지지만 확실하지 않다. 여하튼 600년 가까이 지난 진귀한 탑으로 주위 한 면에 불상 등을 조각하여 석질(石質)의 기교가 뛰어난 진귀한 일품(逸品)이다. 지금 상층 3기(基)가 땅에 내려져 있는 것은 '분로쿠' [임진왜란] 때 가토 기요마사가 이 탑을 가지고 돌아가려 했으나 운송이 어렵다고 생각하여 그만두었다고 전설로 전해진다. 원각사 건립과 함께 세조 때에 고려 경천사(敬天寺)의 석탑을 모방하여 지어진 것이다.

○창덕궁(昌德宮)

창덕궁의 정문 돈화문(敦化門)은 공원에서 종로통으로 나가 수은동(授恩洞) 구석에 있다. 궁은 조선 3대 태종 5년 1404년에 이궁(離宮)으로서 지어졌다. 그 후 다시 화재 피해를 입고 지금 건물은 '분로쿠 역'[임진왜란] 후에 재건되었다. 1907년 이후 이왕(李王) 전하[순종]의 거처가 되었다. 돈화문으로 들어가면 오른쪽에 이왕직(李王職), 왼쪽에 인정전(仁政殿), 이어서 선정전(宣政殿), 구석진 곳에 일상의 거처가 되는 대조전(大造殿)이 있다. 이곳은 보통 일반에게는 개방되지 않는다.

○창경원(昌慶苑)

궁에서 되돌아가 종로 4정목에서 왼쪽으로 돌면 전매국 담배공장, 대학부속의원 앞을 지나면 창경원이 있다. 이곳은 창덕궁의 일부로 원내에 이왕직 소관의 박물관, 동·식물원 등이 있다. 이 부분만 일반에게 개방되어 있다. 이곳은 원래 수강궁(壽康宮)으로 칭했던 궁궐터로 정문으로 들어가면 정면에 있는 명정전(明政殿)은 고려 말기의 건물로, 궁전의 동쪽으로 지어져 있는 것과 경성에서 가장 오래된 건축물이라는 것에 고고학에 취미가 있는 사람의 주의를 끌고 있다. 명정전을 포함한 원에는 드문드문 있는 여러 채의 예전 궁궐터가 있다. 조금 높은 곳의 박물관과 함께 신라 이후의 고기물(古器物)·불상·무구(武具)·서화(書畫) 등 반도 고금(古今)의 문화의 일단을 엿보기에 충분한 좋은 자료를 진열하고 있다. 동물원·식물원은 박물관의 좌우 지역을 차지하고 있고 모두 진귀한 동·식물이 모여있다. 소나무와 벚꽃이 오래된 숲을 이루는 한쪽에 열대식물의 향기가 퍼지는 온실도 있고 포효하는 맹수의 우리도 있다. 봄의 꽃, 가을의 단풍, 시민들에게 더 없는 행락지이다. 단, 목요일은 입장할 수 없다. 식물원에서 구석, 궁전 뒤편에 있는 응봉(鷹峰)에서 구릉을 산책한다. 오래된 나무의 녹음이 푸르고 샘물이 흐르고 괴암기석(怪岩奇石)이 있으며 누각, 불정(佛亭)이 산재해서 실로 그윽하고 조용한 경지를 이루고 있다. 이름 높은 창덕궁 비원(祕苑)이 이곳이며 이 지역은 이왕직(李王職)에서 허가를 받으면 들어갈 수 있다.

○ 경학원(經學院)

창경원 앞에서 북으로 약 10정(町) 정도 떨어진 곳에 있다. 원(院)은 문묘(文廟)를 중심으로 한 유림(儒林)의 학당으로 묘(廟)에는 공자(孔子)를 주좌(主座)로 하고 안자(顔子)·증자(曾子)·맹자(孟子) 등의 성인과 철인(聖哲)을 모시고 있다. 조선 태조에 창건되어 그 후 건물은 화재로 인해 개축되었지만 역대 전사(典祀)를 계속하여, 지금도 매년 봄가을 2회 거행되는 제전(祭典)은 조선 연중행사의 하나가 되어 가장 클래식한 조선의 고락(古樂)[29] 이 이곳에서만 전해져 오고 있다.

○ 중앙시험소(中央試驗所)

본정선(本町線) 전차로 종로에서 동대문으로 향해 다음 정거장에서 하차하여 왼쪽으로 약 10정을 가면 오른편에 중앙시험소가 있다. 고등공업학교, 공업학교도 동일 구내에 있어서 각종 공업의 실습실 및 제산품(製産品) 진열장 등을 참관할 수 있다. 경성제국대학의 여러 건물은 이 앞에 서 있다. 길을 되돌아와 전찻길을 동쪽으로 나가면 동대문이 있다. 성 밖의 유명한 조선시장과 관우(關羽)를 모신 동묘는 이곳에서 멀지 않다. 전차는 이곳에서 교외 청량리에 도착하는 것과 오른쪽으로 돌아서 성안의 황금정통으로 나가는 것으로 갈라지고 황금정에 이르면 장충단선과 왕십리선(往十里線)으로 갈라져 있다. 이곳의 분기점인 광장은 한국시대의 연병장(練兵場) 훈련원(訓練院)으로 그 동쪽은 경성 부설(府設) 운동장이 되고 야구장, 트랙 등의 설비는 일본에도 드물 정도의 설비이다.

29 아악(雅樂)을 의미하는 것으로, 고려와 조선시대 궁중 행사에서 연주되었던 전통 음악.

○ 장충단공원(奬忠壇公園)

훈련원에서 남쪽으로 남산의 북쪽 기슭으로 향하면 왕년의 한국 사졸(士卒)의 초혼장(招魂場)이었던 장충단공원이 있다. 남산의 북쪽 기슭의 소나무 숲을 뒤로 하고 계류와 언덕이 있고 시가지와 떨어진 한적한 공원으로 봄가을에는 산책하는 시민들이 많다. 이곳에서 하나의 언덕을 넘으면 신정(新町)으로 나오고, 거기서 대화정(大和町) 안쪽의 남산 기슭으로 나가면 1894년경 오토리(大鳥)[30] 공사가 한정(韓廷)의 중신과 회동하고 시국에 관해 상의(商議)를 거듭했던 산장 노인정(老人亭)이 있다. 부근 남산 산기슭이 깊은 계곡을 만들고 바위 위 소나무가 서로 얽혀져 있어서 시적인 정취가 흘러넘치니 유람하기에 가치가 있다.

○ 훈련원(訓練院)

훈련원에서 전차로 황금정으로 귀가한다. 4정목 본정 전차선과 교차점 부근에는 활동사진관과 조선 연극 등이 있어서 음악 소리와 그림 간판의 색이 행인들의 마음을 건드린다. 황금정의 거리는 남대문통과 교차한다. 이 근방에는 동양척식회사, 일본생명보험회사, 미쓰이물산회사, 제일은행 등의 각 지점 및 조선식산은행 그 외 경성전기회사, 상점 등 올

30 오토리 게이스케(大鳥圭介, 1833~1911)는 메이지시대의 정치가. 1893~4년에 걸쳐 조선공사로 임명되었다. 1894년 동학농민운동이 일어났을 때 조선으로 건너와 개혁을 요구했다. 7월 7일 내아문독판(內衙門督辦) 신정희(申正熙)와 협판(協辦) 김가진(金嘉鎭)·조인승(曺寅承) 등 3명을 내정개혁 조사위원으로 임명, 7월 10일에 서울 남산에 있는 민영준(閔泳駿)의 별장 노인정에서 오토리 공사를 대표로 일본과 회동하였다. 이것을 '노인정회담(老人亭會談)'이라고 부른다. 이후에도 오토리는 청나라와의 전쟁을 도발하고 7월 23일 경복궁을 습격하였다. 이튿날 고종과 회담하며 조선 정부를 압박, 내정개혁을 촉구했다.

려다보이는 훌륭한 건축이 즐비하다.

2) 교외 구경

• 동쪽-청량리·동구릉·금곡릉·우이동·남한산.

○ 청량리(淸涼里)

청량리에는 동대문에서 전차로 간다. 이곳은 경성의 동남부를 우회하는 경원선(京元線) 청량리역 소재지로 이 부근 도로 양측에는 버드나무가 푸른 가지를 늘어뜨리고 기복이 있는 구릉에는 소나무가 우거져 상쾌함을 느낄 수 있다. 실로 청량한 이름에 어긋나지 않는다. 길을 따라 제국대학예과·농업학교가 있고 숲속에는 청량사(淸涼寺) 등이 있다. 영휘원(永徽園)은 원래 고(故) 고종황제의 왕비 민 씨의 능묘가 있었던 곳으로, 속칭 '왕비의 묘'로 통했지만 이태왕의 사망 후 묘가 금곡(金谷)으로 이장되어 지금은 진전하(晋殿下)가 잠들어 계신다. 그리고 구석으로 가면, 임업시험소가 있고 교외 산책지로서 봄가을 산책 오는 사람이 많고 부근에는 골프, 링크도 있다.

○ 동구릉(東九陵)

청량리에서 춘천 가도로 나아가 망우리 고개를 넘어서 왼쪽으로 10정 정도의 곳, 구릉산의 산 중턱 노송이 울창한 곳에 조선 태조 이하 일곱 왕과 두 왕비의 묘가 있다. 부근의 계류는 나무 그늘에 졸졸 소리를 내며 굉장히 깊고 조용한 경지를 이루고 있다.

○ 금곡릉(金谷陵)

금곡릉은 춘천 가도를 2리(里) 정도 더 가면 금곡읍(金谷邑)에 있다. 고(故) 이태왕과 왕비의 능묘 소재지로 동구릉과 마찬가지로 경성에서는 춘천행 승합자동차를 도중까지 이용할 수 있고 또 특별 운임을 주면 능 앞까지 자동차로 갈 수 있다.

○ 우이동(牛耳洞)

우이동은 경성 동소문(東小門) 밖 경원 가도 2리 정도, 철로 경원선에 의하면 창동역(倉洞驛)에서 30정 정도의 여정이다. 뒤로 북한산의 준봉을 업고 기암괴석 종횡의 계곡에는 졸졸 흐르는 물이 있어서 굉장한 정취가 있다. 홍양호(洪良浩)라고 하는 달관한 경지에 이른 이가 일본에서 이식한 벚나무로 인해 벚꽃의 명소가 되어 꽃피는 계절에는 경성에서 시민들이 모여들어 인파로 난무한다. 우이동 앞 10정 정도에도 가오리(加五里)라고 하는 벚꽃의 명소가 있다.

○ 남한산(南漢山)

남한산은 전차 종점 왕십리에서 5리 정도, 지금의 광주읍(廣州邑)이 남한산이다. 경성에서는 승합자동차로 갈 수 있다.(수표정[水標町] 출발 운임 2원 20전). 산은 백제 초기의 왕도(王都)로, 그 유적이 전해져 오는 성벽 등이 흩어져 있고 뒤에 조선 16대 인조(仁祖)가 청나라 태종의 습격에 일시적으로 이 산으로 피해서 40여 일 농성한 뒤 항복했던 예전 전장(戰場)이다. 산 정상의 서장대(西將臺)는 해발 1,600척(尺)[31]의 높이로, 거기에서 경성, 용산 시가를 발아래 조망할 수 있다. 인조의 행궁, 그 외 예전 궁전은 지금도 존재하고 이곳 일본 여관의 입구에도 유안청(維安廳)이라고 하는 액자가 걸려 있다. 그 외 주필암(駐蹕岩), 현절사(顯節祠), 헌능(獻陵), 선능(宣陵), 정능(靖陵), 장경사(長慶寺) 등 유서 있는 유적이 부근에 있다.

• 서쪽-공덕리(孔德里)·마포(麻浦).

○ 공덕리(孔德里)

공덕리는 마포행 전차 노선 중간에 위치한 작은 마을로, 하나의 언덕을 경계로 구(舊) 용산 시가와 인접해 있다. 언덕에는 노송이 울창하고 낮에 올빼미가 울 정도의 적막함이 있다. 이곳에는 대원군이 처음 안장된 무덤이 있다. 일찍이 대원군이 뜻을 품고 이곳에 산장을 짓고 30년간을 조용히 지내다 때가 되어 용과 뱀의 기운을 내뿜으며 조선 말기 천지를 뒤흔든 것으로 알려져 있다.

○ 마포(麻浦)

마포는 공덕리의 앞 한강 쪽에 있다. 한강 5항의 하나로, 가옥 1천여. 조선인이 사용하는 일용물자가 빈번히 출입하는 상업지이다. 맞은편 기슭에는 밤섬의 흰 모래사장이 이어지고 푸른 버드나무가 우거져 삼복더위의 피서지로 적합하며, 또 하류로 1리 정도의 용암(龍岩) 부근의 풍경은 한적하고 운치가 있다. 이곳 일대는 투망·낚시의 뱃놀이에도 매우 좋다.

31 1척이 약 30㎝, 1,600척은 약 500m.

• 남쪽-용산(龍山)·한강(漢江)·봉산공원(鳳山公園).

○ 용산(龍山)

경성역에서 남쪽 일대 시가의 총칭이고, 구(舊) 용산과 신(新) 용산의 2구(區)로 구분해서 부르고 있다. 경성역에서의 전철이 연병장(練兵場)에서 분기한다. 오른쪽의 선로는 구 용산의 시가를 관통하여 한강 연안으로 이어지고, 직로(直路)의 선은 신 용산을 관통하여 한강 인도교를 건너 마찬가지로 맞은편 한강변까지 도달해 있다. 전차 분기점 주변부터 왼쪽 산기슭 일대는 '분로쿠의 역'[임진왜란] 때 가토 기요마사(加藤清正)가 주둔했던 곳으로, 지금의 육군창고 주변은 식량 쌀 창고였던 곳이다. 구 용산 시가는 옛날부터 나루터 용산진(龍山津)으로 번창하여 그곳에는 서적인쇄회사·경성전기회사의 발전소·가스돔·효창원(孝昌園)·미생정(彌生町) 유곽 등이 있다. 신 용산은 1904년 경의철도의 출발점이 된 이후 철도의 여러 기관, 주택 등이 들어서며 어제의 사주(沙州)는 어느새 시가지로 바뀌었다. 더욱 육군 제관위(諸官衛)의 설치로 인해 한층 발전을 띄고 지금은 역사 깊은 구 용산의 번영을 능가할 성황을 보인다. 이쪽 방면에는 군사령부·사단 및 여단 사령부·보병 제78·제79연대·철도국·철도공장·용산역·총독관저(특수한 경우에만 사용함)·철도관사·철도공원 등이 있다.

○ 한강(漢江)

조선 5대강의 하나로 경성 남쪽 근교를 환류하고 상류 충주(忠州)에서 경기의 농산물과 하류 인천에서 해산물을 경성으로 반입하는 조선 배의 수로를 이룬다. 경성 부산 가도(街道)의 교통에 편리한 인도교(人道橋)도

놓아져 있다. 이 다리에서 구 용산 연안에 이르기까지 봄여름 때는 투망, 낚싯배와 보트가 뜨고 겨울은 넓고 두꺼운 얼음이 얼어 호쾌한 스케이팅 활주장이 되고 있다.

○ 봉산공원(鳳山公園)

인도교(人道橋)를 건넌 맞은편 기슭 산언덕에 만들어진 공원으로서 설비는 아직 완비되어 있지 않지만 봄에 벚꽃이 필 때부터 여름에 걸쳐서 시민들이 산책하는 일이 많고 산이 이어지는 한강신사(漢江神社)의 높은 지대에서는 남산 동남(東南) 기슭 서빙고(西氷庫) 주변을 전망할 수 있고 경치는 굉장히 좋다. 다릿목의 높은 굴뚝은 인천 수도(水道)의 수원지(水源池)로, 그 서쪽에 연료시험소가 있다.

- 북쪽-세검정(洗劍亭)·천연정(天然亭)·독립문(獨立門)·북한산(北漢山)·벽제관(碧蹄館).

○ 세검정(洗劍亭)

경복궁의 뒤쪽 북문에서 언덕을 북으로 약 10정 정도 내려오면 신라 무열왕(武烈王)이 고구려군을 무찔렀던 전쟁터인 탕춘대(蕩春臺) 옆으로 세찬 계류가 흐르는 가파른 언덕에 세워져 있는 육각당(六角堂)이다. 조선 15대 광해군(光海君)이 왕위를 찬탈하고 폭정이 심해졌을 때 능양군(綾陽君, 인조)이 왕위에 오를 계획을 세운 장소이다. 세검정이란 당시 의사(義士)들이 피를 마시며 검을 닦은 데에서 유래했다고 한다. 또한 이 부근에는 백불(白佛), 홍지문(弘智門), 칠간수(七間水) 등 볼만한 곳이 있다.

○ 천연정(天然亭)

시내 의주통을 북으로 몇 정(町)을 가면, 왼편 뒤쪽에 있다. 1880년 강화조약(江華條約)에 기초하여 외무대승(外務大丞) 하나부사(花房) 공사가 입성하여 이곳에 처음으로 일본공사관을 두었던 유서 있는 곳이다. 정자 앞에 연못이 있어서 노론(老論)의 연못 또는 고서지(古西池)라고 부른다. 이곳은 가뭄 때에 비를 기원하면 효험이 있다고 전해진다. 연못 안의 연꽃이 만개하는 시기는 아름다운 경관을 자랑한다.

○ 독립문(獨立門)

천연정에서 몇 정 앞에 있다. 문은 청일전쟁 후, 중국과의 종속관계를 끊고 조선이 독립국임을 선언한 기념문으로 예전 명나라 사신을 맞이하고 배웅하던 영은문(迎恩門)과 몇 걸음을 두고 나란히 서 있다. 이 옆에 원래 모화관(慕華館)[32]을 고쳐 독립관이라고 칭하던 건물이 있었지만 지금은 철거되어 없다.

○ 북한산(北漢山)

경성 북쪽에 검을 나란히 세운 듯한 준령의 하나가 그것이다. 독립문에서 파발리(擺撥里)를 지나 산성의 서문까지 약 4리 정도다. 이곳까지는 인력거로 갈 수 있다(북문의 세검정에서 등반하는 길도 있다). 산은 경성의 진산(鎭山)으로 삼한시대부터의 역사를 가지고 조선시대에는 진성(鎭城)이 만들어져 그 성벽은 지금도 그대로 남아있다. 성안 계곡 사이로 민가가 있고

32 조선시대 명나라와 청나라 사신을 영접하던 곳.

순사주재소(巡査駐在所)도 있다. 산속에는 이궁(離宮)의 터, 중흥사(重興寺)의 터가 있고 성벽을 따라서 오르면 동장대(東將臺), 만경대(萬景臺) 등의 망루의 터도 있다. 산은 화강암으로 되어 바위가 날카롭게 험준하여 등반하기에는 땀 흘리는 수고를 감내해야 한다. 산 정상에는 백운(白雲), 인수(仁秀), 국망(國望)의 세 봉오리가 솟아 있어 삼각산이라는 이름이 있다. 최고봉인 백운대는 해발 2,600척으로 가을에는 단풍이 좋아서 등산하는 사람이 많다.

○ 벽제관(碧蹄館)

의주통(義州通)에서 4리 정도가면 벽제관이 있는 고양읍(高陽邑)이 있다. 도로는 평탄하며 승합자동차가 있다(의주통 출발 운임 1원 50전). 또 경의선(京義線) 일산역(一山驛)에서 가면 2리 정도의 거리이다. '분로쿠의 역'[임진왜란] 당시 벽제관은 건물도 위치도 지금과는 다르지만, 문에 걸린 벽제관이라는 현판은 당시의 것이라고 한다. 1593년 1월 7일 고니시 유키나가가 평양에서 패하고 돌아오자마자 명장 이여송(李如松)은 파죽지세로 남하하여 25일에는 경성을 넘어 10리 떨어진 파주까지 밀고 들어왔다. 경성의 일본군은 기세가 꺾여서 맞서지 못하고 있었지만, 고바야카와 다카카게(小早川隆景)와 다치바나 무네시게(立花宗茂)는 군사 3만 5천 명을 이끌고 명나라의 대군을 맞아서 싸울 결심을 했다. 일반적으로 이 전쟁은 일본군에게 승산은 없는 것이 확실했고 여러 장수 중에는 무모하다고 놀라는 이가 많았다. 26일 새벽 다치바나 무네시게는 의주 가도(街道)의 진영을 출발했다. 가는 길에 3리 정도 떨어진 미륵원(彌勒院) 앞 창능천(昌陵川) 평야에서 정찰병과 충돌이 시작되었다. 5시간의 격전에 필사적인 다치바나

군에 명나라군은 결국 패배했다. 추격해 온 무네시게는 평야의 맞은편 언덕 여석현(礪石峴) 부근 작은 산에서 한숨을 돌렸다. 파주에 있던 이여송은 약간의 군사를 이끌고 혜음령(惠陰嶺)을 넘어 고양까지 오니 예기치 못하게 퇴각해 온 우군을 만나고 이들을 수용하면서 전진을 계속했다. 고바야카와군이 전장에 도착한 것은 정오였다. 여석현과 밭을 사이에 두고 맞은편 언덕이 망객현(望客峴)이다. 오후의 전투는 여기를 중심으로 행해졌다. 현재 이 부근은 벌거숭이 산이지만, 당시는 호랑이 늑대가 서식할 정도의 삼림으로, 일본군은 병사를 숨기고 정면의 군대를 퇴각하는 척하며 적군을 유인하여 불시에 복병을 내보내 적의 중간을 돌파하여 명나라 군대는 혼란에 빠졌다. 아침의 음울한 날씨는 결국 비가 되어 기병(騎兵)과 단검의 명나라 군대는 빗속의 젖은 논에서 기동력을 잃었고 자신들의 혼란을 초래하는 결과가 되었다. 이 기회를 잡고서 보병(步兵)의 장검을 지닌 일본군은 종횡무진 베어 나갔다. 우익(右翼)의 다치바나군, 좌익(左翼)의 우키타군도 모두 분전하여 전쟁은 정오에서 4시에 걸쳐 명나라 군대는 파주를 향해 도망갔다. 부장(副將) 이유승(李有昇)은 전사하였고 대장(大將) 이여송마저도 이노우에 고로베(井上五郎兵衛)의 창을 피해 목숨을 건진 정도로 대참패였다. 지금 벽제관의 뒤 언덕에는 갑괘수(甲掛樹)라고 하는 다카카게 장수가 휴식했던 터가 남아있다. 이곳에는 구적보존회(舊蹟保存會)가 있고 부탁하면 안내를 해준다.

제2장 인천(仁川)

인천은 불과 50여 년 전까지는 제물포라고 하는 황해안(黃海岸)의 작은 어촌마을에 불과했다. 대원군 섭정시대(攝政時代), 크리스트교를 금지하고 신도 12만 명을 대역교(大逆敎)라 탄압하여 프랑스와 문제가 불거지기에 이르렀다. 프랑스가 군함 7척을 이끌고 이곳 외항으로 공격해 왔고, 1871년 양각도(羊角島)로 미군함 역시 두 번이나 공격해 왔다.[33] 이어서 1875년에는 일본의 운요함 포격 사건이 있었다. 이제까지 쇄국주의를 견고하게 유지해 온 조선이 이때 처음으로 수교조약에 조인(調印)한 것이다. 그리고 경성에 사변이 일어났을 때 하나부사 공사 일행[34]이 이곳에서 영국함에 구조되었던 적도 있다. 그 후 1883년 1월 개항장이 되었다. 청일전쟁 때는 항 바깥 풍도(豊島) 연안의 해전을 도화선으로 하여 막이 열리고 오시마여단(大島旅團)이 이 항구로 상륙하였다. 러일전쟁에는 러시아함대 2척이 외항에서 격침되었고, 기코시사단(木越師團)[35]이 상륙한 곳도 이 항구이다. 셀 수 없을 정도의 일이 있었지만 그 사이에 인천은 놀랄 정도로 빠른 번영을 보인다.

33 고종 3년(1866)에 미국 상선 제너럴셔먼호가 불법 탐사하는 것을 보고 평양 관민이 합심하여 격침한 사건을 가리킨다. 이것은 신미양요의 원인이 되었다.

34 1882년 임오군란의 배후 인물인 하나부사 요시모토 일본공사 등은 월미도로 피신했던 것으로 전해지고 있다.

35 러일전쟁 때 한국임시파견대 사령관으로 1904년 2월 8일 인천항으로 상륙하여 다음 날 열차로 경성에 입성, 이후 주력 부대로 진입하며 무방비의 경성은 일본군 3,000 명에 의해 순식간에 장악되었다.

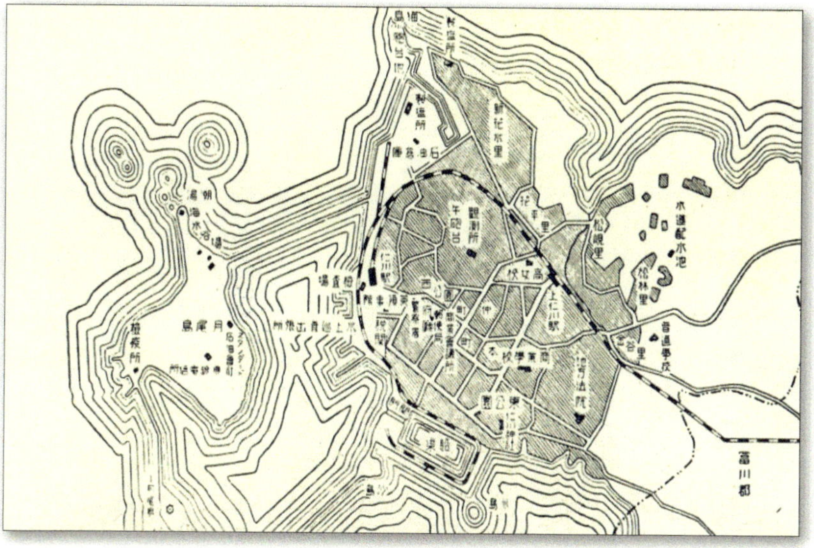

「인천부약도」

인천은 부산·원산 다음의 오래된 개항장으로 지위로서는 도쿄와 요코하마의 관계와 닮아서 경성의 목젖에 위치한다. 항내(港內)에는 월미도가 가로놓여 그 안을 인천내항이라고 칭한다. 섬 밖에는 영종(永宗), 용유(龍遊), 영봉(永峰), 무의(舞衣), 신도(信島)의 여러 섬들이 바둑을 두듯이 스스로 하나의 큰 만상(灣狀)을 형성하고 있다. 내항에 대칭하여 이것을 외항이라고 한다. 항내는 조수 간만의 차가 9m에 이르는 결점을 갑문식(閘門式) 축항을 건설하여 이것을 보완했다. 이곳은 황해도를 사이에 두고 중국의 중부 여러 항구와 상대하고 지형상 안성맞춤의 위치를 점하고 있기에 중국과의 무역은 반도 개항장 중 제1위를 점하고 있다.

인천은 삼면이 바다를 향하고 한쪽만 구릉지대로 시가를 형성하고 있다. 길은 활모양의 가로선을 그리며 좁고 길게 발달하여 세로선 길은 심

인천 월미도 조탕

하게 급한 경사로 해안으로 이어지기 때문에 바다 위에서 보는 시가는 더없이 아름답다. 해안선을 따라 시가에는 무역상이 많고 본정통(本町通) 궁정(宮町) 부근은 번화한 중심가를 이루고 있다. 또 정거장 근처 지나정(支那町[차이나타운]) 일대는 이색적인 색채를 띠고 번영하고 있다.

- 인구: 5만 7,499명(일본인 1만 1,206, 조선인 4만 4,288, 외국인 1,955).
- 관가(官街)·공서(公署)·은행·회사: 부청(府廳), 지방법원지청, 세관, 관측소, 체신국해사출장소(遞信局海事出張所), 우편국, 경찰서, 검역소, 중화민국영사관, 조선은행지점, 식산은행지점, 상업은행지점, 조선우선회사(朝鮮郵船會社) 지점, 오사카상선회사 지점, 미쓰이물산회사(三井物産會社) 출장소 등.

- 인천의 교통: 인천 경성 간 기차 약 1시간이면 도달하고 하루 13회, 약 1시간 간격으로 운행하고 있다. 인천-지부(芝罘)-다롄(大連)-칭다오선(靑島線), 부산-상하이-칭다오-인천선, 신의주-인천-일본 각 항선, 인천-목포선, 인천-진남포선, 그 외 근해에 정기운항이 있다.
- 승합자동차는 인천역 월미도 간(15전). 상인천(上仁川)·인천역과 시가 간(市街間)(10전).
- 인천항 수출입액(1927년)
  - 수이출(輸移出): 5,711만 1,117원. 주요품은 쌀. 대두, 어류, 엽연초, 소가죽, 철류, 쌀겨.
  - 수이입(輸移入): 7,493만 846원. 주요품은 밀가루, 설탕, 맥주, 엽연초, 석유, 기계유(機械油), 옥양목(金巾), 면포(綿布), 마포(麻布), 인쇄지.
  - 합계: 1억 3,224만 1,963원.
- 시내 구경 순서
  - 역→서공원→동공원 →선거(船渠)[36]→월미도.
  - 자동차를 이용할 때 소요 시간 1시간 4원.
  - 도보 소요 시간 3시간.

○ 서공원(西公園)

일찍이 거류지회(居留地會)의 시설로 시가의 배경이 되는 언덕 위에 있다. 인천역에서 몇 정 떨어진 산수정(山手町)에 있기에 산수공원 일명 각

36 선박을 건조 또는 수선하기 위해 넣는 구조물을 말하며, 도크(dock)라고도 불린다.

국공원(各國公園)이라고도 한다. 언덕 위에서는 시가의 전경을 볼 수 있고 월미도, 소월미도 너머에는 영종·용유·무의 등 여러 섬을 조망할 수 있는 호적(好適)의 고지대를 이루고 있다. 인천역에서는 시내 번화가 본정 궁정(宮町)을 지나서 약 14정 정도에 동공원이 있다.

○ 인천공원(仁川公園)

동공원을 인천공원이라고도 한다. 각국공원과 비교해서 일본공원이라고도 불린다. 원내(園內)에는 대신궁(大神宮), 금도비라신사(金刀比羅神社)[37], 텐만구(天萬宮) 등이 있다.

○ 인천선거(仁川船渠)

공원에서 해안으로 내려와서 몇 정 가면 인천선거가 있다. 인천항에서 가장 걱정되는 것은 조수 간만의 차가 30척(呎)[38]에 달한다는 것이다. 내항(內港)은 큰 선박이 정박하기에 적합하지 않고, 또 외항(外港)은 육지와의 거리가 멀어서 결점이었지만, 시 전면에 걸쳐 간척·개간하여 갑문식(閘門式)의 대축항(大築港)을 완성했다. 선거 길이 250칸, 폭 120칸, 최소 수심 27척 정도, 사면에 90칸의 갑문벽에 2개의 철제갑문을 붙여서 만조에는 문을 열어 기선을 출입시키고 간조에는 문을 닫아 부두 내에 바닷물을 보관하는 설비이다. 선거의 3면에는 철도 인입선(引入線)을 부설하고 화물취급에 편리를 도모하고 있다. 본선거(本船渠)는 약 7년의 세월과 560만여 원의 공비를 투자하고 1918년 10월 준공한 것이다.

37 항해의 안전을 기원하는 일본의 고토히라신(金刀比羅神)을 모신 신사.

38 피트(feet)를 의미한다. 1피트는 약 30cm.

○ 월미도(月尾島)

인천역의 뒤쪽에서 길이 9정의 제방으로 육지와 연결되어 있다. 남쪽에 팔미(八尾), 풍도해전(豊島海戰)의 장소를 멀리서 조망하고 러시아함대 코레츠호·바리야크[39]의 격침 장소를 가까이서 내려다본다. 섬 안을 일주(一週)하는 도로는 먼지 낀 시내를 벗어나 공기 청정하고 산책하기 가장 좋은 곳이다. 도로의 양측에는 벚나무가 심어 있어서 꽃피는 계절에는 경성 주변에서 놀러 오는 사람으로 넘쳐난다. 또 바닷가는 해수욕장으로 적합해서 여름철에는 탈의장, 휴식소가 설치된다. 섬의 북단(北端)에는 인천 월미도유원주식회사(月尾島遊園株式會社)가 경영하는 조탕호텔(潮湯ホテル), 대여 별장 등이 있다.

○ 조탕(潮湯)

월미도의 오른쪽 끝 조금 높은 언덕 위에 세워진 미술적 건축의 서양식 건물이다. 이것은 만철회사(滿鐵會社)에 의해 지어진 것으로, 내부의 설비는 화양관(和洋館) 아래에 남녀 각 대욕조를 갖추고 끊임없이 조탕을 분출시키고 있으며, 위에는 휴식 및 오락실로써 무대와 매점 등이 마련되어 있다. 서양관의 뒤쪽에는 큰 수영장이 있고 오른쪽 해안의 언덕으로 순 일본식 방과 가족탕·숙박객을 위한 여관부(旅館部)도 마련되어 있다.

39 1904년 러일전쟁의 제물포해전 때 일본함대에 포위되어 집중포화를 맞은 러시아함대를 일컫는다. 코레츠호와 바리야크호는 전투가 열세에 몰리자 나포당할 것을 우려해 자폭하기로 결정하고 침몰했다. 자폭 시 파편들이 인천 시내까지 날아와 사람들이 주워서 기념품으로 했다고도 전해진다. 이후 일본에 의해 인양 수리되어 코레츠호는 고철로 판매되었으며, 현재 일부는 인천시립박물관에 소장되어 있다. 인천 연안부두에는 바리야크호의 추모비도 세워져 있다.

뜨거운 여름 월미도에 놀러 오는 경인(京仁) 시민 대개는 이 조탕을 즐기기 위해서 온다.

○ 강화도(江華島)

한강의 입구에 가로지른 둘레 약 3리의 섬으로, 인천에서 매일 기선(汽船) 편이 있다(기선 운임은 3등 50전, 2등 1원 40전). 예전 방어사(防禦使)를 둔 곳으로, 1875년 운요함을 포격했던 것은 이곳의 포대(砲臺)였다. 해안은 단애절벽(斷崖絶壁)을 이루고 옛날 포대의 터는 지금도 남아있다. 섬의 주읍(主邑) 강화는 옛날 강도(江都)라고 칭하고 고려의 고조(高祖)[40]가 몽골군을 피해 일시 이곳에 수도를 둔 적도 있다. 읍의 부근 2, 3리의 산간에는 고려시대의 홍릉(弘陵)·곤릉(坤陵)·석릉(碩陵) 등의 능묘 및 전등사(傳燈寺)·적석사(積石寺) 등이 있다. 또 읍 남쪽으로 4리에 있는 마니산(摩尼山) 위에는 태고(太古) 단군(檀君)이 하늘에 제를 올렸다고 전해지는 참성단(塹城壇)의 옛터가 있다.

제3장 수원

수원은 경성에서 기차로 약 1시간이면 도착할 수 있다. 남쪽으로 울창한 팔달산이 서 있고 동북쪽으로 광교산맥(光敎山脈)이 기복을 이루고 있

40 강화천도 시기 고려의 왕은 고조(高祖)가 아니라 고종(高宗)이다. 앞의 강화천도 시기 고려왕 관련 주석을 참조.

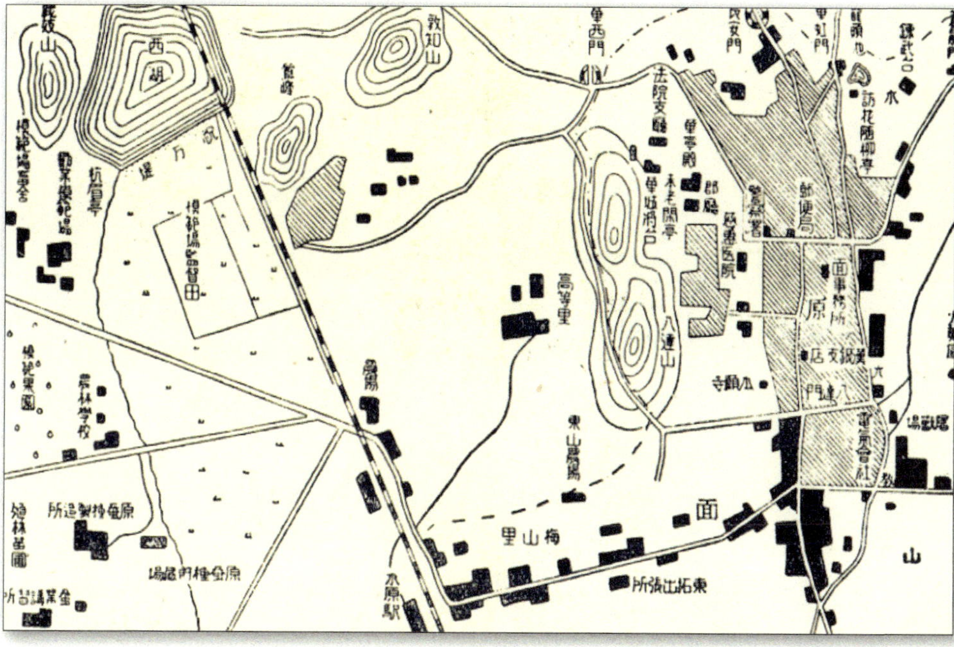

「수원약도」

다. 높이 20척 정도의 성벽이 시가지를 에워싸고 동서남북 사대문이 열려있다. 성벽에는 조선 정조 갑인(甲寅·1794년)에 공사를 시작하여 3년에 걸쳐 준공한 것으로, 약 1만 4,200척에 이른다. 시가지의 부근에는 소나무 숲이 이어지고 호수와 강의 흐름이 풍부해서 옛날부터 나무의 도읍·물의 도읍이라 불릴 정도로 반도에서는 드물게 경치가 좋은 땅으로 알려졌다. 정조의 화성터·화령전(華寧殿)·서장대(西將臺)·연무대(練武臺)·방화수류정(訪花隨柳亭) 등의 유적을 지금도 보존하고 있다. 성 밖의 역에서 읍내까지 대부분 주택이 이어지고 남쪽 입구의 팔달문까지는 약 20정 정도이다.

수원역사

- 인구: 약 1만 2,651(일본인 1,613, 조선인 1만 966, 외국인 72).
- 관가(官街)·공서(公署)·학교: 군청, 법원지청, 우편국, 자혜의원(慈惠醫院), 농사시험장, 잠업강습소(蠶業講習所), 잠업시험소(蠶業試驗所), 수원목장, 고등농림학교, 동양척식회사 출장소, 동산목장(東山牧場), 부국원(富國園) 그 외.
- 여관: 야마모토여관(山本旅館)·화성여관(華城旅館)(역 앞), 청수여관(靑水旅館)(성내).
- 정거장(車馬驛): 역 읍내 간 승합자동차 15전, 인력거 30전, 시내 택시 1원.

○ 팔달문(八達門)

역에서 직로 20정, 수원 성벽의 남쪽 입구이다. 문은 2층 누각 구조로, 위에서는 읍내의 전경이 내려다보인다. 문에서 읍내로 약 5정 정도 왼쪽으로 돌면, 팔달산의 녹음을 배경으로 하나의 누문(樓門)이 서 있다. 이것은 정조가 세웠던 행궁의 터이다.

○ 행궁(行宮)

성벽(城壁)과 사루문(四樓門)이 함께 축조되었다. 정조의 부군(父君) 능묘를 화산(華山, 수원에서 2리)으로 옮겨 그 능묘 근처 땅에 천도(遷都)를 기획하고 경치 좋은 수원을 선택했지만, 성벽과 궁궐이 완성되었을 때는 불행하게도 사망하였다. 지금은 자혜의원(慈惠醫院)이 되어 있다.

○ 화령전(華寧殿)

행궁에서 오른쪽으로 돌면 화령전이 있다. 정조가 화산(華山)에 있는 부군의 능묘를 한때 옮겨 모신 곳으로, 경내(境內)에는 일대 작약(芍藥)이 심겨 있다. 행궁에서 화령전에 걸쳐 큰 노송이 우거지고 봄은 또 그 녹음 속에 벚꽃의 고운 빛이 섞여서 아름답다.

○ 화성장대(華城將臺)

팔달산 정상에는 화성장대가 있다. 옛날 망루의 터이며, 여기부터 수원의 근교는 아주 가까운 거리에 있다. 지금 내걸려 있는 화성장대의 현판은 정조의 친필이다.

○ 화홍문(華虹門)

산을 내려와 읍내를 가로질러 광교천(光敎川)을 따라서 시장을 한참 걸어가면 화홍문에 도착한다. 장안문(長安門)에서 창룡문(蒼龍門)에 이르는 성벽이 강을 가로지르는 곳에 7개의 수문을 설치하여 그 위에 누각을 세운 것이 화홍문이다. 앞서 홍수 때문에 파괴되었지만 머지않아 다시 고치기로 되어 있다.

○ 방화수류정(訪花隨柳亭)

화홍문에 인접한 언덕 위의 누각이 방화수류정이다. 팔달산의 아름다운 녹음의 성문 아래 용두지(龍頭池)에는 정자의 붉은 난간이 비치고, 왼쪽 울창한 소나무의 우듬지에서 장안문의 용마루가 높게 빛나고 있다. 이 부근은 수원 승경(勝境)의 진수라고도 말할 수 있는 곳이다.

○ 봉로대(烽爐臺)

정자에서 남쪽으로 연무장(鍊武場)을 보고 가서, 거기서 20정 정도 성벽 일부에 봉로대의 가마가 보인다. 이것은 옛날 경보기관(警報機關)으로, 기와로 쌓아 올린 굴뚝 모양의 가마가 5개 늘어서 있고 여기에서 올라오는 연기의 개수에 의해 여러 사정이 차례차례로 보고되었다. 이곳에서 동쪽으로 가면 성벽의 동쪽 입구에 닿고 창룡문이 있다.

○ 서호(西湖)

역에서 서북 몇 정, 녹음이 우거진 긴 제방에 둘러싸인 저수지로, 조선 시대 정조가 농민을 위해서 건설한 것이지만, 언제부터인지 서호라고 불리게 되었다. 소나무 가로수 앞 일수언(溢水堰)의 언덕 위에 있는 항미정(杭眉亭)[41]의 건물이 보인다. 이것은 중국 서호에 심취한, 멋을 아는 이의 취향일 것이라고 말해진다. 언덕 뒤에 권업모범장이 있다.

○ 권업모범장(勸業模範場)

고갈되는 반도 농산계의 개량지도를 위해서 총독부가 시설한 것이다. 파종 및 이식, 토양의 연구, 거름주기 및 병해의 구제 방법, 특용작물, 잠업, 축산 그 외 일반농업에 관한 제반 설비는 견학할 가치가 많다. 조선 내 각 지역에 여기저기 흩어져 있는 출장소에는 원예, 면작(棉作), 목마(牧馬), 목양(牧羊) 등의 각 사업을 망라하고 있다. 부속으로서 장내에는 여자잠업강습소 및 잠업시험소가 있고 부근에는 시작전(試作田) 및 양어장(서호)이 있다. 또 고등농림학교도 이곳에 있다. 봄에는 부근 근처 일대 벚꽃이 만개하여 경성에서 꽃구경하러 오는 사람들로 북적인다.

○ 화산(華山)

역에서 남쪽으로 2리의 거리에 있지만 다음 역인 병점(餠店)에서는 수십 정이면 도달한다. 조선 21대 영조의 세자(世子)는 부왕(父王)의 화를 사서 죽임을 당했다. 세자의 아들 정조가 왕위에 오르자, 박명(薄命)한 부군의 영혼을 위로하기 위해 부군이 평소 좋아했던 수원에 그 묘를 옮겼다. 화산에 있는 건릉(健陵)이 이것이다. 왕은 스스로 주위 4리의 능역(陵域)

41 1831년 수원 화성의 박기수라는 사람이 서호에 정자를 짓고 "서호는 항주(杭州)의 미목(眉目)과 같다"고 읊은 소동파의 시에서 따와 정자 이름을 '항미정(杭眉亭)'이라 하였다고 전해진다.

을 정하여 여기에 나무를 심으려는 계획을 세우고 그 외 아들 순조가 즉위 후 부왕의 뜻을 따라 이것을 완성했다. 또 정조의 능묘 융릉(隆陵)의 위치를 이 숲속으로 정했던 것이다. 120여 년 높이 솟은 소나무가 울창하여 온 산을 덮고 반도에서 진귀하게 좋은 산림을 이루고 있다. 소나무 숲 안에는 이왕가(李王家)[42][고종과 순종의 가족]의 보리사(菩提寺), 용주사(龍珠寺)가 있다.

제4장 성환(成歡)

성환은 1894·5년의 전쟁[청일전쟁] 당시 오시마 여단(大島旅團)이 청나라군을 격파하고, 그 전쟁에 빛나는 첫 페이지를 장식한 오래된 전장이다. 경성에서 기차 약 2시간이면 도착할 수 있고 경부선 성환역 부근에 있다. 역 앞의 촌락은 당시의 성환읍, 읍 뒤에 이어진 구릉은 청군의 포열(砲列)을 깔아 놓은 월봉산(月峰山), 또 청군의 상륙지점이었던 둔포(屯浦)는 서쪽으로 3리 반 떨어진 아산만(牙山灣)에 있다. 역은 지금 직산금광(稷山金鑛)으로 가는 하차 역으로 알려져 있고 일반적으로 지금 특별히 주의를 끌지는 않지만, 전쟁의 자취를 애도하고 싶은 분, 적당한 거리에 성환목장 주변의 산책은 경성에서 당일 여행에도 가장 적당하다.

42 일본이 1910년 한국병합 이후 대한제국 황실(고종과 순종의 가족)을 일개 가문으로 격하하여 일컫는 호칭으로 쓰인다.

○ 마쓰자키대위 충혼비(松崎大尉忠魂碑)[43]

역 앞 마을에서 북으로 2정 정도 떨어진 월봉산의 일각에 있다. 1894년 7월 4,000명의 청나라 병사는 아산만에 상륙했다. 일본의 오시마 여단은 인천으로 상륙하여 경성으로 들어갔다. 한국의 조정은 수서양단(首鼠兩端)[44]의 지경에 처해 있었다.

지략에 뛰어난 청나라 공사 원세개(袁世凱)[45]도 경성에 주둔할 수 없는 꼴이 되어 텐진(天津)으로 돌아가게 되었다. 청군은 월봉산을 중심으로 포진하고 방공호(散兵濠)를 만드는 한편, 경성에서 남하한 오시마 여단은 7월28일 소사리(素砂里)에 도착하여 공격을 개시했다. 소사리의 남쪽에는 진흙땅의 안도천(安渡川)이 흐르고 있는데(평택의 동쪽 1리 지금 이곳을 점하여 기념비가 세워졌다), 그곳의 강을 건너기 위한 전투가 밤늦게 행해졌다. 마쓰자키 대위는 이 전쟁[청일전쟁]의 첫 희생자가 되었다. 전투는 다음 날 아침까지 계속되었고 오전 8시경 적군의 중심 진지(陣地)인 월봉산 점령으로 끝났다. 전쟁 후 대위 등의 충혼을 위로하기 위해서 세워진 것이 이 비(碑)이다. 언덕 위에서 내려다보이는 평탄한 평야는 당시 공격한 쪽인 일본

43 1912년 11월 3일 건립된 '마쓰자키대위 충혼비'는 청일전쟁 당시 제21연대 제12중대장으로 안성나루 전투에서 지휘하다가 총탄을 맞아 죽었다고 알려진다. 이것이 일본군 측의 최초 전사자로 기록되었다. 이 비석에는 당시 초대 조선 총독이었던 데라우치가 쓴 '유방백세(流芳百世, 꽃다운 이름이 후세에 길이 전해진다는 의미)'라는 글이 붙어있었다고 알려진다.

44 쥐가 구멍에서 머리를 내밀고 나갈까 말까 두 방향으로 머리를 돌리며 망설인다는 뜻으로 진퇴양난의 지경을 의미한다.

45 원세개(袁世凱, 1859~1916)는 '위안 스카이'로도 불리며 중국의 정치가로 청나라 말기 근대 육군의 창설이나 교육 보급에 진력했던 인물이다. 신해혁명(辛亥革命) 이후 1912년 중화민국 초대 대통령이 된다. 청나라를 멸망시키고 세워진 중화민국을 중화제국으로 바꾸고 황제를 자칭했으나, 반체제운동이 일어나 실각했다.

신정관 정면 입구(위 왼)
신정관 응접실(대실)(위 오른)
공동욕조(아래)

군이 얼마나 고전을 감내했던가를 생각하게 한다.

○ 성환 아카보시목장(赤星牧場)

언덕 아래에서 서남 20정(町) 정도 떨어진 곳에 있다. 이 길에 보이는 구릉과 개천은 모두 예전 일본의 용사들이 피를 흘렸던 전쟁터이다. 넓은 목장 안에는 도로가 종횡으로 펼쳐져 있고, 우측에 목마장(牧馬場), 좌측으로 목우장(牧牛場), 중앙 구석진 언덕 위에는 목장 주인 아카보시(赤星) 씨[46]의 별장이 세워져 있다. 순 조선식의 넓은 저택의 건축, 마을 사람들

46 아카보시 데쓰마(赤星鐵馬, 1882~1951)는 일본의 사업가이자 다이쇼은행(泰昌銀行)대표를 역임한 인물이다. 해군의 물자조달을 하여 막대한 부를 축적한 아버지(아카보시 야노스케)의 유산을 물려받았으며, 취미로 말을 연구하고 사육한 것으로 알려진다.

은 아카보시 궁전이라고 말하고 있다. 이 목장의 주요 사업인 목마장은 몽골 말의 개량을 목적으로 하고 있으며 영리(營利) 이외에 우량마필(優良馬匹)을 키우고 있다. 목장에서는 취미로 방문하는 사람을 기꺼이 맞아 준다.

○직산금광(稷山金鑛)

역의 동남 3리 정도 떨어진 곳에 있다. 직산금광주식회사가 경영하는 조선 유수(有數)의 사금광(砂金鑛)으로 연간 산출액 약 160관(貫), 광구(鑛區)에는 전기채광기(電氣採鑛機)를 붙이고 역 부근에 선광소(銑鑛所)를 설치하고 있다. 금광으로 가는 길 도중에 직산읍 부근에는 옛 백제의 도읍이었다고 전해지는 성산(城山)의 성터가 있다.

제5장 조선의 파라다이스 온양온천(溫陽溫泉)

온양온천은 조선 세조(世祖)와 현종(顯宗) 시대, 지금으로부터 수백 년 전부터 이미 세상에 알려져 있던 온천으로, 경부본선의 천안역에서 경남철도로 갈아타면 약 30분이면 도착한다, 경성에서는 기차로 2시간 반 정도로 갈 수 있기에 당일 여행으로 온천욕 하러 오는 손님도 많고 상당히 번창하고 있다. 그러나 얼마 전만 해도 조선의 시골이라서 온천욕으로 오는 손님에게 충분히 만족을 줄 수 있을 만한 설비가 없었다. 그래서 경남철도는 최근 이곳에 30여만 원을 들여서 조선의 파라다이스를 만들어 내고자 온천 시추(試錐)에 노력한 결과, 섭씨 50도의 온천물이 밤낮 만 수천 석(石)[47]이나 쏟아져 나오게 되어 온천으로서 가치도 충분하다는 것을 인정했다. 그 때문에 공중 욕탕, 여관, 오락실 등 조선에서는 놀랄 정도로 드문 유람시설이 되었다. 최근에는 온천욕 손님이 쇄도하여 조선의 다카라즈카(寶塚)[48]라고 불릴 정도로 명성이 자자하여 온천욕으로 오는 유람객을 즐겁게 한다. 반드시 조선을 여행하는 사람이라면 한번 들러 보기를 희망하는 바이다. 온천의 성질은 약염유천(弱鹽類泉)에 속하고 무색 청징하여 거의 냄새가 없고 위장병, 류마티스, 부인병 등에 효능이 있다. 또 온천장의 총칭을 신정관(神井館)이라고 명명하여 다음과 같은 설비를 갖추고 있다. 이 외에도 원래 있던 온양관(溫陽館) 외 여관도 있다.

- 본관: 목조로 된 서양식 건물로 홀, 휴게실, 식당, 오락실, 남녀 공동 목욕탕, 전용 대여 욕탕, 전용 대여실, 아이 방, 이발실, 매점 등의 설비가 갖춰져 있다.
- 여관: 목조로 된 일본식 건물로, 각 실 모두 일본식 방, 다음 방도 모두 베란다 포함. 목욕 후 사색하기 적합한 세련된 설계이다.
- 부속 유원지: 온천장에서 서남쪽으로 약 1리에 있다. 물 맑고 사방이 산으로 둘러싸여 풍광이 뛰어난 변천지(辨天池)[49]라는 약 100정보(町步)[50]의 저수지를 이용하여 여기에 사계절 유람시설을 설치하

47 1석(石)은 약 180리터이며, 1두(斗)의 10배에 해당하는 양을 의미한다.

48 효고현(兵庫縣)의 도시로 오사카(大阪)·고베(神戶)와도 인접해 있다. 메이지시대 온천지로도 알려졌으며, 다카라즈카가극단의 본거지가 이곳에 있다.

49 벤자이텐(弁才天: 하천의 여신) 신앙에 유래하는 호수의 명칭으로 일본에서는 각지에 존재한다.

50 1정보는 약 3,000평.

였다. 뱃놀이와 낚시는 물론, 여름에는 피서에도 좋은 장소이고, 겨울에는 스케이트장이 된다.

- 요금
  - 본관 입장료: 보통 성인 1회 25전, 아동 1회 10전.
  - 20인 이상의 단체, 군인, 학생은 따로 할인이 있다.
  - 전용 대여실 (6조[疊][51] 큰방, 3조 작은방, 툇마루 4조 포함).
  - 1일 (개관 시간부터 폐관 시간까지) 2원.
  - 단, 1명 늘 때마다 50전, 아동 12세 미만 반액, 4세 미만 무료.
  - 반나절 (오후 2시를 경계로 앞뒤 사용) 1원 50전.
  - 단, 1명 늘 때마다 35전, 아동 12세 미만 반액, 4세 미만 무료.
- 전용 대여탕 (전용 욕조 및 4조 반 휴게실 포함)
  - 1시간 50전.
  - 단, 1명 늘 때마다 20전, 아동 12세 미만 반액, 4세 미만 무료.
- 식당 요금
  - 일본식 아침 정식 1원.
  - 일본식 점심 정식 1원 20전.
  - 일본식 저녁 정식 2원.
  - 서양식 아침 정식 1원.
  - 서양식 점심 정식 1원 50전.
  - 서양식 저녁 정식 2원 50전.
  - 그 외에 일품요리, 음료 등이 있다.

51 다다미방의 크기를 나타낼 때의 단위로 1조는 약 1.62m.

① 여관부(旅館部)

• 숙박료(아침, 저녁 일본식 식사 포함): 1박 5원, 단, 1실에 여러 명이 함께 숙박하는 경우는 1명은 정액, 그 외는 20% 할인.

• 객실료

- 1일 (8조 큰방, 3조 작은 방, 5조 툇마루 포함) 3원 50전.

- 1일 (6조 큰방, 3조 작은 방, 4조 툇마루 포함) 2원 50전.

- 단, 1실에 여러 명이 함께 숙박하는 경우는 1명은 정액, 그 외는 50% 할인.

- 정식 요금 식당 요금과 동일.

- 실내로 식사를 가져올 때는 1인 1식 20전의 요금을 요한다.

• 유람지

- 온천과 저수지 간 자동차 운임: 대절 왕복 2원, 승합 왕복 30전.

- 수중 누각 입장료: 어른 1회 5전, 아동 1회 3전.

② 대선료(貸船料)

	하루	반나절	1시간	야간 1시간
50인승 지붕 있는 배	15원	8원	1원 80전	2원 20전
30인승 지붕 있는 배	10원	6원	1원 30전	1원 60전
10인승 지붕 있는 배	5원	3원	70전	85전
5인승 지붕 있는 배	3원	2원	50전	30전
3인승 보트			30전	30전
모터보트	10분간	3인까지	주간 90전, 야간 1원 10전	
		4인까지	주간 1원 20전, 야간 1원 40전	
		5인까지	주간 1원 25전, 야간 1원 50전	

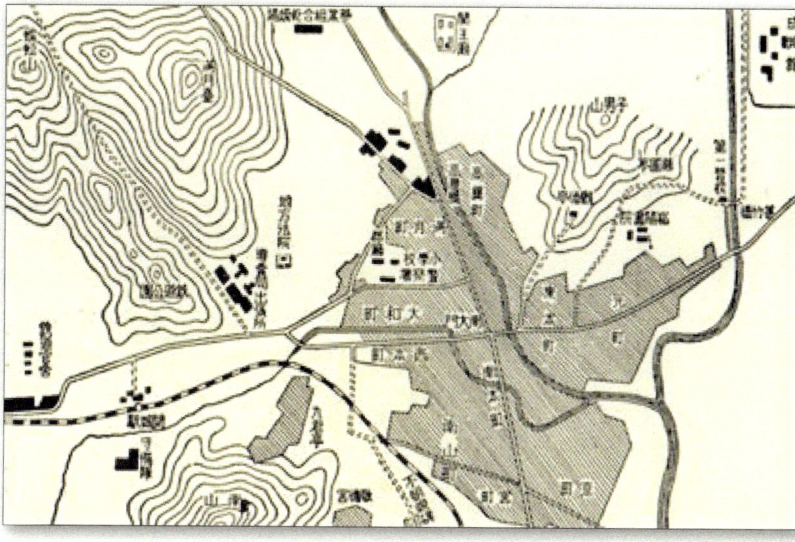

「개성약도」

③ 기차 운임 할인

온천에 오는 유람객의 편의를 모색하여 경성, 용산, 인천, 상인천, 수원, 대전 간 각 역에서 주말 할인(토·일요일 구매 통용 2일간) 2·3등 40% 할인, 그 외의 날은 2·3등 30% 할인의 왕복승차권을 발매하고, 경성에서는 매일 온천으로 직통하는 객차를 연결한 열차가 출발하고 있다.

제6장 개성

신라가 쇠퇴하여 기울어지자 신라의 왕족 궁예(弓裔)는 강원도 철원에

선죽교

서 나라를 일으켰고, 견훤(甄萱)은 전라북도 전주에서 나라를 세워 후백제라고 하였다. 두 영웅은 20여 년간 경쟁했다. 고려 태조 왕건은 궁예의 비장(裨將)에서 입신출세하여 궁예의 뒤를 이어 권좌에 올랐다. 그의 고향 송도(松都, 개성)에 도읍을 정하고 끝내 견훤을 멸망시켜 신라를 병합함으로써 반도 통일의 대업을 완성했다(일본 기원 1596년). 이후 고려의 왕위 34대,[52] 440여 년간 왕도는 끝까지 개성이었다. 고려가 멸망하고 조선이 일어나고 반도의 수도가 경성으로 옮겨지고 나서 540여 년, 일찍이 불교 예술의 찬란한 문화를 자랑하였던 고도(古都)도 자연스럽게 황폐하여 예전의 번성한 모습은 찾아볼 수 없지만, 겨우 고려인삼의 개성으로만 옛

52 원문에는 '32대'로 표기.

날의 번성을 남기고 있다.

- 인구: 약 4만 4,599(일본인 1,388, 조선인 4만 3,302, 외국인 189).
- 관가·공서·그 외: 군청(郡廳), 지방법원지청, 전매국출장소, 경찰서, 소년형무소, 우편국, 조선식산은행 지점, 한성은행 지점, 개성전기회사, 공립상업학교.
- 여관: 개화관(開和館, 서본정[西本町]), 개성여관(開城旅館, 대화정[大和町]), 이와미여관(岩見旅館, 대평정[大平町]).
- 교통비(車馬)
  - 자동차 1시간 5원, 반나절 20원, 하루 35원.
  - 인력거 1시간 70전, 반나절 1원 80전, 하루 3원 20전.
- 요리점(旗亭): 표루(瓢樓, 대화정), 야명루(夜明樓, 대화정).
- 경성에서 기차로 2시간 정도면 개성에 도착한다. 정거장은 옛 성벽의 서남쪽 성 밖에 있고, 시가는 거기서 남쪽으로 몇 정(丁), 옛 성문 남문루(南門樓)를 중심으로 성안과 바깥 지역이 서로 어우러지듯이 펼쳐져 있다.

○ 철도공원(鐵道公園)

정거장을 나와 철도공원 언덕 도로에 접한 왼쪽으로 이어지는 이곳은 철도 용지의 일부를 열어 정원으로 만든 것으로 개성에서 유일한 공원이다. 원내에는 수천 그루의 앵두(櫻桃)를 심어서, 꽃피는 계절에는 꽃그늘이 지는 성벽이 풍취를 자아낸다. 기복하는 구릉 안에 연못(泉池)·우거진 숲(叢林)·운동장·간이 찻집(茶亭) 등의 시설이 있다. 하루 여행에 어울리는 곳이기 때문에 봄가을에는 경성 부근에서 구경하러 오는 이가 많다.

○ 전매국출장소(專賣局出張所)

공원 옆에 전매국출장소가 있다. 개성의 특산물 고려인삼의 제조공장으로 정부의 전매에 관련된 홍삼은 이곳에서 제조되어 미쓰이물산주식회사(三井物産株式會社)의 손을 거쳐 주로 중국으로 수출되고 있다. 최근의 홍삼 1년 산출액은 7만, 400여 근(斤), 가격 약 334만여 원이다. 품질이 우량한 것은 귀하고 세계 각지의 산지에는 1근 200여 원정도 하는 것이 적지 않다. 장내는 요청하면 참관할 수 있다. 여기서 제조하는 홍삼 외에 시내에는 민영의 백삼제조공장이 있다. 이곳에서 개성 일본인 마을 중심에 있는 대화정(大和町)을 지나 남문루로 간다.

○ 인삼 판매가격

- 인삼 진액(蔘精), 홍삼분말: 각 1원 50전(총독부 전매국 제조).
- 목욕용 인삼 진약: 2원(총독부 전매국 제조).
- 인삼 뿌리: 9원에서 30원.
- 그 외 각종.

○ 남문루(南門樓)

시가(市街)가 문밖으로 펼쳐지기 때문에 지금은 시가 중심에 위치한다. 문은 조선 태조 즉위 3년[1395년]에 세워진 것으로 경성의 남대문보다 2년 정도 오래되었다. 누상(樓上)에는 약 600년 전 원시대(元時代)에 주조(鑄造)되어 도안(圖案)이 굉장히 예술미가 뛰어나다고 알려진 조선 명종(名鐘)의 하나 대범종(大梵鐘)이 있다.

○ 선죽교(善竹橋)

남문루에서 10정 정도, 역에서 25정 떨어진 교외에 있다. 고려 말기 무신(武臣)의 권세가 실로 나라를 무너뜨릴 기세일 때 유신(儒臣)의 중심 세력인 정몽주(鄭夢周)가 무신의 대들보였던 이성계(李成桂)의 병문안에 갔다가 돌아오는 길, 이성계의 일파로부터 암살당한 곳이다.

돌다리 위의 반점은 정몽주가 흘린 피가 지금도 사라지지 않은 것이라고 전해지고 있다. 그 부근에는 정몽주의 사적(事蹟)을 새긴 두 기(基)의 비석이 들어있는 비각(碑閣)도 있다. 한 기는 약 200년 전 영조(英祖)에 의해 세워졌고, 또 다른 한 기는 50년 전의 고(故) 이태왕에 의해 세워진 것이다. 비각의 뒤 일대는 동산을 이루고 모포정(慕圃亭)의 건물과 찻집 등이 있다. 더욱 동산에서 구릉을 따라서 호정(虎亭)·숭양서원(崧陽書院)·관덕정(觀德亭) 등의 명소를 거쳐 남문루로 나오는 길은 도보 유람객에 권하고 싶은 좋은 순람로(巡覽路)이다.

○ 목청전(穆淸殿)

이성계(李成桂)의 잠저(潛邸)[53]였으며 선죽교에서 몇 정(町) 앞 논 안에 보이는 건물이다. 예전 건물은 '분로쿠의 역'[임진왜란] 때에 피해 입었지만 재건하였다. 이성계의 초상화를 안치하여 봉사(奉祀)하고 그 일부는 지금 은사수산장(恩賜授産場)으로 되어 있다. 정몽주가 난을 당하던 날 이성계

53 임금이 되기 전의 시기, 그 시기에 살던 집.

를 방문했다는 저택은 이 목청전을 이른다. 고려 왕궁의 터이다.

○ 만월대(滿月臺)

남문루에서 보면 북본정(北本町)을 직진하여 약 15정, 선죽교에서 다른 길로 가면 약 25정 시가의 북쪽 근교를 우회해 간다. 대(臺)는 좌우로 계류를 끼고, 뒤에 송악산(松嶽山)을 이고 50척의 높은 지대에 남쪽으로 향하고 있다. 정면의 오른쪽 계단 오른쪽에는 고려의 유물을 전시한 찻집 진열관이 있다. 계단을 오르면 일대의 광장에는 예전 누문(樓門)과 전각(殿閣)의 초석만 정연하게 현존하고 그 옛날 수 십여 채의 옥루(玉樓)와 금전(金殿)의 용마루가 연이어져 있던 장관을 떠오르게 한다. 이 궁전은 고려 말기 도적 떼로 인해 불탄 이후 재건하지 않고 황폐한 채로 남아있었다. 500년 전의 영화(榮華)의 장소도 황폐한 광경으로 변하여 유위전변(有爲轉變)[54]의 이치를 곰곰이 생각하게 한다.

○ 채하동(彩霞洞)

시가의 북부 송악산 기슭의 경승지로, 만월대에서 가면 관왕묘(關王廟)[55]를 도중에 보고 간다. 정거장에서 이곳까지는 1리 정도이다. 이 부근 일대 그윽하고 조용한 경지를 이룬다. 특히 가을 단풍의 시기에는 구경하는 이가 많다. 게다가 부근에는 부산동(扶山洞), 채하동 등의 경치가 뛰

54 세상일이 변하기 쉬워 덧없음을 의미한다.

55 중국 촉한의 장수 관왕(關王), 즉 관우(關羽)를 모신 사당이다. 관우는 현재까지도 중국인들의 숭배 대상이 되고 있다. 명나라 시대 한국을 포함 동아시아 전역에 걸쳐 건립되었다.

어난 곳이 있다.

○ 경덕궁(敬德宮)

만월대, 채하동 구경을 마치고 시가의 남문루까지 돌아가서 남본정(南本町)으로 해서 경덕궁으로 향한다. 경덕궁은 남문루에서 남으로 13정, 철도 선로의 반대쪽에 있다. 이것도 이성계의 잠저였고, 원래는 추동궁(楸洞宮)이라고 칭했다. 이성계 즉위 3년에 도읍은 경성으로 옮겼지만, 2대 정조(定祖)에 이르러 다시 일시적으로 개성으로 천도했을 때, 이곳이 그때 궁궐이었다고 한다. 건물은 '분로쿠의 역'[임진왜란] 때 전부 없어졌지만, 효종(孝宗) 때 석벽을 축조하여 옛터를 보존한 것이다. 궁의 뒤, 남산 기슭에는 반구정(反求亭), 또 동쪽 가도(街道)에는 부조현(不朝峴)이라 하는 옛 유적이 있다. 고려 중신 등 72인이 두 임금을 둘 수 없다고 부조현에서 송도를 떠났다고 전해지고 있다. 다음으로 개성 시내를 구경 후 근처의 고적(古跡)을 방문하는 순서로서 제일 먼저 방문해야 할 곳은 태조(太祖)의 능묘인 현릉(顯陵)이다.

○ 현릉(顯陵)

역에서 서쪽으로 1리 못 가서 중서면(中西面)으로 태조릉동(太祖陵洞)에 있다. 이곳은 승려 도선(道詵)이 터를 점치고 태조의 수릉(壽陵)[56]이라고 정한 곳으로, 경내 울창한 노송 가지가 더해져서 신성한 기운이 자연스럽게 넘친다. 태조 만년(晩年) 왕씨분묘(王氏墳墓)로 하였기에 고려 역대 능의

56 임금 생전에 미리 마련해 두는 임금의 무덤을 이르던 말.

대개는 이 부근에 많다.

○ 현릉(玄陵)

현릉(顯陵)에서 산을 넘어 약 반 리, 역에서 가면 약 2리, 또 다음 토성역(土城驛)에서 가면 가장 가깝게는 약 반 리, 중서면 여릉리(麗陵里)의 구석, 봉명산(鳳鳴山)의 중턱에 있다. 왕과 왕비의 분총(墳塚)이 2개 나란히 한다. 석수(石獸)·문무양반(文武兩班)·등롱(燈) 등 능묘(陵墓)로서의 양식이 거의 완전하게 갖춰져 있다. 현재 개성 부근에 있는 고려 유물 중 가장 대표적 돌 예술품을 보려는 사람은 이곳까지 꼭 유람하러 와야 한다.

○ 박연폭포(朴淵瀑布)

천마산(天摩山) 기슭에 있고 산성폭포(山城瀑布)라고도 한다. 높이 70척의 큰 폭포로 우렁찬 소리를 내며 바위벽에 걸려 있다. 부근은 기암괴석이 중첩하고 소나무 잣나무 단풍나무의 수목이 우거져서 산악미의 풍광을 이루고 있다. 역에서 6리, 자동차 편도 있다.

○ 대흥산성(大興山城)

박연폭포의 절벽을 올려다보면 고아한 정취가 있는 누문(樓門)이 서 있다. 대흥산성의 북문이고, 예전 고려 조정의 이궁(離宮)이 있었던 진성(鎭城)[57]터이다. 북문에서 오르면 관음사(觀音寺) 약수(藥水), 만경대의 명승지

57 조선시대를 비롯해 삼국시대 때부터 군사적 거점에 주둔한 각 진(鎭)을 방어하기 위한 방어용 성곽을 두른 요새이다. 현재 유명한 성으로 부산진성(釜山鎭城)이 있다.

를 지나 대홍사에 도착한다. 옛날에는 큰 사찰이었다고 하지만, 지금은 옛 행궁의 건물을 본당으로 이용하여 겨우 사원(寺院)의 면목을 세우고 있다. 이 부근 일대는 깊은 산이라는 느낌이 든다.

이상으로 일반에게 개성의 옛 유적으로서 알려진 곳 이외, 동방 2리 고개 남쪽으로 현화리(玄化里)에 큰 사찰 현화사(玄化寺)의 유적을 방문하고 돌아오는 길, 산을 넘어서 화장사(華藏寺)를 들르는 코스는 개성의 옛 유적 순람의 흥미로운 하루 일정이다.

제7장 경성 부근 온천

경성 부근의 온천까지는 경성역에서 출발하는 30% 할인 왕복표가 발매되고 있다.

○ 온양온천(溫陽溫泉)

천안(天安)에서 경남철도(京南鐵道)로 30여 분이면 도착한다.(주말 할인 왕복 40%, 평일 왕복 30% 할인). 여관은 신정관(神井館)·온양관(溫陽館)·광양관(廣陽館)·이시다여관(石田旅館) 등.

○ 유성온천(儒城溫泉)

대전(大田)에서 자동차로 30분이면 도착한다. 여관은 봉명관(鳳鳴館, 신온천장)·승리관(勝利館, 구 온천장) 등.

○ 신천온천(信川溫泉)

사리원(沙里院)에서 경편철도(輕便鐵道)로 약 2시간이면 도착한다. 여관은 온천호텔·네모토(根本)호텔·다이코쿠야(大黑屋) 등.

○ 조선총독부철도국(1929년)

- 선만안내소(鮮滿案內所): 시모노세키(下關)역 앞, 오사카 아즈치마치(安土町), 사카이스지(堺筋), 도쿄 마루빌딩(丸ビル) 안.
- 운수사무소(運輸事務所): 부산역 구내, 대전역 구내, 용산역 구내, 평양역 구내.

조선인쇄주식회사인행(朝鮮印刷株式會社印行)

[4] 경성 - 인천·수원·개성(京城-仁川·水原·開城)

조선총독부 철도국, 1939

집필·번역 조형열

소책자 표지 앞면, 126.5㎜×182㎜

소책자 표지 뒷면

| 해 제 |

이 자료는 1939년에 조선총독부 철도국이 경성과 경기지역 대표 도시인 인천, 수원, 개성의 관광 진흥을 위해 발행한 인쇄 팸플릿으로 표지 포함 전체 46면으로 구성되어 있다. 크기는 가로 126.5mm, 세로 182mm이다. 표지 앞면에는 경성이라는 큰 제목 아래 다소 작은 글씨로 인천, 수원, 개성이 적혀있으며, 북악산 기슭 아래 총독부 청사와 경성 시가지 모습을 담은 수채화 방식의 그림이 배경으로 실렸다. 표지 뒷면에는 철도 노선을 담은 「경기지방약도」가 수록되었다.

내지에는 「인천약도」, 「수원약도」, 「개성약도」 등이 있으며, 15면부터 26면까지는 흑백 화보이다. 일본식 가옥 앞 잔디밭을 나란히 걷고 있는 일본인 여성과 조선인 여성의 모습을 찍은 사진을 통해 중일전쟁 이후 내선일체를 내세우던 조선총독부의 통치 정책이 관광안내서에까지 영향을 미쳤던 것을 확인할 수 있다. 이 밖에도 박문사, 조선총독부, 조선신궁, 남대문, 경성역, 경복궁, 덕수궁, 바가지 세공품, 조선호텔, 파고다공원(현 탑골공원)의 탑, 인천항, 인천 부두, 인천수영장, 수원 방화수류정(訪花隨柳亭), 수원 북문 등의 사진이 담겼다.

경성을 중심에 두고 인천, 수원, 개성 등의 관광 코스를 제시하고 있으며 숙박, 교통 등의 관광 정보를 망라하고 있다. 경성의 경우 제국의 반도로서 행정을 비롯한 모든 방면의 중심지로 소개하고 있으며, 시가지와 교외로 분리하여 관광지를 설명하였다. 인천, 수원, 개성에 대한 안내는 경성에 비하면 상대적으로 내용이 적지만 일제강점기에 항구도시이자 공업도시로서 변모된 인천에 대한 설명은 다른 두 곳에 비해 분량이 많은 편이다.

각 지역의 중요한 역사문화 공간은 거의 다 소개하고 있으나 무엇보다 일본과의 관련성 또는 식민 지배의 성과를 부각시키는 서술을 하는 것이 특징적이다. 팸플릿 전체에서 임진왜란(분로쿠의 역)에 대한 언급이 모두 11회나 등장할 만큼, 조선 역사·문화가 반드시 제국의 일부로 다루어져야 한다는 편향적 인식이 드러난다. 경복궁과 덕수궁의 서술에서 확인할 수 있듯이, 조선의 오랜 역사와 조선총독부에 의한 궁궐의 훼손은 전혀 언급하지 않은 채 근대적 건축물의 건설 등을 강조하고 있다. 또한 경성제국대학, 조선총독부박물관 등 강점 이후 설립된 각종 기관 등을 소개하는가 하면, 영등포의 공장지대나 인천 부두 설비, 수원 농사시험장 등 산업화의 '성과'를 내세우기 위한 장소 선정과 설명도 눈에 띈다. 결과적으로 조선의 중심부인 경성과 경기지역을 조선총독부의 '선정(善政)'을 과시하기 위한 공간으로 재현하고 있다.

조선총독부철도국은 경성에 대한 팸플릿을 1920년대 초부터 발간하기 시작했으며, 1939년판 이전의 것으로 1935년판과 1937년판이 있으며 1940년대 이후의 것은 아직까지 확인되지 않는다. 1939년판이 일제강점기에 편찬된 경성과 인천, 수원, 개성에 대한 마지막 팸플릿으로 판단된다. 따라서 1937년판과 비교하면 일제 말기 해당 지역의 변화, 해당 지역을 바라보는 조선총독부철도국의 태도 변화 등을 확인할 수 있다. 덕수궁의 경우 이왕가미술관이 설립되면서 창경원의 이왕가박물관으로부터 미술품이 이관된 사실이 추가되었고, 창경원에서 유물을 관람할 수 있다는 내용이 삭제되었다. 또한 영등포에 대한 서술은 내용이 상세해졌고, 공장지대를 구체적으로 소개하고 있는 것이 특징적이다. 모든 지역에 대한 안내를 마치고 경성 부근 온천(온양온천, 유성온천, 배천온천, 신천온천)에 대한 정보를 자세히 수록한 것도 변화된 점 가운데 하나이다. 팸플릿의 맨 마지막 부분에는 조선과 만주, 중국에 있는 관광안내소와 조선 안에서 활동하던 일본여행협회 안내소의 위치를 제시하였다.

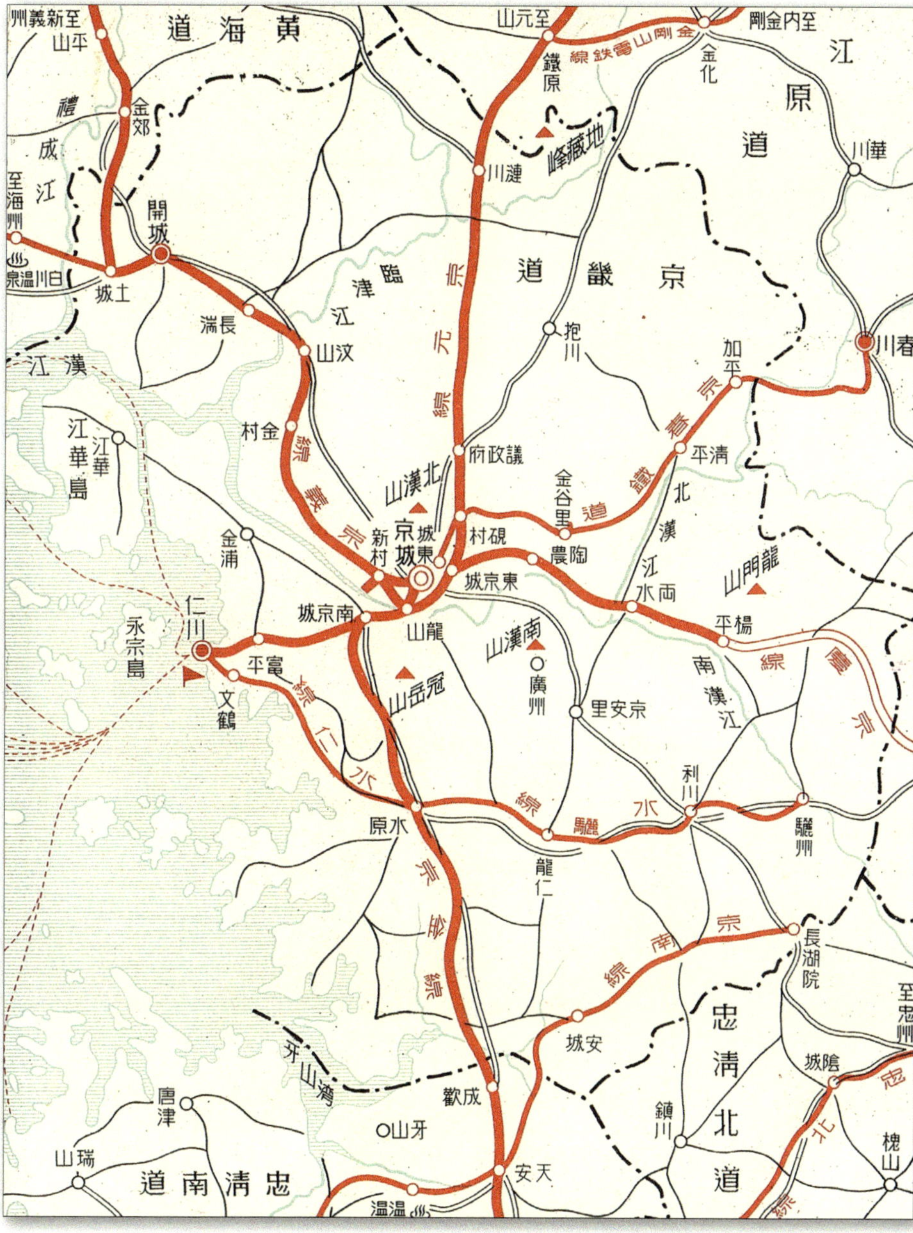

「경기지방약도」(수록한 지도·사진은 조선헌병대 사령부 점검 완료)

| 번역문 |

1. 경성(京城)

준예(峻銳)한 자태로 북방 하늘을 이고 우뚝 솟아 있는 북한산의 일맥(一脈)을 배경으로, 백악(白岳)·보현(普賢)·문주(文珠)·북악(北岳)의 여러 봉우리가 이어진다. 남으로 남산, 서로 인왕, 동북에 낙타의 여러 산들이 자리 잡고 풍광이 아름다운 분지(盆地)를 이룬 곳, 그 외곽을 동에서 서남에 걸쳐서 한줄기의 수로 대한강(大漢江)이 환류한다. 그 천성(天成)의 성곽을 꾸불꾸불 20km를 더 가면 사방의 산릉을 잇는 성벽에 둘러싸인 곳, 조선(李朝) 500년의 왕도(王都)였던 경성이다. 지금의 경성은 동부에서 서남부에 걸쳐서 청량리·용산·노량진·영등포로 광대하게 지역을 넓혀서 반도(半島)의 수도로서 거대한 모습을 부상시키고 있다.

조선의 태조 이성계가 고려를 무너뜨리고, 반도 통일의 패업을 이루어 이곳을 왕도로 정하고 나서 27대 519년, 경성은 조선 정치의 근원으로서 지금 대경성(大京城)의 기초를 만들었던 것이다. 그간 조선에는 '분로쿠의 역(文禄の役)'[임진왜란],[1] 청나라의 침범, 정권의 쟁탈 등이 이어지고 최근에

1 원문에는 '분로쿠(文禄)의 역(役)' '분로쿠 역' '분로쿠' '분로쿠·게이조(慶長)' 등으로 표기되어 있는데, 이는 일본이 말하는 임진왜란을 가리키는 말이다. 이하 원문대로 표기한다.

남대문통

는 청일·러일전쟁, 한국의 독립,[2] 한국병합 등, 계속 일어나는 안팎의 중요 사태에 당면해 있지만, 그것의 크고 작은 몇 개의 역사적 사건은 모두 경성을 무대로 한 것으로, 특히 최근 수십 년 이 경성은 다사다단(多事多端), 흡사 주마등을 보는 듯이 어지러울 지경이었다.

그 뒤 현재 경성은 제국의 반도로서 행정의 중심이고 정치·경제·군사·문화의 모든 기구가 모여있다. 또한 인구 73만 명이 집중되어 소비생산 모두 왕성한 종합적 근대문화도시로서 이미 제1단계의 생장(生長)을 끝내고 지금 제2단계의 비약적 발전으로 향해 있다. 장래 인구 100만의 대도시로서의 계획에 기초하여 이미 시역(市域)은 확장되어 각종 시설계획도

2 일본이 청일전쟁에서 승리함으로써 청나라의 조선에 대한 종주권이 완전히 사라졌다는 것을 일본인들의 관점에서 한국의 독립이라고 지칭했다. 개항 이후 일본인들은 일본의 조선 침략을 조선의 자주국화 과정으로 규정했다.

착착 실행으로 옮겨지고 있다. 관광도시로서도 풍부한 명승·사적(史蹟)·천성(天成)의 풍광에 더해 점점 문화적 요소가 더해지고 있다.

시내를 종횡으로 교차하는 남대문통·황금정통·종로통·한강통 등의 간선(幹線) 주요 도로는 모두 포장되어서 예전 조선인 마을의 초라함을 찾아볼 수 없다. 가로수가 녹음을 만들고 고층 건축이 속속 솟아나는 거리는 기분 좋게 근대적 단장으로 빛나고 있다.

남산의 일각, 조선신궁의 높은 지대에서 부감(俯瞰)하면 시가의 주요 지대는 눈 아래에 펼쳐지고 북한산과 그 발아래에 중첩하는 산들을 배경으로 한 대도시의 경관은 유례를 찾아볼 수 없이 아름답다.

바가지 세공품

1) 경성 시가지의 윤곽

경성의 시가지는 중앙 남산의 우아한 솟아오름에 의해서 갈려져 먼저 크게 북쪽에 옛 성안에 해당하는 시역(市域), 남쪽으로 용산 방면의 두 군데로 나눌 수 있다.

옛 부내(府內)의 일대는 말할 것도 없이 경성의 중심이나, 대체로 황금정을 경계로 하여 남측의 남산 인근에는 일본인의 중심 시가가 있고, 황금정의 북측에 병행하는 종로통을 축으로 하여 조선인 시가가 근대적 번영을 보인다.

남대문으로부터 총독부에 이르는 태평통·광화문통의 간선과 남대문통의 간선에 인접한 지대는 경성의 심장부라고 할 수 있는 곳으로, 여러 관아·은행회사·큰 상점 등이 많이 모인 근대적인 시가 경관을 이루었다.

조선 건축의 민가가 밀집한 전통적 옛 조선인 마을은 종로통으로부터 북측 일대에서 보이고, 특히 덕수궁·경복궁 부근에는 일본의 성하(城下) 마을의 분위기를 떠올리게 하며 '고급 주택가(屋敷町)'라고 할만한 하다.

용산 방면은 원정(元町)[3] 간선을 축으로 구 용산과 한강통 간선을 축으로 신 용산으로 나뉜다. 원정 방면은 일찍이 일본인이 거류하는 구역이었고 현재는 도심지만큼 번영하였으나, 시가의 미관이 특출할 정도는 아니다. 신 용산은 육군과 철도의 마을로 거론되며 한강통의 마을 등에서도 도심 지대에서 보는 시가미, 상점가의 번영을 찾아보기는 어렵다.

신 용산에서 한강을 남측으으로 건너면 노량진을 경계로 경성의 공장지

3 현재의 서울 삼각지 부근을 가리킨다.

경성 궁궐의 기생

대 영등포의 신시역이 펼쳐진다. 동부는 동대문 밖으로 열린 창신정·숭인정·청량리정·신당정·왕십리정·한남정 등이 차지하는 시역으로, 한강변을 우회하여 북으로 향하는 경원선을 둘러싸고 주로 조선인 시민의 거주가 많다.

서북부는 서소문·아현정·신촌 등 경의본선에 인접한 지대로, 서부에는 마포·공덕정·서강·당인리 등 용산 순환선(環狀線)에 인접한 시역이 있으며, 이 방면도 조선인 시민의 거주자가 압도적으로 많다.

○ 인구

73만 7,214명 (일본인 13만 4,027, 조선인 59만 9,758, 외국인 3,429).

○ 주요관공서 회사

조선총독부, 동(同) 체신국, 동 철도국, 동 전매국, 이왕직(李王職), 중추원(中樞院), 고등법원, 복심법원(覆審法院), 지방법원, 조선군사령부, 조선헌병대사령부, 제20사단사령부, 제40여단사령부, 경기도청, 부청, 부민관, 총독부도서관, 상공회의소, 상공장려관, 영·중·미·프·벨·소[4] 영사관, 은

4 영국, 중국, 미국, 프랑스, 벨기에, 소련.

사과학관(恩賜科學館), 제국대학·법학전문학교·고등상업학교·고등공업학교·의학전문학교·여자의학전문 등의 여러 학교, 조선은행, 조선식산은행, 조선상업은행, 조선저축은행, 한성은행, 조선철도회사, 조선우선회사, 동양척식회사, 경성전기회사, 조선운송회사, 조선질소비료회사, 경성주식현물거래시장, 경성일보사, 조선신문사, 조선일보사, 매일신보사 방송국(JODK) 등.

○ 교통

- 전차, 버스: 시내 5전, 교외선 5전, 시내 교외 공통 8전 (전차와 버스의 환승 자유).
- 자동차 택시: 1.8km까지 50전, 이상 0.6km를 넘을 때마다 10전을 부가한다.
- 대절 1시간 3원, 1일(약 10시간) 25원.

○ 여관

- 서양식: 조선호텔(장곡천정[長谷川町]) 철도국직영, 숙박요금 미국식(1박 3식) 9원 50전 이상, 유럽식(1일 객실료) 3원 50전 이상.
- 반도호텔(황금정) 서양식·일식 모두 객실료 3원 50전 이상 25원까지.
- 일본식: 천진루(天眞樓, 남산정[南山町])·본정(本町)호텔·야마모토여관(山本旅館)·우라오여관(浦尾旅館)·히라타여관(平田旅館, 이상 본정[本町])·시라누이여관(不知火旅館, 욱정[旭町])·비젠야여관(備前屋旅館, 장곡천정), 오나리여관(御成旅館)·쇼후쿠여관(笑福旅館)·오쓰카여관(大塚旅館)·히로사와여관(廣澤旅館, 이상 남대문 밖), 미에여관(三重旅館)·후타미여관(二

見旅館)·무라카미여관(村上旅館)·대동관(大東館)·하야시야여관(林屋旅館, 이상 경성역 앞)·히노모토여관(日の本旅館)·나가사키야여관(長崎屋旅館, 용산)

- 숙박 요금 (1박 2식) 4원에서 8원까지.

○ 요리점

- 일본요리점: 지요모토(千代本)·지요신·교키쿠(京喜久)·하쿠스이(白水)·기라쿠(幾良具)·기시노료(岸の寮)·송원장(松園莊, 이상 욱정).
- 가게쓰(花月, 본정), 은월장(銀月莊)·청산장(淸山莊)·가게쓰별장(이상 남산정), 남산장(서사헌정[西四軒町]), 기쿠이다료(喜久井茶寮, 욱정)·청향원(淸香園, 본정), 백운장(白雲莊, 청운정[淸雲町]).
- 조선요리점: 명월관(明月館, 돈의정[敦義町]), 식도원(食道園, 남대문통1), 천향원(天香園, 인사정[仁寺町]), 국일관(國一館, 관수정[觀水町]).
- 중국요리점: 아서원(雅敍園,황금정1)·회영각(會英閣, 서사헌정)·금각원(金閣園, 장곡천정) 중화정(中華亭, 명치정[明治町]).

○ 식당, 카페

경성역 구내식당, 미쓰코시(三越)·미나카이(三中井)·조지야(丁字屋)·화신(和信) 등 여러 백화점의 식당, 가게쓰식당(황금정·장곡천정), 만정(萬鼎, 욱정), 청목당(靑木堂, 남대문통), 본정 그릴(본정), 매월(梅月)·금(錦, 명치정), 묘정(猫政, 남대문통), 춘일(春日, 본정), 산양헌(山陽軒, 욱정), 마루빌딩회관(명치정), 기쿠스이(菊水, 명치정), 은송정(銀松亭, 황금정), 지요다(千代田) 그릴(남대문통). 금천대회관(金千大會館, 남대문통).

2) 시내 유람 코스

○반나절 코스

- 전차를 이용하는 경우
  - 역→(전차)→남대문→(버스)→조선신궁→(버스)→남대문→(전철)→창경원→(버스)→조선총독부→(도보)→경복궁→(전철)→덕수궁→(전철)→역.
  - 비용 약 50전.
- 자동차를 이용하는 경우(택시)
  - 역→남대문→조선신궁→남산공원→박문사(博文寺)→창경원→조선총독부→경복궁→덕수궁→역.
  - 비용 약 5원.
- 유람자동차를 이용하는 경우
  - 아래 시내 명소 옛 유적지를 일순(一巡)하는 것으로, 시간과 비용의 점에서 경제적이다.
  - 역→남대문→조선신궁→남산공원→박문사→경학원→창경원→조선총독부→경복궁→덕수궁→미쓰코시→본정→역(소요시간 약 4시간).
- 경성유람버스(경성자동차)
  - 여성 안내인이 동승하여 명쾌하고 친절하게 설명해 준다.
  - 발차 장소: 경성역 승강장, 장곡천정 경성택시 앞.
  - 발차 시간: 오전 9시, 오후 1시 2회(동절기 오전 11시 1회).
  - 요금 : 어른 2원 20전, 어린이 1원 50전(단체 할인 있음).

- 사용차 : 20인승 전망식 고급차.

• 단체유람버스(경성전기)

- 많은 인원의 단체 시내 시찰에는 경성전기버스를 대절하는 것이 경제적이고 요금은 사용 시간의 체증에 따라 할인이 된다.
- 대절(貸切)요금:

  대형(좌석 입석 모두 30인승) 30분 3원 50전, 1시간 6원 50전.

  소형(좌석 16인승) 30분 2원 50전, 1시간 4원 60전.

○ 하루 여행 코스

• 전차를 이용하는 경우

- 역→(전철)→남대문, 상공장려관→(버스)→조선신궁→(도보)→남산공원→경성신사→은사과학관→(도보)→영락정→(전철)→장충단공원·박문사→(전철)→동대문→(전철)→종로4정목→(버스)→경학원→(버스)→창경원(동·식물원, 비원)→(버스)→조선총독부→(도보)→경복궁·박물관→(전철)→덕수궁→(도보)→미쓰코시→(도보)→본정→여관.
- 비용: 약 1원.

• 자동차를 이용하는 경우(대절)

- 역→상공장려관→남대문→조선신궁→남산공원→은사과학관→장충단·박문사→동대문→경학원→창경원→파고다공원→조선총독부→경복궁→박물관→덕수궁→청량리→한강→역→여관.
- 비용: 약 25원.

경성역

○ 경성역(京城驛)

예전 도성(都城) 남대문 밖에 있어서 경성부(京城府)의 바깥 현관이 된다. 이곳에서 남대문을 향해서 가면 도심지대로 들어가고 반대 측으로 향하면 용산 방면이다. 역사(驛舍)는 르네상스식으로 석재, 기와 병용의 대건축물이고 수도의 현관에 상응하는 중후한 느낌을 준다. 구내에는 경성관광협회의 안내소도 있다.

○ 상공장려관(商工奬勵館)

남대문 왼쪽으로 보이는 기와 건축의 광대한 건물이다. 총독부 식산국의 관리에 속하고, 주로 조선의 생산품을 진열하고 참고품으로 일본제품을 진열하고 있다. 조선의 산업에 관한 질의응답, 생산품에 관한 조사소개 등의 의뢰에도 응하고 있다. 조선 산업계의 전반을 파악하거나 상품판매의 확장을 모색하려는 사람들이 반드시 방문해야 할 곳이 되고 있다.

남대문

조선신궁

○ 남대문(南大門)

서양풍의 건축이 늘어서 있는 근대화한 도심 지대에 홀로 오래된 경성을 상징하듯이 서 있다. 남대문의 담쟁이덩굴에 얽혀 있는 옛스런 모습은 여행자에 있어서 가장 인상적이다. 현존하는 조선 건축물 중 가장 오래된 것, 본디 이름은 숭례문이라고 하고 경성 팔문(八門) 중 동대문과 함께 가장 규모가 크다.

○ 조선신궁(朝鮮神宮)

남대문에서 고지대를 향한 아스팔트의 표참도(表參道)와 384개의 돌계단을 오르면 앞쪽으로 높이 관폐대사(官幣大社) 조선신궁의 가쓰오기(勝男木)가 있다. 제신(祭神)은 아마테라스 오카미(天照大神), 메이지천황(明治天皇)의 2주(柱)로 반도 진호(鎭護)의 주신(主神)으로서 혼령을 맞이하여 안치한 곳이다. 신사 앞 외원(外苑)은 원래 한양공원(漢陽公園)으로 삼방이 트여서 전망이 좋고 시가를 발아래에 두고 멀리 청량리의 숲과 한강의 물줄기도 지척에 있는 듯 조망이 정말 아름다운 곳이다.

○ 남산공원(南山公園)

신궁의 외연에서 노송 아래 표참도(裏參道)를 내려오면, 길은 자연스레 남산공원으로 통한다. 이 근처 일대 오래된 취송(翠松)의 나뭇가지가 우거져 산책에도 적합한 곳으로 텐만구(天滿宮)·경성신사(京城神社)·갑오전승기념비(甲午戰勝記念碑)·은사과학관(恩賜科學館) 등이 있다.

○ 장충단공원(獎忠壇公園)

남산 북쪽 기슭의 소나무 숲을 배경으로 계곡과 언덕이 어우러진, 시가지에서 떨어진 한적한 공원이다. 봄가을에는 지팡이를 짚고 산책하는 시민들이 많으며 고(故) 이토(伊藤) 공(公)의 위패를 모신 박문사(博文寺)가 이곳에 있다. 여기에서 하나의 언덕을 넘으면 요리집, 유곽이 있는 신정(新町)으로 나오고, 거기서 대화정(大和町) 안쪽의 남산 기슭으로 나가면 1894년경 오토리(大鳥)[5] 공사(公使)가 한정(韓廷)[6]의 중신과 회동하고 시국에 관해 상의(商議)를 거듭했던 산장 노인정(老人亭)이 있다.

○ 박문사(博文寺)

고(故) 이토 히로부미(伊藤博文) 공(公)의 덕을 섬기며 혁혁한 공을 영원히 후세에 전하고 공의 명복을 기원하기 위해, 장충단공원의 경승지(景勝地)에 건립한 사원(寺院)이다. 총 공사비

박문사

5 오토리 게이스케(大鳥圭介, 1833~1911)는 1894년 당시 조선 공사였고 경복궁 습격 이후 조선 정부에 내정개혁을 강요했다.

6 조선 조정, 조선 정부를 가리키는 것으로 보인다.

27만 원 정도고, 그 건축은 가마쿠라시대(鎌倉時代) 양식을 흉내낸 것으로 본당 정면에 걸려 있는 춘무산(春畝山)의 액자는 이왕 전하의[7] 휘호이다.

○ 동대문(東大門)

본디 이름은 흥인지문(興仁之門)이라 칭한다. 경성에서 남대문에 버금가는 장려(壯麗)한 건축이지만, 연대(年代)에 있어서는 남대문보다 훨씬 최근으로 약 70년 전에 생긴 것이다. 문밖으로는 유명한 조선시장과 관우(關羽)를 모신 동묘(東廟)가 있다.

○ 보신각(普信閣)

남대문통과 종로통의 사거리 남쪽 구석에 하나의 조선식 누각은 보신각이라고 불리고 지금부터 약 150년 전 조선 1789년(정조13)[8]에 주조(鑄造)된 거종(巨鐘)이 놓여 있다. 높이 3m 정도, 둘레 7m 정도로, 조선 제일의 거종이다.

○ 종로(鍾路)

종로통은 성(城)의 중심가로서 관청과 상점이 이곳에 처마를 나란히 했다고 말해지고 있지만, 지금은 부내(府內) 조선 측을 대표하는 번화가로 근대적 색채로 물들어 있다. 일본인 마을을 대표하는 본정과 함께 경성의 가장 화려한 거리이다. 보도에 이어진 야시장은 경성의 명물이다.

7 순종 황제.

8 잘못된 정보이다. 조선 창건 이후 세워졌으며 1789년으로 연도를 특정한 이유에 대한 파악이 필요하다.

조선 호텔

파고다공원의 탑

○파고다공원

보신각의 왼편에 파고다공원으로 통하는 탑동공원이 있다. 이곳은 본래 대원각사가 있던 자리로 원내에는 유명한 13층의 한수석탑(寒水石塔)이 남아있다. 탑은 원각사 건립과 함께 세조 당시 고려 경천사(敬天寺)의 석탑을 모방하여 건축한 것으로 사방 면에 불상 등이 조각되어 있어 석질(石質) 기교로도 뛰어난 작품이다.

○창덕궁(昌德宮)

종로통에서 왼쪽으로 멀리 보이는 돈화문(敦化門)은 고 이왕비[9]가 거처한 창덕궁의 정문이다. 궁은 조선 3대 태종 5년 1404년에 지어진 것으로 '분로쿠의 역'[임진왜란] 때에 일본군의 입성(入城)에 앞서 병화(兵火)로 소실되었고 지금 건물은 그 후에 재건된 것이다. 정문인 돈화문은 남대문과

9 중전 민 씨. 명성황후로 추존되었다.

함께 조선 최고의 건물로 문을 들어가면 오른쪽에 이왕직(李王職), 왼쪽에 인정전(仁政殿), 이어서 선정전(宣政殿), 구석진 곳에 일상의 거처가 되는 대조전(大造殿)이 있다. 물론 이곳은 보통 일반에게는 개방되지 않는다.

○창경원(昌慶苑)

창경원은 이왕가[10] 정원의 일부가 일반에게 개방된 것이다. 원래 수강궁(壽康宮)이라고 불렸던 궁전의 터로, 그 후 창경궁이 되었지만, '분로쿠역(文祿役)'[임진왜란]으로 정문 홍화문(弘化門)과 명정전(明政殿)을 남기고 소실되어 거기에 개축을 한 것이다. 지금은 원내(苑內)에 남은 고건축과 동물원·식물원·박물관, 그곳들을 한 바퀴 돌아서 원내에 빼곡하게 심겨 있는 벚나무 등 각종 공원의 시설로 경성부민(京城府民)에게 쾌적한 유원지를 제공하고 있다. 정문 막다른 곳에 있는 명정전은 고려 말기 양식으로 건물이 동쪽에 면해 있고 경성 최고(最古)의 목조건축으로 고고가(考古家)의 주목을 끌고 있다. 동물원·식물원은 모두 진귀한 동, 식물을 모아놓고 있어서, 특히 동물원은 조선에서 유일하여 시민에게 가장 친근하다. 숲과 샘의 아름다움으로 알려진 비원(祕苑)은 식물원의 입구로부터 궁전의 뒤쪽에 있는 응봉(鷹峯)의 숲 일대를 가리키고 구릉의 기복에 노수(老樹)가 우거지고 단청이 선명한 누각과 작은 정자가 그 사이에 산재하여 실로 아름다운 경지이다. 비원은 사전에 이왕직(李王職)에서 허가를 받으면 목요일을 제외하고 매일 관람할 수 있다.(창경원 입원료 10전, 어린이 5전).

10 일본인들이 강점 이후 대한제국 황실을 격하하여 부르는 말이다.

○경학원(經學院)

창경원 앞에서 북으로 약 0.5km 정도 떨어진 곳에 있다. 원(院)은 문묘(文廟)를 중심으로 한 유림(儒林)의 학당으로 묘(廟)에는 공자(孔子)를 주좌(主座)로 하고 안자(顔子)·증자(曾子)·맹자(孟子) 등의 성인과 철인(聖哲)을 모신 명륜학원(明倫學院)이 부속 설치되어 있다. 조선 태조 때 창건된 건물은 화재로 인해 개축되었지만, 역대 전사(典祀)를 계속하고 있고, 지금도 매년 봄가을 2회 거행되는 제전(祭典)은 조선 연중행사의 하나로, 이왕직이 전하는 고전 음악인 조선 아악(雅樂)이 연주된다. 최근 일반에게 개방되어 결혼식장으로서도 이용되고 있다.

○경성제대(京城帝大)

경학원에서 동대문으로 나오는 새 길의 양측은 경성의 학교 거리로 경성제대·고등상업(高等商業)·고등공업(高等工業)·의전(醫專) 등의 여러 건물이 서 있다. 대학은 현재 법문학부, 의학부의 2개 학부가 있으나 최근 조선의 약진적 기운에 응하여 공학부 신설이 결정되어 이미 예과생이 취학하고 있다.

○경복궁(景福宮)

조선 태조가 개성에서 경성으로 도읍을 옮기고 백악(白岳)의 남쪽 기슭에 처음 궁전을 세우고 경복궁이라 칭했다. 당시는 크고 훌륭한 미를 자랑하며 상당히 호화롭고 웅장했지만 '분로쿠의 역'[임진왜란] 당시 일본군의 입성(入城)에 앞서 난민(亂民)으로 인해 잿더미로 변하였다.[11] 이래 270여 년간 폐궁(廢宮)과 마찬가지로 초목이 무성해 있었지만, 섭정 대원군이 왕의 궁궐이 초라함을 깊이 한탄하고 재건을 기획하여 1867년 준공하기에 이르러 다시 왕의 거처가 되었다. 그 후 1896년 이태왕(李太王)[12]의 러시아 공사관 잠행[아관파천(俄館播遷)]이 있었고, 다시 폐궁이 되어 현존의 근정전(勤政殿)·사정전(思政殿)·경회루(慶會樓) 등 주요 건축을 남기고 그 외는 이전 또는 훼손되어 오늘날에 이르고 있다. 당시의 궁전은 둘레 약 3km의 큰 성벽에 둘러싸여 부지 면적 13만 평에 이르렀다. 그 정면이었던 광화문(光化門)은 총독부청사 준공 이후 동쪽으로 옮겨졌지만, 지금도 엄연한 옛날을 말해주고 있다. 격조 높은 근정전은 조회 대례(大禮)가 행해졌던 곳으로 뒤쪽 경회루와 함께 조선 말기의 대표적 건축 중 하나이다.

○총독부박물관(總督府博物館)

경복궁 구내에 있다. 낙랑(樂浪)·삼한(三韓)의 발굴물, 신라시대의 불상·왕관, 고려시대의 도기, 조선시대의 칠기·서화 등과 서역(西域) 관계의 유물을 진열하고 있다. (입장료 1인 5전 월요일 휴관).

조선총독부

○조선총독부(朝鮮總督府)

광화문통의 정면, 당당하게 주위를 압박하는 광대한 백악전(白堊殿)은 반도 통치의

11 경복궁의 소실을 일본군의 책임이 아닌 조선 민중에 의한 것으로 설명하려는 의도로 판단된다.

12 고종을 가리킨다.

총원체(總元締), 총독부 청사이다. 630만 원의 공사비와 10년의 세월을 들여서 만든 것으로 건축 자재는 화강암, 현관·복도·회의실 등은 색채가 아름다운 조선산의 대리석으로 장식하고 있다. 그 큰 홀의 벽화는 와다 산조(和田三造) 화백의 작품으로 내선융화(內鮮融和)를 표상한 신화가 그려져 있다.

○ 덕수궁(德壽宮)

부청사(府廳舍) 앞, 태평통(太平通)의 남쪽에 대한문(大漢門)과 어깨를 댄 큰 붉은 문이 그 정문이다. 제9대 성종의 형 월산대군(月山大君)의 저택이었지만, 1897년 고 이태왕 전하의 행궁(行宮)이 되어 이름을 경운궁(慶運宮)으로 고치고, 이태왕 양위 후 고 이왕 전하[13]가 창덕궁으로 옮겼을 때 덕수궁이라 개칭한 것으로 이태왕 전하는 이곳에서 서거하셨다. 지금은 일반에게 개방되어 관광객에게도 특별한 인상을 주고 있다. 궁내 서양풍 석조전(石造殿)은 건축·조도(調度) 등 아름다움이 더할 나위 없고 귀빈의 숙박 등으로 사용되었던 곳이지만, 지금은 미술 공예품, 회화 조각 등이 진열되어 일반인도 감상할 수 있게 되었다. 최근 그 앞에 다시 크고 웅장한 백악의 미술관이 건조되어 창경원박물관[14]에서 옛 고기물(古器物), 불상, 서화 등 미술 공예품을 옮기면서 다시 내용을 충실히 하여 일반에 공개되었다.(입장료 5전 미술관 관람의 경우에는 20전).

13 순종을 가리킨다.

14 한국 최초의 박물관 이왕가박물관을 가리킨다. 1909년에 설립되었으며 1938년 덕수궁에 이왕가미술관이 신축되면서 이곳으로 미술품을 옮기고 박물관은 문을 닫았다.

○조선호텔

조선은행 앞 광장에서 전차 거리를 가로질러 장곡천정으로 들어가면, 철도국 직영의 조선호텔이 있다. 80여 객실 설비가 완비되어 있는 동양 유수(有數)의 큰 호텔이다. 호텔 부지는 원래 왕실의 별장으로 '분로쿠의 역'[임진왜란] 당시에는 아군[15]의 주둔지가 되고 이후 청나라 사절단의 숙박지도 되었던 곳으로, 그 후 고 이태왕 전하가 만든 환구단(圜丘壇)의 터이기도 하다. 지금의 뒷 정원은 당시의 유물로서 팔각형의 일화루(一畫樓)·황궁우(皇穹宇)를 중심으로 만들어진 것으로, 그 숲과 샘의 아름다움은 여행 중 한때의 한가로움을 즐기기에 충분하다.

○본정(本町)

남산 기슭을 따라 길게 동서로 뻗어 있는 대표적 번화가, 양측에는 일본인 상점이 늘어서 있고 그 좁은 길을 왕래하는 사람들을 보고 있으면 마치 오사카의 신사이바시(心齋橋) 거리를 방불케 한다. 1정목(丁目)에서 5정목에 이르는 긴 본정 거리의 동쪽 끝은 유곽인 신정(新町), 서쪽 끝은 '선은전(鮮銀前)'[16] 이라는 이름으로 시민에게 친숙한 경성 번화가의 대광장, 이 광장에서 욱정(旭町), 남대문통, 장곡천정·본정의 대소가로(大小街路)가 방사형으로 뻗어 있고 우편국·조선은행·상업은행·상공회의소·조선호텔·미쓰코시(三越)·조지야(丁字屋) 등 시내 굴지의 큰 건축물이 우뚝 솟아 있어서 수려한 시가미(市街美)를 이루고 있다.

15 일본군을 의미한다.

16 조선은행 앞(前)을 줄여 일컫는 말이다.

○ 용산(龍山)

경성역에서 남쪽 한강 방면의 시가를 속칭 용산이라고 칭하고 있다. 경성역에서 전철이 연병정(練兵町)에서 분기되고 오른쪽으로 이어지는 선은 구 용산의 시가를 관통하여 한강 연안으로, 직로(直路)의 선은 신 용산을 관통하여 한강 인도교를 건너 반대편 노량진까지 이르고 있다. 전차 분기점의 연병정 일대는 '분로쿠의 역'[임진왜란] 당시 가토 기요마사(加藤淸正)가 주둔했던 곳이고 지금의 육군창고 주변은 식량미창고였던 곳이다. 구 용산 시가는 옛날부터 나루터 용산진(龍山津)이 번창하여 그곳에는 서적인쇄회사·경성전기회사의 발전소·가스돔·효창원(孝昌園)·미생정(彌生町) 유곽 등이 있다. 신 용산은 1904년 경의철도의 출발점이 된 이후 철도의 여러 기관, 주택 등이 들어서 있다. 망망했던 사주(沙州)는 어느새 시가지로 바뀌고 뒤에 육군 관청 등의 설치로 한층 발전을 이루었기에 지금은 역사가 있는 구 용산의 번영을 능가하는 성황을 보인다. 이 방면에는 군사령부·사단 및 여단 사령부·보병 제78·제79 연대에 철도국·철도공장·총독 관저(특수한 경우에만 사용함) 등이 있다.

○ 한강(漢江)

한강은 조선 5대강의 하나로 유로(流路) 길이 약 470km, 경성 남쪽 근교를 환류하고 상류 충주(忠州)에서 경기의 농산물, 하류 인천에서 바다의 산물을 경성으로 반입하는 조선 배의 수로로서 선운이 번성하였으나 육운 교통의 발달로 지금은 옛일이 되었다. 경부가도(京釜街道)는 맞은편 노량진과의 사이에 놓아진 대 인도교(人道橋)로 이 강을 건넌다. 이 다리에서 구 용산 연안에 이르기까지 봄여름 때는 투망·낚시·뱃놀이에 적합하고 겨울은 일면이 은반(銀盤)으로 변해 좋은 스케이트장이 된다.

○ 노량진(鷺梁津)

한강 인도교를 건넌 반대편은 노량진이고, 벚꽃으로 알려진 봉산공원이 있다. 산이 이어지는 한강신사(漢江神社)의 높은 지대에서는 강너머 남산 이남 일대의 전망을 눈에 담을 수 있다. 부근은 호적(好適)한 주택지를 이루고 있다. 다릿목에는 용봉정온천(龍鳳亭溫泉)이 있고 옆에 총독부의 연료시험소가 있다.

○ 영등포(永登浦, 남경성)

노량진에서 서로 3km 정도, 경성의 공장지대 영등포정이 있다. 역명은 남경성(南京城), 이름처럼 경성의 남쪽 입구에 해당하는 곳으로 경부선은 이곳에서 경인선과 분기한다.

양질의 풍부한 공업용수와 지리적 우위에 따른 공업지로서 급속한 발달을 보여 종방(鐘紡)[17]·경성방(京城紡)[18]·동양방(東洋紡)[19]·조선염직(朝鮮染織)·기린맥주·삿포로맥주·조선피혁·용산공작(工作) 등의 근대적 대규모 공장군을 이루어 산업 경성을 대표하는 대공장 지구를 형성하였다. 영등포의 동쪽으로 한강에 가까운 넓은 초원(草原)은 여의도라고 불리는 한강의 사주(砂州)인데, 이곳에는 내선만(內鮮滿)[20]을 연결하는 국제항공로의

17 종연방적주식회사.

18 경성방직주식회사.

19 동양방직회사.

20 일본-조선-만주(국)을 가리킨다.

공항인 경성비행장이 있다.

○ 마포(麻浦)

한강 5항의 하나로, 가옥 1천여 채, 조선인이 사용하는 일용물자가 빈번히 출입하는 상업지이다. 맞은편 기슭은 밤섬의 흰 모래사장이 이어지고 푸른 버드나무가 우거져 경치가 빼어나서 부근 일대는 투망·낚시의 뱃놀이에도 매우 좋다.

○ 청량리(淸涼里, 동경성)

경성의 동남부를 우회하는 경원선(京元線) 청량리역 부근의 총칭으로, 동대문에서 시가(市街) 전차 편도 있다. 현재 건설 중인 경경선(京慶線)[21]은 이곳을 기점으로 해서 현재 양평까지 연장되었고 전 노선이 개통되면 눈부신 발전이 예상된다. 이 부근 도로의 양측에는 버드나무가 푸른 가지를 늘어뜨리고 기복이 있는 구릉에는 소나무가 우거져 상쾌함을 느낄 수 있다. 실로 청량한 이름에 어긋나지 않는 산책에 적합한 지역으로 제국대학예과·임업시험소·농업학교·청량사·진전하(晋殿下)[22]의 능묘가 있다.

3) 교외

○ 동구릉(東九陵)

경경(京慶) 북부선 도농역으로부터 6km, 구릉산의 산 중턱 노송이 울

21 1942년 완공. 해방 이후 중앙선으로 명칭을 변경했다.

22 고종의 손자 이진(李晋).

창한 곳에 조선 태조 이하 일곱 왕과 두 왕비의 묘가 있다. 부근의 계류는 나무 그늘 아래 졸졸 소리를 내며 굉장히 깊고 조용한 경지를 이루고 있으며 구선암(九仙岩)의 명승도 있다.

○금곡릉(金谷陵)

도농역에서 춘천 가도를 5km 정도 더 가면 금곡릉에 도달한다. 고 이태왕, 이태왕 비의 능묘 홍릉(洪陵)과 고 이왕과 이왕 비의 유릉(裕陵) 등 2개의 능이 있어서 엄숙한 경지를 나타내고 있다.

○우이동(牛耳洞)

동대문에서 8km 정도, 철로 경원선으로 가면 창동역(倉洞驛)에서 3km 정도의 여정이다. 뒤로 북한산의 준봉을 업고 기암괴석이 종횡한 계곡에는 졸졸 흐르는 물소리에 굉장한 정취가 있다. 홍양호(洪良浩)라고 하는 달관한 경지에 이른 이가 일본에서 이식한 벚나무로 벚꽃의 명소가 되어 꽃피는 계절에는 경성에서 시민들이 술 한 병을 들고 꽃구경을 가는 경우가 많다. 우이장(牛耳莊)의 요정, 방갈로 등이 있어서 청유(淸遊)에 적당하다.

○망월사(望月寺)

경원선 창동과 의정부 사이, 망월천의 임시정거장에서 강을 따라서 좁은 길을 약 3km 오르면 도봉산의 날카롭게 무리를 이룬 암석 바로 아래 매우 경치가 뛰어난 곳에 망월사가 있다. 도중의 산길은 기암괴석이 방해하지만, 계류를 따라 경치가 뛰어나서 경성에서 하루 하이킹으로 절호의 코스이다.

○광릉(光陵)

의정부역에서 북동으로 자동차로 8km, 축석령(祝石嶺)에 가서, 거기에서 오른쪽으로 돌아서 도보로 약 6km 나아가면 총독부 임업시험장, 조금 앞에 광릉, 조선 세조의 보리사(菩提寺)인 봉선사(奉先寺) 등이 있다. 도중의 풍경은 경성 부근에서는 드물게 아름다운 삼림과 계류가 있고 호적(好適)의 하이킹 코스를 이루고 있다.

○세검정(洗劍亭)

경복궁의 뒤쪽 북문에서 언덕을 북으로 1km 정도 내려오면 물줄기가 세찬 가파른 언덕에 세워진 작은 정자이다. 이귀(李貴)·김류(金瑬) 등의 지사(志士)가 광해군을 폐하고 인조를 옹립하기 위해 이곳에 모여 군사 회의를 했던 곳이다. 세검정이란 당시 무사들이 피를 마시며 검을 갈았던 것에서 유래한 것이라고 전해진다. 또한 이 부근에는 백불(白佛)·홍지문(弘智門)·칠간수(七間水) 등 볼만한 곳이 있다.

○북한산(北漢山)

경성 북쪽의 도성(都城)의 외곽을 이룬 준령(峻嶺), 가장 높은 백운대(白雲臺, 836m)에서의 전망은 광활하고 웅대하다. 우이동·세검정 등 각 방면에서 등반하는 길도 있다. 이 산은 경성의 진산(鎭山)으로 산속에는 이궁(離宮)·중흥사(重興寺)·동장대(東將臺)·만경대(萬景臺) 등의 터가 있다.

○ 벽제관(碧蹄館)

경성부내 의주통(義州通)에서 19km, 고양읍에 있다. '분로쿠의 역'[임진왜란] 당시 고바야카와군(小早川軍)이 명나라 장수 이여송(李如松)이 이끌던 대군을 격파한 곳으로, '분로쿠·게이조(慶長) 양역(兩役)'[임진왜란]의 3대 옛 전장의 하나로서 유명하다. 벽제관의 건물은 나중에 세워진 것이지만, 문에 걸려 있는 벽제관의 현판은 당시의 것이라고 한다.(버스로 약 50분, 편도 50전).

2. 인천

• 경성역에서 38.9km, 기차 요금 2등 1원 10전, 3등 61전.

경성의 바다 쪽 문호(門戶)이고 부산·원산을 잇는 오래된 개항장이다. 인천의 이름은 청일·러일전쟁 모두 인천항 밖에서 해전이 시작된 그 역사적 사실로 기억되고 있지만, 그 인천도 수 십 년 전까지는 제물포라고 불리는 하나의 한촌(寒村)에 지나지 않았다. 1883년 무역항으로서 개항되자 일본인과 외국인들이 많이 이주하여 1898년 경성과 인천 간에 조선 최초의 철도가 부설되고 나서 경성의 외항으로서의 지위도 점점 굳건해지고 점차 오늘날의 번성을 가져온 것이다.

항내(港內)에는 월미도가 가로놓여 있고, 항외(港外)에는 영종(永宗)·용유(龍遊)·자월(紫月)·무의(舞衣)·영흥(靈興)·대부(大阜)의 여러 섬들이 바둑을 두듯이 스스로 하나의 큰 만상(灣狀)을 형성하고 있다. 항내에는 9m가 넘는 조수 간만의 차가 있기 때문에 이중 갑문식(閘門式) 선거(船渠)가 배 연결을

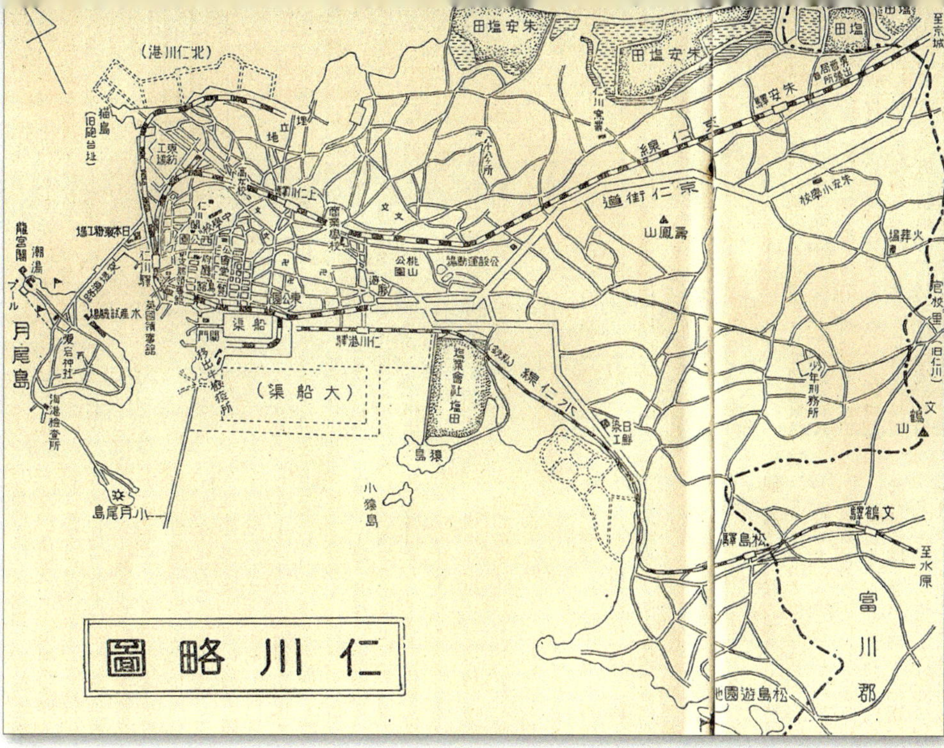

「인천약도」

위한 설비로 사용되고 있다. 이것은 항만 인천의 가장 큰 특이점이지만, 등 뒤에는 수도 경성을 두고 황해를 넘어서 다롄(大連)·칭다오(靑島)와 서로 대치하며 지형상 안성맞춤의 위치에 있는 인천은 지금은 총 무역액 2억 원을 돌파하고, 특히 대 중국, 대 만주 무역에서 반도 제1의 우위를 점하고 있다. 특히 지나사변[23]으로 대륙 정세가 바뀜에 따라 이미 인천, 북중국 항로의 확충이 이루어지고 대중국 무역에서 인천의 지위는 더욱 중요성을 띠게 되었고, 다른 한편으로는 북부 간석지 매립으로 북인천항의 방대한 공업항 계획도 착착 실시되고 있어서 공업적 발전의 울홍한 기세

23 중일전쟁.

를 보이고 있으며 상공 병립의 대항도 인천 건설을 향해 약진의 걸음을 계속하고 있다.

이곳은 삼방(三方)이 바다를 향하고 한쪽만 구릉지대로 시가를 구성하고 있다. 길은 활모양의 가로선을 그리며 좁고 길게 발달하였고, 세로선 길은 심하게 급경사로 해안으로 이어지기 때문에 바다 위에서 보는 시가는 더없이 아름답다. 해안선의 시가에는 무역상이 많고 본정통(本町通) 궁정(宮町) 부근은 번화한 중심을 이루고 있으며, 또 인천역 근처에는 지나정(支那町[차이나타운]) 일대가 이색적인 분위기를 만들고 있다. 최근 각종 공업이 발흥하는 등 이밖에 일반적 발전에 발맞추어 1936년 동부 인접 지구가 경성부역(府域)에 편입되어 지금 인천은 그 방면으로의 확장과 발전을 기대하고 있다.

○ 인구

• 10만 8,774명 (일본인 1만 4,194, 조선인 9만 3,476, 외국인 1,104).

○ 관공서회사

• 부청(府廳)·지방법원지청·세관·관측소·체신국해사출장소·검역소·중화민국영사관·영국영사관·조선우선회사(朝鮮郵船會社)지점·오사카상선회사지점 등.

○ 인천의 교통

인천과 경성 간은 기차로 약 1시간이면 도달하고 하루 15회 왕복, 약 1시간 간격으로 운행하고 있다. 최근 경동철도회사(京東鐵道會社) 수인선([水

인천항 풍경

인천 부두

仁線] 협궤)의 개통으로 인천과 수원을 연결하는 52km의 철도교통로가 열렸다. 또 항로는 인천·지부(芝罘)·다롄(大連)·칭다오선(靑島線), 부산·상해·청도·인천선, 신의주·인천·일본 각 항선, 인천·목포선, 인천·진남포선, 그 외 근해(近海)로의 정기운항이 있다.

○ 교통비

- 택시: 70전.
- 버스: 1구간 5전 (월미도·인천역 간은 6전).

○ 인천항 무역액(1938년도)

- 수이출액(輸移出額): 1억 2,986만 원(주요품: 쌀·밀가루·건어류·면직물·소가죽·양지(洋紙)·인견 가마니).
- 수이입액(輸移入額): 2억 1,474만 원(주요품: 밀가루·설탕·소금·엽연초·양지 조면(繰綿)·면직물 철류).

○ 시내 유람 순서

- 인천역→동공원(東公園)→갑문식 선거(船渠)→월미도 일주→조탕(潮湯)→역, 소요 시간은 자동차 1시간 반, 도보 3시간.
- 역→서공원(西公園)→갑문식 선거→동공원→월미도 일주→조탕(潮湯)→역, 소요 시간은 자동차 2시간, 도보 4시간.

○ 서공원(西公園)

거류지회(居留地會)의 시설로, 시가의 배경이 되는 언덕 위에 있다. 인천역에서 0.5km의 산수정(山手町)에 있기 때문에 산수공원이라고도 한다. 언덕 위에서 조망은 특히 좋고 월미도·소월미도·영종·용유·무의 등 여러 섬을 한눈에 담을 수 있다. 지금 이곳에 러일해전의 기념으로 지요다함(千代田艦)의 돛대가 세워져 있다.[24] 언덕 위 고딕풍의 건물은 외국인이 지은 것으로 지금은 부(府) 소유가 되어 인천각(仁川閣)이라고 불리는 공중의 연회석, 귀빈의 숙소로 이용되고 있다.

○ 동공원(東公園)

시가의 중앙 서해를 정면으로 하고 높고 메마른 땅에 있다. 인천공원이라고도 칭한다. 경내(境內)를 넓게 조망하기 매우 좋고 원내(園內)에는 대신궁(大神宮)·금도비라신사(金刀比羅神社)[25]·텐만구(天萬宮) 등이 있다.

24 현재의 인천 자유공원에 설치했으나 6.25전쟁 당시 파괴되었다.

25 항해의 안전을 기원하는 고토히라신(金刀比羅神)을 모신 신사.

○ 인천선거(仁川船渠)

동양 유일의 갑문식 선거로, 갑문벽에 2개의 철제갑문을 붙여서 만조 때는 문을 열어 기선을 출입시키고, 간조 때는 문을 닫아 부두 내에 바닷물을 보관하는 설비이다. 선거(船渠)의 3면에는 철도 인입선(引入線)을 부설하고 화물취급에 편리를 도모하고 있다. 본선거(本船渠)는 약 7년의 세월과 560만 여 원의 공비를 투자하여 1918년 10월 준공한 것으로 근년 점점 협소해짐에 따라 현재 6배로 대선거조축공사(大船渠造築工事) 중이다.

○ 월미도(月尾島)

시가지의 서쪽 인천역의 뒤쪽에서 약 1km의 콘크리트 제방으로 육지와 이어져 있다. 남쪽에 소월미도·팔미도를 바라보고 항구 내 일대 조망 역시 절경이다. 팔미도 연안은 러일전쟁 코레츠·바리야크 두 척의 러시아함대 격침 장소로서 알려져 있다. 섬 북쪽으로는 조탕(潮湯)·유원지·별장·여관 등의 오락 기관을 갖추고 있다. 유람지로서 봄부터 가을에 걸쳐서 놀러 오는 경인 시민이 굉장히 많고, 특히 여름에는 더욱 번성하다.

○ 조탕(潮湯)

월미도의 오른쪽 끝 조금 높은 언덕 위에 세워진 화양식(和洋式)의 건물로, 섬돌 아래에는 남녀 각 대욕조를 갖추고 끊임없이 조탕을 분출시키고 있다. 섬돌 위에는 휴식 및 오락실의 무대와 매점 등이 마련되어 있다. 또 본관의 뒤쪽에는 두 개의 풀과 오른쪽 해안의 언덕에는 순 일본식의 객실, 가족탕·숙박객을 위한 여관도 운영하고 있다. 또한 앞쪽 해중(海中)에 용궁각(龍宮閣)이라고 부르는 누각을 설치하여 대실(貸室)도 한다. 긴

복도를 두고 본관과 통하고 있다. (인천역 월미도 사이 버스 6전 조탕 입장료 25전).

○ 송도유원(松島遊園)

부의 동남단, 송도 금강이라고 불리는 작은 봉우리를 뒤로 풍광이 맑고 아름다운 해안 일대에 약 10만 평의 해면을 매립해 1만 5천 평의 큰 풀을 이룬 해수욕장·놀잇배용 대석지(大汐池)·대실·숙박시설을 갖춘 조탕욕장을 비롯하여 각종 운동장·유희장·야외연예장·식당·임대 별장 등 유원지로서 매우 적절한 시설을 설치하여 월미도와 더불어 인천을 빛내는 보건 행락 시설의 쌍벽이다. (상인천역에서 승합자동차 약 25분, 편도 25전, 경동철도 수인선 송도역에서 버스 5전, 입장료 25전).

○ 문학산(文鶴山, 232.8m)

부의 동남쪽에 있는 문학산은 신라의 옛 인천이 소성(邵城)이라고 불리던 당시의 성터라고 알려져 있고 또한 '분로쿠 역'[임진왜란] 때에는 인천부사 김민선(金敏善)이 이곳에 성을 쌓아 지켰다고 하는 등 사적지로서 알려진 산이다. 다른 한편 이 일대는 최고의 자리를 제공하는 좋은 전망대로서 인천항 내외 일원을 막힘없이 파노라마 같은 전망을 볼 수 있어서 추천할 만하다.

북쪽 기슭에 옛 인천읍인 문학면이라는 마을이 있으며 옛 부청사 기타 유적이 많다. 부근 산중에는 돌멘군(群), 석기류의 출토 등도 있어서 고고학적 흥미를 더해준다.

○ 강화도(江華島)

한강의 입구에 가로지른 조선 5대 섬의 하나로, 인천에서 매일 기선(汽船) 편이 있다(기선 운임은 3등 50, 2등 1원 40). 예전 방어사(防禦使)를 둔 곳으로, 1875년 운요함을 포격했던 것은 이곳의 포대로, 그 터는 지금도 남아있다. 섬의 주읍(主邑) 강화는 옛날 강도(江都)라고 칭하고 고려의 고종(高宗)이 몽골군을 피해 일시 이곳에 수도를 둔 적도 있는 곳으로, 산간에는 고려시대의 홍릉(弘陵)·곤릉(坤陵)·석릉(碩陵) 등의 능묘 및 전등사(傳燈寺)·적석사(積石寺) 등의 사찰이 있다.

3. 수원

• 경성역에서 41.7km. 기차 운임 2등 1원 18전, 3등 66전.

남으로 팔달(八達), 동북으로 광교(光敎), 서로 화산(花山)의 작은 언덕이 기복(起伏)하고, 화천(華川)의 물줄기가 그 사이를 관통하여 산하금대(山河襟帶)의 지역을 이룬 수원은 예전부터 물(水)의 도읍·나무의 도읍으로서 자연이 좋은 곳으로 칭송되었다. 또 정치적으로도 중요한 지역이었다. 조선 후기 정조(正祖) 때, 이곳을 왕성(王城)의 땅으로서 궁전 성곽을 축조하는 한편으로 권농식목(勸農植木)의 사업을 일으켰으나, 도중에 실패하고 천도(遷都)의 뜻은 이루지 못했다. 당시의 성벽 누각은 지금도 남아서 산자수명(山紫水明)의 자연에 예스럽고 우아한 경치를 더해서 풍요로운 조선색으로 고도(古都) 수원을 물들이고 있다.

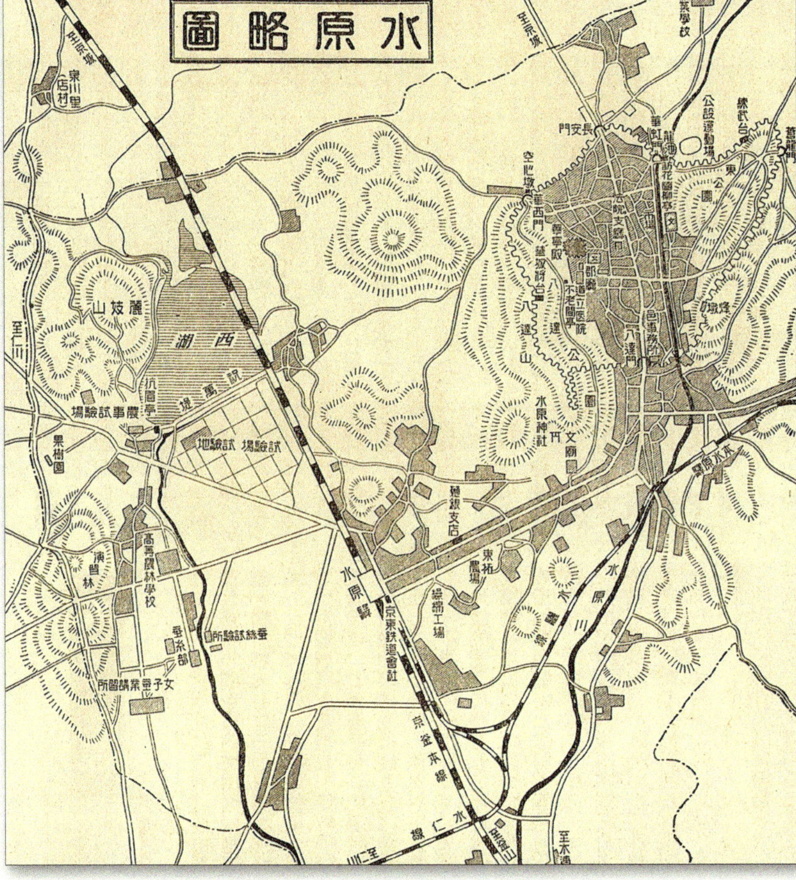

「수원약도」

비록 조금 작아 보이긴 하지만 왕성 조영지로서 그 규모와 형태가 비교적 완전하게 남아있는 수원은 조선 왕성의 한 축도, 모형을 보는 느낌이 흥미 깊다. 또한 채필(彩筆)과 카메라에 조선색 풍부한 화재(畫材)를 제공한다는 점에서도 수원은 다채로운 매력이 있다.

다른 한편 조선농업의 지도를 위한 본거지로서 수원은 농사시험장·고등농림학교를 비롯하여 여러 기관을 모아 정조왕의 권농의 의도를 현대에 실현시키려고 한 곳이다. 산업 조선의 기간이 되는 조선농업을 알기 위해서 수원은 먼저 와봐야 할 곳이다.

이곳은 역사(驛舍)도 조선 궁전의 형태로 고도(古都)에 걸맞은 면모를 갖추고 있지만, 그곳에서 분기하는 사설(私設) 경동철도선(京東鐵道線)은 한강 상류의 고읍(古邑) 여주(驪州)까지 통하고, 근래에는 수인선(水仁線) 개통으로 인천으로도 연결된다.

○ 인구

• 2만 6,300명 (일본인 2,416, 조선인 2만 3,827, 외국인 57).

○ 관공서·회사

• 군청(郡廳)·법원지청·세무서·농사시험장·고등농림학교·농업학교·경동철도주식회사(京東鐵道株式會社)·남북면업조면공장(南北綿業繰綿工場).

○ 여관

• 야마모토여관(山本旅館)·쇼와여관([昭和旅館], 이상 역 앞), 산요여관(山陽旅館)·히고여관([肥後旅館], 읍내), 숙박료는 2원에서 4원.

○ 시내교통

• 승합버스: 10전.

• 택시: 60전.

○ 유람순서

• 역→팔달문(八達門)→화성장대(華城將臺)→화홍문(華虹門)→방화수류정(訪花隨柳亭)→농사시험장(農事試驗場)→서호(西湖)→역.

• 소요 시간: 자동차와 도보로 가면 4시간.

○ 팔달문(八達門)

역에서 읍내 쪽으로 직로 2.5km, 팔달산 기슭에 서 있는 2층 누문(樓門)으로 수원 성벽의 남쪽 입구에 닿기 때문에 남문(南門)이라고도 한다. 130여 년 전 정조 시대에 만든 것으로, 이미 중국의 영향을 벗어나 조선 독자의 양식을 갖추고 있다. 후기 조선 예술을 대표하는 건축물로서 전문가의 좋은 연구 대상이 되고 있다.

○ 행궁터(行宮跡)

팔달문에서 약 0.5km 왼쪽으로 돌면, 팔달산의 녹음을 배경으로 예스럽고 우아한 하나의 누각이 있다. 지금은 도립의원(道立醫院)의 일부가 되어 있지만 정조의 행궁터로, 성벽과 사루문(四樓門)이 함께 조성된 유서 깊은 건물이다.

○ 화성장대(華城將臺)

팔달산 정상은 수원 근교를 가까이서 전망할 수 있는 곳으로 옛날에는 많은 군사를 지휘하던 장수의 지휘대(將臺)였다. 지금 있는 '화성장대'의 현판은 정조의 친필이다.

수원 방화수류정

수원 북문

○ 화홍문(華虹門)

읍내를 가로질러 북문인 장안문(長安門)을 보고 화천(花川) 쪽으로 가면, 장안문에서 창룡문(蒼龍門) 사이의 성벽이 강을 가로지르는 곳에 7개의 수문을 설치하고 그 위에 누각을 세운 것이 화홍문이다. 그 건축은 전아(典雅)하고 배경은 아름답고 옆에 선 방화수류정과 함께 우아하고 수려한 그림과 같은 정취를 자아낸다.

○ 방화수류정(訪花隨柳亭)

화홍문에 인접한 언덕 위에는 단아한 모습의 방화수류정이 있다. 성문 아래 용두지(龍頭池)가 있다. 정자의 붉은 난간이 수면에 비치고 울창한 소나무 우듬지의 저쪽, 가까운 곳에 장안문의 왕의 무덤이 높게 빛난다. 실로 여기서 경승(景勝) 수원의 정취를 볼 수 있을 것이다.

○봉로대(烽爐臺)

창룡문의 남쪽 덩굴풀에 덮인 봉화대가 남아있다. 남쪽에서 순서대로 5개의 횃불 구멍을 설치하고 매일 저녁 불을 피웠다. 동쪽은 용인군 석성산(石城山) 기슭의 봉화로 신호를 보내고, 서쪽은 흥천대(興天臺) 바다의 봉화둑으로 신호를 보내며, 다른 4개의 구멍은 도성(都城)의 위급을 알리는 데에 쓰였다고 전해진다.

○서호(西湖)

역에서 서북 0.5km, 소나무 가로수가 있는 긴 제방에 둘러싸인 저수지를 서호라고 한다. 정조가 권농(勸農)을 위해서 건설한 만석거(萬石渠)로, 중국의 서호를 본뜬 것이다. 축만제(祝萬堤)라 불리는 그 긴 제방 위에 소나무 가로수, 일수언(溢水堰)의 언덕 위에 있는 항미정(杭眉亭)·여기산(麗妓山)의 우아한 자태를 띄우는 호수 등 맑고 수려한 풍취를 자아낸다.

○농사시험장(農事試驗場)

반도 농산계의 개량지도를 위해서 총독부가 시설한 것으로 파종 및 이식·토양의 연구·거름주기 및 병해의 구제 방법·특용작물·잠업·축산 그 외 일반농업에 관한 제반 사항을 파악하고 조선 내 각 지역에 지장(支場)을 두고 원예·면작(棉作)·목마(牧馬)·목양(牧羊) 등의 각 사업을 망라하고 있다. 또 장내(場內)에는 고등농림학교·여자잠업강습소 및 잠업시험소가 있다. 서호의 근처, 여기산의 기슭 일대를 점한 이 주변은 수천 그루의 벚나무로 뒤덮여서 벚꽃 명소로도 알려져 있다.

○화산(華山)

역에서 남쪽으로 10km, 자동차 편도 있지만 다음 역 병점(餠店) 쪽에서 가깝다. 높이 솟은 소나무가 울창하여 온 산을 덮고 반도에서 진귀하게 좋은 산림을 이루고 있다. 소나무 숲 안에는 건릉(健陵)·융릉(隆陵) 및 이왕가의 보리사로서 조선 31본산의 하나인 용주사(龍珠寺)가 있다.

4. 개성

• 경성역에서 73.4km, 기차 운임 2등 2원 8전, 3등 1원 15전.

불로장수의 영약(靈藥) 조선 인삼의 산지로서 알려진 개성은 고려조(高麗朝) 34대, 475년의 옛 도읍지로서, 가는 곳마다 오래된 조선의 자취를 볼 수 있는 역사의 마을이다. 고려 태조 왕건은 신라의 왕족 궁예(弓裔)의 비장(裨將)에서 입신출세하여 반도 통일의 대업을 완성하여 고려국이라 칭하고, 그 고향 송악(개성)에 도읍을 정했다. 이후 개성은 반도의 수도로서 고려와 그 성쇠를 함께했다. 불교 공예 그 외 문물을 크게 진전시키며 고려의 독특한 문화·예술 활동의 중추를 이루었다. 하지만, 조선(李朝)시대에 들어와서 정치·문화 중심이 경성으로 옮겨감에 따라 이름도 송도(松都)라고 바꾸고 점차 쇠퇴해 갔다. 오늘날에는 예전의 번성한 모습을 겨우 사적(史蹟)에 의해 떠올릴 뿐이다. 현재 개성은 오래된 상업지로서의 전통과 옛 도읍지로서, 또 인삼 산지로서의 특별한 지위를 지키며 견실한 걸음을 계속하고 있다.

개성까지는 경성에서 기차로 약 1시간 반, 정거장은 예전 성벽(城壁)의 서남성(西南城) 밖의 터에 있고, 시가(市街)는 그 남쪽 0.5km, 예전 성문(城門) 남문루(南門樓)를 중심으로 성 안팎으로 전개되어 있다.

○ 인구

- 6만 8,565명(일본인 1,834, 조선인 6만 6,616, 기타 125).

○ 관공서·기타

- 부청(府廳)·군청(郡廳)·지방법원지청·도립개성의원·전매국출장소·소년형무소·공립사업학교·공립중학교.

○ 여관

- 개화관(開和館, 서본정[西本町])·개성여관(開城旅館, 대화정[大和町])·이와미여관(岩見旅館, 대평정[大平町]), 마쓰야여관(松屋旅館, 역 앞) 숙박료 2원에서 4원까지.

○ 시내교통

- 택시 80전, 버스 10전.

○ 요리점(旗亭)

- 표루(瓢樓, 대화정)·야명루(夜明樓, 대화정), 천일관본점(天一館本店, 북본정), 천일관 지점(서본정), 송월관(대화정), 대각관(서본정).

○ 유람순서

- 역→경덕궁(敬德宮)→부조현비(不朝峴碑)→남문루(南門樓)→관덕정(觀德亭)→박물관→숭양서원(崧陽書院)→선죽교(善竹橋)→성균관(成均館)→채하동(彩霞洞)→만월대(滿月臺)→역, 소요 시간 약 1시간, 대절 자동차(4인승) 1시간 3원.
- 역→태조현릉(太祖顯陵)→(자동차)→박연폭포(朴淵瀑布)→(도보)→산성 북문·남문→(도보)→박연폭포→(자동차)→역, 소요 시간 약 1시간, 승합 1인 편도 1원 40전, 대절 4인승 편도 8원 왕복 13원.

○ 철도공원(鐵道公園)

역 앞의 언덕을 이용하여 만든 것으로 개성에서 유일한 공원이다. 원내에는 수천 그루의 앵두(櫻桃)를 심었다. 기복하는 구릉 안에 연못(泉池)·우거진 숲(叢林)·운동장·간이 찻집(茶亭) 등의 시설이 있다. 당일치기 여행에 어울리는 곳이기 때문에 봄가을에는 경성 부근에서 구경하러 오는 이가 많다.

○ 전매국출장소(專賣局出張所)

개성의 특산물 고려인삼의 제조공장으로 정부의 전매에 관련된 홍삼은 이곳에서 제조되어, 미쓰이물산주식회사(三井物産株式會社) 손을 거쳐 주로 중국으로 수출되고 있다. 홍삼 제조량은 1937년에 5만 3,500근(斤), 가격 195만 원. 장내는 허가를 받으면 참관할 수 있다.

○남대문(南大門)

시가(市街)가 문밖으로 펼쳐지기 때문에 지금은 시가 중심에 위치한다. 문은 조선 태조 2년[26]에 세워진 것으로, 경성의 남대문보다 3년 정도 오래되어 조선 초기의 걸작이라고 말해지고 있다. 누상(樓上)에는 약 600년 전 원(元)나라 시대의 장인에 의해 주조된 거종(巨鐘)이 있다. 부내에 있던 연복사(演福寺)의 범종으로 종면(鐘面)의 주출문자(鑄出文字)·문양(文樣)이 지극히 예술적이고 종의 양식도 특별하여 조선 명종(名鐘)의 하나에 들며 고증학적으로 귀중한 자료가 되고 있다.

○관덕정(觀德亭)

자남산(子男山)의 중간 높은 지대에 있고 시가의 전망이 좋다. 이곳은 옛 무인들이 궁사(弓射) 기술을 연마하던 곳으로, 지금도 그 유풍이 전해 이곳에서 궁사의 모임이 열린다.

○박물관

부립개성박물관은 관덕정으로부터 동남으로 약 1정(町), 조선식 평가(平家) 건축의 장중한 건물이다. 주로 고려조의 유물을 보관하고 특히 고려자기의 풍부한 수집으로 알려져 있다. 밖에는 정몽주(鄭夢周)의 필적·불상(佛像)·불구(佛具)·청동기·귀면와(鬼面瓦) 등 고려문화를 떠올릴 명품이 많다.

26 1393년이다.

○숭양서원(崧陽書院)

박물관의 근처의 자남산 동남쪽 숲에 있다. 고려 말기의 뛰어난 유학자 포은(圃隱) 정몽주의 옛 집터로 조선 선조(宣祖) 6년 남응운(南應雲)이 서원을 건립하여 문충당(文忠堂)이라고 했고 바로 왕으로부터 편액이 하사되어 숭양서원으로 이름이 바뀌었다. 정몽주의 화상(畵像)과 정몽주가 상용하던 것으로 전해진 죽장(竹杖) 등이 있다.

○선죽교(善竹橋)

남문루에서 1.5km, 자남산(子男山)의 동쪽 기슭에 있다. 고려 말기 유신(儒臣) 중심 세력인 정몽주가 충성도 허무하게 한을 품고 목숨을 잃은 곳으로, 돌다리에 보이는 암적색의 반점은 당시의 혈흔이라고 전해지고 있다. 언뜻 비장감에 젖어 이런저런 생각에 차마 발길을 돌릴 수가 없다. 그 부근에는 정몽주의 사적(事蹟)을 새긴 2기의 비석이 들어있는 비각(碑閣)도 있다. 이곳에서 구릉을 따라서 호정(虎亭)·숭양서원(崧陽書院)·관덕정(觀德亭) 등의 명소를 거쳐 남문루로 나오는 길은 도보하는 유람객에 권하고 싶은 좋은 순로(巡路)이다.

○목청전(穆淸殿)

조선 태조 이성계(李成桂)의 잠저(潛邸)[27]로 선죽교에서 0.5km 앞 논 안에 보이는 건물이다. 예전 건물은 '분로쿠'[임진왜란] 때에 피해 입었지만, 재건으로 이성계의 초상화를 안치하여 봉축하고 그 일부는 지금 약용식

27 임금이 되기 전의 시기, 그 시기에 살던 집.

물연구소에 있다. 정몽주가 난을 당하던 날 이성계를 방문했다는 저택은 이 목청전을 가리킨다. 부근에는 경성제대의 약초원(藥草園)도 있다.

○성균관(成均館)

선죽교로부터 동북으로 약 1km, 성균관은 고려 성종(成宗) 당시 부의 서쪽 교외 국자동(國子洞)에 창건된 국자감(國子監)의 후신으로 공민왕(恭愍王) 때에 현재의 장소로 이전했다. 이색(李穡), 정몽주 등 유자가 학문을 익힌 곳으로 '분로쿠'[임진왜란]의 병화로 피해 입어 건물의 태반을 잃었고, 지금 있는 건물은 대부분 후년의 중수(重修)로 이어지고 있는 것이다.

○만월대(滿月臺)

남문루에서 보면 북본정(北本町)을 직진하여 약 2km, 선죽교에서 다른 길로 가면 약 3km 시가의 북쪽 근교를 우회해 간다. 대(臺)는 좌우로 계류를 끼고 뒤에 송악산(松嶽山)을 이고 소위 사신상응(四神相應)의 터로서, 금전옥루(金殿玉樓)의 꿈을 꾸었던 고려조 왕궁의 터이지만, 굉장했던 궁전도 고려 말기 도적 떼로 인해 불타고 이후 황폐한 채로 남아있다. 지금은 단지 당시의 누문(樓門)과 전각(殿閣)의 초석만 정연하게 남아있고, 그것으로 예전의 장관(壯觀)을 그려볼 뿐이다. 서북쪽에는 당시의 첨성대(瞻星臺)의 유구(遺構)도 있다.

○경덕궁(敬德宮)

남문루에서 남으로 1.5km 정도, 철도 선로가 향하는 쪽에 있다. 이성계 즉위 3년에 도읍은 경성으로 옮겼지만, 2대 정종(定宗)에 이르러 다시 일시적으로 개성으로 천도했을 때, 그때 궁궐이었다고 한다. 건물은 '분로쿠'[임진왜란]의 병화로 전부 없어졌지만, 효종(孝宗) 때 석벽을 축조하여 옛터를 보존한 것이다. 궁의 뒤, 남산 기슭에는 반구정(反求亭), 또 동쪽 기가도(寄街道)에는 부조현(不朝峴)이라 하는 옛 유적이 있다.

○ 채하동(彩霞洞)

시가의 북부 송악산 기슭의 경승지로, 부근 일대 그윽하고 조용한 경지를 이룬다. 특히 가을 단풍의 시기에는 구경하는 이가 많다.

○ 현릉(顯陵)

역에서 서쪽으로 4km쯤 떨어진 중서면(中西面) 태조릉동(太祖陵洞)에 위치한다. 이곳은 승려 도선(道詵)이 터를 점치고 태조의 수릉(壽陵)[28]이라고 정한 곳으로, 경내 울창한 노송 가지가 더해져서 신성한 기운이 자연스럽게 넘친다. 태조 만년(晩年)의 부탁으로 왕씨분묘(王氏墳墓)로 한 것으로 고려 역대 능의 대개는 이 부근에 많다.

○ 현릉(玄陵)

현릉(顯陵)에서 산을 넘어 약 2km, 역에서 가면 약 8km, 또 다음 토성역(土城驛)에서 가면 가장 가깝게는 약 2km, 중서면 여릉리(麗陵里)의 구석, 봉명산(鳳鳴山)의 중턱에 있다. 공민왕과 왕비의 분총(墳塚)은 나란히 석수(石獸)·문무석인(文武石人)·석등(石燈) 등으로 능묘(陵墓)로서의 양식을 거의

28 왕이 생전에 미리 마련해 두는 자신의 무덤을 가리킨다.

완전하게 갖추고 혼연석(渾然石)의 예술을 보인다. 그러나 현재 개성 부근에 있는 고려유물 중 가장 대표적이라고 할 수 있는 고려조 왕릉의 완벽한 모습을 보려는 사람은 꼭 이곳까지 와야 한다.

○ 박연폭포(朴淵瀑布)

천마산(天摩山) 기슭에 있고 산성폭포(山城瀑布)라고도 한다. 높이 20m 큰 폭포로 우렁찬 소리를 내며 바위벽에 걸려 있다. 부근은 기암괴석이 중첩하고 소나무·잣나무·단풍나무의 수목이 우거져서 산악미의 풍광을 이루고 있다. 역에서 24km, 자동차 편도 있다.

5. 경성 부근의 온천

경성으로부터 당일 내지 1박의 일정으로 떠나는 온천이 많으나 이 가운데 유명한 설비를 갖춘 온양·유성·배천·신천 등이 있다. 경성역에서 평일은 국선(局線) 2할, 사철(私鐵) 3할, 토요일 일요일은 국선 3할, 사철 5할의 할인 왕복표가 발매되고 있다.

○ 온양온천(溫陽溫泉)

천 년의 역사를 가진 오래된 온천으로, 조선 시기에는 누차 여러 왕의 임행(臨幸)이 있었고, 이궁(離宮)까지 조영(造營)되었다. 그 유서 깊은 역사는 경남철도회사가 경영하는 신정관(神井館) 내에 흔적을 남기고 있으나, 현재의 온양온천은 오히려 전통보다도 조선 굴지의 것으로 일컬어지는 우수한 근대적 시설에 특색을 가진다고 말할 수 있다. 경성에서 가장 가깝고 교통 또한 매우 편리하다.

- 교통
  - 기차 : 경부선 천안역 환승, 경남선 온양온천역 하차.
  - 자동차 : 천안·온양 간 20분, 승합 편도 50전, 온양역-온천 간(0.5km) 승합 15전, 대절 50전.
- 수질[29] 효능: 알칼리성 단순천(單純泉). 만성류머티즘, 관절병, 만성습진, 각종 신경병, 성병, 위장병 등.
- 특색: 행락객 대상.
- 여관
  - 신정관(神井館, 온천관)

    입장료: 대인 20전, 소아 10전.

    휴게료: 12시간 미만 1원 60전, 12시간 이상 2원. 여관 숙박료 2원 50전~8원.

    객실료: 1원~6원(12시간 이상 할인).

    식사료: 일식(和食) 2원 이내, 양식 2원 50전 이내.
  - 유노이칸(湯之井館, 3원 50전~6원)[30], 이시다여관(1원 50전~4원), 벳푸여관(2원 50전), 광양관(2원 50전~4원).
- 토산물: 온천 성분[31] 센베 과자, 호두과자, 호두양갱.

29 원문은 천질(泉質)로 되어 있다.

30 탕정관(湯井館)이라고 불리기도 하였다.

31 원문은 유노하나(湯の花)로 되어 있다.

• 신정호(神井湖): 온양수리(溫陽水利)[32]의 저수지를 신정호라고 칭하며 수중 누각, 놀잇배(遊船) 등의 설비를 설치한 것으로, 유람, 납량(納涼), 낚시 등 흥미 거리가 많다. 또한 겨울에는 일면이 은반(銀盤)으로 변하여 좋은 스케이트장을 제공한다.

○ 유성온천(儒城溫泉)

대전에서 북서쪽으로 공주가도를 약 8km, 유성천이 완만하게 흘러 돌고, 서쪽에 호남의 영봉(靈峰) 계룡산(鷄龍山)을 바라보는 한정(閑靜)한 장소에 있다. 온천장은 두 곳으로 나뉘어, 앞쪽의 것을 신 온천(봉명관[鳳鳴館]), 1km 떨어진 것을 구 온천(유성온천호텔)이라고 부르고 있다. 경성에서는 1박. 또한 호남지방 여행으로 좋은 휴양지이다.

• 교통
  - 승합자동차: 대전역에서 주요 열차에 접속하여 출발 도착, 1일 13회 왕복 운행, 소요 시간 25분, 운임 편도 35전.
  - 대절 자동차: 편도 3원.
• 수질 효능: 라듐 단순천. 신경통, 타박상, 위장병, 치질, 부인병 등.
• 특색: 휴양객 대상.
• 여관
  - 신 온천: 봉명관(숙박료 2원 50전~4원).
  - 구 온천: 온천호텔(숙박료 2원~5원), 스기야마여관(杉山旅館)·승리관(勝利館)(이상 내탕 없음. 숙박료 2원 50전~3원 50전).

32 1925년 설립된 온양수리조합을 가리킨다.

- 신구 양 온천 모두 공동 목욕장 설비 있음.

• 명물·토산물: 배, 복숭아, 라듐 센베 과자, 온천 양갱.

○배천온천(白川溫泉)

최근 발견된 새로운 온천이어서 그만큼 시설이 모두 새것이라 깨끗하고 쾌적함을 자랑하고 있다. 주위는 평탄한 전원(田園)이다. 한편 부근에 남산공원(南山公園), 기운정(起雲亭) 등의 명소도 있다. 또한 겨울이 되면 수많은 학이 날아온다는 특이한 볼거리가 있다. 경성으로부터 당일치기 여행이 가능한 점도 이 온천이 친근하게 느껴지는 이유이다.

• 교통

- 경의선 토성역(土城驛) 환승, 조선철도 황해선(黃海線) 배천온천역 하차.
- 토성역-배천온천역 간 17km 남짓, 차로 30분.
- 배천온천역에서 온천까지 700m, 승합 20전, 대절 70전.

• 수질 효능: 알칼리성 단순천. 외상 여러 장해(障害), 부인병, 신경병 등.

• 특색: 행락객 대상.

• 여관

- 배천온천호텔(숙박료 4원~8원).
- 천일각(天一閣, 내탕·숙박료 3원~7원).
- 배천관(白川館, 내탕·숙박료 2원 50전~3원).
- 다이야(ダイヤ, 내탕·숙박료 3원~4원).

• 토산물: 온천 성분 만쥬(饅頭).

○ 신천온천(信川溫泉)

신천평야 한가운데에 500년 전부터 도도히 솟아나는 유명한 온천으로, 동남쪽 멀리 장수산(長壽山), 서북쪽에 구월산(九月山)의 아름다운 자태를 바라보는 곳. 신천온천호텔 외에도 내탕(內湯) 여관이 많고 공동 목욕장 설비도 있어 차분한 온천마을(溫泉鄕)을 형성하고 있다. 온천그라운드, 마루야마공원(丸山公園) 등도 있어서 놀이, 산책에 적합하다.

- 교통
  - 경의선 사리원역(沙里院驛) 환승, 조선철도 황해선 신천온천역 하차.
  - 사리원-신천온천 간 32km 남짓, 차로 약 1시간.
  - 역-온천 간 약 1km, 대절 70전, 승합 10전, 인력거 20전.
- 수질 효능: 탄산천(온도 55도). 외상성 여러 장해, 신경병, 위장병 등.
- 특색: 행락객, 요양객 대상.
- 여관
  - 신천온천호텔(숙박료 3원~4원).
  - 구보다여관(窪田旅館, 숙박료 3원~4원).
  - 아사히여관(旭旅館, 숙박료 2원 50전~3엔).
  - 스에히로여관(末廣旅館, 숙박료 3원~3원 50전).
  - 네모토여관(根本旅館)·미네여관(峯旅館, 이상 숙박료 3엔).
- 명물: 사과(林檎).

조선 만주 중국(支那) 안내소

- 안내소의 업무: 조선, 만주, 지나에 관한 각종 질문 응답, 여행 통관(通關), 화물에 관한 설명, 활동사진 및 강연 출장
- 업무 일체 수수료 무료
  - 도쿄: 도쿄 마루노우치빌딩(丸ノ内ビル), 전화(대표) 마루노우치 1688번
  - 도쿄: 도라노몬(虎ノ門) 만철빌딩(満鐵ビル), 전화(대표) 아카사카(赤坂) 2111번
  - 니가타(新潟): 니가타시 후루마치도리(古町通) 6번지, 전화 2788번
  - 쓰루가(敦賀): 쓰루가시 후키(富貴, 주재원 사무소)
  - 나고야(名古屋): 나고야시 나카구(中區) 히로코지(廣小路), 전화 본국(本局) 2161번
  - 오사카(大阪): 오사카 사카이스지(堺筋) 아즈치마치(安土町), 전화(대표) 혼마치(本町) 1700번
  - 시모노세키(下關): 시모노세키역 앞, 전화 1963번
  - 모지(門司): 모지세관 앞, 전화 2477번
  - 나가사키(長崎): 나가사키역 앞 (주재원 사무소)
  - 오타루(小樽): 오타루시 이나호초(稲穂町)

뷰로(ビューロ) 안내소

- 조선 내에서는 아래 기재된 각 장소에 재팬 투어리스트 뷰로(일본여행협회) 안내소가 있습니다. 이용해 주십시오.
  - 경성: 미쓰코시(三越)[33] 내, 화신(和信)[34] 내, 미나카이(三中井)[35]
  - 부산: 잔교(棧橋) 내, 미나카이 내
  - 대구: 미나카이 내
  - 평양: 미나카이 내
  - 신의주: 조선운송(朝鮮運送) 내

- 원산: 미나카이 내
- 함흥: 미나카이 내
- 대전: 미나카이 내

경성·인천·수원·개성 1939년판, 30.000[36]

1939년 6월 25일 인쇄, 1939년 6월 30일 발행

발행소: 조선총독부 철도국

인쇄소: 조선인쇄주식회사, 경성부 봉래정(蓬莱町) 3정목

33 미쓰코시백화점.

34 화신백화점.

35 미나카이백화점.

36 발행 부수를 가리키는 것으로 판단된다.

[5] 경성안내-근교·온천(京城案內-近郊·溫泉)

경성관광협회(京城觀光協會), 1935

집필·번역 **박영희**

소책자 표지 앞면, 127.5㎜×187㎜

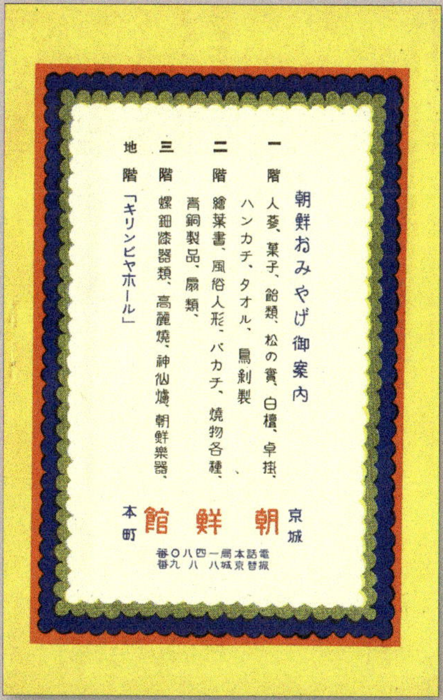

소책자 표지 뒷면

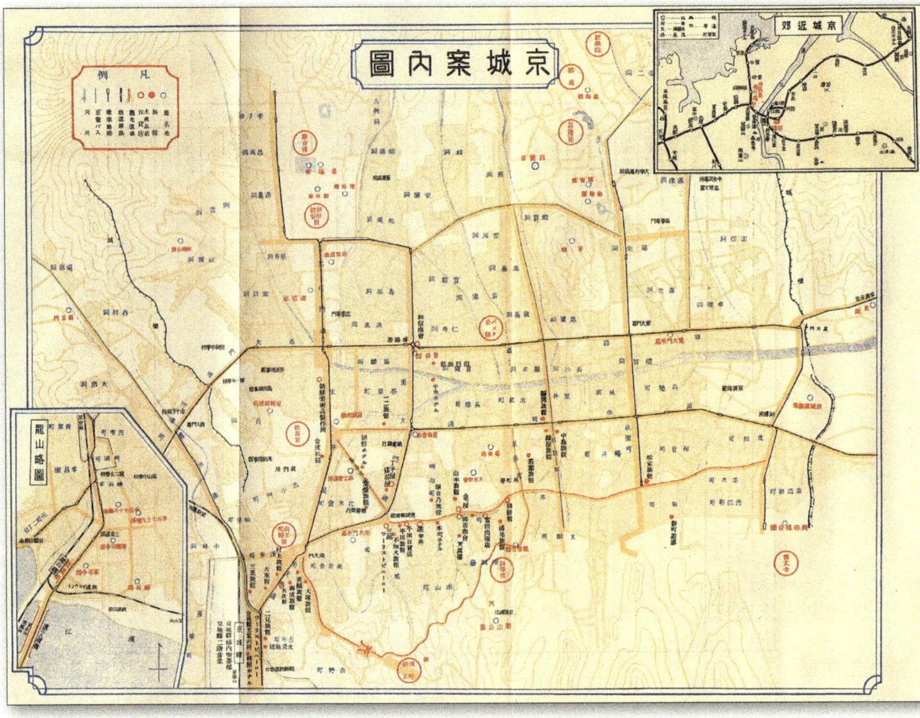
京城案內圖
京城近郊
龍山略圖
凡例

「경성 안내도」

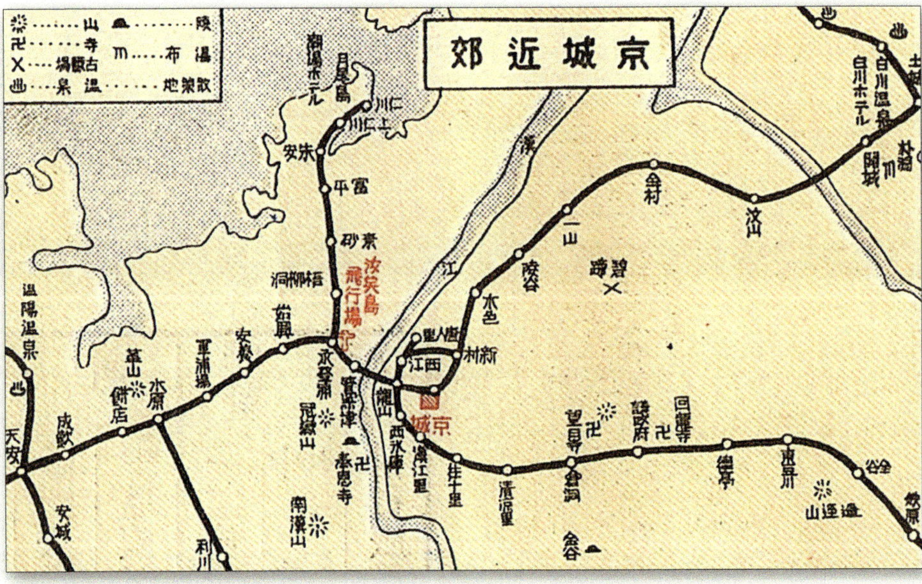
京城近郊
汝矣島飛行場
京城
西江
新村
水色
龍山
西氷庫
漢江里
往十里
清凉里
素砂
富平
安養
始興
永登浦
冠岳山
南漢山
奉恩寺
白川溫泉
溫陽溫泉
天安
成歡
水原

「경성 근교」

| 해 제 |

이 자료는 1935년 5월 경성관광협회가 발행한 소책자『경성안내』이고, 부제목으로 '근교·온천'이 추가되어 있다. 이 소책자는 경성과 그 근교, 온천 지역에 대한 정보를 제공하여 관광을 장려하고, 일본 제국의 식민지 지배를 정당화하며, 경성을 일본 제국의 문화적, 경제적 중심지로 홍보하는 목적을 가지고 있다. 자료 자체는 가로 127.5㎜, 세로 187㎜ 크기의 32페이지 소책자로, 경성의 주요 관광지와 명소, 상공업 정보는 물론, 근교 지역의 관광 정보, 여행 일정과 요금 정보까지 포함하고 있다. 또한 다양한 광고와 사진을 통해 경성 관광에 대한 구체적인 정보를 제공하고 있다.

표지면에는 붉은색, 노란색, 파란색이 강조된 디자인이 사용되었으며, 조선총독부로 추정되는 건물 앞 해태상 사진이 실려 있다. 사진 왼쪽과 오른쪽에는 각각 세로쓰기로 '조선의 화재 방지의 신(火除神)'과 '가이다(カイダ)'라는 문구가 적혀있다. '가이다'는 해태(海駝)의 일본식 발음으로 1921년부터 조선총독부에 의해 시행된 담배 전매제 정책에 따라 고급 담배 브랜드의 이름으로도 사용되었다. 따라서 해태상을 표지에 배치한 것은 조선을 지키는 수호신으로서의 상징성과 함께, 담배 브랜드의 이미지를 결합하여 경성을 고급스러운 도시로 홍보하려는 의도가 엿보인다. 뒤표지면에는 토산품 전문점이 입점한 본정의 3층 건물 '조선관'과 지하의

'기린(キリン) 맥주홀'에 대한 안내가 실려 있으나, 이미지는 없이 문자 정보로만 구성되어 있다. 앞뒤 표지는 전통성과 근대성, 민속성과 외래성이 공존하는 구성으로 경성의 복합적인 도시 이미지를 나타낸다.

한편, 내지면에서는 최신 시설을 갖춘 쇼후쿠여관(笑福旅館)의 광고가 실려 있으며, 경성 안내도가 접혀 있는 형태로 포함되어 있다. 안내도의 뒷면에는 경성관광협회 지정 여관의 요금 일람표도 제공하고 있다. 그 외에도 경성의 주요 명소들이 사진과 함께 소개되며, 스탬프를 찍을 수 있는 관광지도 안내한다. 주요 명소로는 조선신궁, 남대문, 박문사, 경학원, 경회루, 덕수궁, 경성역 구내의 관광안내소 등이 포함된다. 또한 근교 명소로 인천 갑문식 운하, 개성의 선죽교, 수원의 방화수류정, 벽제관 등을 소개하고 있다.

경성 관광 일정에는 특히 가볼 만한 곳으로 은사기념과학관, 이왕가박물관, 총독부 박물관, 상공장려관 등 일본의 근대화 및 식민지 지배를 상징하는 시설들이 포함되어 있으며, 이를 통해 관광을 유도하려는 의도가 드러난다. 관광에 필요한 요금 정보도 상세히 제공하고 있으며 전차, 버스, 택시, 유람 버스 요금과 창경원, 과학관, 박물관, 덕수궁의 입장료, 기생과 게이샤의 화대 등도 기재되어 있다. 또한 경성에 대한 간략한 소개와 함께 명소와 고적(남대문, 조선신궁, 한강공원, 남산공원, 왜성대, 과학관, 박문사, 창경원, 비원, 경학원, 총독부 청사, 경복궁, 덕수궁, 미술관, 종로의 야시장, 본정통)에 대한 설명이 실려 있다.

근교 지역으로는 청량리, 세검정, 금곡릉, 한강, 여의도, 인천, 개성, 수원, 벽제관, 온천, 월미도 유원지, 조탕호텔, 온양온천 등이 소개되며 이들 지역에 대한 관광 시설도 안내되고 있다. 경성의 상공업과 관련된 기관들 소개도 포함되어 있으며 발행처인 경성관광협회가 제공하는 다양한 서비스와 조직에 대한 설명도 이어진다. 그밖에 금강산 탐승에 대한 안내도 상세히 제공하고 있다.

소책자 중반에는 당시 최고의 인기 기생인 김월색(金月色)이 장구 앞에 앉아 있는 사진과 함께 기생에 대한 소개가 실려 있으며 경성의 밤 문화와 화류계에 대한 정보도 실려 있다. 또한, 조선의 토산품인 조선 인삼에 대한 설명도 포함된다. 마지막으로, 경성관광협회가 지정한 다양한 업종의 가게명과 위치가 표로 정리되어 있으며 내지면 중간중간에는 조선제약 합자회사와 구메산장(久米山莊), 야마모토여관(山本旅館) 등 여러 광고가 실려 있다.

이 자료는 경성의 다양한 관광지와 문화를 소개하려는 목적을 담고 있지만, 동시에 일본 제국이 식민지 조선에서 문화적 우월성과 근대성을 강조하며 경성을 고급스럽고 매력적인 도시로 포장하려 했던 상업적·정치적 의도가 함께 반영되어 있다.

| 번역문 |

○ 앞표지

경성안내

근교·온천

• 가이다(カイダ)[1]

• 조선의 화재방지 신(火除神)

경성역 구내

경성관광안내소

경성관광협회 발행

1 '해태(가이다[カイダ])'는 동아시아에서 전통적으로 옳고 그름을 판단하는 상상의 동물로서 정의 구현의 상징으로 여겨져 왔다. 하지만 여기에서는 '조선의 화재방지 신(火除神)'으로 표기하고 있는데, 이것은 한국의 민화에서 '해태(海陀)'라고 하여 물을 다루는 인식 속에서 화재를 막아 주는 영물로 여겼던 것을 반영한 것이다. 정조 때에 편찬된『동국세시기(東國歲時記)』에는 정월이면 대문에 용이나 호랑이를, 부엌문에는 해태를, 광문에는 개를, 안채와 사랑채 사이의 중문에는 닭을 그려 붙인다고 기재되어 있다. 이렇게 화재를 막고 물을 다루는 영험한 동물이라는 인식은 19세기 전까지는 볼 수 없다가 나중에 발생한 것으로 보인다.

○광고(앞표지 안쪽 면)

대중적인 최신 설비

- 역에서 2정(丁)[2]으로 교통이 편리하다.
- 조선 경성 남대문상(南大門上)

(조선신궁 표참도[表參道] 입구)

쇼후쿠여관(笑福旅館)

전화: 본국 1551번, 3611번

○경성관광협회 지정 여관 요금 일람표

*조선호텔은 인쇄물을 드립니다

지역	여관명	숙박요금(1박 2식 포함, 팁 폐지) 단위 원(圓)															
경성역 앞	하야시야호텔(林屋ホテル)													8조	3	6조	2
	후타미여관(二見旅館)						7			5.5		4.5	4				
	미에여관(三重旅館)						7		6		5		4		3		
	대동관(大東館)								6		5		4		3		

2 1정(丁)은 약 109m.

지역	여관명	숙박요금(1박 2식 포함, 팁 폐지) 단위 원(圓)															
경성역 앞	오나리여관 (御成旅館)						7		6		5		4	3.5			
	무라카미여관 (村上旅館)						7		6		5		4		3		
	다이쿄여관 (大京旅館)								6		5		4		3		
남대문 옆	쇼후쿠여관 (笑福旅館)								6		5		4	3.5			
	오쓰카여관 (大塚旅館)		10				7		6		5		4				
중앙부	비젠야(備前屋)	15	10		8.5		7	6.5	6	5.5	5	4.5	4				
	조선호텔																
	본정호텔			(객실료제도)			7		6		6		4		3	2.5	2
	야마모토여관 (山本旅館)						7		6		5		4				
	천진루(天眞樓)			9		7.5	7	6.5		5.5	5		4				
	시라누이여관 (不知火旅館)					7.5			6		5		4				
	히라타여관 (平田旅館)								6		5		4	3.5			
	아사히노여관 (朝日乃旅館)													(균일)			2
	도키와여관 (常盤旅館)						7		6		5		4	3.5			
	긴파여관 (金派旅館)										5		4		3	2.5	
본정	우라오여관 (浦尾旅館)							6.5		5.5		4.5		3.5	3		
황금정 (黃金町)	미도리야여관 (綠屋旅館)													(균일)			2
	마쓰야여관 (松家旅館)												4		3	2.5	
	와카바여관 (若葉旅館)														3		2

지역	여관명	숙박요금(1박 2식 포함, 팁 폐지) 단위 원(圓)															
황금정(黃金町)	시즈오카여관(靜岡旅館)													(균일)			2
	나카시마여관(中島旅館)													(균일)			2
조선 여관	히후여관(一二旅館)											4.5		3.5	2.8	1.8	1.3
	중앙호텔											4.5		3.5		2.5	
	신행(信行)여관														2.8	1.8	1.3

조선신궁

남대문

박문사

경학원(석전제)

경회루

덕수궁

관광안내소(경성역 구내)

관광안내소 실내

인천 갑문식 부두

개성 선죽교

수원 방화수류정

벽제관 전적 기념비

○광고

받아서 기쁜

조선 인삼의 주문(御用)은

경성 장곡천정 거리(長谷川町通り)

조선제약합자회사로

전화: 본국 1309번

• 그 외 불로회춘(不老回春)의 비약 '청춘의 샘물'도 있습니다.
전화 주시면 바로 직원이 찾아뵙겠습니다.

1. 경성의 관광 일정

○1일 일정

• 조선신궁→박문사→경학원→창경원→총독부(청사 견학, 조선 사정을 소개한 영화 등)→박물관→덕수궁.

○2일 일정

• 1일 차: 상공장려관→조선신궁→경학원→창경원→비원 배관(拜觀)→민정(民情) 시찰→시내 산책, 기타.
• 2일 차: 덕수궁→총독부(청사 견학, 조선 사정을 소개한 영화 등)→경회루→박물관. 오후에는 조선 산업박람회(4월 24일~6월 10일, 경복궁 내), 또는 인천·개성·청량리·벽제관·세검정·한강·금곡릉 등의 근교 시찰.

○특히 볼만한 것

- 은사기념과학관(恩賜記念科學館)에서는 조선의 곤충, 조류의 표본, 부산-신의주 간 철도 노선의 주요 암석 표본, 부전강(赴戰江) 수력 발전 모형,[3] 적외선 응용 장치 등.
- 이왕가박물관에서는 고려백자 대소(大小) 수주(水注)[4], 무사(武人) 갑주(甲胄)[5], 문인 조복(朝服), 삼국시대 고분벽화, 누각(漏刻[고대 물시계]), 일구(日晷[해시계])
- 총독부 박물관에서는 경주 석굴암 모조 석상, 금령총(金鈴塚), 목관, 금동보관(金銅寶冠), 장식품 및 문방구, 낙랑고분 출토품, 전한대동기(前漢代銅器), 고려시대 청동경, 조선활자.
- 상공장려관에서는 질소(窒素) 비료에 관한 것, 산업에 관한 것, 양모(羊毛)에 관한 것.

2. 관광에 관한 운임과 요금

○전차 버스

시내선, 교외선은 5전으로 균일, 시내·교외 2구간 연결은 8전, 시내·교외 3구간 연결은 13전, 학생/단체는 할인 적용.

3 부전강 수력발전소는 1926년 조선수전주식회사에 의해 착공되어 1929년 11월부터 발전을 시작한 함경남도 신흥군(新興郡)에 있는 한국 최초의 유역 변경식 발전소이다.

4 먹을 갈 때 쓰는 물을 담아 두는 그릇으로 수주(水注), 또는 수적(水滴)이라고도 한다.

5 갑옷과 투구.

○택시

1대 4인승, 시내 80전 균일, 대기시간 30분 80전, 회로(廻路) 40전 가산, 1시간 전세 3원, 5시간 14원, 10시간 25원.

○유람 버스

대인 2원 20전, 소인 1원 10전, 10명 이상 10%, 20명 이상 15%, 30명 이상 20%. 학생 10명 이상 20%, 20명 이상 30%, 30명 이상 40%. 대형 20인승 1대 1일 전세 45원, 반나절 27원. 중형 16인승 1대 1일 전세 36원, 반나절 23원.

○창경원

- 입장료: 대인 10전, 소인 5전, 20명 이상의 단체는 50% 할인.
- 식물관: 온실 1인 10전, 학생단체 20명 이상은 1인 3전.
- 박물관: 본관 1인 10전, 학생단체 20명 이상 5전.

○과학관

- 대인 5전, 소인 2전, 20명 이상 학생단체에 한하여 50% 할인.

○박물관(총독부 경복궁 내)

- 입장료: 대인 5전, 소인 및 단체는 무료.

○덕수궁

- 입장료: 대인 5전, 소인 5전. 미술관 입장료는 대인 15전, 소인

5전. 20명 이상 학생단체에 한하여 50% 할인.

○ 게이샤(藝者) 화대

- 1본(30분)[6]: 75전.
- 최초 1시간(3본): 2원 25전.
- 예약 화대(約束の花)[7]: 2시간 반(6본).
- 모라이 화대(貰ひ花)[8]: 2본.
- 모라이도메 화대(貰ひ止め花)[9]: 2본.
- 유흥세(1본당): 4전.[10]
- 교통비: 40전.

○ 기생 화대

- 1본(30분) 65전, 최초 1시간 3본(1원 95전), 예약(約束)·모라이(貰ひ) 제도 없음. 유흥세 1본당 4전, 교통비 80전.

6 원문에는 '잇본(一本)'. 게이샤 업계에서는 30분 단위의 화대를 '잇본(一本)'이라 불렀다.

7 예약한 게이샤의 화대.

8 '모라이(貰ひ)'는 화류계에서, 게이샤 등이 이미 예약된 손님과의 약속이 있더라도, 다른 손님의 요청에 따라 특별한 허가를 받아 그쪽으로 가는 것을 의미한다. 이때 지불하는 추가 화대를 가리키기도 한다.

9 '모라이' 요청을 거절하거나 막기 위해 지불하는 화대로, 게이샤가 다른 손님에게 가지 않도록 보장하는 것이다.

10 1전=10리.

3. 경성

경성은 조선 500년의 수도로, 38만 2,000명의 인구를 자랑하는 정치·교육·군사·금융·경제의 중심지이다. 그중 일본인(内地人) 10만 7,000명, 조선인 27만명, 외국인 5,000명이 거주하고 있다. 경성의 면적은 동서 1리(里)[11] 33정(町)[12], 남북 2리 12정, 면적 2방리[13]가 넘는 대도시이다. 이 도시는 세 방향을 산언덕이 에워싸고 있으며, 산봉우리에는 4리 26정에 걸쳐 성벽이 둘러져 있다. 남대문과 동대문 두 개의 성문은 여전히 고대 조선 문화의 흔적을 고스란히 전하고 있다.

1910년 한국병합 이후, 경성은 근대화되어 고층 건축과 문화 주택 건설, 도로의 포장 등이 이루어졌다. 하지만 경복궁 안에 있는 근정전·경회루 등의 대표적 고대 건축물은 여전히 그 위엄을 자랑하고 있으며, 세련된 조선 여인의 빨래하는 모습과 길가의 술집(スルチブ[銘酒屋]) 등 조선 고유의 풍속이 곳곳에서 이국적인 분위기를 자아내며 사진작가들을 매료시키고 있다.

11 1리(里)는 약 3.927km.

12 1정(町)은 9,900m².

13 가로, 세로 1리가 되는 면적. 약 15km².

4. 명소 고적

○ 남대문(南大門)

본래의 이름은 숭례문이며 536년의 역사를 지닌 귀중한 고대 건축물로서 경성역 인근에 보존되어 있다.

○ 조선신궁(朝鮮神宮)

남산 중턱에 있는 관폐대사(官幣大社)로 아마테라스 오미카미(天照皇大神)와 메이지천황(明治天皇)을 신으로 모시고 있다. 신궁(神宮) 양식으로 건축(造營)된 이 대사는 1920년에 기공되어, 5년의 기간과 2백만 원의 경비를 들여 1925년에 완공되었다.

○ 한강공원(漢江公園)·남산공원(南山公園)·왜성대(倭城臺)

조선신궁에서 남산 중턱을 따라 이어지는 이참도(裏參道) 일대를 한강공원이라 하며, 이는 남산공원과 왜성대로 연결된다. 남산공원 안에는 경성신사, 덴만구(天滿宮)가 건립되었고, 왜성대는 '분로쿠의 역(文祿の役)' [임진왜란][14] 당시 마시타 나가모리(增田長盛)가 주둔했던 곳이다.

○ 과학관

은사기념과학관(恩賜記念科學館)은 다이쇼천황(大正天皇)의 결혼(成婚) 25주년을 기념해 하사된 금액으로 과학 사상 보급을 목적으로 건립되었다.

14 임진왜란을 의미하는 용어로, 자료에 따라 '분로쿠(文祿)', '분로쿠 역(文祿役)', '분로쿠의 역(文祿の役)' 등으로 표기되기도 한다. 이후 원문대로 표기한다.

이 과학관은 왜성대의 구 총독부 청사를 활용해 조성되었으며 도쿄·센다이(仙臺)의 과학박물관에 견줄만한 민중을 위한 과학의 전당이다. 전시품은 일반 과학에 관한 것이 1만여 점에 이른다.

○ 박문사(博文寺)

장충단공원의 언덕 위에 [지어진] 철근 콘크리트 양식의 조동종(曹洞宗) 사원으로, 이토 히로부미(伊藤博文)의 혼령을 모시고 있다. 사원은 1932년에 준공되었으며 경내 뒤편을 돌아가면 성벽의 자취를 확인할 수 있다.

○ 창경원(昌慶苑)

이왕가(李王家)가 경성 부민에게 개방한 정원의 일부분으로 원내에는 동물원·식물원·이왕가박물관이 있다. 식물원의 온실은 동양 제일이라고 알려져 있다.

○ 비원(祕苑)

창경원으로 이어지는 이왕가의 정원으로 목요일을 제외한 매일 오전 11시와 오후 2시에 배관(拜觀)이 허용된다. 배관은 이왕직(李王職)의 허가를 받아야 하고 일반에게 공개되어 있지 않다.

○ 경학원(經學院)

유교의 최고 학부(學府)로서 공자(孔子)를 모신 사당(文廟)이 부속되어 있다. 봄과 가을에는 송(宋)대의 의식에 따른 성대한 석전제(釋典祭)가 거행되며 이 의식에 사용되는 40여 종류의 악기가 보존되어 있다.

○총독부 청사

공사비 634만 원을 들여 1916년에 기공하여 1926년에 완성된 이 건물은 르네상스식 5층 건물로, 화강석과 철근(張鐵筋) 콘크리트 구조가 특징이다. 각 층의 총건평은 약 9,600평이며 조선산 대리석이 풍부하게 사용되었다. 고대 조선의 풍속과 신화를 상징하는 대강당의 벽화는 와다 산조(和田三造)[15]의 작품이다.

○경복궁

현존하는 궁전의 일부로 근정전은 여러 의식을 거행했던 장소이고 사정전(思政殿)은 정사를 보던 곳, 경회루는 연회장이다. 구내에 총독부 박물관이 있다.

○덕수궁(德壽宮)

덕수궁은 450~60년 전 조선 제9대 성종(成宗)의 형인 월산대군(月山大君)의 사저였으나, 1897년 이태왕(李太王) 전하의 행궁이 되면서 경운궁(慶運宮)으로 불리었다. 1907년 양위 후에는 본궁으로 이주하여 덕수궁으로 개칭되었다. 1919년 이태왕 전하는 이곳에서 승하하였다. 영친왕[16]은 본궁에서 태어나 즉위하기도 하였다. 주요 건물로는 중화전(中和殿), 함녕전(咸寧殿), 석조전(石造殿) 등이 있으며 볼만한 곳이 많다.

15 일본 화가이자 디자이너.

16 원문에는 '이왕(李王)'으로 표기. 본명은 이은(李垠).

○미술관

덕수궁 내의 석조전을 미술관으로 활용하여 제전(帝展)[17], 원전(院展)[18], 이과(二科)[19], 춘양회(春陽會)[20], 청룡사(青龍社)[21], 구조사(構造社)[22] 등 일류 미술 작가의 작품을 전시한다. 이곳은 다른 곳에서는 보기 힘든 종합 미술 전람회장으로 개방되어 있다. 입장권은 덕수궁의 입장권과 함께 입구에서 구매할 수 있다.

○종로의 야시장(夜店)

경성고우타(小唄)[23]에서도 언급되는 종로의 야시장은 경성 명물 중의 하나로, 구경하며 걷는 재미가 쏠쏠하다.

○본정통(本町通)

본정 거리에는 일본인(內地人) 점포가 즐비해 경성의 긴자 거리(通り)로

17 '제국미술전람회(帝國美術展覽會)'의 준말.

18 '일본미술원전람회(日本美術院展覽會)'의 준말.

19 '문부성미술전람회(문전[文展])'을 '일과(一科)'로 치고, 재야에서 주관하던 '이과(二科)전'이 있었다. 일과가 전통적 장르이면서 사실주의라면, 이과는 신식 그림이었다. 이과는 약간 인상파 쪽이며, 문전은 '제전(帝展)'이라는 명칭으로 바뀌게 된다.

20 1922년 1월에 설립된 재야의 서양화 단체의 일반 사단법인이다.

21 일본화 미술 단체 중 하나로, 1928년 일본미술원에서 탈퇴한 가와바타 류코(川端龍子)가 중심이 되어 발족하였으며, 1966년 류코의 사망으로 해산되었다.

22 근대 시기의 조각 단체로 1926년 9월, '제전(帝展)'의 조각 부문에 참가하고 있던 사이토 소간(齊藤素巖)과 히나고 지쓰조(日奈子實三)가 단순히 나체상을 반복해서 제작하는 데 지루함을 느끼고, 조각과 건축의 종합을 목표로 결성하였다.

23 일반적으로는 에도시대에 유행한 가요나 속요를 의미하지만, 일제강점기에는 유행가를 뜻하는 말로 사용되었다.

불리며 밤낮으로 사람들이 북적거린다. 본정 거리가 끝나는 지점에는 신정(新町) 유곽이 있다.

5. 근교

○ 청량리(淸凉里)

경원선(京元線) 청량리역 부근의 총칭으로, 소나무 숲이 울창한 이곳에는 제국대학 예과(豫科), 임업시험장, 농업학교 등이 있다.

○ 세검정(洗劍亭)

경복궁의 서북쪽에 옛 북한산 수비대 무인(武人)을 위한 쉼터로 정자가 지어졌다.

○ 금곡릉(金谷陵)

청량리에서 1리 정도 가면 금곡릉에 다다른다. 고 이태왕과 비전하(妃殿下)의 능이 있다.

○ 한강

조선의 5대 강 중 하나로, 경성의 서남부 용산을 지나 인천 바다로 흘러간다. 여름에는 납량(納凉)을 즐기며 뱃놀이를 하고, 겨울에는 하수(河水)가 45자[24]의 두께로 얼어붙어 더없이 좋은 스케이트 링크가 된다.

○여의도

경성 유일의 비행장으로 내선만(內鮮滿)[25] 항공로의 착륙장(着陸場)이 되었다.

○골프장

경성 교외 군자리(君子里)에 있는데, 18홀이며 그린피는 평일 2원, 일요일과 공휴일[26]은 3원, 캐디피는 가방 캐디 20전, 포어 캐디 30전이다. 자동차는 평일에는 오후 1회, 일요일과 공휴일은 오전 2회 미쓰코시(三越) 앞에서 버스가 출발하며 운임은 왕복 80전이다. 점심 식사는 80전이 든다. 경성 골프 클럽 회원(俱樂部員)의 소개가 필요하므로 관광안내소에 비치(備付)된 회원 명부를 통해 지인의 소개를 받거나, 조선 호텔을 통한 소개가 있으면 골프장에 갈 수 있다.

○인천

인천은 부산, 원산에 이어 개항한 오래된 항구로, 그 위치는 도쿄(東京)와 요코하마(橫濱)의 관계처럼 [경성과 밀접하여] 경성의 요충지로 자리하고 있다. 항구 안에는 월미도가 누워 있는 듯하고, 항구 바깥쪽에는 영종·용호·자월·무의·영흥·대부의 여러 도서(島嶼)가 촘촘히 흩어져 있어 그 자체로 하나의 큰 만(灣)의 모양을 형성하고 있다. 항구 안에는 조수간만의 차가 30피트[27]에 달하며 그 차이를 이중 갑문식(閘門式) 축항을 건

24 1자가 약 0.3m, 45자는 약 13.6m.

25 조선·일본·만주.

26 원문에는 제일(祭日).

설해 보완하였고, 황해[28]를 사이에 두고 중국 중부의 여러 항과 마주하는 지형상 특성 덕분에 매우 편리한 위치를 차지하고 있어 대 중국[29] 무역은 반도 개항장 중에서 1위를 기록하고 있다.

명소는 서공원(西公園), 동공원(東公園), 이중 갑문식 축항, 월미도, 대조탕(大潮湯).[30] 시내 자동차 운임은 80전으로 균일. 경성에서 기차로 약 1시간. 기차 운임은 2등석 1원 10전, 3등석은 61전.

○개성

고려 태조 왕건은 신라의 왕족 출신인 궁예가 비장(裨將)으로 출세한 뒤, 한반도 통일의 대업을 이루고 고려를 세워 고향 송도(개성)에 도읍을 정했다. 이후 고려의 왕위는 34대에 걸쳐 약 470년간 개성에 머물며 찬란한 예술 문화를 꽃피웠다. 개성은 예로부터 조선 유수의 상업지이자 불로장생의 영약(靈藥)인 인삼 산지로도 잘 알려져 있다.

명소·구적은 철도공원, 남대문, 선죽교, 목청전(穆清殿), 만월대, 채하동(彩霞洞), 경덕궁(敬德宮), 관덕정(觀德亭), 고릉(顧陵), 현릉[31], 박연폭포. 경성에서 기차로 약 2시간, 기차 운임 2등석 2원 8전, 3등석 1원 15전이다.

27 원문에는 '척(呎)'으로 표기.
28 원문에는 '황해도(黃海道)'로 표기.
29 원문에는 '지나(支那)'로 표기.
30 바닷물을 끓여 목욕물로 사용했던 목욕탕.
31 고려 태조 왕건의 무덤.

○수원

수원은 경성에서 기차로 약 1시간이면 도착할 수 있다. 읍내 서쪽에는 울창(鬱然)한 팔달산이 우뚝 솟아 있고 동북쪽에는 광교산맥이 기복을 이루고 있다. 높이 20여 척의 성벽은 조선 정조(正祖) 갑인년(甲寅年)에 공사를 시작하여 3년에 걸쳐 완공되었으며, 그 길이는 1만 3,200척에 달한다. 시가지 부근에는 소나무 숲이 우거지고 호수와 강의 물결이 출렁여 예로부터 '숲의 도시', '물의 도시'로 불렸다. 반도에서 보기 드문 아름다운 경치를 자랑하는 이곳에는 정조 화성지(華城址)·화령전·서장대(西將臺)·연무대(鍊武臺)[32]·방화수류정(訪花隨柳亭)·화서문(華西門)·화홍문(華虹門) 등의 유적이 아직도 남아있다. 경성에서 기차 운임은 2등석 1원 18전, 3등석 66전이다.

○벽제관(碧蹄館)

도요토미 히데요시(豊臣秀吉)가 외정(外征)을 위해 대군을 일으켜 파견하면서 장병들이 각지에서 전투를 벌였던 전쟁의 흔적이 곳곳에 남아있다. 60여 세의 백련(百鍊) 노장 고바야카와 다카카게(小早川隆景) 아래 배속된 26세의 용장 다치바나 무네시게(立花宗茂)와 모리(毛利) 일족의 연합군은 명나라 총사[總師] 이여송(李如松)이 이끄는 대군을 일거에 물리치고 다시 일어설 수 없도록 만들었다. 동시에, 한때 비관적인 상황 속에서 출정한 군대의 사기를 고무시키며 일군(日軍)의 홍패를 결정지은 벽제의 일전은 어느 전투와도 비교할 수 없는 [중대한] 전투였다. 그로부터 340년, 시

32 원문에는 '연무대(練武臺)'로 표기.

간이 흘러 별자리는 바뀌었을지라도, 산과 강은 여전히 변함없이 그 자리를 지키고 있다. 이곳을 찾으면 우리의 충성스럽고 용맹한 장졸들이 싸운 자취를 생생히 떠올릴 수 있다. 경성에서 자동차로 약 1시간이 소요되며 서대문 정류장 앞에서 승합자동차가 출발한다(편도 60전).

○ 온천 순례

경의선(京義線) 토성역(土城驛)에서 조선 철도회사의 황해선으로 갈아타고 배천온천, 연안온천에서 한차례 목욕을 즐기고, 해주를 거쳐 신천온천, 삼천온천, 송화온천 등 온천 지대를 순례한 뒤 경의선 사리원역으로 돌아올 수 있다.

○ 월미도 유원지

월미도는 인천항을 장악한 10여 개의 마을(町)이 축조한 제방으로 육지와 연결된 하나의 섬(島嶼)이다. 그 자연미는 송도와 비슷하며 에노시마(江の島)에 비견할 만한 절경이다. 유원지에는 조선 최대의 조탕(潮湯)을 비롯하여 신관 호텔, 별장, 해수욕장, 식당, 당구장이 갖추어져 있으며 이번 봄에는 300평의 별관을 증축하여 시설이 더욱 개선되었다. 경성에서 약 50분 거리로, 여행의 피로를 쉽게 풀 수 있으며, 목욕 후에는 경잔리(傾盞裡)에서 기생의 구슬픈 가락을 듣는 것도 색다른 경험이 될 것이다.

○ 조탕(潮湯)[33]호텔

(지정여관) 숙박료(1박 2식 팁 폐지) A 6원, B 5원, C 4원, 동숙자(同宿者)는 20% 할인, 단체 10명 이상 특별 할인. 당일치기 손님을 위해 별도의 유료 객실(貸間), 무료 객실이 마련되어 있으며, 대욕장 입장료는 대인 20전, 소인 10전, 전용 가족탕, (특)1원, (보)80전. 게이샤 1시간 1원 35전. 기생 1시간 1원 20전이다. 택시는 60전, 인천역-월미도 간 승합 버스는 대인 10전, 소인 5전이다.

월미도의 명소는 하나부사 공사(花房公使)의 우물(井戶)[34], 아타고신사(愛宕神社), 러시아함대 바리야크(ワリヤーク) 및 코레츠호(コレッツ號)[35] 격침의 흔적, 소월미도 등대, 방공(防空) 전망대, 녹원(鹿園) 등이다.

○ 온양온천

경부선 천안역에서 경남 철도회사의 충남선으로 갈아타면 곧바로 온양온천에 도착한다. 회사 직영의 신정관(神井館)은 근대적 시설과 오락 시설(機關)을 완비하고 있으며, 마을에는 게이샤와 안마사도 있어 일본(內地)의 온천과 다르지 않다.

○ 신정관

(지정여관) 본관 숙박료(1박 2식 포함, 팁 폐지)는 8조방(5조방 일광욕실(サンル

33 원문에는 '조양(潮陽)'으로 표기되어 있는데 오기로 보임.

34 임오군란으로 쫓겨난 일본 공사 하나부사(花房)가 도망쳐 마른 목을 축였다는 섬 동쪽의 우물이다.

35 1904년 러일전쟁 당시 인천 앞바다에서 일본함대와 전투를 벌이다 자폭한 러시아 순양함이다.

ーム) 및 작은 방[次の間]포함) 1명 5원 50전, 6조방(일광욕실 및 작은방 포함) 1명 4원 50전이고, 동숙자는 정액의 10% 할인이 적용된다. 별관 숙박료(1박 2식 포함, 팁 폐지)는 4원, 3원, 2원 50전이고, 동숙자는 정액의 10% 할인이 제공된다. 당일치기 손님을 위한 객실(貸間)은 1일 2원이며, 입욕료는 대인 25전, 소인 10전이다. 전용 대여탕(貸湯)은 1시간에 50전이고, 1명 추가 시 20전이 가산된다.

○ 오락 유원 설비

당구, 바둑, 장기, 탁구, '베이비 골프(ベビーゴルフ)', 골프 연습장 각종 운동 기구, 테니스 코트, 야구장이 설치되어 있다. 또한 부속 유원지인 변천지(辨天池)에는 120조의 큰 수중 누각이 있고 수상(水上)에는 부마선(傳馬船)[36], 놀잇배(屋形船), 보트, 모터보트가 띄워져 있다.

6. 경성의 상공업

40만 인구를 보유한 일본의 6대 도시에 버금가는 경성은 단순히 정치와 종교의 중심지일 뿐만 아니라, 산업·경제의 주축이고 조선의 경제 시설 대부분을 갖추고 있어 조선 경제의 전모(全貌)를 축소한 모습이다. 오래된 조선의 상업은 대부분 사라지고 그 흔적은 극히 일부만 남아있다. 그로 인해 고고학적 가치는 희박해졌지만, 근대적 상업기관과 조직은 잘

36 목조의 소형 배.

완비되어 있어 선진도시 못지않다. 남대문통·황금정·명치정 등 이른바 비즈니스센터에는 수백 개의 은행과 회사들이 웅장한 건물을 이루고 있어 상업적으로도 관찰의 가치가 충분하다. 본정통과 종로통은 경성의 대표적인 상점가로, 그 활기찬 분위기는 일반 시찰 관광객이 한결같이 인정하는 명소이다.

경성은 오랫동안 소비도시로서 발전해 왔으나, 최근에는 공급 도시로 변모하며 이미 생산도시로 성장할 기반을 갖추고 있다. 700개가 넘는 크고 작은 공장에서는 [연간] 7,500여만 원 규모의 제품을 생산하고 있으며 1억 원 이상의 무역을 담당하고 있다. 특히 근처 경성부에 편입된 영등포를 비롯한 근교에는 넓고 저렴한 토지와 동력을 제공하며, 양질의 용수와 우수한 노동력을 풍부하게 갖추고 있어 이제 경성은 생산도시로의 전환기에 접어들었다. 현재 경성을 중심으로 한 조선 내에서의 소비와 대만, 중국과의 관계를 고려해서 다수의 공장이 잇따라 새로 설립되거나 또 계획되고 있다. 이에 따라 용산 및 영등포 방면은 매일 굴뚝이 늘어나고 공장 지역이 형성되면서 경성이 공업도시로서 약진하고 있음을 여실히 보여주고 있다.

이제 신흥 만주국의 융흥(隆興)과 함께 조선의 산업 경제계는 큰 변환점을 맞이하였다. 지리적, 산업적으로도 일만(日滿) 경제 결합체의 중심으로서 중요한 역할을 해야 한다는 사명을 지닌 조선의 심장부 경성은 경제적 발전과 그 책무를 관철하기 위한 단계의 노력을 이어가고 있다. 시찰 관광객에게 유용한 대표적인 산업 경제기관을 소개하면 다음과 같다.

• 조선 상공회의소: 장곡천정 111.

- 경성 상공회의소: 장곡천정 111.
- 조선 농회: 황금정 2정목.
- 조선 수산회: 장곡천정 111.
- 조선 광업회: 남미창정 4.
- 조선 산림회: 총독부 농림국 내.
- 조선 공업협회: 장곡천정 111.
- 조선 철도협회: 고시정 14.
- 조선 금융조합·연합회: 죽첨정 2정목.
- 경성은행 집회소: 북미창정 93.
- 조선무역협회: 장곡천정 111.

7. 경성관광협회의 서비스

○ 관광안내소

경성역 구내 출구에 관광안내소를 설치하여 명소·구적의 설명, 여관, 택시, 유람 버스, 토산물 등을 무료로 소개해 드립니다. 안내소 안에 일본여행협회(ジャパンツーリスト·ビューロー)의 출장소를 운영하여 경성의 근교, 선만(鮮滿) 여행에 대한 안내도 제공하고 있습니다. 기념 스탬프도 준비되어 있습니다. 안내소에 전시 케이스를 마련해 특산품과 토산품을 전시해 두었으니 구경하실 수 있습니다(단, 즉시 구매는 불가합니다).

○ 관광 안내자

믿을 수 있는 안내인을 배치하여 명소·구적 안내 외에도 다른 장소를 안내해 드립니다. 안내 요금은 인원수에 상관없이 하루에 2원입니다. 선만(鮮滿) 안내소에서 알선하는 10명 이상의 단체는 무료로 안내해 드립니다.

8. 경성관광협회 조직

경성관광협회는 관민이 협력하여 설립된 회원 조직의 공익 단체입니다. 회장은 경성부윤(시장)인 다테 시오(伊達四雄)가 추대되었고, 부회장은 경성상공회의소 소장 가다 나오지(賀田直治), 조선생명보험주식회사 사장 한상룡, 상무이사는 경성부 사회과장 권중식이 선임되었습니다. 고문·이사는 경성의 주요 인사, 유력자들이 망라되어 있습니다.

9. 금강산 탐승 안내(경성에서)

천하의 절승지 금강산을 탐승하려면 어느 정도의 시간과 비용이 들까. 예상보다 적은 시간과 비용으로 탐승할 수 있다. 금강산은 동해[원문 '일본해']에 접해 있으며 이 지역을 외금강이라고 부르는데, 개방적인 풍경이 매우 웅장하다. 외금강 반대쪽인 내금강은 계곡의 아름다움이 풍부하며 가을 단풍은 절경을 이루고, 만물상과 비로봉은 국내외에 널리 알려져 있다. 경성에서 출발하는 가장 편리한 방법은 오후 11시에 출발하는 열차를 이용하는 것이다. 직통 침대차는 일요일, 공휴일(祝祭日) 전야(前夜)에만 운행되며 평일에는 열차 시간 관계상 탐승이 2일 이상 소요된다. 금강산 탐승 안내는 관광안내소와 기타 [지정된] 장소에서 받을 수 있다. 금강산 탐승은 최소 2일 이상이 이상적이며 최소한의 [기본] 여정은 다음과 같다.

○ 내금강 탐승(예상 비용 15원)

- 오전 8시 10분 경성 출발, 오후 4시 2분 내금강 도착
- **탐승 장소**: 장안사→명경대→표훈사→만폭동→마하연(摩訶衍)→묘길상(妙吉祥)→장안사
- 오후 1시 55분 내금강 출발, 오후 9시 30분 경성 도착

○ 외금강 탐승(예상 비용 15원)

- 오후 11시 경성 출발, 오전 9시 27분 외금강 도착
- **탐승 장소**: 온정리→(자동차)→육화암→(도보)→만물상→(도보)→육화암→(자동차)→온정리→(자동차)→해금강(자동차)→온정리→(자동차)→해금강(자동차)→온정리→외금강
- 오후 6시 46분 외금강 출발, 오전 6시 55분 경성 도착

상세한 사항은 경성 관광안내소 또는 경성 미쓰코시(三越) 내 일본여행협회 안내소에 문의해 주시기 바랍니다.

○광고

금강산 탐승에 편리한 숙박소

비로봉 정상 구메(久米) 산장

- 후원: 재단법인 금강산협회
- 단체 신청소: 조선총독부 철도국 여행계
- 숙박료: 1인 1박 3식 포함, 2원
- 거리: 내금강역에서 약 3리(里)[37] 반, 외금강역에서 약 3리
- 위치: 내외금강의 중간, 신 금강 구성동(九成洞) 탐승에도 매우 편리하다.
- 전화: 비로봉과 장안사, 온정리 간에 전화가 개통되어 있다.

경성 시내에서 가장 편리하고 기분 좋아지는 숙소

본정(本町) 2정목 **야마모토여관**(山本旅館)

- 전화: 본국 325, 326번
- 자가용 자동차 설비 갖춤

10. 경성 토산품 조사

○인삼 제품

- 조선 인삼 1상자: 50전~4원 50전.
- 인삼 엑기스 1병: 1원~50원.
- 인삼청 1상자: 20전~1원 50전.
- 홍삼 분말 1상자: 1원 50전.

37 목조의 소형 배.

○잣 제품

- 잣 사탕 1상자: 20전~2원.
- 금강 사탕 캔(罐入): 45전~4원 50전.
- 금강 과자(おこし)[38] 캔: 70전~2원 50전.
- 잣 전병 1상자: 50전~2원.

○도자기류

- 각종 조선산 자기[高麗燒]: 25전~100원.
- 동(同) 삼화한양가마(三和漢陽窯): 20전~150원.

○나전 세공

- 소반(膳), 식기(食膳), 용품, 문구, 책상, 담배용품 그 외: 2원 80전 ~150원.

○기타 세공품

- 조선 풍속 인형: 20전~1원 20전.
- 풍속 풍경 보자기: 50전~1원.
- 스키야키용 돌솥: 65전~3원.
- 신선로: 2원 50전~10원 50전.
- 각종 바가지(パカチ) 세공: 15전~2원 50전.

38 찹쌀·조 등을 쪄서 말린 후 볶아 설탕과 물엿으로 굳힌 과자.

○조선 단밤 1되: 80전 정도.

○선물용 레코드 1장: 1원 50전.

경성 고우타(小唄)[39]. 사계절의 조선. 아리랑. 기생 고우타. 금강산 고우타. 백두절. 국경 경비의 노래.

토산품은 경성역 집찰구(集札口) 내 경성 관광안내소에 전시되어 있으니 방문하여 구경하시기 바랍니다(즉시 구매는 불가합니다).

11. 기생 이야기

기생은 본래 관기(官妓)로서 지위를 가지며, 관청(官中)의 연회장(宴席)이나 양반의 주연[酒席]에서 시중을 들었다. 이는 가마쿠라(鎌倉) 시대의 시라뵤우시(白拍子)[40]와 비슷한 것이다. 오늘날에는 일반 민중의 연회에 초대되어 노래와 춤을 선보인다. 기생의 대부분은 일본어를 잘하거나 유창한 사람도 많다. 그중에는 이소부시(磯節)[41]와 야스기부시(安來節)[42]를 잘하는 기생도 있다. 기생은 장고(長鼓)라고 하는 북을 쳐서 연회장의 흥을 돋우고, 기생이 부르는 아리랑은 세계적으로 유명한 노래이다. 또한 시가

39 일본의 전통적 노래의 약칭.

40 헤이안(平安) 시대 말기부터 가마쿠라(鎌倉) 시대까지 유행했던 가무. 또는 이것을 노래하고 춤췄던 유녀(遊女)를 말한다.

41 이바라키현(茨城縣)의 민요.

42 시마네현(島根縣) 야스기시(安來市)의 민요.

(詩歌)나 서화(書畵)에 능한 기생도 있어 백선(白扇)에 염필(染筆)한 작품을 받으면 좋은 선물이 된다. 기생의 본고장은 기생 학교로 유명한 평양이지만, 경성에도 약 400명의 기생이 활동하고 있다.

12. 밤의 경성

경성 기생 김월색(金月色)

저녁을 마치고 여관에서 뒹굴고 있는 것만큼 지루한 일은 없다. 산책을 한다면 본정통(ホンマチ通)이나 종로통을 한가로이 걸으며 토산품 가게를 구경하는 것도 좋다. 남산공원이나 한강으로 드라이브하면서 구경하는 것도 좋다. 오락시설로는 극장과 영화관과 '베이비 골프'가 있다.

조선 요릿집에 가서 기생의 춤을 감상하는 것도 하나의 즐거움이다. 경성의 일류 카페는 명치통(明治通) 마루비루(丸ビル) 회관에 있으며, 미국식 설비와 서비스로 유명하고 미모의 여급들이 여수(旅愁)를 달래준다. 명치정 동척(東拓)[43] 앞 기쿠스이(菊水)는 마음이 안정되는 식당 겸 술집으

43 동양척식주식회사.

로 세련되고 고급스러운 여급들이 서비스를 제공하고 있다. 로컬 어트랙션으로는 명물인 기생이 있으며, 기생은 조선 요리점과 일본 요리점 모두에서 부를 수 있다. 다만, 일류 기생은 3·4일 전에 예약하지 않으면 쉽게 만나기 어렵다.

엽기적인 면에서는 갈보(カルボ)라는 것이 있다. 요약하면 에로(エロ) 서비스를 제공하는 여성을 의미한다. 조선의 매춘부인 갈보는 경성의 신정(新町)·병목정(竝木町)·미생정(彌生町)에 집중되어 있다. 경성의 치안은 잘 유지되고 있어 밤에도 외출이 매우 안전하다.

13. 경성의 화류계

경성의 화류계는 남산정(南山町)과 욱정(旭町) 방면에 일류 일본 요리점이 있으며, 신정에는 유곽이 있다. 경성에는 일본(內地)과 같은 마치아이(待合)[44]는 존재하지 않는다.

일본 예기(藝妓)는 본권번(本券番), 신정권번(新町券番)을 합쳐 약 400명 정도 활동하고 있다. 히로시마현(廣島縣), 후쿠오카현(福岡縣), 나가사키현(長崎縣) 등 주코쿠(中國), 규슈(九州) 방면 출신이 많다. 예기의 춤은 와카야기류(若柳流)[45]를 이어받은 나가우타(長唄)[46], 기요모토(淸元)[47], 도키와즈(常磐

44 마치아이는 마치아이자야(待合茶屋)의 준말로 만남의 장소를 제공하는 대석업(貸席業)을 말하며 유흥업의 일종이다. 주로 게이기(藝妓) 등의 여성을 불러서 유흥을 제공하고 음식은 요리점을 통해 주문하였다. 요정(料亭)과 가장 큰 차이점은 직접 요리를 하지 않는다는 점이다. 일본에서 메이지시대부터 쇼와시대까지 도쿄를 중심으로 요정, 게이기오키야(藝妓置屋)와 함께 3대 유흥업소로 불렸다.

津)[48] 등의 전통을 계승하는 경우도 적지 않다. 봄과 가을에는 온습회(溫習會)[49]를 개최하고 있다.

신정 유곽의 기루(妓樓)에는 근대적 회관(ホール)가 설치되어 있으며 미기(美妓)가 나와 서비스를 제공한다. 신정의 모치즈키(望月)에는 조선 여인이 많이 활동하고 있다.

14. 조선 인삼

예로부터 조선 인삼은 영약(靈藥)으로 유명하며 오늘날에는 서양인과 중국인 사이에 효과 좋은 강장제, 강정제로서 널리 애용되고 있다. 조선 인삼은 고려의 구도(舊都) 개성에서 재배되어 다량으로 생산[製産]되고 있다. 백삼(한뿌리 10전 정도)을 베(布)에 싸서 토병(土甁)에 넣어 약한 불에서 달인 후(철로 만든 도구로 인삼을 자르거나 철로 만든 병 등은 안된다) 대추를 잘게 썰어 넣어 마시면 매우 좋다. 단, 너무 진하거나 많이 마시면 몸에 부담이 된다. 인삼 목욕은 몸을 매우 따뜻하게 해줘 부인에게 유익하다. 조선 인삼에는 백삼, 홍삼(미삼[尾參]), 인삼 엑기스가 있다. 조선 인삼은 협회 지정 가게에서 직접 구입하는 것이 가장 안전하다.

45 일본의 5대 무용 계파 중의 하나.
46 에도시대에 유행한 긴 속요(俗謠).
47 샤미센(三味線) 음악의 하나로 조루리(淨瑠璃)의 일종.
48 에도시대 중기의 조루리 가락.
49 '온습회(溫習會)'는 기생들이 예능 실력을 발표하고 평가받는 정기 공연 행사였는데, 단순한 행사라기보다는 지역의 큰 문화 행사이자, 예능 계승의 장이기도 했다.

15. 경성관광협회 지정(믿을 수 있는 가게)

*이로하(イロハ) 순

	가게	위치
여관(팁 금지)	조선호텔(양실)	장곡천정
	본정호텔(양실·다다미방)	본정2
	비젠야(備前屋)	장곡천정
	하야시야여관(林家旅館)	고시정3
	오나리여관(御成旅館)	남대문통
	무라카미여관(村上旅館)	남대문통
	후타미여관(二見旅館)	고시정
	미에여관(三重旅館)	봉래정
	쇼후쿠여관(笑福旅館)	어성정(御成町)[50]
	히라타여관(平田旅館)	본정1
	도키와여관(常盤旅館)	남대문통
	다이쿄여관(大京旅館)	고시정
	우라오여관(浦尾旅館)	본정2
	아사히노여관(朝日乃旅館)	명치통2
	시즈오카여관(静岡旅館)	황금정3
	오쓰카여관(大塚旅館)	어성정
	대동관	남대문통
	야마모토여관(山本旅館)	본정2
	천진루(天眞樓)	남산정2
	미도리야여관(緑屋旅館)	황금정3
	시라누이여관(不知火旅館)	욱정2
	와카바여관(若葉旅館)	약초정(若草町)
	나카시마여관(中島旅館)	황금정3
	마쓰야여관(松家旅館)	본정5
	긴파여관(金派旅館)	태평통
	히후여관(一二旅館)	황금정

50 현 남대문로5가.

조선 여관	신행여관(信行旅館)	관철동(貫鐵洞)
	중앙호텔	삼각정
일본 요릿집	백운장(白雲莊)	동
	지요모토(千代本)	욱정1
	가게쓰(花月) 본점	본정2
	남산장	서사헌정
	기라구(幾羅具)	욱정2
	미야코도리(都鳥)	욱정1
	하쿠스이(白水)	욱정1
	지요신(千代新)	욱정1
	가게쓰 별장	남산정2
	기쿠야(喜久家)	욱정2
	기시노료(岸の寮)	욱정2
조선 요리	명월관	돈의동(敦義洞)
	식도원	남대문통
식당	가게쓰식당(花月食堂) (일식)	황금정1
	가게쓰식당(花月食堂) 지점(양식)	장곡천정
	지요다(千代田) 그릴(양식)	지요다 빌딩 지하실
택시	경성택시	장곡천정
	히노마루(日の丸)택시	고시정
	아사히(朝日)택시	고시정
토산품점	조선관	본정2
	조선미술품제작소	태평통
	가메야상점(龜屋商店)	본정2
	조선물산관	남대문통
	우미이치상회(海市商會)	본정2
	명산관(名産館)	남대문통
카페	마루 빌딩회관	명치정2
	미쓰코시(三越)	본정1
	미나카이(三中井)	본정1

백화점	히라타백화점(平田百貨店)	본정1
	조지야(丁子屋)	남대문통
	화신(和信)	종로2
단밤	이케다상회(池田商會)	남대문통
	현무당(玄武堂)	욱정1
사진 촬영	이카리(碇) 사진관	남대문통
	가와라사진관(河原寫眞館)	욱정1
	사카이사진관(酒井寫眞館)	본정1
	중앙사진관	종로2
	호리우치사진관(堀内寫眞館)	명치통
	남대문사진관	남대문통
	미야코사진관(ミヤコ寫眞館)	황금정
사진 기자재점	오사와상회(大澤商會) 경성지부	본정1
커피숍(喫茶店)	메이지제과 경성매점	본정2
	가메야(龜屋) 금강산 끽다부(喫茶部)	본정2
병원	이케다병원(池田病院)-내과 소아과	남산정
	오다병원(織田病院)-내과, 소아과, 엑스레이과	화원정
여행용품(用具)	다카기가방상점(高木鞄店)	본정2
조선 인삼	조선제약회사	장곡천정
	천일약방(天一藥房) 지점(미삼[尾蔘])	황금정2
	낙천당(樂天堂) 제약회사	욱정1
유곽	신정 유곽	
	신정 유곽 내 모치즈키(望月)	
권번	(예기)본권번. 동권번	
	(기생) 조선권번. 한성권번	
근교	구메산장(久米山壯)	금강산 비로봉 정상
	조탕호텔(潮湯ホテル)	인천 월미도
	신정관(神井館)	경남철도회사(京南鐵道會社) 충남선 온양온천역 하차

1935년 5월 5일 인쇄, 1935년 5월 8일 발행(비매품)

저작 겸 발행자: 경성부 사회과, 모리 모토요시(毛利元良)

인쇄자: 사와다 사이치(澤田佐市), 경성부 장곡천정 76

인쇄처: 지카자와(近澤) 인쇄부

발행처: 경성부 사회과, 경성관광협회

○광고(뒤표지 안쪽 면)

○ 뒤표지

조선의 기념품 안내(御案內)

- 1층: 인삼, 과자, 사탕류, 잣, 백단향(白檀), 테이블보(卓掛), 손수건, 타올, 새 박제(鳥剝製)
- 2층: 그림엽서, 풍속 인형, 바가지(パカチ), 각종 도자기, 청동 제품, 부채류.
- 3층: 나전칠기, 고려자기, 신선로, 조선 악기
- 지하: 기린 비어홀(ビヤホール)

조선관, 경성 본정

전화: 본국 1480번, 계좌이체(振替): 경성 889번

[6] 포켓 경성안내(ポケット 京城案内)

경성일보사(京城日報社), 1923

집필·번역 **최은경**

소책자 표지 앞면, 91㎜×155㎜

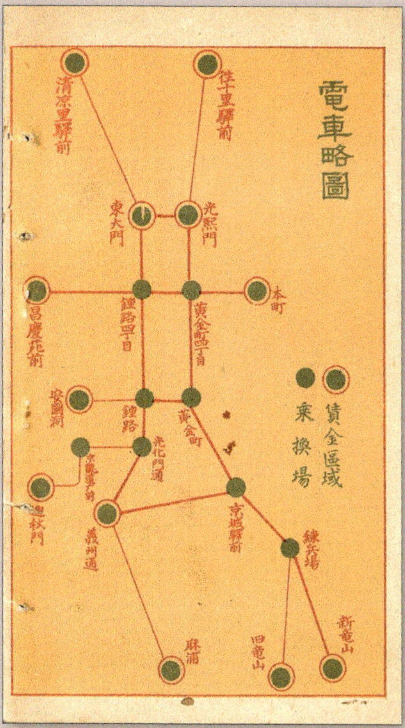

소책자 표지 뒷면

| 해 제 |

이 자료는 1923년 경성일보사가 편찬·발행하여 정가 50전에 판매한 『포켓 경성안내』라는 제목의 관광 홍보용 책자이다. 가로 91㎜, 세로 155㎜의, 제목대로 휴대하기 편한 소형 크기이다. 본문은 목차 포함 총 74쪽까지 표기되어 있고, 뒤의 부록은 1쪽에서 6쪽까지로 구성되어 있다. 이 책자의 발행처 경성일보는 1906년 통감부 기관지로 창간되었다가 1910년 한국병합 이후 조선총독부 기관지가 된 관제 매체이다.

표지 앞면은 남대문과 그 앞을 노면 전차가 달리는 모습이 그려져 있다. 왼쪽 위에는 붉은색 테두리로 '포켓 경성안내'라는 표제가 붉은 글씨로 세로로 쓰여 있고, 하단에도 붉은색 테두리 안에 '경성일보사편찬'이라는 문구가 좌에서 우로 붉은 글씨로 가로로 쓰여 있다.

표지 뒷면은 앞면과 마찬가지로 붉은색 사각 테두리 안 연한 주황색 바탕에 경성 시내의 「전차약도」가 그려져 있다. 위쪽의 왕십리역 앞에서 아래쪽의 마포에 이르기까지 20개 역의 운임 구역과 환승 장소가 초록색 원으로 표시되어 있고 각 역이 붉은 선으로 연결되어 있어 한눈에 경성의 주요 장소를 파악하기에 수월하다.

내지면은 목차가 1쪽에서 4쪽에 걸쳐 표기되어 있으며 마지막 부록까지 기술되어 있다. 목차는 경성의 연혁과 행정구역은 물론이거니와 궁전 5곳을 비롯하여 명승 구적 20곳, 주요 관광지, 그리고 현재 경성에 소재하는 총독부와 주요 회사, 은행 5곳에 이르기까지 여러 기관 등의 정보도 소개되어 있다.

각 명소의 기술에 이어서 경성 시내 유람순서와 교통수단, 인력거 운임표까지 게재하여 경성 관광의 편의성을 도모하는 구성이다. 또한 여관과 식당, 화류계, 오락장, 극장 등의 유흥시설도 소개하고 있어서 다양한 관광의 콘텐츠를 제공하는 모양새이다. 아울러 부록에는 경성 중심지에 소재한 주식회사 빌딩과 양복점 등 7곳의 영업점을 적고 있다. 압도하는 거대한 건물로 일본생명빌딩과 사이토빌딩은 '경성의 명물'로 소개되고 있으며, 그 외 일본에 본점을 두고 경성에 지점을 둔 양복점이 나열되어 있다. 이들은 근대화되어 가는 조선을 표상화 한 것으로 식민 지배의 정당성을 상징하는 증거로 언급되고 있다. 부록에서는 이들 외에 조선미술품제작소도 안내되고 있다. 1908년 공예품 제작시설로 설립된 이 제작소는 전통 기법을 전승시키며 공예를 통한 조선의 산업 발전을 모색하려는 애당초 목적과는 달리, 일제는 이곳을 민간 경영의 공장으로 하여 상업적 이익을 추구하는 곳으로 변질시켜 갔다. 이 자료는 마지막 부록에 현재의 경성을 대표하는 신축 건물을 중심으로 수록하면서 근대 제국주의 위력을 과시하는 내용으로 맺고 있다.

이 자료에는 「경성 대관(大觀)」, 「본정 거리」, 「종로 거리」의 흑백 사진을 시작으로 주요 명소와 기관 등 총 69장의 흑백 사진이 첨부되어 있다. 창덕궁, 남대문 등 조선의 유서 깊은 고적의 사진도 있지만, 대부분은 일제에 의해 조성된 시가지와 조선총독부 청사를 비롯하여 신축된 서양식 건축물이다. 한국병합 이후 경성은 조선의 왕도(王都)에서 일제에 의한 식민지 근대 도시로 개조되어 갔다. 일제는 경성을 경복궁 중심의 도성을 가로지르는 전통적 도시 구조에서 도로와 교량, 하천 등을 근대적으로 정비하며 식민 통치에 수월한 격자형 구조로 재편해 간다. 이 자료 부록 앞에 '광화문'이라고 제목을 붙인 내용에도 "광화문은 총독부 신청사가 존재하는 한 철폐해야만" 하며, "막대한 경비를 들일 필요"가 없다고 단언하고 있다. 또 "만약 이축(移築) 보존을 결정하면, 그 장소를 광화문통과 종로통 교차점으로" 해야 한다고 기술하고 있다. 이처럼 일제는 전통적인 공간을 해체하고 일제에 의해 근대화된 경성을 강조함으로써 조선왕조의 정통성을 부정하며 근대국가 일제의 우월성을 상징하는 공간으로 조성해 갔다. 즉, 이 자료를 통해 일제가 자국의 일본인에게 경성 관광을 홍보하면서 식민 지배의 정당성과 제국의 자긍심을 고취해 가고자 했던 의도를 엿볼 수 있는 것이다.

| 번역문 |

제1장 경성의 과거와 현재

제1절 연혁

경성은 원래 고구려(高句麗)의 북한산군(北漢山郡)이었지만, 백제(百濟)의 시조(始祖) 온조(溫祚)가 여기에 성(城)을 지었다. 그 후 근초고왕(近肖古王)이 이곳에 도읍을 정하고, 그 후 개로왕(蓋鹵王)에 이르러 고구려군에 둘러싸여 왕이 도망갔기에 다시 고구려 손에 돌아갔다. 이어서 신라의 북한산주(北漢山州)가 되고 한양군(漢陽郡)이 된다. 고려(高麗)가 다시 양주(楊州)로 하고 남경(南京)이라고 칭했다.

조선 태조(太祖)가 즉위하자 계룡산으로 천도(遷都)하려 했지만, 참판 유관의 조언을 듣고 이곳에 도성을 지어서, 그 3년 태묘(太廟)[1] 및 궁궐이 만들어지자 개성(開城)에서 천도(遷都)하여 한성부(漢城府)를 두었다. 이후 500여 년 간 조선의 수도로서 명성이 높았고 현 조선총독부(朝鮮總督府)의 소재지이고, 반도의 정치·경제의 중심·문화의 연총(淵叢)인 것은 지금 새삼 기록할 필요도 없다.

1 조선시대, 역대 임금과 왕비의 위패를 모시던 왕실의 사당. 대묘(大廟) 혹은 종묘(宗廟)라고도 함.

1396년(태조5) 모든 도(道)의 장정(民丁) 20만 명을 징발하여 성벽(城壁)을 만들고, 1422년(세종4)에 다시 고쳐 쌓았다. 주위 4리(里)[2] 26정(町)[3]정도, 높이 40척(尺)[4], 사방으로 대소(大小) 8개 문을 설치했지만, 근년 도로 개수에 의해 두세 개는 훼손되고, 현재 남아있는 것 중에서는 숭례(남대문), 흥인(동대문) 두 대문이 가장 장관이다.

제2절 행정구역

경성은 세 방면이 둘러싸여 있는데, 북쪽으로 백악(白岳)의 준봉들이 마주하고, 동쪽으로 응봉(鷹峯), 서쪽으로 인왕산(仁王山)이 있고, 남쪽으로는 목멱산([木覓山] 남산[南山])이 우뚝 솟아 있다. 실로 하늘이 선사한 성곽이라고 부를 것이다. 서남쪽의 일부가 조금 열려서 용산으로 이어지고 또 한강으로 닿아 있다. 행정구역은 186정동(町洞)으로 이것을 크게 구별하여 경성 및 용산이라고 한다. 동서(東西) 1리 33정, 남북(南北) 32정, 면적 2.35방리(方里)[5], 주위 7리 26정이다.

2 일본에서의 1리(里)는 약 3.9km.

3 땅 넓이의 정(町)은 1단(段)의 10배, 곧 3,000평으로 약 9,917.4m²이다.

4 1척은 약 30cm.

5 가로세로 1리의 면적.

제3절 경성부의 현재

일본인이 거주하게 된 것은 1882년의 제물포(인천)조약 이후로 1885년에는 19호(戶) 90명에 지나지 않았다고 한다. 현재 가구 수는 일본인 1만 8,000호, 7만 3,300여 명. 조선인 4만 700여 호, 19만 4, 200여 명. 외국인 815호, 3,830여 명. 합계 5만 9,600여 호, 27만 1,400여 명이 있다. 외국인은 중국인이 3,400여 명으로 가장 많고, 미국, 영국, 러시아, 프랑스가 뒤를 잇는다.

원래 경성은 근대적 도시로서의 발달이 극히 짧아 겨우 10년 내외라고 하겠다. 그러나, 이 10년 내외에 진보는 비교적 급격했다. 예를 들면 경성부의 예산 총액에 관해서 보더라도 10년 전에는 겨우 62만 원 정도에 지나지 않았지만, 오늘날에는 약 450만 원, 즉 7배의 액수에 달한다. 또 무역액에 관해서 보더라도 10년 전에는 수이출입(輸移出入) 합계 1,100만 원 내외에 지나지 않았지만, 오늘날에는 수이출 290만 원, 수이입 4,000만 원에 이르러 약 4배가 증가했다. 지금은 도시로서 필요한 시설과 기관은 거의 갖춰져 있고, 요코하마(橫濱)와 고베(神戶)에 이은 번화한 지역이라고 칭해도 결코 부당한 찬사가 아니다.

제4절 주요 가로

부내에 주요 가로는 남대문통(南大門通)·태평통(太平通)·황금정(黃金町)·종로(鐘路)·광화문통(光化門通)·한강통(漢江通)·본정(本町) 등이다. 일본인은 본정과 남대문통을 중심으로, 황금정·태평통·욱정(旭町)·대화정(大和町)·용산 등 주로 시가의 동남부(東南部)에 모여있고, 조선인은 종로를 중심으로 북서부에 모여 살고 있다. 종로 2정목(丁目) 보신각 부근은 예전부터 '육의전(六矣廛)'이라고 칭하고, 관에서 전매의 특허를 얻은 관상(官商)이 처마를 나란히 하고, 목면(木綿), 금건(金巾), 마포(麻布), 종이, 신발, 견포(絹布) 등을 전매하고 있었다. 당시는 꽤 번성했지만, 그 대신 이 '육의전'은 나라에 축전(祝典) 또는 국장(國葬) 등이 있는 경우에는 모든 필요한 물품 등을 떠맡아야 했다. 또 매년 중국에서 오는 사절단을 맞이하는 준비, 접대와 함께 귀국 선물도 바쳐야 했다고 한다. 지금 전차와 자동차가 다니는 종로 사거리에 서서 옛날을 생각하면, 그 누구라도 알 수 없는 감회에 빠질 것이다.

제2장 총독부의 신청사(新廳舍)

경성 광화문 안에 건축 중인 총독부 신청사는 5월 17일 성대한 상동식(上棟式)[6]을 집행했다. 공사비 700만 원의 예산으로 1916년 6월부터 기공(起工)을 하면서 처음에는 하청으로 건축에 착수했지만, 1918년에 이르러 경제계 변동 때문에 전부 직영(直營)으로 하게 되었다. 현재 공사 종사원

6 우리는 '상량식(上樑式)'이라고 한다. 즉, 목조 건물의 골재가 거의 완성된 단계에서 대들보 위에 대공을 세운 후에 최상부 부재인 마룻대(상량)를 올리고 거기에 공사와 관련된 기록과 축원문이 적힌 상량문을 봉안하는 의식을 일컫는다.

은 매일 800명에 달한다.

그 내용과 외형은 엄청나고, 광화문(光化門) 부석(敷石) 상단에서 높이 5척 지반에 솟아 있고, 200척 이상이 되는 탑을 가진 큰 건물의 웅장함을 나타내고 있다. 청사의 서측(西側) 및 전면(前面)의 빈터에는 정원을 설치하고, 뒤의 박물관, 경회루(慶會樓)에 걸쳐 부근 일대를 부속(付屬) 구역으로 수리할 계획이다. 건평은 내부의 통로를 빼고 약 5,343평의 면적을 갖고 있고, 전부 81실로 구획되어 있다. 정면 현관에는 마차가 돌 수 있도록 하고, 그 계단으로 들어간 곳에 넓은 홀이 만들어져 있다. 5층 건물 안 중간 3층은 넓은 홀을 중심으로 주위는 사무실·회의실·응접실·도서열람실 및 특별식당을 배치하고 회의실 일부에는 진영 봉안소(眞影奉安所)를 특설하였다. 1층에는 숙직실·상인 체류장·전화교환실·각종 작업장 또는 잡역실(雜役室)·일반식당·취사장·창고·차고 그 외 예비실을 갖추고 위층 일부에는 사무실, 그 외는 기록류의 격납고(格納庫)와 사진 작업장을 설치하고, 각 층의 소통을 위해 12개의 일반 승강기와 2개의 화물 승강기를 갖추고 있다. 그 외 채광 및 환기·방서(防暑)·방한·방화용의 기관과 전기·급수(給水) 등의 설비를 갖출 계획이다. 준공은 1925년.

제3장 신축 중인 경성역

1920년부터 총공사비 300만 원으로 착수하여 현재 공사 중인 경성역은 1924년 6·7월경 완성하여 실로 운행난(運行難)을 해소하고, 정거장이 되는 광장에는 약 800평의 장방형(長方形)의 잔디를 만들어 도로와 정거장 용지와의 완충지대로 하여 교통 정리에 편의를 도모한다.

건축물은 본 건물과 부속 건물을 합쳐서 800평, 공사비는 약 130만 원이다. 석재와 기와 병용의 철근 콘크리트로 르네상스식을 채택하여, 뒷면 2층 건물에서 입구는 80칸(間)[7]에 이르고, 내부 구조는 오른쪽으로 약 80평의 3등 대합실, 왼쪽은 1·2등 대합실, 예비실, 귀빈실 등을 설치하여 유료 변소까지 갖추고 있다. 위층에는 대식당도 갖추고 있지만, 역의 가장 큰 특징은 대합실과 구름다리를 같은 높이로 하여 플랫폼으로 가는 사람은 모두 내려가게 된다.

제4장 유서 있는 궁전(宮殿)

○ 창덕궁(昌德宮)

창덕궁은 조선 태조 때 이세규(李世奎)가 만든 것으로, '분로쿠의 역(文祿の役)'[임진왜란][8] 때 한 번 소실되었지만, 그 후 광해군(光海君) 원년에 재건한 것이다.

1884년의 변란 이래 오랫동안 폐궁(廢宮)이 되었기에, 잡초가 무성하고

7 1칸은 약 1.82m.

8 임진왜란을 의미하는 것으로 자료에 따라서는 '분로쿠(文祿)', 혹은 '분로쿠 역(文祿役)', '분로쿠의 역(文祿の役)', '임진의 역(壬辰の役)' 등으로 표기되어 있다. 이후 원문 대로 표기한다.

날짐승이 돌아다니는 등 황폐해 있었다. 지난 40년[1907년] 이왕 전하[순종]가 즉위했을 때 다시 조선의 궁전이 되어 윤환(輪奐)[9]의 미를 나타낸 것이다. 창덕궁 정문 돈화문(敦化門)은 건립의 연대가 명확하지 않지만, 세키노(關野)[10] 공학박사의 이야기에 의하면, 이 문은 명정전(明政殿) 및 남대문과 함께 임진(壬辰)의 병화(兵火)를 모면하여 약 400년을 경과한 것이라고 한다.

인정전은 순조(純祖) 4년(지금부터 120여 년 전)에 건축된 것으로, 원래 국왕이 문무백관(文武百官)을 불러 만날 때의 정전(正殿)이었다. 넓고 넓은 앞 정원에는 한 면에 평평한 돌이 깔려있고, 정구품(正九品)에서 정일품(正一品)까지 위계를 새겨놓은 돌 표석이 약 한 칸(間) 반마다 정연하게 늘어서 있다. 이 돌바닥과 궁전 사이에는 수백 그루의 모란(牧丹)이 심겨 있는 데다, 희고 붉은 색색의 꽃들이 피어 아름다워서 고풍스러운 궁전을 배경으로 하여 실로 그림 같은 풍경이다.

인정전(仁政殿)에 이어서 선정전(宣政殿)이 있고, 이것은 소위 편전(便殿)으로 지금은 이곳이 보통 접견소(接見所)가 되어 있다. 일상의 주거는 대조전이지만, 수년 전 실화(失火)로 인해 소실되어 현재 건물은 경복궁에서 옮겨왔다.

창덕궁의 후방(後方) 일대 울창한 숲이 비원(祕苑)이다. 한 번 비원을 방문한 자는 누구라도 경성에도 이렇게 그윽하고 조용한 곳이 있을까 하

9 건물이 성대하고 화려한 것을 의미한다.

10 세키노 다다시(關野貞, 1868~1935)는 일본의 건축사학자이자 건축가, 고고학자. 도쿄제국대학 명예교수. 1910년 조선총독부의 위탁을 받아 한반도와 중국의 고건축 조사를 행하고 보호에 힘썼다. 『조선고적도보(朝鮮古蹟図譜)』(1916~1935) 등을 출간했다.

고 오히려 이상하게 생각할 것이다. 실제 울창하게 자란 오래된 나무의 이파리 너머로 주합루(宙合樓), 서향각(書香閣), 영화당(暎花堂), 소요정(逍遙亭) 등 다양한 누각이 보이는데 완전히 시(詩)와 같은 정취(情趣)이다. 소요정에 가까운 한줄기 계류가 옛날부터 졸졸 소리를 내며 적적하게 흐르고 있는 것도 나쁘지 않다. 이 계류를 '옥류천(玉流川)'이라고 한다. "폭포수 물길이 300척에 이르고, 아득히 먼 하늘에서 떨어진다. 이를 보니 흰 무지개가 일고, 만 골짜기에 우레가 가득하다."[11]라는 시가 계류 속 큰 암석에 새겨져 있다.

부기(附記): 창덕궁 및 비원에는 쉬이 출입할 수 없고, 이것을 보려면 꼭 이왕직(李王職)에 허가를 받아야 한다.

○ 경복궁(景福宮)

경복궁은 1394년(태조3)에 건축된 것으로, '임진(壬辰)의 역(役)'[임진왜란]으로 폐허가 되었지만, 지금부터 50년 전 고종의 즉위를 즈음하여 섭정한 대원군(大院君)이 전국의 거목을 징발하여 재건했다. 당시 대원군의 명령이 준엄했기 때문에 원성이 가득하였고 광화문 앞에 축적된 목재는 하룻밤 방화로 잿더미로 변했다. 하지만, 대원군은 완고하게 의지를 굽히지 않고 다시 전국에 명령하여 이전보다 뛰어난 목재를 징발하여 고종 즉위 2년[1866]에 마침내 목적을 달성했다. 이후 30여 년간 정령(政令)은 하나부터 다 여기서 나왔고, 1894년 왕비의 변고가 있고 나서, 다시 황폐해져 버렸다. 그러나, 최근 총독부는 이곳에 청사를 건축하게 되고, 유서 있는 경

11 원문은 "飛流三百尺, 遙自九天來, 知是白虹起, 飜成萬壑雷"로 1690년 숙종이 쓴 것으로 알려져 있다.

복궁은 이렇게 해서 다시 반도 통치의 중심이 되려고 하고 있다. 게다가 1915년에는 '시정(始政)5년기념 [조선물산]공진회'가 열렸고, 지금 또 '부업품 공진회'의 개설을 본다. 지극히 흥미로운 대조라고 말할 수 있다.

근정전(勤政殿)은 2층 누각의 큰 건축물, 옛날에는 문무백관(文武百官)의 인사를 받던 곳이다. 넓은 돌바닥과 위계를 조각한 표석 등, 모두 인정전(仁政殿)과 같다. 유명한 왕비가 있었던 곳은 교태전(交泰殿)이라고 하고, 그 동쪽, 큰 연못 안에 경회루(慶會樓, 원래는 향연장[饗宴場])가 있다. 48개의 화강석의 기둥이 동서 19칸, 남북 15칸의 큰 누각을 지탱하고 있으며, 푸른 하늘에 우뚝 솟아 있는 것은 꽤 장관이다. 총독부 박물관은 시정 공진회 당시 건설되었던 것으로 신라시대의 불상·토기·석기·고려도자기 등 각종 진기한 것이 적지 않다.

○경회루(慶會樓)

녹음 아래 높이 서 있는데, 누각 중에서도 높고, 특색 있는 건축으로 일찍이 우에노(上野)의 어떤 박람회에서 모형을 보고 관심 있게 생각한 것이다. 연못이 있고, 물가에 붉은 난간이 있고, 그 안에 경회루가 서 있다. 소나무가 있고, 버드나무가 있고, 한국도 아닌, 일본도 아닌, 조선이다. 이 누각은 백관(百官)에게 연회를 열고, 또 외국 사신을 맞이하는 용도이다. 누각의 녹음 아래 벤치에서 쉰다. 여기에 "이곳에서 흡연해도 괜찮음"이라는 게시판이 있어 흥미롭다.

누나미 게온(沼波瓊音)[12]『조선풍물기(朝鮮風物記)』

12 누나미 게온(沼波瓊音, 1877~1927)은 일본의 국문학자로 하이진(俳人)으로도 유명하다.

○ 덕수궁(德壽宮)

덕수궁은 원래 월산대군(月山大君)의 개인 소유였다. 1895년[13] 이태왕 전하[고종]가 경복궁으로 옮겨가자, 경운궁(慶運宮)이라고 칭하고, 그 후 덕수궁이라고 개칭한 것이다. 궁내(宮內)에서 제일 큰 건축물 석조전(石造殿)은 르네상스식의 순 서양관인데, 미국인 기사 데이비슨이 설계한 것으로, 1898년에 기공하고 준공까지 앞뒤로 11년이 걸렸다. 전체를 동대문에서 발굴된 화강석(花岡石)으로 만들었다. 석조전이라고 부르는 것은 이것 때문이다. 건축비는 확실치 않으나, 약 150만 원을 투자했다고 하니 이 건물이 얼마나 아름다움을 추구했는지를 엿볼 수 있다. 처음에는 각국의 사신(使臣)으로부터 헌상받은 진품(珍品)과 신기한 보물을 보관하는 곳이었지만, 후에는 진전하(晋殿下)[14] 서거로 슬픈 유산이 되어버렸다. 덧붙이자면 대한문(大漢門)의 현판은 조선 제일의 서예가 김규진(金圭鎭)[15]의 글씨이다.

○ 대묘(大廟)

종로(鐘路) 훈정동(薰井洞)에 있고 1394년(태조3, 약 500년 전) 창건된 것이다. 조선 27대의 신령이 모셔져 있다. 묘는 수 천 평에 이르는 돌바닥 위

13 원문에는 '을미년(乙未年)'으로 표기. 1895년 10월 8일 경복궁(景福宮)에 침입한 일본 낭인들이 명성황후를 살해한 을미사변이 일어난다. 이에 위협을 느낀 고종(高宗)이 1896년 러시아공관으로 거처를 옮긴 것이 아관파천이다. 그 1년 후에 다시 경운궁(景運宮, 현재 덕수궁)으로 돌아와서 연호를 광무(光武)라 하고 국호를 대한(大韓)이라 하고 위호(位號)를 황제(皇帝)라 칭하게 되었다.

14 고종황제의 손자로, 영친왕과 이방자 사이의 장남 이진(李晋, 1921~1922)을 가리킨다. 일본으로 떠나기 하루 전날 덕수궁 석조전에서 급사했다고 알려진다.

15 김규진(金圭鎭, 1868~1933)은 근대 서화가이자 사진가이다.

에 지어져 있고, 긴 건물로 약 30칸(間)이며 교토의 '33간당(間堂)'을 조선식으로 한 것이다. 경내는 그윽하고 조용하며 노송과 오래된 떡갈나무가 하늘을 덮고 있어서 삼엄한 기운이 가득하다.

제5장 비원의 전설

이왕직 사무관 스에마쓰 구마히코(末松熊彦)[16]

비원은 언제쯤 생겼을까. 궁궐사(宮闕史)에도 쓰여 있지 않고 그 외 문헌에도 없어서 상세하게 알 수는 없지만, 건물의 연대에서 봐도 우선 300년 내지 350년 정도 전에는 이미 생겼을 거라고 생각된다. 전설에 의하면 이 비원은 처음 낙민옹(樂民翁)이라는 선인(仙人)의 소유였지만, 조선 태조가 이곳에 별궁을 정하자, 낙민옹은 어디로 갔는지 바람처럼 모습을 감췄다고 한다. 즉, 새로운 산의 주인이 왔기에 이전의 주인이 조용히 물러났던 것이다. 낙민옹이라 불리는 인물은 과연 실재했을까? 전설이라서 명확하지는 않지만, 비원에 가면 지금도 낙민옹을 모신 곳이 있다. 이전에는 이곳에서 매년 성대한 제전(祭典)을 행했다고 한다.

16 스에마쓰 구마히코(末松熊彦, 1870~?)는 1911년 이왕직 사무관으로 취임하여 1912년에는 이왕가박물관장이 되었다. 조선총독부박물관 설립을 총괄한 인물로 알려진다.

제6장 900년 전의 경성

지금부터 900년 전(하나조노천황[花園天皇][17]의 시대)의 경성은 오늘날에는 도저히 상상할 수 없을 정도로 처참한 땅이었다. 『강감찬전(姜邯贊傳)』에 의하면, 그가 한양(경성)에 도착했을 때 큰 나무가 우거지고 절벽이 솟아 있어서 하늘도 보이지 않을 정도였다고 한다. 그리고 지금 총독부 의원 주변[18]은 고개가 되어 있고 범과 늑대의 소굴이었다. 이 고개는 백 명 이상이 아니면 넘을 수 없다고 전해진다고 한다. 당시 인가(人家)의 모습을 들어보면 여기에 두세 채, 저기에 네다섯 채라고 할 정도로 드문드문 있었고 집 주위에는 그물을 쳐서 범의 피해를 막고서 밤에는 절대로 외출하지 않았다고 한다. 이것으로도 당시의 상태를 살펴볼 수 있다.

제7장 회사, 은행

○ 조선은행(朝鮮銀行)

조선은행은 소위 조선의 일본은행이고 첫 한국은행이라고 말한다.

17 하나조노천황(花園天皇, 1297~1348)은 제95대 천황(재위, 1308~1318)으로 이름은 도미히토(富仁)이며 제92대 후시미천황(伏見天皇)의 4남으로 일본 역대 천황 중에 드물게 유학에 정통한 학문파 군주라고 전해진다.

18 현재 서울대학교병원 의학박물관 주변.

1909년 자본금 1,000만 원의 주식회사로서 설립되었다. 1911년에 조선은행으로 개칭되었다. 영업 과목은 일반은행 업무이지만, 본 은행의 특권은 5,000만 원까지 은행권을 일정한 보증 준비 하에 발행할 수 있는 것이다. 현재 자본금 8,000만 원, 예금 3,000만 원, 대출 2,000만 원. 선만(鮮滿) 각지는 물론, 도쿄(東京), 오사카(大阪), 시모노세키(下關), 뉴욕, 런던 등에 지점이 있다.

○조선식산은행(朝鮮殖產銀行)

1918년 창립. 한호(漢湖)·평안(平安)·전주(全州)·광주(光州)·경상(慶尙)·함흥(咸興)의 6개의 농공은행(農工銀行)이 합병한 것이다. 농공자금의 공급을 주로 하는 특종의 금융기관으로서 조선 개발을 촉진해야 하는 일대 사명을 가지고 총독부로부터 각종의 특권을 부여받고 있다. 자본금 3,000만 원, 예금 1,400만 원, 대출은 3,000만 원을 넘고 있다. 조선 각지에 지점을 가지고 있다.

○동양척식회사(東洋拓殖會社)

조선의 척식사업을 경영하기 위해서 1909년 12월에 창립되었다. 자본금 2,000만 원, 그 외에 4,000만 원의 사채(社債)를 발행하고 있다. 회사의 업무를 구분하면 토지의 경영·식산사업(殖產事業)·식민사업·식산자금의 공급·정기예금 등이다. 경성을 비롯하여 선만 각 지에 지점을 두고 최근 남양(南洋) 방면으로도 진출하기에 이르렀다. 또한 경성지점은 첫 본점이었지만, 업무의 확장에 동반하여 본점은 도쿄에 옮기고, 경성은 지점으로 고쳤다.

경성일보사·매일신보사

○경성전기회사(京城電氣會社)

1908년 9월 창립되었다. 당시는 일한가스회사(日韓瓦斯會社)라고 칭하고, 가스사업만을 경영했다. 이듬해 170만 원을 투자하여 한미전기회사(韓美電氣會社)를 매수하고 전등(電燈)·전차(電車)·가스(瓦斯) 3개를 경영하기에 이르렀다. 한미전기회사는 미국인 콜브란[Collbran, H.]이 설립했다. 이것을 매수 후, 일한가스는 경성전기회사로 개칭했다. 현재 자본금은 1,500만 원, 매기(每期) 70만 원 내외의 순이익을 올려 연 12% 배당을 하고 있다.

○후지흥업회사(不二興業會社)

황금정(黃金町) 2정목의 후지흥업회사가 조선 산업계에 중점을 두고 있다는 것은 누구나 알고 있는 사실이다. 이 회사는 자본금 500만 원(240만

원 불입), 업무는 농업개척, 수리관개(水利灌漑), 부동작관리신탁(不動作管理信託) 등이다. 조선의 농업 발달은 이 회사의 수리시설에 기대하는 바 적지 않다. 사장은 후지이 간타로(藤井寬太郞) 씨. 다음 4개의 농장을 갖고 있다. 전북 익산군(益山郡) 오산리(五山里) 전북농장(全北農場), 전북 옥구군(沃溝郡) 구읍면(舊邑面) 옥구농장(沃溝農場), 평북 용천군(龍川郡) 부라면(府羅面) 서선농장(西鮮農場), 강원도 철원군(鐵原郡) 철원면(鐵原面) 철원농장(鐵原農場).

제8장 명승 구적(名勝 舊蹟)

○ 창경원(昌慶苑)

동·식물원과 박물관으로 끊임없이 경성 사람들의 발길이 이어지고 있는 창경원은 원래 고려의 이궁(離宮)이었던 곳으로 지금으로부터 450년 전, 왕가 9대 성종(成宗)이 이곳에 창경궁을 조영한 것이다. 그 후 화재로 거의 폐허가 되었고 단지 명정전 일부만이 남아있었다. 이 명정전은 경성 안에서 가장 오래된 건축물의 하나이다. 그 외 현재 궁전은 그 후 재건한 것으로 모두 박물관의 진열장이 되어 있다. 지금 동물원이 있는 곳은 당시 보루각(報漏閣)이라고 하는 측후소(測候所) 터이고, 매일 일정한 시각에 종을 쳤다. 식물원에 있는 큰 못은 옛날 국왕이 농사를 해보았던 시작전(試作田)의 터로 원래는 계림팔도(鷄林八道)[19]의 논밭을 형상하여 8개로

19 '계림(鷄林)'은 신라를 일컫고, 팔도는 전 지역을 가리킨다. 즉, 계림팔도란 우리나라를 나타내는 단어이다.

나누어져 있다. 비원의 영화당(暎花堂)에서 식물 본관 옆의 잔디밭은 구(舊) 문무관(文武官)의 시험장으로 홍화문(弘化門)에서 동·식물원으로 통하는 도로에서는 빈번하게 기사(騎射)[20]가 시도된다. 이런 유서 있는 장소도 오랫동안 폐허가 되어 지극히 황량하였다. 1907년 11월 이왕 전하[순종]가 새로이 덕수궁에서 창덕궁으로 옮겨 옴에 따라, 이완용(李完用)이 발기(發起)하고 오미야(小宮) 전 차관(前次官)이 계획을 세워 창경원을 창설한 것이다. 처음은 유한성(劉漢性)이라는 조선인이 시내에서 동물 구경을 흥행시킨 것을 사들여 그를 주임(主任)으로 삼아 동물원을 개설했다. 이어서 궁내성(宮內省)의 후쿠바 자작(福羽子爵)[21]을 초청하여 식물원 축조에 착수했다, 박물관 쪽은 이때를 전후로 하여 스에마쓰(末松) 사무관이 수집 임무를 담당했다. 창경원은 처음에는 이왕 전하[순종]에게 즐거움을 제공할 목적으로 창설되었다. 설비가 충실해지면서 이왕 전하의 생각에 따라 이것을 공개하여 일반인에게 즐거움을 주게 되고, 1909년 10월에 성대한 개원식(開苑式)을 거행했다. 그 후 경비의 한도 내에서 나날이 설비의 완성에 노력한 결과, 지금 동양 제일의 명원(名苑)이 되고 경성 굴지의 유락지(遊樂地)가 되었다. 또 오늘날까지 박물관에 수집한 조선 고금(古今)의 뛰어난 작품과 명화는 약 2만 점이고, 식물원에는 200여 종의 식물 1만 그루를 재배하고 있으며, 동물원에는 약 400마리의 진기한 동물을 사육하고 있다.

20 말을 타고 달리면서 활을 쏨.

21 후쿠바 하야토(福羽逸人, 1856~1921)는 일본의 원예가, 관료, 농학자로 궁내성(宮內省)에서 오랫동안 궁정 원예사로 활약했다.

○남산(南山)

남산은 일명 목멱산(木覓山) 또는 종남산(終南山)이라고 칭하고, 2개의 봉우리가 있다. 성시(城市)의 남쪽으로 마치 녹색의 베일을 덮어쓴 것 같은 수려한 모습을 마주하고 있는 것이 그것이다. 정상에 오르면, 탁 트인 전망으로 도시를 메운 사람들이 발아래에 있다는 통쾌함이 있다. 정상에는 왜성대(倭城臺), 장충단(獎忠壇), 어느 쪽에서도 오를 수가 있다. 정상에 있는 집은 국사당(國師堂)으로 왜성대에서 오르는 계곡 사이의 구석에 유명한 무녀가 살고 있다. 남산과 무녀, 어쩐지 신비한 느낌이 들지 않는가.

○남대문(南大門)

속칭 남대문으로 통하는 숭례문(崇禮門)은 어떤 의미로는 경성을 상징하는 것이다. 경성에서 가장 오래된 건물임과 동시에 조선에서 귀중한 건물의 하나이다. 누나미 게온(沼波瓊音) 씨는 "남대문의 형태는 사진으로도 익숙하다. 그런데 실물을 바라보니 그 형태가 좋고 폭은 충분히 넓으며 지붕이 뻗친 유장한 멋, 특히 그 돌벽 일면에 담쟁이덩굴이 우거져 지금은 푸른 잎이 햇볕에 비치는 등 원하는 것보다 더 많은 것을 주는 명문(名門)이구나."라고 칭찬하고 있다. '숭례문'이라고 쓴 액자는 태종(太宗) 대왕의 장자 양녕대군(讓寧大君)의 글씨이고, 대문은 현재 총독부에 의해 보존되고 있다.

○왜성대(倭城臺)

남산의 동북 기슭, 지금 총독부 부근 일대의 땅을 말한다. 옛날 '분로쿠의 역'[임진왜란] 당시 마시타 나가모리(增田長盛)[22], 오타니 요시쓰구(大谷義

隆)[22] 등이 각 1,000명의 기수를 데리고 여기에 진을 쳤다고 전해지고 있다. 따라서 왜성대(倭城臺)는 실은 왜장대(倭將臺)이다. 1897년 가토(加藤) 공사(公使)[24] 시절에 영구적으로 차지권(借地權)을 얻고 대복궁(大福宮, 경성신사)을 모셨다. 경내에는 여러 나무가 낮에도 그늘을 만들며 겹쳐 있고, 건물 앞에는 산에서 떨어진 계곡물이 끊임없이 신악(神樂)을 연주하고 있다. 갑오기념(甲午記念)의 첨탑이 우뚝 솟아 있는 언덕에는 소위 남산공원으로 원내에는 음악당이 있고 텐만구(天滿宮)가 모셔져 있다. 여기에서 내려다보이는 경성시가는 한양공원에서 본 것과는 또 다른 정취가 있다.

○ 한양공원(漢陽公園)

왜성대에서 남산의 서북쪽 기슭을 따라서 조금 넓은 길을 2·3정 가면, 자연스럽게 조선신사(朝鮮神社)의 부지(敷地)로 나온다. 조선신사는 현재 조영 중으로 현재 온 길은 곧 이참도(裏參道)가 되고 한양공원은 장래 그 외원(外苑)이 될 것이다. 조선신사의 경내에 도착하면 경성 전경이 내려다보이고 청량리(淸凉里) 주변의 숲에서 마두산(馬頭山), 창덕궁(昌德宮), 경복궁, 독립문(獨立門), 아현(阿峴), 용산(龍山)의 집 등이 눈 아래 보인다. 어떤 책에 "북으로 북한(北漢)의 지극히 거봉험준(巨峰險峻)한 백악(白岳), 인왕(仁王)의 산과 산등성이가 서 있고 남쪽의 남산은 마치 누에가 머리를 쳐들고 있는 것과 같고 한강의 긴 흐름이 그 남쪽 기슭을 서쪽으로 향해 흐

22 오타니 요시쓰구(大谷義隆, 1554~1600)는 일본 센고쿠시대의 무장이자 다이묘(大名)로 도요토미 히데요시의 가신이다.

23 마시타 나가모리(增田長盛, 1545~1615)는 일본 센고쿠시대(戰國時代)의 무장이자 도요토미 히데요시(豊臣秀吉)의 가신(家臣). 도요토미 가문 멸망 후 자결했다.

24 가토 마쓰오(加藤增雄, 1853~1922)는 제7대 일본 공사이다.

른다."고 되어 있는데 완전히 그대로다.

○ 장충단공원(奬忠壇公園)

남산의 동북 기슭에 삼방산으로 둘러싸인 넓고 넓은 땅이 있다. 황금정(黃金町)에서 가면 6정목(丁目)의 전차 정류장 부근에서 오른쪽으로 꺾어서 남쪽으로 간다. 그 막다른 곳이 장충단공원이다. 장충단이란 1900년 9월 고종이 한국 병사의 초혼장(招魂場)으로서 만든 것으로, 이전에는 1년에 한 번 가을에 이곳에서 성대한 제전(祭典)이 행해졌다고 한다.

공원이 되고 나서 경성부(京城府)는 인공을 가미하여 연못을 파고 길을 만들고 트랙을 설치하여 벚나무를 심었다. 연못으로 떨어지는 작은 개울 주변과 언덕 위에는 개나리와 철쭉이 울타리를 만들어 피어나서 봄에는 그것들이 한꺼번에 만발하여 많은 사람들을 이끈다. 여하간 도시의 번화함에서 3·4정 벗어나니 이런 곳이 있네, 할 정도로 맑은 곳으로 처음 온 사람은 반드시 놀랄 것이다.

○ 훈련원공원(訓鍊院公園)

황금정 7정목에 있다. 공원이라 부르지만, 지금은 어떤 설비도 없다. 그러나 머지않아 동궁 전하(東宮殿下)의 경사[25]를 기념하여 큰 트랙을 축조할 계획이다. 원래 한국시대에 무술 훈련을 했던 곳.

25 쇼와천황(昭和天皇)이 되는 동궁 히로히토(裕仁)의 결혼을 의미한다. 결혼식은 1923년 가을로 예정되었으나, 그해 9월 관동대지진(關東大震災)이 발생한 탓에 24년 1월 26일에 거행되었다.

○ 환구단(圜丘壇)

장곡천정(長谷川町) 조선호텔 뒤 정원에 있다. 1897년 이태왕 전하[고종]가 즉위의 행사를 거행했던 곳. 원래 고려 숙종(肅宗) 목멱양 궁궐(木覓壤宮闕)의 위치로 남별궁(南別宮)이라는 호칭이 있었다. '분로쿠의 역(文禄の役)'[임진왜란] 때 우키타 히데이에(浮田秀家)[26]가 여기에 진을 쳤다고 전해지고 있다. 단의 중앙에 있는 팔각형 누각은 경성에서 제일 이채롭다.

○ 보신각 종(普信閣の鐘)

종로(鐘路) 2정목의 십자로에 보신각이라는 종루가 있다. 안에 있는 종은 이성계(李成桂)가 개국했을 때 주조(鑄造)된 것으로, 높이 1장(丈)[27], 둘레 2장 정도이다. 예전에 이 종루(鍾樓)는 십자로에 걸쳐 있어서 사람도 말도 모두 이 아래를 통행했다. 종은 아침과 저녁 두 번 울렸지만, 당시 낮에는 여자의 통행을 허락지 않았다. 그래서 여자는 소위 저녁 6번의 종이 울리면 옷을 깊이 덮어쓰고 얼굴을 가리며 저녁 어둠 속으로 나왔다고 한다.

이 종의 주조에는 슬픈 전설이 있다. 당시 한 아이가 희생되어 이 종 안에 섞여서 주조되었다고 한다. 아이는 물론 울었지만, 무참히 가마 속에 던져져서 마지막까지 "어머니, 어머니"하고 슬프게 외쳤다. 종은 잘 만들어졌지만, 가여운 아이의 마음이 남았던 것인지, 종이 울릴 때마다 슬픈 소리를 내며 "어머니, 어머니"라고 울린다고 하는 것이다.

26 우키타 히데이에(浮田秀家, 1572~1655)는 일본 전국시대 무장이자 다이묘(大名)이다. 우키타는 임진왜란 당시 국보급의 서적 등 조선의 문화재를 다수 약탈해 가서 도요토미 히데요시에게 전리품으로 바친 것으로 알려져 있다.

27 1장은 약 3m.

○ 수표교(水標橋)

수표정(水標町)과 관수동(觀水洞) 사이에 가설된 것. 강은 조선 초기에 개간된 운하이다. 당시 이 다리는 마전교(馬前橋)라고 했지만, 1441년(세종23) 수표를 이 운하 가운데 세우고 나서 지금의 이름으로 고쳐졌다. 다리는 전부 화강석으로 만들어졌고, 다리 기둥은 육각형의 큰 석제이다. 그 위에 방형(方形)의 횡목(橫木)을 걸치고 횡목 사이로 긴 돌을 놓아서 양측으로 돌난간을 설치했다. 경성의 교량 중 가장 오래된 것으로, 조선 문화를 대표하는 하나이다.

○ 파고다공원

파고다공원 앞에서 전차를 내리면 바로 북쪽에 화강석의 문이 보인다. 이것이 파고다공원의 입구이다. 파고다란 이름은 공원 내의 탑이 있는 것에서 붙여진 것으로, 영어의 '파고다(pagoda, 탑)'에서 유래한다. 영국인 브라운이 설계하였고 1901~2년경 만들어졌다. 원래 고려 흥복사(興福寺)의 터에 세워졌으며 탑은 그 단을 합쳐서 총 13층인데, 현재 상부의 3층은 옆에 내려진 채로 있다. 입구의 비석에 의하면 '분로쿠의 역'[임진왜란] 때 가토 기요마사(加藤淸正)가 일본으로 가져가려고 이것을 내렸지만, 너무 무거워서 그대로 두고 가버렸다고 한다. 높이 약 50척, 전부 순백의 대리석으로 만들어졌고, 수백 년간의 비바람을 맞았기 때문에 다소 손상과 색이 바랬지만, 꽤 버리기 아까운 멋이 있다. 원내 대원각사비(大圓覺寺碑)는 최근 고고학자의 연구에 의해 겉은 김수온찬성임서(金守溫撰成任書), 안은 서거정찬정란종서(徐居正撰鄭蘭宗書)[28]인 것이 밝혀졌다. 문필(文筆) 모두 당대의 현량(賢良)으로 귀한 것이지만 지금은 글자가 바래져서 도저히 읽을 수가 없다.

○ 백송(白松)

경복궁 서쪽 통의동(通義洞) 동척사택(東拓社宅)의 뒤 자하궁(紫霞宮) 터에 진귀하게도 백송이 있다. 잎은 보통의 소나무와 같지만, 줄기와 가지는 새하얗고 마치 눈이 내려앉은 것 같다. 느낌은 백일홍(百日紅)을 닮았다. 즉, 새하얀 백일홍에 소나무잎을 붙였다고 생각하면 틀림없다. 백송은 이 외, 황교(黃橋)의 이재극(李載克) 저택과 용산 적심정(適心亭) 정원 앞에 각 한그루씩 있다. 모두 400~500년은 지난 것으로 단순히 조선이 아니라 세계적으로도 희귀한 나무로 이름이 높다.

○ 남묘(南廟)

남묘(관제묘[關帝廟])는 경성역의 남길야정(南吉野町)에 있다. 촉(蜀)의 관우(關羽)를 모신다. '분로쿠의 역'[임진왜란] 당시 명나라군의 장수 진인(陳寅)이 울산 전투에서 부상하여 이곳에 와서 요양하고 병을 치료한 후, 거금을 들여 이 묘를 만들었다."라고 어느 책에 쓰여 있었다.

○ 효창원(孝昌園)

용산 청엽정(靑葉町) 3정목의 바로 뒷산을 연화봉(蓮華峰)이라고 한다. 효창원은 그 일각에 있다. 오래된 소나무 가지가 우거져서 꽤 좋은 경치

28 대원각사의 비문은 당대 명신들이 짓고 썼다. 여기의 문장은 "바깥 앞면은 김수온(金守溫)과 성임(成任)이, 뒷면의 추기(追記)는 서거정(徐居正), 정난종(鄭蘭宗)이 각각 짓고 썼다."는 의미이다.

이다. 지금은 만철(滿鐵)의 골프장이 되어 있다.

○ 세검정(洗劍亭)

창의문을 나와서 북쪽으로 10정 정도 가면 탕춘대(蕩春臺)의 옛터에 도착한다. 둘러보면 바위 꼭대기에 육각형의 작은 정자가 있다. 이것이 세검정이다. 선조의 셋째 아들 광해군은 왕위에 앉자, 폭정을 거듭하여 민심은 이반(離反)하고 왕위가 위험해졌다. 이때 인조(仁祖) 능양군(綾陽君)은 무신 이서(李曙), 신경진(申景禛) 등과 이곳에서 회합하여 반정을 꾀하고, 피를 마시며 죽음을 맹세하고 검을 닦았다고 전해지고 있다. 부근에는 소림사(小林寺)가 있고 수문(水門)을 가진 홍지문(弘知門)이라 하는 것이 있다.

○ 천연정(天然亭)

의주가도(義州街道)에 노론(老論)의 연못이라고 하는 것이 있다. 이 연못 부근에는 하나부사(花房) 공사가 1880년 강화조약에 기초하여 처음으로 일본공사관을 열었던 곳이다. 연못 언저리에 있는 낡고 작은 정자가 천연정이고, 당시 하나부사 공사의 저택 이름이다.

○ 독립문(獨立門)

서대문을 나와서 의주가도를 몇 정(丁)정도 가서 오른쪽으로 돌면 "절도사 이하 하마(節度使以下下馬)"라고 적힌 표석이 있다. 지금은 여기에 고양군청(高陽郡廳)이 있다. 거기서 10정 정도 더 가면 왼쪽에 큰 서양 건물을 바라보고 전면에 큰 돌문이 우뚝 솟아 있는 것을 보게 된다. 이것이 독립관과 독립문이다. 독립문은 처음 홍전문(紅箭門)이라고 한 것을 1538년

(중종33) 명나라 사신 설연룡(薛延龍)의 이야기에 따라 '영은문(迎恩門)'이라고 고쳤다. 당시 여기에서 명나라 사신을 송영(送迎)했기 때문이다. 그러나 그 후 청일전쟁 결과, 조선이 독립국이 된 것을 기념하기 위해 영은문을 고쳐 독립문을 세웠다. 지금 영은문은 단지 초석만이 남아있지만, 독립문도 지금은 심하게 균열이 생겨 부질없이 세월에 맡기고 있다.

○백불(白佛)

백불은 창의문 밖 사관수(四貫水) 하류 보신도(普信渡)의 왼쪽 물가에 안치되어 있다. 입구 비석에 의하면 고종이 즉위한 해에 축의를 표하며 건립한 것이라고 한다. 1장(丈) 정도의 흰색 부처로 오히려 서양인들 사이에서 잘 알려져 있다.

○경학원(經學院)

총독부의원을 건너 북으로 10정 정도 거리의 숭삼동(崇三洞)에 있다. 공자(孔子)를 비롯하여 중국의 성철(聖哲)을 모신 곳이다. 묘는 원래 태조(太祖)가 세웠지만, 그 후 화재로 3번 개축되었다. 경내에 나무가 많고 특히 대성전(大成殿) 앞에는 소나무와 대나무, 매화가 심겨 있다. 명륜당(明倫堂) 앞 두 그루의 은행나무는 약 400년이 지난 것이라고 한다. 이른바 석전(釋典)은 매년 봄가을 두 번 거행되고, 총독과 정무총감(政務總監) 이하 관민 다수의 참배가 있어서 꽤 성대하다.

○청량리(淸凉里)

동대문에서 청량리행 전차로 환승하면 이래저래 20분 정도면 종점에 도착한다. 버드나무 가로수, 송림(松林) 등으로 가득하고 어쩐지 상쾌한 기분이 드는 곳이다. 여기서 영휘원(永徽園)까지는 그다지 멀지 않다. 송림과 송림 사이의 넓은 길을 가면 저절로 영휘원 앞으로 나온다. 영휘원은 원래 민비[명성황후]의 능묘가 있었던 곳으로 속칭 '왕비의 묘'로 통하고 있지만, 고종 서거 후 묘는 금곡리(金谷里)로 개장(改葬)되고, 지금은 이곳에서 진 전하(晋殿下)가 조용히 잠들어 계신다. 도리이(鳥居)를 닮은 홍전문(紅箭門)에서 보면 원내(園內) 적막하고 높은 봉분 위에 석인석마(石人石馬)가 외로이 서 있는 것이 보인다. 청량리는 경원선에 있어서 돌아오는 길에는 뚝섬 하류에서 한강 연안의 풍광을 감상하는 것도 좋을 것이다.

제9장 구경 순로(順路)

훑어보는 거라면 하루면 충분하다. 천천히 구경하려고 한다면 창경원조차도 하루로는 모자란다. 일정은 사람마다 형편에 맞게 짜면 된다. 이 글은 주로 전차를 이용하는 것으로 가정해서 쓴다.

우선 왜성대에서 한양공원으로 올라 경성 시내를 한눈에 보도록 하자. 왜성대(倭城臺)에는 총독부, 남산 본원사(本願寺), 경성신사(京城神社), 덴만구, 갑오기념비 등이 있다. 한양공원에 가면 시내 전체가 다 내려다보인다. 정상의 광장은 조선신궁 부지(敷地)이다. 돌아오는 길은 그 부지 서쪽에서 성벽을 따라서 남대문으로 나온다. 북쪽으로 통하는 큰길 정면에 희고 큰 건물이 보이는 것은 경성일보사(京城日報社)이고, 그 왼쪽에 덕수궁이 있고 여기를 중심으로 중추원(中樞院)·고등법원(高等法院)·토목부(土木部)·철도국(鐵道局)·법무국(法務局)·전매국(專賣局)·조선호텔·공회당(公會堂) 등이 있다.

남대문에서 광희문(光熙門)행 전차를 타고 가면 조선은행 앞 정류장 왼쪽에 조선은행, 오른쪽에 부청(府廳), 우편국(郵便局), 조금 더 가면 왼쪽에 화장기와(化粧煉瓦)[29]가 아름다운 식산은행(殖産銀行)이 있다. 황금정 2정목에서 전차는 오른쪽으로 돈다. 교차점 오른쪽 모퉁이에 있는 서양식 건물은 일본생명빌딩이다. 이곳에서 동양척식주식회사가 바로 맞은편에 보인다. 영락정(永樂町) 1정목에 하늘 높이 솟아 있는 첨탑은 프랑스교회로 그 아래에는 상품진열관(商品陳列館)이 있기에 내려다보는 것도 좋다. 약초정(若草町)에 가면 멀리 남산을 뒤로 한 헌병대사령부(憲兵隊司令部)가 보인다.

장충단에 가려면 동대문소학교(東大門小學校) 앞에서 내리는 것이 가장 편리하다. 정류장 동쪽 광장은 훈련원(訓鍊院)으로 이 부근에는 사범학교, 약학교(藥學校) 등도 있다. 전차는 여기에서 왼쪽으로 돌아서 동대문으로 간다. 거기서 종로행으로 환승하여 5정목에서 내려 북으로 가면 중앙시험소·고등공업·의학전문·도립상업(道立商業)·동(同) 사범학교 등이 있다.

창경원에 가려면 4정목에서 환승하면 좋다. 창경원 앞 붉은 기와 큰 건물은 총독부의원(總督府醫院)이다. 고등상업, 경학원은 창경원 동북쪽에 해당한다. 4정목에서 2정목 사이에는 대묘(大廟), 창덕궁, 파고다공원 등이 있다. 2정목에서 지방(地方), 복심(覆審) 양법원(兩法院) 앞을 지나서 광

29 건물 외장에 사용하는 기와.

화문통으로 나오면 북쪽에 경복궁의 정문 광화문이 보인다. 그 뒤에 백악(白堊)의 서양식 건물이 우뚝 서 있는 것은 총독부의 신청사이다.

광화문통(光化門通)에는 체신국(遞信局)·저금관리소(貯金管理所)·전화분국(電話分局)·도청(道廳)·경관연습소(警官練習所)·조선보병대(朝鮮步兵隊)·법학전문학교(法學專門學校) 등이 있다. 이윽고 왼쪽으로 제1여학교(第一女學校), 오른쪽으로 경성중학교(京城中學校)를 보고 가면, 전차는 서대문경찰서 앞에서 오른쪽으로 꺾으면 어느새 경성역 앞의 종점에 도착할 것이다. 거기서 신 용산행으로 환승한다. 연병정(練兵町)까지 가는 중에는 길야정(吉野町)의 남묘(南廟)가 있고 삼판통(三坂通)에 제2고등여학교(第二高女)가 있으며 그 부근에 용산중학(龍山中學)과 포병대(砲兵隊)가 있다. 연병정을 지나 병기지창(兵器支廠)을 왼쪽으로 보고 작은 강을 하나 지나면 마찬가지로 왼쪽으로 보병연대가 보인다. 그곳에서 사단사령부는 그다지 멀지 않다. 용산우편국 앞까지 오면 군사령부 정문이 보인다. 군사령부 뒤쪽에 높은 탑이 총독관저이다.

용산역에서 앞은 소위 만철왕국(滿鐵王國)으로 경성철도국도 그 안에 있다. 종점에서 내리면 인도교(人道橋)는 지척이고 그곳을 건너서 건너편 기슭 노량진(鷺梁津)으로 가서 봉산유원(鳳山遊園)에서 한강을 내려다보는 정취는 각별하다. 연병장에서 구 용산선(舊龍山線)으로 환승하여 보호벽을 하나 지나면 오른쪽에 붉은 지붕의 선린상업(善隣商業)이 보인다. 그 뒤쪽 송림은 효창원이다. 종점에는 경성전기주식회사(京電)의 마포발전소(麻浦發電所)가 있다. 이것으로 부내(府內)는 한 번 훑었지만, 만약 여유가 있다면 교외전차(郊外電車)를 타고 청량리(淸凉里)와 왕십리(往十里) 부근을 감상하는 것도 꽤 흥미로울 것이다. 청량리로는 동대문에서, 왕십리로는 동대문소학교 앞에서, 또 마포로는 서대문에서 탄다.

① 교통 수단

• 전차: 경성의 전차는 어떤 식으로 운행되고 있을까? 그 계통을 해부해 보면 다음과 같다.

- 동대문에서 황금정, 남대문통을 지나 신 용산으로 가는 것.
- 동대문에서 황금정, 의주통(義州通)을 지나 경성역으로 가는 것.
- 황금정 4정목에서 용산 연병정으로 가는 것.
- 황금정 4정목에서 의주통으로 가는 것.
- 동대문에서 종로통을 똑바로 가서, 의주통을 지나 경성역으로 가는 것.
- 동대문에서 종로 남대문통을 지나 신 용산으로 가는 것.
- 종로 4정목에서 의주통으로 가는 것.
- 종로 4정목에서 남대문통을 지나 용산 연병정으로 가는 것.
- 이상을 반대로 가는 것.

• 시내 지선(支線)

- 본정 4정목과 창경원 사이를 왕복하는 것.
- 종로 2정목과 안국동(安國洞) 사이를 왕복하는 것.
- 광화문통과 통의동 사이를 왕복하는 것.
- 연병정과 구 용산 종점 사이를 왕복하는 것.

• 교외선

- 동대문과 청량리 사이를 왕복하는 것.
- 황금정 7정목과 왕십리 사이를 왕복하는 것.

- 서대문과 마포 사이를 왕복하는 것.

② 운임

- 시내선 5전, 교외선 5전, 회수권(21회분) 1원, 학생권(50회분) 1원 50전, 군인권(35회분) 1원 5전.
- 전차를 탈 때는 뒤쪽 차장대(車掌臺)에서 타고, 내릴 때는 앞쪽 운전대(運轉臺)에서 내린다.

③ 자동차

- 승합자동차: 전 시내를 다섯 구역으로 나누어 운행한다.
  운임은 1구역 20전.
- 대여자동차: 운임은 거리(마일수)와 시간에 의한다.
  1마일 30전, 1시간 보통차 5원, 고급차 6원.

④ 중국 마차(支那馬車)

최근 경성에 들어온 중국 마차는 운임이 저렴하고 1대에 4인까지 탈 수 있어서 자주 이용되고 있다. 운임은 다음과 같다.

- 5정까지 20전(5정을 넘을 때마다 3전씩 증가).
- 경성역에서 광화문까지 50전.
- 경성역에서 조선은행까지 40전.
- 조선은행에서 신 용산까지 80전.

○ 인력거 운임 표준표 (부청앞부터)

행선지	운임(전)	행선지	운임(전)	행선지	운임(전)
경성역 앞	25	서대문교(西大門校) 앞	30	중앙시험소 앞	55
남대문 내	20	원서대문 내	30	동대문 내	55
본정 2정목	15	고양군청(高陽郡廳) 앞	35	수표교(水標橋)	30
본정 영락정 교차로	20	체신국 앞	25	광희문 내	50
약초(若草), 황금정	30	경기도청 앞	30	황금정 2정목 모퉁이	15
총독부 앞	20	통의동 동척사택(東拓社宅)	35	프랑스교회 앞	15
본정 4정목	30	종로 2정목 모퉁이	25	길야정 남묘 앞	30
신정 유곽	35	파고다공원 앞	30	용산역 앞	70
동사헌정(東四軒町)	40	종로 4정목	40	한강통 삼각지	60
조선호텔 앞	15	총독부의원 앞	50	군사령부 앞	75
대한문 앞	15	돈화문 앞	45	용산서 앞	60
원서소문(元西小門) 내	25	동소문(東小門) 내	65	미생(彌生) 유곽	70

제10장 여관 평판기(旅館評判記)

○ 경성호텔(남산정 3정목)

객실 및 식사는 순 일본식이지만, 별도로 서양식 식당의 설비가 있어서, 식사는 일식, 서양식 어느 쪽이든 취향대로 할 수 있다. 정원이 훌륭한 것은 이 호텔의 자랑이라고 해도 좋고, 수목이 울창한 곳에 폭포, 연못, 작은 개울, 다리와 정자(橋亭) 등이 배치되어 운치를 자아내며, 식사 후 운동 겸 산책하면 좋다. 정원 내에서는 아침저녁으로 남산의 변하는 모습도 볼 수 있다.

○ 천진루(天眞樓, 남산정 2정목)

이토(伊藤) 공이 마음에 들어 한 닛타 마타베(新田又兵衛)[30]가 만든 것. 그 유래에서 지금도 높은 관직들의 정숙(定宿)처럼 되어 있다. 경성에서 가장 오래된 여관의 하나이다.

○ 파성관(巴城館, 본정 2정목)

여기도 꽤 오래된 여관이다. 외관은 서양관이지만, 방은 전부 일본식이다. 육군 장교들에게 많이 이용되고 있고, 1년에 한 번 파견되는 시종무관(侍從武官)도 대개 여기에 묵는다. 주인 마쓰모토 우이치(松本卯市) 씨는 여관계의 중진, 조합의원들이 선택한 적도 있다.

○ 야마모토여관(山本旅館, 본정 2정목)

외관도 훌륭하고, 설비도 말할 필요 없다. 일류여관 중 제일로, "야마모토에 묵고 있다."고 하면 일종의 자랑이 될 정도이다.

○ 우라오여관(浦尾旅館, 본정 2정목)

보기에는 작지만 안은 넓고 방도 꽤 좋다. 여사장 우라오 키치(浦尾キチ) 씨가 운영하고 있지만, 꼼꼼하게 하고 있어서 평판이 좋다. 회사의 중역과 부장급의 관리 대개는 이 여관에 묵는다. 오래된 것으로는 천진루 이

30 이토 히로부미의 시모노세키 시절 이웃이었던 닛다가 한국으로 건너와 남산정에 연 것이 천진루(天眞樓). 천진루 연회에서 닛다는 주차군 사령관 하세가와(長谷川好道) 대장과 무라다(村田淳) 소장 사이에 앉아 '닛다(新田) 중장'으로 불리기도 했을 정도였다고 전해진다.

상이다.

○ 하라카네여관(原金旅館, 수정[壽町] 2)

꽤 발전하는 여관. 단체는 거의 하라카네가 독점한다고 해도 좋다. 최근 솔선해서 팁 폐지를 단행했다.

○ 시라누이여관(不知火旅館, 욱정[旭町] 2정목)

수년 전 화재로 인해 개축한 후 한층 설비가 좋아졌다. 일본식 여관으로 스팀이 있는 곳은 아마 이곳뿐일 것이다. 왠지 편한 곳, 도쿄식의 튀김을 먹을 수 있는 것으로도 유명하다.

○ 청광관(淸光館, 본정 2정목)

위의 각 여관에 비하면 떨어지지만, 친절을 제일로 하고 있다. 일류여관에 가서 냉대받기 보다는 여기에서 마음 편한 대우를 받는 편이 훨씬 득이 될 것이다.

○ 아사히여관(旭旅館, 영락정 2정목)

20년이 된 노포(老鋪)로서 상당히 인기 있는 여관. 최근 현재의 터에 신축하여 9월 12일에 개업했다. 객실 50여, 세면소, 목욕탕(湯殿), 변소 등 설비도 잘 갖춰져 있다. 새로운 시대의 여관 경영을 이념으로 하는 여관 주인의 이상(理想)이 보인다.

제11장 편리한 식당

안내가 없는 곳으로 외출해서 식사를 해야 한다는 것은 조금 당혹스러운 일이다. 맥주로는 충분하지 않고, 그렇다고 해서 요리점으로 가는 것도 거창하다고 말하는 사람들은 식당에 가면 좋다. 경성에는 간단하고 편리한 식당이 얼마든지 있다.

○ 가게쓰식당(花月食堂, 남대문통 2정목 일본생명빌딩 내)

요리점 가게쓰가 경영하는 일식 전문. 정식은 1원이다. 매일 오전 11시부터 오후 8시까지 영업.

○ 경성호텔(남산정 3정목)

식당 시간은 아침 9시부터 밤 10시까지. 꽤 맛있는 양식을 먹을 수 있다. 정식 아침 1원 50전, 점심 2원, 저녁 2원 50전.

○ 이즈모야식당(出雲屋食堂, 남대문통 사이토[齊藤]빌딩 내)

오전 9시부터 오후 12시까지 영업. 일식도 양식도 할 수 있다. 정식은 양식 1원부터, 일식 50전과 1원의 두 종류가 있다.

○ 경성식당(장곡천정 공회당 아래)

일식·양식 어느 쪽이라도 취향에 따라 가능하다. 오야코동(親子丼)[31]과 단팥죽도 가능하다. 아침 10시부터 밤 10시까지 영업한다. 정식은 양식,

일식 모두 1원.

○조선관식당(朝鮮館食堂, 본정 2정목)

여기는 조선 물산의 판매를 주로 하고 식당은 부속이다. 요정 이몬(井門)의 요리장이 와서 솜씨를 부리고 있어서 전문 식당 못지않다. 정식은 1원.

○그 외

장어집으로는 본정의 에도가와(江戶川), 욱정의 요시만(よし萬), 남산정의 가와나가(川長) 등이 있다. 튀김은 수정의 미쓰카네(松金)와 앞에서 말한 가와나가, 초밥은 본정의 오토하즈시(音羽ずし)와 명치정의 마쓰바즈시(松葉ずし)가 유명하다.

제12장 화류계(花柳界)

경성권(京城券)·중권(中券)·신검(新檢) 등 3개의 권번(券番)으로 340명의 예기(藝妓)가 있다. 기생은 대정(大正), 한성(漢城), 대동(大同), 한남(漢南), 경화(京和), 조선육권번(朝鮮六券番)으로 나뉘어져 있다. 선향대(線香代)[32]는 예

31 덮밥의 일종으로 밥에 닭고기와 달걀, 파를 넣어서 먹는 음식이다. '오야코동'이라는 이름은 재료로 사용된 닭고기와 달걀을 부모(親)와 자식(子)으로 비유한 것이다.

32 예기 혹은 창기에게 지불한 화대를 말한다. '선향(線香)'이란 향 1자루가 켜있는 동안을 시간 단위로 계산했기 때문에 일본어로 '센코다이(線香代)'라고 부른다.

기 1시간 1원 60전, 기생 1시간 1원 30전이다.

- 하쿠스이(白水): 욱정 1-147.
- 가게쓰(花月): 본정 2-50.
- 가게쓰별장(花月別莊): 남산정 2-50.
- 가젠(花仙): 남산정 2-3.
- 지요모토(千代本): 욱정 1-112.
- 지토세(千歲): 욱정 1-103.
- 교기쿠(京喜久): 욱정 2-39.
- 남산장(南山莊): 서사헌정 192.
- 세요켄(靜陽軒): 욱정 1-145.

조선인 쪽으로는 명월관(明月館), 국일관(國一館), 대동관(大同館), 식도원(食道園), 중국요리(支那料理)로는 사해루(四海樓), 금곡원(金谷園), 여화원(麗華園) 등이 이름 높다. 유곽은 신정(新町)과 용산 미생정 두 곳에 있고 신정만으로도 430명이나 되는 일본인 창기(娼妓)가 있다.

제13장 오락장(娛樂場)

1) 극장, 흥행장

○ 경성극장(수정[壽町])

경성극장

경성극장은 주식조직(株式組織)으로 되어 있다. 원래 수좌(壽座)를 매수하여 공비 15만 원을 투자하여 개축한 것이다. 순 일본식 수려한 건물은 단순히 조선 제일일 뿐만 아니라, 이런 대극장은 일본에서도 찾아볼 수 없다. 1921년 8월 8일 극장을 열었을 때는 가타오카 가도(片岡我童), 아라시 간쇼(嵐巖笑) 일행을 맞이하여 성대한 축하 흥행을 개최했다. 수용인원 1,200여 명, 사용료는 낮 60원, 밤 150원(단, 7·8월 두 달은 낮 50원, 밤 130원)이다.

○ 나니와관(浪花館, 명치정 1정목)

나니와부시(浪花節), 라쿠고(落語)의 지정석. 경성에서 도쿄 취미를 맛볼 수 있는 유일한 흥행장이다.

○ 나니와좌(浪花座, 본정 5정목)

가끔 아동연극과 야스기부시(安來節)[33]가 공연된다.

○경룡좌(京龍座, 용산 연병정)

원래는 활동사진관이었다. 최근 극장이 되었다. 용산 방면의 유일한 오락장.

○광무대(光武臺, 황금정 4정목)

조선 무용을 볼 수 있다. 조선 기분을 맛보려면 여기에 가면 좋다. 조선인을 중심으로 한 것으로, 이 외 종로에 조선극장이 있고, 우미관(優美館), 단성사(團成社)가 있다. 단, 뒤의 두 곳은 활동사진관.

2) 활동사진관(活動寫眞館)

○황금관(黃金館, 황금정 4정목)

쇼치쿠키네마(松竹キネマ)와 난고영업부(南鄕營業部)의 공동 경영. 소위 가마타영화(蒲田映畵)[34]의 개봉관이 되어 있다. 따라서 신파(新派)의 특색이 있지만, 서양물에 관해서도 우수한 영화를 끊임없이 선보이고 있다.

○희락관(喜樂館, 본정 2정목)

활동왕(活動王) 니카쓰(日活)[35]의 직영관으로 굉장한 인기를 얻고 있다.

33 일본 시마네현(島根縣) 야스기 지역의 전통적인 민요와 춤.

34 쇼치쿠키네마주식회사(松竹キネマ株式會社)의 창시자 오타니 다케지로(大谷竹次郎)는 1920년 '동양의 헐리우드'를 슬로건으로 내걸고 가마타(蒲田)에 촬영소를 설립했다. 거기서 만든 영화를 '가마타영화'라고 부른다.

35 1912년에 창립된 일본 최초의 영화사.

마쓰노스케(松之助)[36]가 아니면 안 된다는 사람은 여기로 가면 된다. 변사(辯士)가 좋은 것도 특색.

○ 중앙관(中央館, 영락정 1정목)

오랫동안 휴관이었지만 최근 부활했다. 교토의 마키노키네마(マキノキネマ)[37]와 제휴하여 신파(新派), 구파(舊派) 외에 성교육 '분만(分娩)의 상태'라고 하는 기발한 영화도 상영한다.

○ 대정관(大正館, 앵정정[櫻井町] 2정목)

종래 곳카쓰계(國活系)[38]였지만 요즘은 쇼치쿠키네마를 상영하고 있다. 최근 증축을 하여 새롭게 고쳤다. 상당히 인기 있는 관(館)은 언제나 사람이 가득하다.

○ 입장료

각 관 모두 입장료는 같다. 1등 60전, 2등 40전. 단, 특별 공연의 경우는 별도이다.

36 오노에 마쓰노스케(尾上松之助, 1875~1926)를 말한다. 일본 영화 초창기의 시대극에서 활약했던 배우로, 일본에서 첫 영화 스타로 불린다. 1,000여 작품 이상에 출연한 것으로 알려진다.

37 쇼에마키노키네마(正映マキノキネマ)를 가리키는 것으로, 1932년 설립되었던 교토에 있던 영화회사.

38 정식 명칭은 고쿠사이카쓰에이주식회사(國際活映株式會社)로 1919년에 설립된 다이쇼시대에 도쿄에 존재했던 영화회사이다. 줄여서 곳카쓰(國活, こっかつ)라고 한다.

3) 광화문(光化門)

광화문은 총독부 신청사가 존재하는 한 철폐해야만 한다. 이미 동형(同型)의 남대문이 보존되어 있고, 경복궁을 그대로 고건축으로서 보존한다면 여하간 낮고 그다지 멋지다고도 생각되지 않는 광화문은 철폐해야 한다. 광화문에 막대한 경비를 들일 필요는 없다. 이축(移築) 보존(保存)을 결정하면 그 장소를 광화문통과 종로통 교차점으로 하고 토대인 돌벽 부분을 남대문처럼 넓게 하지 말고 문 전체 윤곽을 '고(高)' 자형(字型)으로 해야 한다. (조선과 건축)

4) 경사팔영(京師八詠)[39]

- 기전산천(畿甸山川): 서울과 인근 경기지역의 산천.
- 도성궁원(都城宮苑): 경복궁을 중심으로 배치된 성곽과 궁궐.
- 열서성공(列署星拱): 육조거리 여러 관아들이 배열된 모습.
- 제방기포(諸坊基布): 한성부 5방에 여염집들이 바둑판처럼 자리 잡고 있는 모습.
- 동문교장(東門敎場): 동대문 밖 뚝섬의 목장.
- 서강조박(西江漕泊): 마포 서강에 정박한 배들의 모습.

39 경사팔영(京師八詠)의 경사는 경성을 의미하고, 팔영은 여덟 가지 주제로 노래한다는 뜻으로 해석된다. 이 노래는 원래 정도전(1345~1398)의 『진신도팔경시(進新都八景詩)』라는 노래로 도읍지 한양의 모습을 예찬한 내용이다. 그의 문집 『삼봉집』에 실려 있다.

- 남도행인(南渡行人): 남쪽 한강을 건너 도성으로 들어오는 행인들의 모습.
- 북교목마(北郊牧馬): 북쪽 교외 목장의 군마들의 모습.

○ 일본생명빌딩(日本生命ビルディング)

일본생명보험회사의 현재 계약액은 4억 4,500여만 원으로, 이미 지불이 완료된 보험금액은 약 5,000만 원에 달하고 있다. 빌딩은 남대문통 2정목과 황금정 2정목의 모퉁이에 있고, 위용 당당하게 거리를 압도하는 모습이다. 총건평 944평, 르네상스식 3층 누각(지층[地層]은 별도)으로, 공사비 약 60만 원을 들였다. 일반적으로 계단 밖에 엘리베이터를 설치하여 승강(昇降)에 편하고, 계단 아래에는 동사(同社)의 조선지점과 야마구치은행(山口銀行) 지점이 있다. 또 3층에는 가게쓰식당(花月食堂)이 있다.

○ 사이토빌딩(齋藤ビルディング)

남대문통에서 북미창정(北米倉町)으로 들어가는 모퉁이에 붉은 기와로 만들어진 거대한 건물이 있다. 여기가 사이토빌딩이다. 지하실과 함께 4층으로 되어 있고, 사이토합명회사(齋藤合名會社)를 비롯하여 동(同) 주조회사(酒造會社), 풍국제분(豊國製粉) 등 사이토 히사타로(齋藤久太郎) 씨 관계회사와 미곡상조합(米穀商組合)의 현물시장(現物市場)이 이 안에 있다. 3층, 4층은 대여 사무실이고 지하실에는 이즈모야식당(出雲屋食堂)이 있다. 일본생명빌딩과 서로 경성 명물의 하나라고 해도 좋다.

○ 조선미술품제작소(朝鮮美術品製作所)

1908년 창립. 처음에는 송병준(宋秉畯)[40] 백작이 발기인으로, 조선 미술의 재흥발달(再興發達)을 도모하고 도제(徒弟)를 키우는 일환으로 생겨났다. 그 후 이왕직(李王職)의 소관으로 옮겨졌고 최근에 와서 조직을 주식회사로 고치고 민간이 경영하게 되었다. 공장 내부는 금공(金工)·주금(鑄金)·염색(染色)·필묵(筆墨)·석공(石工)·목공(木工) 등으로 나뉘어져 있다. 미술품으로 꽤 우수한 것을 만든다. 필묵부(筆墨部)의 묵도 평판이 좋다.

○ 조지야양복점(丁字屋洋服店)

남대문통 2정목에 우뚝 솟은 조지야양복점은 자본금 100만 원의 주식회사로, 1904년에 개업하여 부산·원산·평양·다롄(大連)·펑텐(奉天)[41]·하얼빈·오사카·미에(三重)·와카야마(和歌山) 각지에 지점을 두고 넓고 성대하게 영업하고 있다. 본점의 내부는 주문, 기성품, 여성·아동복, 통신판매, 나사(羅紗)[42], 용달(用達) 각부로 나뉘어 나사는 거의 영국에서 직수입이다. 일본, 조선을 통한 기성복 판매의 원조로, 시내 세 곳에 공장을 두고 모터를 갖추고 성대하게 대량 제작 생산에 종사하고 있다. 하루 제조, 생산량은 250벌, 기성복만으로도 연 40만에 이르고, 총액은 200만 원에 달한다고 하니 놀랍다. 정원 60명, 직공 200명이 있으며, 대표사원 고바야시 겐로쿠(小林源六) 씨는 독신가(篤信家)로서 명성이 높고, 지배인 스즈키 분지로(鈴木文次郎) 씨는 수완이 뛰어나다. (전화 본국[本局] 23번, 220번, 690번).

40 송병준(宋秉畯, 1858~1925)은 일제강점기 일진회 총재, 중추원 고문, 백작 등을 역임한 관료이자 정치인이다. 기업가이자 친일반민족행위자이다.

41 중국 심양의 옛 지명이다.

42 양털이나 거기에 무명, 명주, 인조 견사 따위를 섞어서 짠 모직물을 일컫는 포르투갈어(Raxa)에서 유래한다.

○ 도미다야경성지점(富田屋京城支店)

장곡천정의 도미다야지점은 1877년에 개설했다. 본점은 시모노세키(下關) 최고(最古)의 큰 양복상으로 간사이(關西)에서 규슈(九州) 방면에 걸쳐서 훌륭한 지반을 갖고 있다. 1921년 11월 조직을 고쳐서 합자회사로서 견실한 기초를 다졌다. 경성지점은 양복부, 피복부(장곡천정) 나사부(태평통), 동력공장(장곡천정)의 각부로 나누어져 총독부, 만철(滿鐵), 이왕직의 지정이 되어 있다. 그 외에 일반주문복, 기성복을 취급하고 있지만 여기 제품은 형태도 우수하고 착용감도 좋아서 평판이 좋다. 대표사원 도미다 지사부로(富田治三郎) 씨 (전화 양복부 본국 1450번, 피복부 본국 722번, 나사부 본국 3494번).

○ 쓰노다경성지점(角田京城支店)

종로 2정목에 넓은 점포를 가진 쓰노다양복점(본점은 도쿄)은 여러 관서(官署)의 제복을 거의 여기서 제작하는 것으로 유명하다. 1911년경, 장곡천정에 개업한 이래, 10여 년간 부지런히 경영한 보람이 있어 지금은 훌륭한 양복점이 되었다. 게다가 여기는 경성의 양복점 중 가장 먼저 동력(動力)을 사용한 곳으로, 현재의 장소로 옮긴 것은 작년이다. 점포를 신축함과 함께 업무를 확장하고 기성품도 판매하며 일반 주문도 받게 되었다. 연간 생산액은 수십만에 이른다고 한다. 지배인은 가와바타 산지로(川端三次郎) 씨. (전화 광화문 955번).

○ 오사와상회(大澤商會) 지점

시계라고 하면 오사와상회(자본금 200만원 전액지불)를 연상하고, 오사와상

오사화상회지점

회라고 하면 바로 시계를 떠올린다. 경성지점은 지금부터 10년 전에 설치되었다. 경성의 은좌가(銀座街) 본정 1정목에 있고 대개 이채로움을 자아낸다. 지점장 마키 센지로(眞木仙次郎) 씨는 1919년 이 상회가 주식회사가 되자 동시에 경성으로 와서, 독특한 경영법으로 동점(同店)을 점점 견고하게 기초를 만들어 갔다. 영업 품목은 시계 외에 귀금속 제품. 자전거, 사진기, 이들 재료 일식(一式)은 거의 외국에서 직수입이다. 동점은 원래 소매점이지만, 도매도 하고 있다. 동업(同業) 중 가장 확실한 가게로 알려져 있다. (전화 본국 262번, 동 339번, 동 480번).

1923년 10월 20일 인쇄

1923년 10월 23일 발행

포켓 경성안내

정가 50전

발행인: 구리사키 마타오(栗崎又男), 경성부(京城府) 대화정(大和町) 3정목 8번지

인쇄인: 아마노 기요(天野キヨ), 경성부 욱정(旭町) 2정목 10번지

인쇄소: 경성인쇄소, 경성부 욱정 2정목 10번지

발행소: 경성일보사 대리부(代理部), 경성 태평통(太平通) 1

이체 계좌: 경성 300번, 전화: 광화문 400번·622번

[7] 경성정서(京城情緖)

경성관광협회(京城觀光協會), 1934

집필·번역 **허지애**

소책자 표지 앞면, 105㎜×148㎜

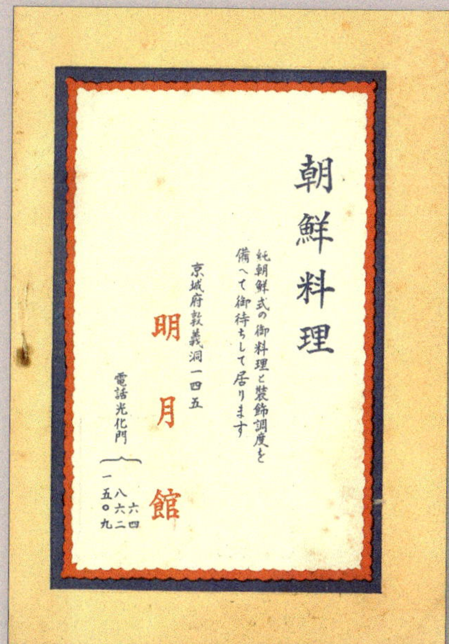

소책자 표지 뒷면

| 해 제 |

이 자료는 1934년 8월 1일에 경성부 사회과 경성관광협회에서 발행한 『경성정서(京城情緒)』라는 관광팸플릿(소책자)으로 가로 105㎜, 세로 148㎜의 한 손에 쥘 수 있는 크기이다. 자료 자체는 표지 제외 총 32쪽이며 앞 표지에는 표지 그림의 왼쪽과 아래에 제목과 발행처가 각각 한자로 기재되어 있고, 뒤표지에는 광고가 실려 있다. 내지면 마지막 쪽에는 서지사항과 함께 비매품이라 기재되어 있는데 경성관광협회가 발행했던 관광안내서 『경성안내』 등과 함께 관광안내소 등에서 일본인 관광객에게 무료로 배포된 것으로 보인다.

먼저 표지 그림을 살펴보면 치마저고리를 입고 쪽을 찌른 조선 여성 두 명이 높은 난간에 기대어 서 있다. 이는 이 팸플릿의 주 고객인 일본인 관광객에게 조선 풍경의 대표 이미지를 이국적인 복식의 조선 여성으로 전달하려는 의도로 읽힌다. 팸플릿의 내용을 보면 표지화의 조선 여성이 곧 조선 기생이라는 것을 알 수 있다.

『경성정서』의 내용을 살펴보면 따로 목차가 마련되어 있지 않지만, 광고, 기생 및 예기(藝妓)의 사진 및 화대, 조선요리 메뉴, 기생 및 예기명 기입란, 화류계 만담, 신정권번(新町券番) 예기 일람표, 간단한 조선어, 경성의 유흥, 노래 가사 순으로 구성되어 있다. 표지 안쪽 및 내지면에 식당, 호텔, 여관 등의 광고가 실려 있는데 광고에 따라 상세 지도를 첨부하여

관광객에게 여행의 편의를 제공한다. 총 32쪽 중 절반에 해당하는 16쪽에 조선 기생과 일본 예기의 사진이 31장 실려 있다. 첫 사진은 조선권번 소속의 김월색으로 다른 기생들과 달리 전신사진이 실려 있는데, 잡지 『모던보이 조선』의 1940년 8월호에 실린 '경성 일류 기생 자산 순위 조사'에서 자산 25만 엔으로 1위를 차지할 만큼 최고의 인기를 누리던 기생이었다. 30명의 조선 기생과 일본 예기는 얼굴 중심의 사진으로 권번과 이름이 표기되어 있다. 사진 다음에는 비용과 조선요리 메뉴, 기생 및 예기명 기입란을 실어 일본인 관광객이 관심이 있거나 체험한 기생에 대해 기록하게 하였다. 「화류계 만담」에서는 경성에서 활동하는 일본 예기들을 소개하고 다음 쪽에서 바로 신정권번에 소속된 예기의 이름과 출생지를 표로 정리하여 소개한다. 다음으로는 간단한 조선어 회화와 노래 가사가 실려 있는데 이는 모두 관광객이 경성에서 기생 및 예기와의 술자리를 즐길 수 있도록 하기 위함으로 보인다. 또한 경성에서의 기생 체험을 기념할 수 있는 '기생 사진그림엽서(繪葉書)' 판매 광고도 본문에 실려 있다.

『경성정서』는 경성관광협회가 발행한 『경성안내』 등의 팸플릿에 비해 경성 소개보다는 '기생 이야기'에 초점을 맞추고 있다. 결국 이 팸플릿은 일본인 남성 관광객에게 식민지 조선의 이색 문화로 기생과 조선요리를 소개하여 경성의 화류계를 체험하게 하기 위한 관광안내서이며 제국 일본의 식민지 조선 인식을 엿볼 수 있는 자료이다.

| 번역문 |

○ 앞표지 안쪽 면

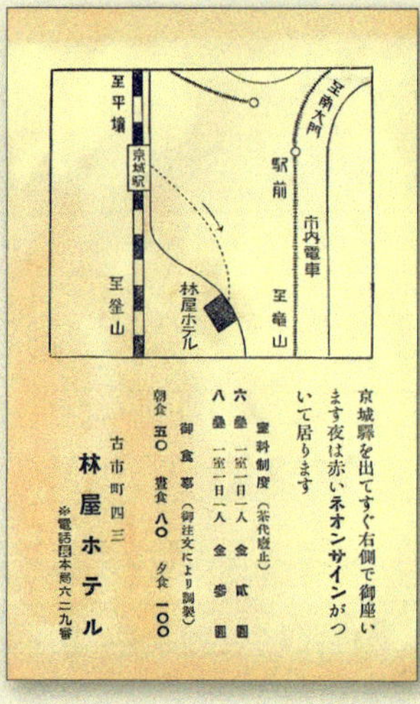

경성역을 나와 바로 오른쪽에 있습니다. 밤에는 붉은 네온사인이 켜져 있습니다.

- 객실 요금 제도 (팁 폐지)
- [다다미] 6조 1실 1일 1인 금 2원
- [다다미] 8조 1실 1일 1인 금 3원
- 식사 (주문에 따라 만듦)
- 조식 50전, 중식 80전, 석식 1원
- **하야시야호텔**(林屋ホテル)

  고시정(古市町) 43

  전화(장) 본국(本局) 629번

조선권번 김월색(金月色)

조선권번 서국향(徐菊香)

조선권번 김연홍(金蓮紅)

한성권번 정설중월(鄭雪中月)

한성권번 정해월(鄭海月)

한성권번 김산호주(金珊瑚珠)

한성권번 강산월(康山月)

본권번 후미지(富美二)
(후미노야[富美酒家])

본권번 리키야(力彌)
(우메마스[梅桝])

본권번 기쿠지(菊次)
(기쿠노야[菊の家])

본권번 요네코(米子)
(하나마스[花桝])

본권번 하나요(花奴)
(하나마스[花桝])

본권번 와카바(若葉)
(센라쿠[仙楽])

본권번 고마루(小丸)
(다이코구[大黒])

본권번 오미쓰(おみつ)
(하나마스[花桝])

본권번 다미와카(多美若)
(와카타케[若竹])

본권번 후사치요(房千代)
(다이코구[大黑])

본권번 나루코(なる古)
(신요시토요[新吉豊])

본권번 고기쿠(小菊)
(벤케[紅家])

신정권번 고나미(小浪)
(신세이게쓰[新清月])

신정권번 이치타로(一太郎)
(슌쿄[春京])

신정권번 다카라(たから)
(가도요시[かどよし])

신정권번 도도마루(ゝ丸)
(다이이치로나카미세
[第一樓中店])

신정권번 고우메(小梅)
(이치리키[一力])

신정권번 와카치요(若千代)
(후키[富貴])

신정권번 산코(三幸)
(가도요시[かどよし])

신정권번 기쿠미요(菊御代)
(가도요시[かどよし])

신정권번 기마루(輝丸)
(다이이치로혼텐[第一樓本店])

신정권번 지로(次郎)
(신세이게쓰[新清月])

신정권번 다쓰마루(辰丸)
(가도요시[かどよし])

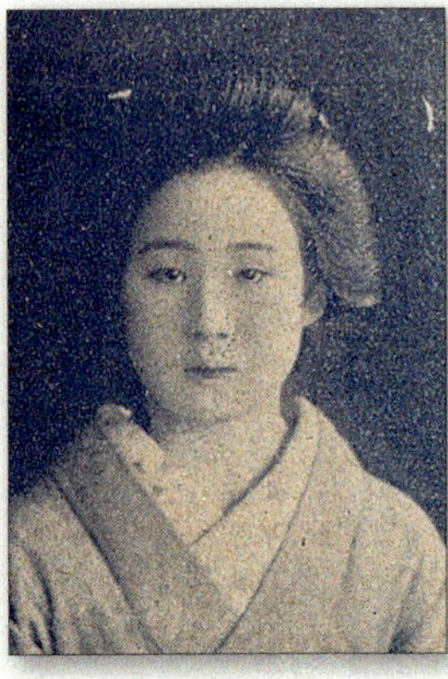

신정권번 잇코(一子)
(야마가[山家])

1. 기생 이야기

기생은 원래 관기(官妓)라 해서 관위(位)가 있고, 궁중의 연석과 양반의 술자리에 시중을 들며, 가마쿠라시대의 시라뵤시[白拍子[1]]와 비슷한 것이다. 오늘날에는 일반 민중의 연회에서 시중들고 노래도 부르고 댄스도 춘다. 기생은 장구라고 하는 큰북을 두드려 연석의 흥을 돋우는데, 기생이 노래하는 아리랑 수심가(愁心歌)는 세계적으로 유명한 노래이다. 기생의 대부분은 일본어를 잘하고 유창한 자도 적지 않다. 그중에는 이소부시(磯節)[2]와 안라이부시(安來節)[3]를 능숙하게 하는 기생이 있다. 시가(詩歌)와 서화(書畫)를 잘하는 기생이 있어서 흰 부채에 붓으로 그림[染筆]을 그려 받으면 좋은 여행기념품이 된다. 조선요리는 중국요리와 마찬가지로 상으로 주문한다.

○조선요리 값

1인분 2원만 내면 상당한 요리가 나옵니다. 대강의 요금은 한 상(6인 기준)이 6원에서부터 12원까지이다.

○기생 화대

• 1본(一本, 30분)[4] 65전.

1 시라뵤시(白拍子)는 헤이안시대(平安時代) 말기부터 가마쿠라시대(鎌倉時代)까지 유행했던 가무, 또는 이것을 노래하고 춤췄던 유녀(遊女).

2 일본 이바라키현(茨城縣) 북부 어촌에서 전해 내려오는 전통 민요.

3 일본 시마네현(島根縣) 야스기(安來) 지역에서 전해 내려오는 전통 민요.

• 최초 1시간: 3본 1원 95전.

• '약속(約束)',[5] '모라이제도(貰い制度)'[6] 없음.

• 유흥세 1본에 4전, 차비 80전.

○ 예기(藝妓) 화대 : 1본(30분간) 75전.

• 최초 1시간 3본(2원 25전).

• 약속 화대(約束花) 6본.

• 모라이 화대(貰い花) 2본, 모라이도메[7] 화대(貰い止め花) 2본 추가.

• 유흥세 1본에 4전. 차비 40전.

○ 조선요리 가을·겨울 메뉴(일부)

명칭	설명
생율(生栗)	껍질을 깐 날밤
전과(煎果)	과실, 생강, 연근, 동아(文冬), 은행, 건포도 등을 넣어 벌꿀에 절인 것
식혜	밥과 질금 가루를 섞어서 양조한 아마자케(甘酒)로 음주가에게 적당한 것
약식	찹쌀에 꿀, 잣, 밤, 대추, 호두 등을 섞어서 찐 밥
백자병(栢子餠)	벌꿀에 잣을 섞은 것
마른안주	말린 생선, 말린 육고기
신선로	쇠고기를 주로 하여 생선, 송이, 죽순, 잣, 호두 등을 넣어 조린 것
생전복	날 전복

4 1본은 향(香) 한 개비가 타는 시간을 단위로 하는 것.

5 '약속(約束)'은 특정 기생을 연회에 부르기로 예약하는 것.

6 '받다, 얻다'라는 의미의 일본어 '모라우(貰う)'에서 파생된 말로 '모라이'는 다른 손님의 연회에 나가 있는 기생을 자신의 연회에 불러오는 것을 말한다.

7 '모라이도메(貰い止め)'는 '모라이'를 못 하게 한다는 의미로 자신의 술자리에 와 있는 기생이 다른 술자리에 불려 가지 못하게 하는 것을 말한다.

명칭	설명
대하 조림	새우튀김
도미찜(鯛蒸)	도미 수프
계선채(鷄膳菜)	닭고기를 주재료로 한 잡채
초채(醋菜)	죽순, 오이, 송이버섯 등을 초에 절인 것
전유어	생선을 기름에 구운 것으로 튀김의 일종
순전(筍煎)	죽순을 기름으로 볶은 것
송이전	송이를 기름으로 볶은 것
전복볶음(鰒炒)	말린 전복을 찐 것
침채(沈菜)	조선어로 김치라 한다. 조선인에게 중요한 음식으로 겨울에는 상당한 돈을 들여 배추, 생선살 등을 넣어 가장 귀중하게 여기는 절임 요리이다.

○기생, 예기명 기입란

예명	주소 또는 숙소(やかた)	특기, 특의(特意)	여기(餘技)[8]

2. 화류계 만담(花街漫談, 본권번의 이야기)

여행길 뜬잠 자는 풀베개, 무료함 속에 에트랑제[방랑자]는 좋은 생각 같은 건 하지 않습니다. 기차를 타면 미인이랑 같은 차에 타지 않을까, …배를 타면, …여관에 머물면, …여하튼 여행을 떠나 미인과 자리를 함께하는 것은 신사(紳士)가 흔쾌히 하는 일입니다. 관광 오신 신사 제군은 또 멋

8 취미(趣味)로 하는 기술(技術)이나 재간(才幹).

진 액시던트[만남]를 막연히 기대합니다. 경성의 유흥가에는 진귀한 것들이 있습니다. 욱정(旭町), 남산정 방면의 유흥가에 핀 일본 여성 야마토나데시코(大和撫子)를 소개해 드립니다. 그렇다고 해서 엽기적인 에로(ERO) 탐승 등을 장려하는 것은 아니니 나중에 불만과 항의를 하셔도 도저히 응해드릴 수가 없습니다.

예로부터 경성은 예향(藝鄕)으로 본권번(本券番)의 예기(藝妓)들은 유예(遊藝)에 능통합니다. 요정으로 예도에 능통한 미인을 불러 그 예술에 도취하는 것도 여행지 밤의 흥취 중 하나이지요. 예기의 춤은 와카야기류(若柳流)[9]를 이어받은 기치마루(吉丸)·미쓰기쿠(光菊) 같은 선생(師匠)급 아가씨(姐さん)를 비롯해 예명을 받은 도미지(富美二)·다미쓰루(多美鶴)·마루바(丸葉)·기쿠지(菊次) 등이 있고, 나가우타(長唄)의 예명을 받은 예기로는 모모타(百太)·미요지(三四次)·요시얏코(芳奴), 기요모토(淸元)의 예명을 받은 다미(多美)·히데지(秀治), 도키와즈부시(常盤津節)의 예명을 받은 소노(その)·가즈모리(一司)·이치마쓰(市松) 등의 쟁쟁한 아가씨들이 있고, 가미가타(上方)정서가 넘치는 기다유(義太夫)[10]에는 가는 손에 후토자오(太棹) 샤미센을 든 시게(しげ)·시마노스케(島之助)·다스케(太助)·아야노스케(綾之助) 등의 아가씨들이 있습니다.

젊고 아름다운 예기로는 시로(四郎)·주로(十郎)·에기쿠(笑菊)·나루코(なる古)·오미쓰(おみつ)·미쓰마메(光豆)·고하기(小萩)·요네코(米子)·쓰키얏코(月奴)·고린(小りん) 등 그 외에도 많습죠. 화려한 리뷰걸[11]을 방불케 하는 소

9 일본무용 유파의 하나.

10 기다유부시(義太夫節)의 준말, 겐로쿠시대(元祿時代)에 다케모토 기다유(竹本義太夫)가 시작한 조루리(淨瑠璃)의 한 파(派).

프라노 가수로 마리코(まり子), 모모타로(百太郎) 등은 반도의 화류계에 단연 첨단의 톱을 자랑합니다. 서비스에 뛰어난 젊고 아름다운 사람이 좋으면 리키야(力彌)·와카바(若葉)·고마루(小丸)·고기쿠(小菊)·가쓰고로(勝五郎)·고테쓰(小鐵)·다요리(たより)·초초(蝶·)·오소메(おそめ) 등등 아직 더 있습니다. 물이 오른 가인(佳人)을 원하신다면 다미와카(多美若)·에이조(榮三)·요타로(与太郎)·잇킨(一琴)·오키치(お吉)·사루노스케(猿之助)·유메지(夢二) 등의 솜씨 좋은 아가씨들이 대기하고 있습니다.

명랑하고 활기차고…. 경성에서는 통칭 '갱'이라 합니다만, 일기당천(一騎當千)의 아가씨를 원하시는 용사, 유지(有志), 유자(遊子) 등 뭐든 좋습니다만…. 그렇게 말하는 신사 제군에게는 고유키(小雪)·고신(小新)·고마사(小正)·린코(りん子)·아이치요(愛千代)·고마타쓰(高麗龍)·리쓰코(律子) 등의 무리가 좋습니다. 마시는 만큼, 취하는 만큼 여수(旅愁)라고 하는 센치한 기분은 완전히 녹아웃되어 버립니다. 멋스러운 샤미센 세 줄의 소리를 애호하시는 신사 제군은 요시얏코(芳奴)·히데지(秀治)·미스케(三助)라고 하는 아가씨들을 불러 주십시오. 뜨끈뜨끈한 온돌에서 쨍한 소리를 듣는 것은 조선이 아니고서는 맛볼 수 없는 정취가 있습니다. 뭐니 뭐니 해도 온돌 정서는 영하 십몇 도라는 추울 때뿐입니다.

식사 후에 소셜 댄스를 희망하시는 분은 하나얏코(花奴)·후미와카(二三若)·시치고산와카(七五三若) 등의 모던 라이크한[근대적인] 파트너를 골라 주십시오. 경성에는 댄스홀이 없습니다만, 트로트, 왈츠, 블루스 정도의 상대는 할 수 있습니다. 무료함에 괴로우신 인사(人士)는 쓰네요시(常嘉) 아

11 리뷰걸(レビューガール, revue girl)은 리뷰 출연하는 여배우, 무희, 가수 등으로 보통 주역 이외의 사람을 가리킨다.

가씨를 불러 주십시오. 남자보다 마작을 좋아한다는 성가신 여성입니다. 봐주면 뻔뻔하게 이기기만 하니까 결코 방심해서는 안 됩니다.

안쪽 깊숙한 작은 방에서 '플라토닉 러브'를 말씀하시려는 풍류를 아는 멋진 남자에게는 선배 격인 상급 아가씨[12]가 좋습니다. 칸트 철학 등은 모릅니다만, "이히, 리베, 디" 정도의 독일어는 조금 이해합니다. 그다음의 일은 어떨지 생각해 봅니다.

일반적으로 경성의 화류계에는 미인이 많습니다. 어느 쪽이 창포(菖蒲)이고 어느 쪽이 두약(杜若)인지,[13] 미인의 관점은 보는 사람의 주관에 따라 다릅니다만, 경성의 화류계 만담은 이것으로 마칩니다. 여기는 '에로스(EROS) 방송국'입니다.

3. 신정권번 예기 일람표(9월 현재)

예명	숙소[14]	출신지
아이지(愛次)	기쿠야(喜久家)	히로시마시
센토쿠(千德)	신시라바(新白楊)	미에현
요네유(米勇)	신쿄(新京)	에히메현
보류(傍龍)	유라야(由良家)	센다이시

12 원문 '이로하 아가씨(いろは姐)'는 유곽·예창(藝娼)의 세계나 야쿠자 사회에서 언니격, 상급자 여성, 우두머리 여성을 높여 부르는 호칭으로 여기서는 선배 예기나 기생을 가리킨다.

13 아름다운 여성 둘이 비교할 수 없을 정도로 둘 다 뛰어날 때 쓰는 말.

14 원문은 야카타(やかた). 예기(藝妓)가 소속되어 생활하는 곳으로, 요릿집 등에 예기를 파견하는 일을 한다.

예명	숙소	출신지
이쿠야코(幾奴)	신코토스미(新琴住)	나가사키현
나미에(浪榮)	미가사(三笠)	히로시마시
모모타로(桃太郎)	주소야(仲酒家)	벳푸시
미쓰기쿠(光菊)	다카라야(寶家)	히로시마시
소메기쿠(染菊)	신코토스미(新琴住)	후쿠오카현
도도마루(ゝ丸)	주소야(仲酒家)	가고시마현
긴타로(金太郎)	쓰타야(つたや)	오사카시
도미키쿠(富菊)	마루야(丸家)	사세보시
히사코(ひさ子)	신쿄(新京)	후쿠오카현
고치요(小千代)	쓰타야(つたや)	후쿠오카현
도미요(富代)	마루야(丸家)	오이타현
네마루(音丸)	신주(新壽)	에히메현
마쓰와카(松若)	신이치리키(新一力)	고치현
타로(太郎)	신이치리키(新一力)	도쿠시마현
잇가쿠(一鶴)	신이치리키(新一力)	오이타현
미치요(美治代)	다카라야(寶家)	효고현
에마루(笑丸)	신시라바(新白楊)	오이타현
도미하루(富春)	마루야(丸家)	오이타시
에쿠보(ゑくぼ)	신주(新壽)	나가사키현
오모챠(おもちや)	미가사(三笠)	사가현
쓰타코(つた子)	쓰타야(つたや)	사가현
고우메(小梅)	신이치리키(新一力)	오이타현
이치류(一龍)	주소야(仲酒家)	와카마쓰시
다쓰코(辰子)	다케하루(竹春)	이즈카시
사사나미(さゝ浪)	미가사(三笠)	사카이시
히사와카(久若)	다카라야(寶家)	도쿠시마현
만류(萬龍)	사토노이에(里の家)	구루메시
보탄(ぼたん)	주소야(仲酒家)	에히메현
와카류(若龍)	에도야(江戸家)	도쿄시

예명	숙소	출신지
히사마쓰(久松)	신쿄(新京)	돗토리현
고히나(小雛)	신카나우(新叶)	에히메현
사나에(早苗)	주소야(仲酒家)	도쿄시
고후미(小文)	다카라야(寶家)	후쿠야마시
리키타로(力太郎)	신코토스미(新琴住)	홋카이도
시메와카(〆若)	주소야(仲酒家)	사가현
우메지(梅次)	에도야(江戶家)	구마모토시
오타후쿠(お多福)	쓰타야(つたや)	히로시마시
마사노스케(政之助)	교야(京家)	오사카시
마메치요(豆千代)	주소야(仲酒家)	오사카시
고부네(小舟)	신주(新壽)	후쿠오카현
고토치요(琴千代)	신코토스미(新琴住)	나가사키현
마사야(政奴)	교야(京家)	야마구치현
슈카(秀香)	쓰타야(つたや)	히로시마시
쟈메코(ちやめ子)	쓰타야(つたや)	구마모토현
다테아키라(伊達章)	기쿠야(喜久家)	구마모토현
아이치요(愛千代)	주소케(仲酒家)	시모노세키시
나미치요(浪千代)	미카사(三笠)	교토시
란코(蘭子)	주소야(仲酒家)	후쿠오카시
가쓰타로(勝太郎)	주소야(仲酒家)	오이타현
사토기쿠(里菊)	신코토스미(新琴住)	고치현
지요코마(千代駒)	신주(新壽)	오사카시
에이조(榮三)	신주(新壽)	고베시
와카후쿠(若富久)	주소야(仲酒家)	오사카시
기카루(輝丸)	에도야(江戶家)	히로시마시
사다얏코(貞奴)	신카나우(新叶)	다카마쓰시
히데요(秀代)	미가사(三笠)	오이타시
다마마루(玉丸)	주소야(仲酒家)	벳푸시
야스케(彌助)	신이치리키(新一力)	나가사키시

예명	숙소	출신지
고토키쿠(琴菊)	신코토스미(新琴住)	나가사키시
쟈라레(ちやられ)	미카사(三笠)	시마네현
기쿠치요(菊千代)	쓰키노이에(月の家)	요코하마시
센주(千舟)	사토노야(里の家)	돗토리현
스케로쿠(助六)	미가사(三笠)	오카야마현
이치얏코(一奴)	야마야(山家)	돗토리현
미쓰와카(三つ若)	신세이게쓰(新清月)	후쿠이현
이치타로(一太郎)	에도야(江戶家)	후쿠오카시
돈보(とんぼ)	신카나우(新叶)	와카마쓰시
엔타로(艷太郎)	에도야(江戶家)	도쿄시
와카치요(若千代)	쓰타야(つたや)	나가사키현
마메하치(豆八)	신이치리키(新一力)	후쿠오카시
센타로(千太郎)	에도야(江戶家)	도쿄시
도미사카에(富榮)	마루야(丸家)	오이타시
스미코(住子)	신코토스미(新琴住)	구마모토현
마사치요(政千代)	하나토모에(華巴)	후쿠오카현
스미하치(住八)	신코토스미(新琴住)	오사카시
고쿠로(五九郎)	하나토모에(華巴)	가가와현
쓰키마루(月丸)	신세이게쓰(新清月)	나가사키현
쇼카쿠(松鶴)	신이치리키(新一力)	오사카시
도키마쓰(時松)	신이치리키(新一力)	나가사키현
우메카쓰(梅勝)	신이치리키(新一力)	미야자키현
요시하루(芳春)	유라야(由良家)	도쿄시
기미유(喜美勇)	교야(京家)	아이치현
고이세(小伊勢)	사토노이에(里の家)	도쿄시
사라스케(茶良助)	기쿠스이세키(菊水席)	에히메현
고요시(小芳)	에도야(江戶家)	에히메현
사다마루(定丸)	교야(京家)	후쿠오카현
미초(三蝶)	교야(京家)	미에현

예명	숙소	출신지
도키마루(時丸)	기쿠스이세키(菊水席)	아카시시
미쓰마메(光豆)	다케하루(竹春)	우지야마다시
산키치(三吉)	신시라바(新白楊)	모지시
데마리(手毬)	쓰타야(つたや)	오이타현
와카키쿠(若菊)	쓰키노이에(月の家)	요코하마시
하마구리(はまぐり)	미마스(三舛)	교토시
마쓰스케(松助)	신이치리키(新一力)	오사카시
쓰네키치(常吉)	신세이게쓰(新清月)	후쿠이현
와카타로(若太郎)	에도야(江戸家)	히로시마시
고마쓰(小松)	신이치리키(新一力)	후쿠오카시
긴초(銀蝶)	쓰키노야(月の家)	요코하마시
후쿠마메(福豆)	깃쿄(桔梗)	마쓰야마시
규류(久龍)	신쿄(新京)	미에현
리키(力)	신이치리키(新一力)	시즈오카현
로노스케(呂之助)	쓰타야(つたや)	오사카시
고타유(小太夫)	신시라바(新白楊)	구마모토현
미에코(美惠子)	신카노우(新叶)	후쿠오카현
후미와카(二三若)	주소야(仲酒家)	쓰야마시
유메타로(夢太郎)	다카라야(寶家)	후쿠시마시
고만(小萬)	유라야(由良家)	오사카시
후쿠마쓰(福松)	신이치리키(新一力)	구루메시
후쿠치요(福千代)	쓰타야(つたや)	야마구치현
마쓰야(松彌)	신시라바(新白楊)	구마모토현
마쓰요(松代)	유라야(由良家)	히로시마시
고기쿠(小菊)	유라야(由良家)	가고시마현
기쿠마루(菊丸)	신코토스미(新琴住)	야마구치현
가즈마(一馬)	에도야(江戸家)	미야자키현
나미마루(浪丸)	미카사(三笠)	오카야마현
마사쓰구(政次)	기쿠야(喜久家)	오사카시

예명	숙소	출신지
시메하나(〆華)	다케하로(竹春)	도쿄시
다마류(玉龍)	기쿠스이세키(菊水席)	에히메현
고에미(小笑)	신시라바(新白楊)	오카야마현
고초(小蝶)	신주(新壽)	가고시마시
고산(小三)	미마스(三舛)	사가현
지요코(千代子)	주소야(仲酒家)	오카야마현
고하나(小華)	하나토모에(華巴)	우베시
요와카(ゝ若)	신주(新壽)	고치현
고소메(小染)	신코토스미(新琴住)	구레시
히라마루(ひら丸)	주소야(仲酒家)	미야자키현
주미카(十美香)	교야(京家)	교토시
우메스케(梅助)	히가시켄반(東券番)	나가사키현
고하루(小春)	신코토스미(新琴住)	오사카시
마메사부로(豆三)	깃쿄(桔梗)	후쿠오카시
구메타로(粂太郎)	깃쿄(桔梗)	도쿄시
도모즈루(友鶴)	하세가와세키(長谷川席)	후쿠오카현
고나쓰(小夏)	유라야(由良家)	구마모토현
마스초(桝蝶)	하세가와세키(長谷川席)	후쿠오카현
기요조(喜代三)	에도야(江戸家)	도쿄시
시게요(繁代)	신주(新壽)	에히메현
미쓰코(實子)	다케하루(竹春)	에히메현
기쿠와카(喜久若)	기쿠야(喜久家)	야마나시현

○광고

• 조용한 객실(座敷) 자신 있는 요리

• **하쿠스이(白水)**

• 경성부 욱정(旭町) 1정목, 전화 본국 장(長) 1391, 3369, 별장 3100

4. 간단한 조선어[15]

○단어

日本	イルボン	일본	朝鮮	チヨーソン	조선
東京	トンギョン	동경	京城	ソウル	서울
私は	ナーヌン	나는	あなたを	タンシーヌル	당신을
人	サラム	사람	錢	トーン	돈
酒	スル	술	煙草	タンベ	담배
自動車	チヤドンチヤ	자동차	電車	チヨンチヤ	전차
良い	チヨーフンゴ	좋은 거	悪い	ナツプン	나쁜
大きい	クンゴシ	큰 것이	小さい	チヨコマン	조그만
澤山	マーニー	많이	少し	チヨツコン	조금
早く	オソ	어서	緩つくり	カマーニ	가만히

○회화

- 나는 당신을 사랑합니다. ナーヌン,タンシーヌル,サラン,ハムニダー
- 당신은 미인입니다. タンシヌン,ミーイン,イムニダー
- 자동차로 같이 갑시다. チャドンチャ,ロ,カツチ,カブシダー
- 또 한 번 불러 주시오. ト,ハンポン,プツロ,チユシヨー
- 대단히 상쾌합니다. テーダニー,サムクエー,ハムニダー

15 '조선어'를 알려주는 기사이지만 원문에 조선어 표기는 없다.

5. 밤의 경성

- 오락시설로서는 극장, 영화관, '베이비 골프'[16]가 있다.
- 경성 일류의 카페는 명치정(明治町)에 마루빌딩회관과 기쿠스이(掬水)가 있다. 서사헌정(西四軒町)에 살롱 아리랑, 본정(本町) 2정목에 살롱 히카리가 있는데, 미모의 여급이 여행의 시름을 달래준다.
- 엽기적 방면으로는 '갈보(カルボ)'라는 것이 있다. 한마디로 '에로 서비스'를 하는 여자이다. '갈보'는 조선의 매소부(賣笑婦)[17]로 경성에서는 신정(新町), 병목정(竝木町), 미생정(彌生町) 방면에 집단으로 있다.
- 경성의 치안은 확보되어 있기 때문에 밤 외출은 안전하다.

6. 신정(新町) 유곽

네온사인이 어지러운 신정 유곽은 빛과 현가(絃歌)[18]의 바다에 뜬 경성의 불야성이다. 기루(妓樓)의 대다수는 근대적인 홀을 갖추고 기생[妓]이 서비스해 주기 때문에 매우 기분이 좋다. 커피 한 잔(10전)으로 그냥 구경하는 것도 좋고, 기루에 가서 여행의 시름을 달래는 것도 좋다. 신정의 모치즈키(望月)에서는 조선 여자만을 알선한다. 전차라면 본정(本町) 종점에서 하차. 자동차는 시내 어디에서나 경성택시(京城タクシー), 아사히택시(朝

16 '베이비 골프(baby golf)'는 실내나 정원 따위에 만든 약식 골프장에서 하는 골프.
17 매소부(賣笑婦)는 돈을 받고 남자들에게 몸을 파는 여자.
18 거문고 따위의 현악기에 맞추어 부르는 노래, 가야금 병창.

日タクシー)를 이용할 수 있는데, 한 대(4인승) 80전 균일이다.

○광고

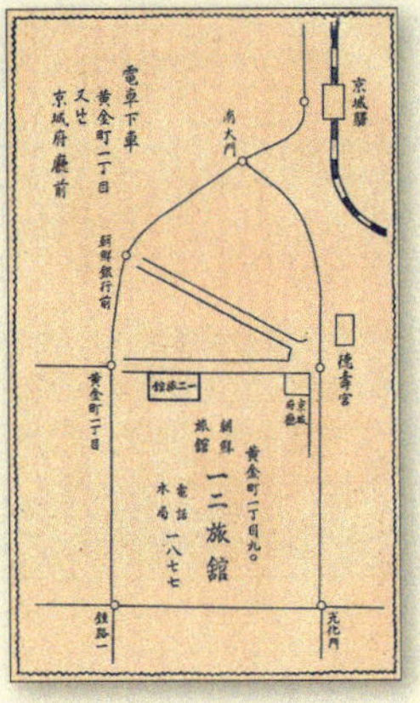

• 전차 하차
황금정 1정목, 또는 경성부청 앞
• 황금정 1정목 90

조선 여관
히후여관(一二旅館)
전화 본국 1877

7. 내선 명물 노에부시(ノーエ節)[19]

• 조선 명물 노에~
조선 인삼 노에~
엿, 범 사냥, 온돌, 기생
노래는 아리랑이구나. 단바쿠야.

19 노에부시(ノーエ節, 農兵節)는 원래 시즈오카현(静岡縣) 미시마시(三島市) 등에서 불린 노래로 일본 전국적으로 널리 알려진 노래이다. 곡 중에 '노에(ノーエ)'라는 후렴구가 붙어있는 것에서 명칭이 유래한다고 한다.

• 산은 금강산이고 노에~

강은 대동강이라 노에~

뗏목을 띄워 이름 높은 큰 강은

중국과 경계인 압록강.

• 일본 명물　노에~

일본 우메보시　노에~

김, 스시, 메밀국수

노래는 도도이쓰(都·逸)[20], 사노사부시(サノサ節).[21]

• 산은 후지산이고　노에~

강은 도네가와(利根川)[22] 노에~

불상은 나라(奈良)의 대불(大佛)이 유명하고

폭포는 닛코(日光)의 게곤노타키(華嚴瀧).

• 산주산겐도(三十三間堂)에서 노에~

부처의 수는 노에~

삼만 삼천 삼백 삼십 삼체[23]라는 것은

이게 진짜일까.

20 에도시대 후기에 유행한 정형 시가로 7·7·7·5의 총 26음절로 기생 문화, 연애 감정, 이상의 정취 등을 풍부하게 표현하던 서민문학의 꽃이다.

21 일본 속요.

22 일본 관동지방을 북에서 동으로 흘러 태평양으로 가는 일급하천.

23 원문에는 '체(體)'로 표기.

8. 내선어 압록강부시[鴨綠江節]

• 조선어

여보, 여보, 모시모시(もしもし)

총각은 고도모(子供)

기생[은] 게이샤(藝者)이고

당신[은] 아나타(あなた)

아버지 어머니는

그건 지치(父)랑 하하(母)요

스키나(好きな)

오캬쿠상(お客さん)은 좋은 손님

9. 백두부시(白頭節)

• 백두산 천지에 쌓인 눈은

녹아 흘러 압록강의

귀여운 처녀가 화장하는 물.

• 당신을 위해 핀 꽃이여

고향에 폭풍이 치는 가을은

흩날려라, 강인한 그대(背の君), 용감하게.

• 사랑과 정으로 만들어진 아이

나무통에 채워 넣고 말에 태워

또 있다면 등에 업고 가라.

○광고

1934년 7월 28일 인쇄

1934년 8월 1일 발행 (비매품)

저작 겸 발행자: 경성부 사회과, 모리 모토요시(毛利元良)

인쇄자: 사와다 사이치(澤田佐市), 경성 장곡천정(長谷川町)

인쇄소: 긴자와 인쇄부(近澤印刷部)

발행소: 경성부 사회과(京城府 社會課) 경성관광협회

○광고(뒤표지 안쪽 면)

○ 광고(뒤표지)

[8] 관광의 경성(觀光の京城)

경성관광협회·일본여행협회, 1937

집필·번역 **박영희**

소책자 표지 앞면, 104㎜×149㎜

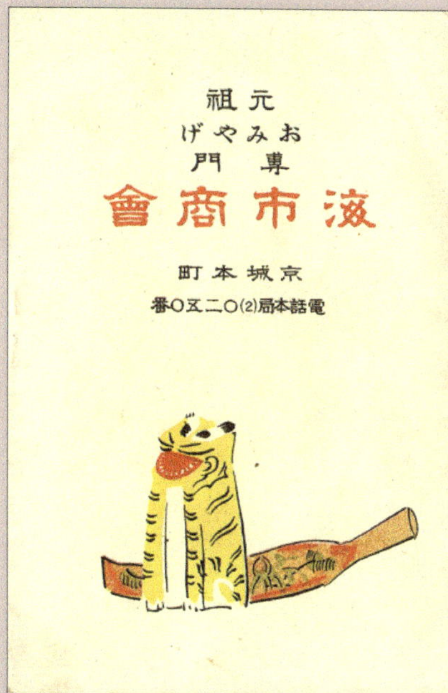

소책자 표지 뒷면

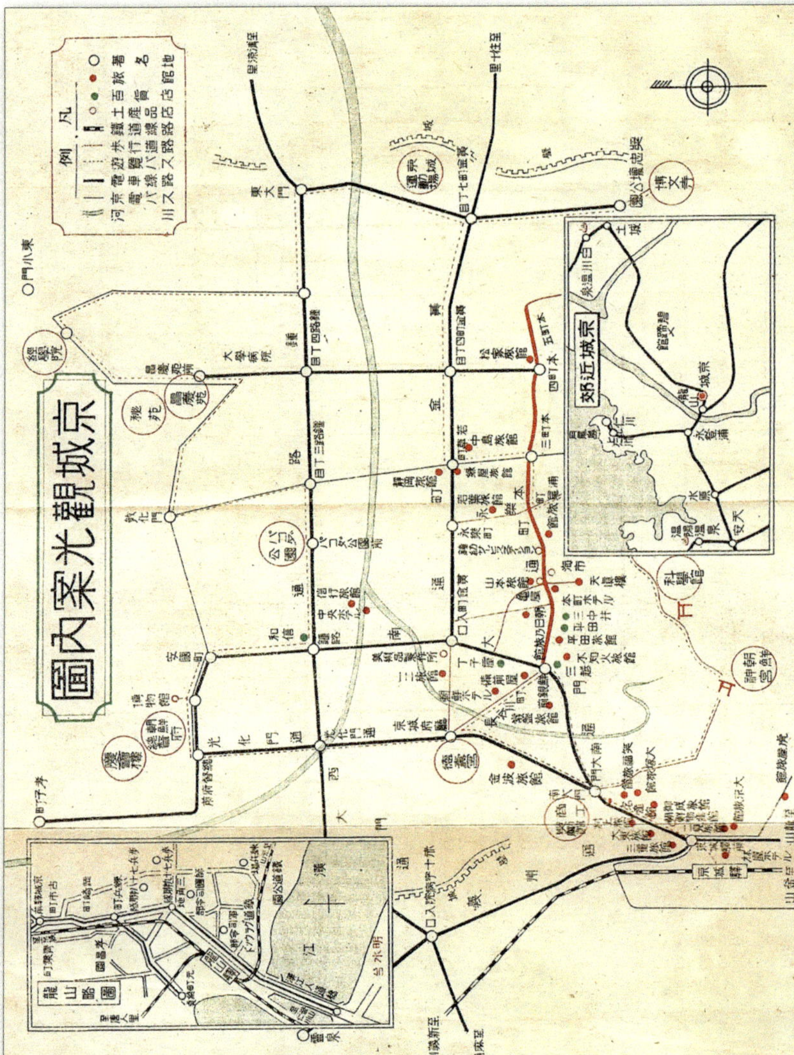

「경성관광 안내도」

| 해 제 |

이 자료는 1937년 3월에 경성관광협회와 일본여행협회(ジャパン·ツーリスト·ビューロー)가 일본인 관광객 유치와 식민지 경성의 이미지를 홍보하기 위해 발행한 『관광의 경성』이라는 제목의 소책자이다. 협회의 다양한 발간물 중 경성을 안내·소개하는 소책자나 팸플릿의 대부분이 제목에 경성을 앞세우고 있는 것과는 달리 이 소책자는 관광을 앞세웠으며 손에 쥐기 편한 핸드북 크기로 가로쓰기와 세로쓰기를 병용하고 있다. 가로쓰기는 우횡서(右橫書)가 주류이지만 곳곳에 좌횡서(左橫書)로 쓰인 부분도 발견된다. 자료는 총 40페이지로 구성되어 있는데, 앞뒤 표지면과 내지면의 경성 관광안내도, 조선관광협회 지정여관 요금 일람표, 시라누이여관(不知火旅館) 신관 이전, 우미이치상회(海市商會)의 광고가 수록된 면은 페이지에 포함되어 있지 않다.

앞 표지면은 글자 색을 포함한 10가지 색을 사용하여 조선의 궁과 산 등을 표현하였고, 향로를 중앙에 배치하면서 벚꽃으로 추정되는 꽃잎이 곁들어져 있는데, 이는 1937년 4월 24일부터 26일까지 협회 주최의 경성관광제(京城觀光祭)를 염두에 두거나 경성을 찾는 일본인들에게 친밀감과 정서적인 안정감을 주기 위해 표현한 것으로 추측된다. 소책자에 실린 전체적인 내용은 관광에 필요한 다양한 정보를 게재하고 있는데, 경성의 역사를 비롯한 명승고적과 문화, 조선의 토산품, 경성 및 근교의 명소 관광에 관한 정보, 광고 등이 수록되어 있다. 그 내용을 4가지 주제로 분류, 정리하여 소개하면 다음과 같다.

첫째, 경성 관광 및 일정을 소개하고 있다. 경성 관광에 필요한 안내도를 비롯하여 여성 안내인[婦人案內者]이 안내를 제공하는 유람버스 출발 시간과 장소, 일반 및 단체요금에 관한 내용이 상세히 소개되고 있다. 관광 일정은 1일 코스와 2일 코스로 나뉘며, 특히 주목할 만한 명소로는 과학관, 이왕가박물관, 총독부박물관, 상공장려관 등 네 곳을 강조하고 있다. 또한 창경원, 과학관, 박물관, 덕수궁의 입장료와 할인율, 게이샤와 기생의 화대, 전차·버스·유람버스 등의 교통수단 요금, 대절 요금, 택시 요금 등 관광에 필요한 각종 비용 정보를 상세히 담고 있다. 조선여관협회가 지정한 단체 숙박 요금과 학생 할인 요금에 관한 설명도 포함되어 있다. 그 밖에 협회가 지정한 사진관 안내와 학생단체 기념 촬영 요금, 관광안내소의 위치와 서비스, 협회의 조직, 그리고 경성에서 출발하는 금강산 탐승에 대한 간략한 소개도 수록되어 있다.

둘째, 명승 고적지와 온천 그리고 스탬프 랠리를 소개하고 있다. 경성의 지리와 역사, 행정기관·행정구역 확장과 같은 정비에 관해 설명하고 남대문을 비롯한 경성의 명승고적 21곳과 경성 근교의 금곡릉(金谷陵), 골프장, 인천, 개성, 수원, 벽제관(碧蹄館), 배천·연안·신천·삼천·송화·온양 온천으로 이어지는 온천 순례도 추천하고 있다. 아울러 조선신궁, 박문사(博文寺), 파고다공원 대원각사비(大圓覺寺碑), 근정전, 경회루, 경학원(經學院), 중화전, 관광안내소는 사진과 함께 실려 있으며, '스톡 나겔(ストックナーゲル)' 기념품 구매처 4곳과 스탬프 랠리 장소도 안내하고 있다.

셋째, 경성의 상공업과 문화, 토산품을 소개하고 있다. 남대문통, 황금정, 명치정 등은 근대적 상업기관과 조직이 완비된 경성의 비즈니스 중심지로, 수백 개의 은행과 회사가 밀집해 있는 상업지구로 선전되고 있다. 본정통, 종로통, 용산, 영등포 등은 공업과 생산 중심지로 성장 중이며, 조선상공회의소를 포함한 주요 산업·경제 기관 15곳도 시찰 관광객에게 소개된다.

조선의 문화는 김치를 담그는 부인의 사진과 함께 김치를 소개하며, 경성의 밤 문화, 토산품점, 오락시설, 식당, 기생, 매춘부, 권번, 화류계, 치안의 안전성 등도 언급하고 있다. 특히 조선 인삼의 효능과 인삼 제품은 협회 지정 판매점을 통한 구매를 권유하며 적극적으로 홍보된다. 이외에도 갓 제품, 도자기, 나전 세공, 공예품, 조선 단밤, 기념 레코드, '스톡 나겔' 등 다양한 토산품이 소개된다.

넷째, 협회 지정 업소와 판매점, 광고를 게재하고 있다. 협회 지정 업소로는 일본 여관 26곳, 조선 여관 2곳, 일본 요리점 11곳, 조선 요리점 2곳, 그 외 식당, 택시 회사, 토산품점, 카페, 백화점, 단밤 판매점, 사진관, 사진 기자재점, 커피숍, 병원, 여행용품점, 조선 인삼, 유곽, 권번 등을 소개하고 있다.

광고에는 '경성의 연혁'(경성부 촉탁 집필, 협회 발행)을 비롯해 마쓰야여관(松家旅館), 구메산장(久米山莊), 야마모토여관(山本旅館), 우라오여관(浦尾旅館), 다카기가방점(高木鞄店), 우미이치상회(海市商會) 등 협회 지정 업소와 수원 화서문(華西門), 개성 홍삼 건조장, 6년근 인삼, 인천각(仁川閣) 등이 사진과 함께 실려 있으며, 대다수가 협회 지정 업소 광고이다. 협회 구성원과 지정 업소 대부분이 일본인 자영업자로, 당시 경성의 경제가 일본인 중심으로 운영되었음을 보여준다.

이 자료는 전시 통제기 직전(1937~1945)에 발행된 것으로 철도국 발간물처럼 관광 지도와 명소 개요를 담고 있으나, 경성 관광의 다양성을 보다 풍부하게 소개하고 있다는 점에서 독특하다고 할 수 있다.

○ 광고(표지 안쪽면)

시라누이여관(不知火旅館)

신관 이전(5월 낙성)

- 부지: 650평, 정원 약 400평
- 구조: 근대식 철근 콘크리트 4층 건물
- 설비: 난방·위생 특히 객실 화장실·옷장·각 층 욕실 등 최신식 완비
- 특설: 조선 건축 양식(500년 전 옛날식), 대기실
- 객실: 화실(32실), 양실(2실)

○조선관광협회 지정 여관료 일람표

지역	여관명	숙박요금(1박 2식 포함, 팁 폐지) 단위 원(圓)																
경성역 앞	하야시야호텔(林屋ホテル)							객실료 제도			(양실)	5.5	(6조)	2.5	2	(양실)	3	2.5
	후타미여관(二見旅館)						7			5.5		4.5	4					
	미에여관(三重旅館)						7		6		5		4		3			
	대동관(大東館)									5.5		4.5		3.5				
	오나리여관(御成旅館)										5		4	3				
	무라카미여관(村上旅館)						7		6		5		4		3			
	도라야여관(虎屋旅館)								6		5		4		3	2.5		
	다이쿄여관(大京旅館)								6		5		4	3.5				
남대문 옆	쇼후쿠여관(笑福旅館)						7		6		5		4	3.5				
	오쓰카여관(大塚旅館)		10				7		6		5		4					
중앙부	비젠야(備前屋)	10	9.5	9	8.5	7.5	7	6.5	6	5.5	5	4.5	4					
	조선호텔	버스 없음. 1인 3원 이상				버스 포함. 1인 7원 이상				버스 없음. 2인 1실 6원 이상					버스 포함. 2인 1실, 13.5원 이상			
	야마모토여관(山本旅館)						7				5		4					
	천진루(天眞樓)			9		7.5	7	6.5		5.5	5		4					
	시라누이여관(不知火旅館)					7.5			6		5		4					
	아사히노여관(朝日乃旅館)															3	2.5	2
	도키와여관(常盤旅館)						7		6		5		4	3.5				
	긴파여관(金派旅館)										5		5			2.5		

지역	여관명	숙박요금(1박 2식 포함, 팁 폐지) 단위 원(圓)																
본정	혼마치호텔(本町호텔)			객실료 제도			7		6		5	4.5	4	3.5				
	히라타여관(平田旅館)								6			4.5		3.5				
	우라오여관(浦尾旅館)							6.5		5.5		4.5	4	3.5				
	마쓰야여관(松家旅館)										5		4		3	2.5		
황금정(黃金町)	미도리야여관(綠屋旅館)											5				3		2
	시즈오카여관(靜岡旅館)											5				3		2
	나카시마여관(中島旅館)														3.5	3	2.5	2
영락정	와카바여관(若葉旅館)															3		2
조선여관	중앙호텔												4.5		3.5		2.5	
	신행(信行)여관															1.8	1.8	1.3

○ 조선신궁(朝鮮神宮)[1]

- 신궁 앞 광장 남산정에 '스톡 나겔(ストックナーゲル)'[2]이 있고 스탬프는 사무소에 있다.

1 원문에는 스탬프 찍는 빈칸이 있음.

2 '스톡 나겔(Stocknagel)'은 유럽의 등산 및 하이킹 문화에서 비롯된 기념 아이템으로, 목제 트레킹 스틱에 부착해 방문한 산이나 지역을 기록하는 등산 기념품 역할을 하였다.

조선신궁

박문사

○ 박문사(博文寺)

• 사원 앞 동관정(洞觀亭)에 '스톡 나겔'이 있고 스탬프는 본당에 있다.

○ 파고다공원 대원각사비(大圓覺寺碑)

• 스탬프는 공원사무소에 있다.

○ 근정전(勤政殿, 경복궁 내)

• 스탬프는 박물관 안에 있다.

○ 경회루(慶會樓)

• '스톡 나겔'과 스탬프는 경회루 앞 매점에 있다.

○ 경학원(經學院) 석전제(釋奠祭)

○ 중화전(中和殿, 덕수궁 내)

파고다공원(대원각사비)

근정전(경복궁 내)

경회루

경학원 석전제

중화전(덕수궁내)

관광안내소(경성역 구내)

○ 관광안내소(경성역 구내)

• '스톡 나겔' 및 기념 스탬프가 있다.

○ 광고

경성 관람은 유람버스로

• 여성 안내인[婦人案內者]의 친절하고 공손한 명소·구적의 설명을 들으면서 반나절 동안 유쾌하게
• 일주(一巡): 3시간 반, 1일 2회 발차
• 출발 시간: 오전 9시 경성역 앞 출발, 오후 1시 경성역 앞 출발 차고 앞 순회. 단, 동절기(11월 1일~3월 31일)는 오전 11시 경성역 앞 출발 1회.
• 요금: 대인 2명 20전, 소인 1명 10전(6세 이상 12세 이하)
• 단체 할인 신청은 문의받습니다. 상세한 사항은 경성역 출구 관광안내소 또는 전국 여행협회에 문의해 주세요.

경성부 장곡천정(長谷川町) 42(조선은행 옆)
주식회사 경성택시 유람과, 전화: 본국 1040번, 2744번

수원화서문

홍삼 건조장(전매국 개성출장소)

인천각

조선 부인이 김치를 담그는 모습

○ 조선의 쓰케모노(漬物)

조선인의 각 가정에서 사계절 내내 먹는 채소류 쓰케모노(조선어로 침채, 김치라고 부름)는 식사 때 특히 소중히 여기며 즐기는 음식이다. 매년 초겨울이 되면 상당한 비용을 들여 배추와 무, 어육류(魚肉類) 외 여러 종류의 향료로 버무리고 담을 용기는 마당에 대·중·소 장독을 진열해 한가득 담그는데, 겨울이 되면 가장 맛있는 음식으로 국내외 평판이 나 있다.

○광고

경성 부근의 온천

국철(局線)과 사철(社線) 모두 이용 시에 운임 할인[3]

- 배천온천(白川溫泉)[4] 경성역에서 2시간 반, 황해선 배천온천역에서 약 500m[5]
- 연안온천(延安溫泉): 경성역에서 2시간 50분, 황해선 연안온천역에서 약 800m
- 신천온천(信川溫泉) 경의선 사리원역에서 1시간, 황해선 신천온천역에서 약 500m
- 삼천온천(三泉溫泉) 경의선 사리원역에서 1시간 40분, 황해선 삼천온천역에서 약 200m
- 송화온천(松禾溫泉) 경의선 사리원역에서 2시간 20분, 황해선 송화온천역에서 약 300m

조선철도 주식회사: 경성부 고시정(古市町)[6] 14번지

전화: (장)본국 ②2151번

3 원문에는 '기차임국사선(汽車賃局社線)'으로 표기.

4 '황해도 연백군 은천면 영천리에 있는 '배천온천'은 한반도 내에서는 유일하게 섭씨 90℃ 이상의 뜨거운 온천수로 유명하며, 일제강점기 총독부 일본 고관들의 단골 휴양지였다.

5 '원문에는 '5정(丁)'. 1정은 약 109m.

6 현재의 용산구 동자동.

1. 경성 관광 일정

○1일 일정

- 조선신궁→박문사→경학원→창경원→총독부(청사 견학 등)→박물관→경회루→덕수궁.

○2일 일정

- 1일 차: 상공장려관→조선신궁→과학관→박문사→경학원→창경원→비원 배관(拜觀)→시내 산책.
- 2일 차: 덕수궁→총독부(청사 견학 등)→경회루→박물관. 오후에는 인천·개성·청량리·벽제관·세검정·한강·금곡릉 등 근교 시찰.

○특히 볼만한 것

- 과학관에서는 조선의 곤충·조류의 표본, 부산-신의주 간 철도 노선의 주요 암석 표본, 부전강(赴戰江) 수력발전 모형, 적외선 응용 장치 등.
- 이왕가박물관에서는 석기시대부터 조선[7]에 이르는 토기·공예미술품·고려 도자기류·불상류·회화류.
- 총독부박물관에서는 경주 석굴암 모조 석상·금령총(金鈴塚) 출토품·목관·금동보관(金銅寶冠)·장식품·문방구·낙랑고분 출토품·전한대동기(前漢代銅器)·고려시대 청동경·조선 활자.

7 원문에는 '이조(李朝)'로 표기. 이후 '조선'으로 표기함.

• 상공장려관에서는 산금(産金)에 관한 것, 그 외 철·석탄·흑연 및 경금속·규사(硅沙)·규석·고령토 및 와목(蛙目)점토·양모에 관한 것, 질소 비료에 관한 것, 조선 인삼 재배 상황 및 표본과 제품, 조선 연안산 각종 선어(鮮魚) 표본, 수출용 수산 제품, 조선 특유의 각종 공예품.

2. 관광에 관한 운임과 요금

○전차 버스

시내선·교외선은 5전으로 균일, 시내-교외 2구간 연결은 8전, 시내-교외 3구간 연결은 10전, 학생·단체는 할인 적용.

○유람 버스(고급 전망차)

• 대인 2원 20전, 소인 1원 10전.

할인	10인 이상	20인 이상	30인 이상
보통	10%	15%	20%
학생	20%	30%	40%

• 대절 요금

- 소형(16인승): 1시간당 7원.
- 대형(22인승): 1시간당 10원.
- 경전(京電) 대절 버스 요금표는 별도 리플릿(전단지)이 있습니다.

○ 택시(1대 4인승, 미터제)

- 2km까지 50전, 800m 이상 초과할 때마다 10전. 대기시간 5분마다 10전을 가산한다.

• 주요 관광지 사이의 요금

경성역-조선신궁	50전	경학원-창경원	50전
조선신궁-박문사	90전	창경원-총독부	60전
박문사-경학원	90전	총독부-덕수궁	50전

※그 외 대기시간 요금은 청구한다.

○ 단체숙박요금(조선여관협회 제정)

• 숙박 요금

소학생	1박 3식	1원 35전
중등학생		1원 80전
전문학교 학생 이상		2원 40전
청년단	1박 2식	2원 50전
교원 및 군인		3원
일반(普通)		3원 50전
신사(紳士)		4원~6원

• 식사 요금

종별	아침	점심	저녁	기사
소학생	0.40	0.25	0.50	중식은 주먹밥 도시락
중등학생	0.50	0.30	0.80	중식은 1단 도시락[8]
전문학교 학생 이상	0.70	0.30	1.00	
청년단	0.70	0.50	1.20	
교원 및 군인	0.80	0.50	1.20	
일반	1.00	0.60	1.50	중식은 2단 도시락[9]
신사	1.00~	0.80	2.00~	

※주의: 1. 청년단과 신사 단체가 석식을 불포함할 경우의 숙박 요금은 정해진 요금에서 석식 요금의 반액을 공제한 금액으로 계산한다.
2. 단체 숙박 요금은 모두 정오(正午)를 기점으로 하고, 익일 정오를 기준으로 계산한다.
3. 단체, 개인 관계없이 팁은 폐지한다.

• 식사 불포함 숙박 요금

종별	중식 불포함	석식 불포함
소학생	1.15	1.00
중등학생	1.65	1.40
전문학교 학생 이상	2.25	1.90

○ 학생 단체 기념 촬영 요금

대(大) 사이즈		4절	8절	대 · 중판	중판	합판(合板)	소판
원판료		7.00	5.00	3.00	2.50	1.50	1.00
추가 인하 1매 당	50매 이상	0.50	0.40	0.30	0.25		
	50매 이하	0.60	0.50	0.40	0.30		

• 경성관광협회 지정 사진관

- 이카리사진관(碇寫眞館)
- 가와라사진관(河原寫眞館)
- 사카이사진관(酒井寫眞館)
- 미야코사진관(ミヤコ寫眞館)
- 남대문사진관

8 원문에는 '병절(竝折)'로 표기.

9 원문에는 '이중절(二重折)'로 표기.

○ 창경원(昌慶苑)

- 입장료: 대인 10전, 소인 5전, 20명 이상의 단체는 대인 5전, 소인 2전.
- 식물관 온실: 1인 10전, 학생단체 20명 이상은 1인 3전.
- 박물관 본관: 1인 10전, 학생단체 20명 이상 5전.

○ 과학관(科學館)

- 대인 5전, 소인 2전, 20명 이상 학생단체에 한해 50% 할인.

○ 박물관(博物館)

- 입장료: 대인 5전, 소인 및 단체는 무료.

○ 덕수궁(德壽宮)

- 입장료: 대인, 소인 모두 5전
  미술관 입장료는 별도로 대인 15전, 소인 5전,
  20명 이상의 학생단체에 한해 50% 할인.

○ 게이샤(藝者) 화대(花代)

- 30분(1본[本])[10]: 25전.
- 최초 1시간(8본): 2원.
- 2시간째(6본): 1원 50전.
- 3시간째부터(5본): 1원 25전.

10 원문에는 '잇본(一本)'으로 표기. 화류계에서는 30분 단위의 화대를 '잇본(一本)'이라 불렀다.

- 예약 화대(約束の花)[11]: 2시간 반.
- 모라이 화대(貰ひ花)[12]: 4본.
- 모라이도메 화대(貰ひ止め花)[13]: 4본.
- 유흥세(30분당): 1전 50리.[14]
- 교통비(왕복): 40전.

○기생 화대

- 1본(30분) 65전, 최초 1시간 3본(1원 95전). 예약(約束)·모라이제도(貰ひ制度) 없음. 유흥세 30분당 4전, 교통비 80전.

3. 경성의 지지(地誌)

경성부는 조선 반도의 서쪽 중앙부에 있고, 북쪽의 대부분이 산악으로 둘러싸여 있다. 아득한 백두산 계통에서 비스듬히 뻗어 내려온 북한산이 우뚝 솟아 남화(南畵)[15] 그대로의 웅장한 [풍경을] 자아낸다. 북한산의

11 예약한 게이샤의 화대.

12 '모라이(貰ひ)'는 화류계에서, 게이샤 등이 이미 예약된 손님과의 약속이 있더라도, 다른 손님의 요청에 따라 특별한 허가를 받아 그쪽으로 가는 것을 의미한다. 이때 지불하는 추가 화대를 가리키기도 한다.

13 '모라이' 요청을 거절하거나 막기 위해 지불하는 화대로, 게이샤가 다른 손님에게 가지 않도록 보장하는 것이다.

14 1전=10리.

15 일본에서 18~19세기에 많은 화가들이 즐겨 그린 회화 양식.

남쪽 기슭에 한 지맥(支脈)이 삼각형을 이루어 치솟은 것은 북악(또는 남악)이고, 남쪽에 4개의 지류를 이루어 아름다운 푸른 산(翠黛)이 옆으로 누워 있는 것이 남산이다. 또 서쪽에 인왕산, 동북쪽에 타락산(駝酪山)[16]과 같은 여러 산이 있어 함께 이어져 환상(環狀)을 이루고 있다. 이 연산(連山)의 안쪽이 고래(古來)의 수도 경성이다. 조선이 도읍을 정할 때 이들 산꼭대기를 관통하여 성벽을 축조하였고 사방에 4대문·4소문을 설치하였다. 그 중 흥인지문(동대문), 숭례문(남대문), 창의문만 현존하고 다른 곳은 도로 개수 때 모조리 해체되었다.

성벽으로 둘러싸인 고도(古都)의 서남쪽 지역을 용산이라 하며, 반도(半島) 5대 강의 하나인 한강 연안까지 이어져 있다. 현재의 경성은 고도(古都) 경성과 구칭(舊稱) 용산, 그리고 한강의 왼쪽 기슭의 구 시흥부(始興府) 일부를 포함한다. 한강은 더없이 넓은 경성 동·남·서쪽 세 방향으로 흐른다. 이 큰 강과 고리를 이루는 산악과 서로 어우러져 문자 그대로 산하금대(山河襟帶)라는 자연의 성곽을 이루고 있다. 조선 제1대 태조가 도성을 이 땅으로 선택한 이유도 쉽게 납득할 수 있다.

4. 경성의 역사

경성은 옛 조선 북반(北半)이 한(漢)나라의 영토였을 무렵, 대방군(帶方郡)[17]내에 편입되었다. 이후 백제가 발흥하자마자 백제의 영토가 되었고,

16 동대문에 인접한 낙산(駱山)의 옛 이름.

17 중국 한나라가 설치한 군현. 지금의 한강 이북 경기도 지방과 자비령(慈悲嶺) 이

제11대 근초고왕은 도읍을 동남쪽으로 몇 리 떨어진 곳으로 옮겼다. 제21대 개로왕(蓋鹵王)[18]은 북방의 강적인 고구려 장수왕에게 쫓겨 남방의 웅진(공주)으로 어쩔 수 없이 천도하였다. 그리하여 백제가 경성 부근에 도읍을 정한 것은 124년에 이르러서다. 그 후 신라가 흥하면서 이 지역을 영토로 삼았고, 뒤이어 개성에서 고려가 세워졌다. 지금으로부터 약 860년 전인 고려 제11대 문종 때 비로소 하나의 집락촌 형태를 이루게 되었다. 그 후 약 40년이 지나 제15대 숙종 9년에 이르러, 왕이 별궁을 짓게 하여 남경이라고 명명하였으며, 국내 3경 중 하나가 되기 위해 시가지의 모습을 완전히 새롭게 단장하였다.

조선 태조는 조선 통일의 위업을 달성한 후, 태조 3년 10월에 개성에서 이곳으로 도읍을 옮기고 이 땅을 수부(首府)로 정하였다. 이어 행정청인 한성부를 설치했으며, 태조 5년에는 주변의 산정(山頂)에 약 5리에 걸쳐 완연(蜿蜒)하게 성벽을 쌓았다. 그 후 약 540년 동안 경성은 조선의 수도로 기능하였다. 천도 후 약 200년이 지나 '분로쿠의 역(文祿の役)'[임진왜란][19]이 발생하였고, 이어 청나라군의 침략이 잇따랐다. 이들 전란을 전후로 정권 쟁탈이 일어나면서 기강은 점차 흐트러졌고, 경성 시가지의 모습도 예전 그대로의 모습을 쉽게 회복할 수 없게 되었다. 근세에 이르러 조선은 청일전쟁[20] 이후 처음으로 중국[21]의 굴레에서 벗어나 독립하였으며,

남의 황해도 지방이었을 것으로 짐작되고 있으나, 일부에서는 이를 중국 동북 지방에 비정(比定)하는 견해도 있다.

18 원문에는 '20대'로 표기.

19 '임진왜란'을 의미하는 용어로, 자료에 따라 '분로쿠(文祿)', '분로쿠 역(文祿役)', '분로쿠의 역(文祿の役)' 등으로 표기되기도 한다. 이후 원문대로 표기한다.

20 원문에는 '일청역(日清役)'으로 표기.

국호를 '한국'으로 변경하였다.

러일전쟁[22] 이후 수년이 지난 1910년 8월에는 한국병합이 이루어졌다. '분로쿠 역(文祿役)'[임진왜란] 전후보다 더 많은 정변이 잇따라 일어나 경성을 무대로 한 정치적 상황은 매우 혼란스러웠다. 특히 병합 전 4·50년 간의 경성은 가장 다사다난한 시기로, 내치와 외교의 변화가 마치 주마등처럼 스쳐 지나갔다. 일본인이 경성에 이주하기 시작한 것은 1880년 4월 일본공사관 설치 이후의 일이다. 이후 조선이 청나라나 러시아의 세력하에 있었던 탓에, 일본 거류민은 매우 큰 고초와 곤란을 겪으며 발전을 이루지 못했으나, 청일·러일전쟁을 거치며 그 수가 증가해 현재는 시내 전체 인구의 1/3을 차지하게 되었다. 1906년까지는 거류민 소규모 사무소(役場[읍·면·촌 단위]), 거류민 대규모 사무소(役所[시·군 단위]) 등을 설치해서 자치적인 행정을 꾸려왔지만, 같은 해에 「거류민단법」의 발포에 따라 경성과 용산에 각각 민단이 설치되어 합법적인 자치 행정이 이루어졌다.

1910년 한국병합과 함께 '한국'이라는 국호는 폐지되고 단순히 '조선'이라 불리게 되었다. 동시에 경성에서는 기존의 한성부는 폐지되고 경성부가 새로 설치되었으며, 1914년에 부제(府制)가 마련되어 종래에 동일 지역 내 조선인과 일본인[23]을 대상으로 운영되던 두 종류의 행정기관이 경성부 아래로 통합되었다.

이 무렵부터 경성은 낡은 옷을 벗어 던지고 차츰 근대적인 도시로 새롭게 변모하여 예전의 모습과는 완전히 달라졌다. 1936년 4월 1일, 행정

21 원문에는 '지나(支那)'로 표기.

22 원문에는 '일로의 역(日露の役)'으로 표기.

23 원문에는 '내선인(內鮮人)'으로 표기. 이후 '조선인과 일본인'으로 표기함.

구역이 크게 확장되어 인접 지역을 편입함으로써 동서 길이는 16km(4리), 남북 길이는 12km(3리)에 이르렀고, 면적은 136km 방리(方里)[24]로 늘어났다. 인구는 65만 명에 달해, 면적은 고베시(神戸市)를 조금 능가한 전국 6번째, 인구는 7번째로 많은 도시가 되었다.

5. 명소 고적

○남대문

본래 명칭은 숭례문이며, 약 530년의 역사를 가진 귀중한 고대 건축물로 지정되어 있다. 이 문은 경성역 부근에 있다.

○조선신궁

남산 중턱에 자리 잡은 [이 신사는] 아마테라스 오미카미(天照皇大神)와 메이지천황을 모시는 관폐대사(官幣大社)이다. 신궁(神宮) 양식으로 지어졌으며, 1920년에 기공(起工)하여 5년간의 공사와 200만 원의 경비를 들여 1925년에 준공되었다.

○한강공원·남산공원·왜성대(倭城臺)

조선신궁에서 남산 중턱을 따라 표참도(表參道)를 연결하는 일대를 한강공원이라 부르며, 이곳은 남산공원과 왜성대로 이어진다. 남산공원 내

24 약 9방리(方里). 1방리는 3,972미터를 한 변으로 하는 사방형을 의미하며, 미터법으로는 약 15.78km²에 해당한다.

에는 경성신사, 덴만구(天滿宮), 하치만구(八幡宮), 노기신사(乃木神社)가 건립되었고, 왜성대는 '분로쿠의 역(文祿の役)'[임진왜란] 때 마시타 나가모리(增田長盛)가 주둔했던 곳이다.

○ 과학관

은사기념과학관(恩賜記念科學館)은 다이쇼천황(大正天皇)의 결혼 25주년을 기념하여 하사된 기금으로 설립되었으며, 과학사상의 보급을 목적으로 지어졌다. 이 과학관은 왜성대의 구 총독부 청사를 활용하여 도쿄·센다이(仙臺)의 과학박물관에 견줄만한 민중 과학의 전당으로 자리 잡았다. 전시품은 일반 과학과 관련된 1만여 점에 이른다.

○ 박문사(博文寺)

장충단공원의 언덕 위에 있는 철근 콘크리트 양식의 사원으로 이토 히로부미(伊藤博文) 공의 영령을 추모하기 위해 지어진 조동종(曺洞宗) 사원이다. 이 사원은 1931년에 준공되었으며, 경내 안쪽을 둘러보면 성벽의 자취를 확인할 수 있다.

○ 창경원

이왕가(李王家)가 경성 부민에게 개방한 정원의 일부로, 원(苑) 내에는 동물원·식물원·이왕가박물관이 있다. 식물원의 온실은 동양 최고로 손꼽힌다.

○비원(祕苑)

창경원으로 이어지는 이왕가의 정원으로 목요일을 제외한 매일 오전 11시와 오후 2시에 배관(拜觀)이 허용된다. 배관은 이왕직(李王職)의 허가를 받아야 하며, 일반에게는 공개되어 있지 않다.

○경학원(經學院)

유교의 최고 학부이며 공자(孔子)를 모시는 문묘(文廟)가 부속되어 있다. 봄과 가을에는 송나라의 의식에 따라 성대한 석전제(釋典祭)가 거행되며 의식에 사용되는 40여 종의 악기가 보존되어 있다.

○총독부 청사

공사비 634만 원을 투입하여 1916년에 공사에 착수하였고, 1926년에 완성한 르네상스식 5층 건물의 화강석과 철근 콘크리트 양식으로 지어졌으며 각 층의 총건평은 9,600여 평이다. 건축에는 조선산 대리석이 풍부하게 사용되었다. 고대 조선의 풍속과 신화를 표상한 중앙 홀의 벽화는 와다 산조(和田三造) 화백의 작품이다.

○경복궁(景福宮)

현존하는 궁전의 일부인 근정전은 여러 의식을 거행했던 장소이고 사정전(思政殿)은 정사를 처리하던 곳, 경회루는 연회장이다. 궁전 내에는 총독부박물관이 있다.

○ 덕수궁(德壽宮)

덕수궁은 450~460년 전에는 조선 9대 성종(成宗)의 형인 월산대군의 사저였지만, 1897년 이태왕(李太王)[25] 전하가 행궁(行宮)으로 삼으며 이름을 경운궁(慶運宮)으로 고쳤고, 1907년 양위 이후에도 그대로 거주하면서 덕수궁으로 개칭되었다. 1919년 이태왕 전하는 여기에서 승하하였다. 영친왕(英親王)[26]은 덕수궁에서 즉위하였고, 이 궁에서 탄생하였다. 주요 건물로는 중화전(中和殿)·함녕전(咸寧殿) 등이 있으며 볼 것이 많다.

○ 미술관

덕수궁 내의 석조전을 미술관으로 삼아 제국미술전람회(帝展)·일본미술원전람회(院展)·이과(二科)·춘양회(春陽會)·국화회(國畵會)·청룡사(靑龍社)·구조사(構造社) 등 일류 미술가의 작품을 전시하였고, 다른 곳에서는 볼 수 없는 종합 미술 전람회장으로 개방하고 있다. 입장권은 덕수궁 입장권과 함께 입구에서 구매해 주기 바란다.

○ 종로의 야시장(夜店)

'경성 고우타(小唄)'[27]의 가사에도 등장하는 종로의 야시장은 경성의 명물 중 하나로 구경만 하며 거닐어도 흥미롭다.

25 고종.

26 원문에는 '이왕(李王)'으로 표기.

27 일반적으로는 에도시대에 유행한 가요나 속요를 뜻하지만, 일제강점기에는 유행가를 이르는 말로 사용됨.

○본정 거리(本町通り)

본정 거리에는 일본인[28]의 점포가 즐비하여 경성의 긴자 거리(銀座通り)로 불리며 밤낮으로 사람들로 북적거린다. 본정 거리가 끝나는 곳에 신정(新町) 유곽이 있다.

○명수대(明水臺)

용산에서 한강 철교를 건넌 곳에 있으며, 산자수명(山紫水明)한 한강신사(漢江神社), 화장사(華藏寺), 명수각(明水閣) 일대에 걸쳐 약 80만 평의 경역(境域)을 이루는, 새로이 경성의 관광지로 이제 막 데뷔하려고 하는 명수대 유람지대이다. 명수대는 발전해 가는 경성의 이상적인 주택지로, 현재 제3회 분양이 진행 중이다. 더불어 신설된 하이킹 코스는 하루 관광 코스로 느긋하게 행락을 즐길 수 있다.

○청량정(淸凉町)

경원선 청량리역 부근의 총칭으로 소나무 숲 안에는 제국대학 예과(豫科)·임업시험장·농업학교 등이 있다.

○세검정(洗劍亭)

경복궁의 서북쪽 성벽 바깥쪽에 있으며, 옛 북한산 수비대 무인들의 쉼터로 정자가 지어졌다.

28 원문에는 '내지인(內地人)'으로 표기. 이후, '일본인'으로 표기함.

○한강

조선 5대 강의 하나로 경성의 서남부 용산을 지나 인천 바다로 흘러간다. 여름에는 납량(納凉)의 뱃놀이, 겨울에는 강물이 45자[29]의 두께로 결빙되어 더없이 좋은 스케이트 링크가 된다. 용산과 영등포 사이에는 최신식 한강교가 있다. 이 다리 근처에 가키부네(かき船)[30]를 모방한 가게쓰마루(花月丸)[31]가 있다.

○여의도

경성 유일의 비행장으로 일본·조선·만주 항공로의 발착장(發着場)이 되고 있다.

6. 근교

○금곡릉(金谷陵)

청량정에서 2리 정도 가면 금곡릉에 닿는다. 이곳에는 고 이태왕과 비전하(妃殿下)의 능이 있다.

29 1자가 약 0.3m, 45자는 약 13.6m.

30 굴 요리를 만들어 파는 배를 말한다. 에도시대 겨울부터 4월까지 히로시마(廣島)에서 오사카(大阪)로 와서 장사하던 판옥선(板屋船)이 시초였으며, 지금도 이 지방에서 볼 수 있다고 한다.

31 '가게쓰마루(花月丸)'는 해상 연회장의 이름으로 사용되었다.

○골프장

경성 교외 군자리(君子里)에 있으며, 18홀의 그린피는 평일 2원, 18홀의 그린피는 평일 2원, 일요일과 공휴일[32]은 3원, 캐디피는 가방 캐디 20전, 포어 캐디 30전이다. 자동차는 미쓰코시(三越) 앞에서 1대에 약 2원, 동대문에서 경성 궤도(軌道)[33]를 타고 모진(毛陳)에서 하차하면 요금은 10전. 점심 식사는 80전이 든다. 입장은 경성 골프구락부원의 소개가 필요하므로 관광안내소에 비치된 회원 명부에 따라 지인 소개를 받거나 조선 호텔 소개가 있으면 골프장에 갈 수 있다.

○인천

인천은 부산·원산에 이은 오래된 개항장이며, 위치도 마치 도쿄(東京)와 요코하마(橫濱)의 관계처럼 경성의 요충지를 차지하고 있다. 항구 안에는 월미도가 누워있는 듯하고, 항구 바깥에는 영종·용호·자월·무의·영홍·대부의 여러 도서(島嶼)가 촘촘히 흩어져 있어 그 자체로 하나의 큰 만

32 원문에는 제일(祭日).

33 1930년 11월 '경성교외궤도주식회사'가 왕십리에서 뚝섬까지 약 4.3km 구간의 철로 면허를 취득하여 협궤철로를 부설하였다. 하지만 경영상의 어려움이 있자 '경성궤도주식회사'에 면허를 이관하였다. 1932년 4월부터는 '경성궤도주식회사'가 경성궤도를 인수하여 운영하였으며 그해 10월 노선을 확장하여 동대문과 왕십리 사이에 별도의 선로를 건설하였다. 종착역과 회사는 동대문)가까이에 있었는데(현재 동대문관광호텔 자리), 1934년에는 상후원역에서 광장리로 이어지는 지선 약 7.2km 구간이 새롭게 부설되었다. 당시 경성궤도는 서울 시내 승객과 물자를 실어 나르는 중요한 교통수단이었지만 한국전쟁이 일어나면서 철도의 상당 부분이 파괴되었고, 이 때문에 철로의 운영을 서울시에서 맡아서 운영하다 1963년에 폐선되었다.

(灣)을 형성하고 있다. 항구 안에는 조수 간만의 차가 30피트[34]에 달하는 결점이 있으나, 이를 이중 갑문식(閘門式)[35] 축항을 건설해 보완하였다. 서해를 사이에 두고 중국 중부의 여러 항과 마주하는 지형상 매우 편리한 위치를 점하고 있어, 대 중국 무역에서는 반도 개항장 중 1위를 차지하고 있다.

명소로는 서공원·동공원·이중 갑문식 축항·월미도·대조탕(大潮湯)[36]이 있으며 시내 자동차 운임은 60전으로 균일. 경성에서 기차로 약 1시간. 편도 기차 운임은 2등석 1원 20전, 3등석은 61전.

○ 개성(開城)

고려 태조 왕건은 신라의 왕족인 궁예가 비장(裨將)으로부터 출세하여 한반도 통일의 대업을 완성한 뒤 고려를 세우고, 고향 송도(개성)에 도읍을 정하였다. 그 이후 고려의 왕위는 상속 34대, 약 470년간 왕도는 항상 개성에 있었다. [개성은] 찬란한 예술 문화를 자랑했으며 예로부터 조선 유수의 상업지이자, 불로장생의 영약(靈藥)인 인삼 산지로도 널리 알려져 있다.

명소·구적으로는 철도공원·남대문·선죽교(善竹橋)·목청전(穆淸殿)·만월대(滿月臺)·채하동(彩霞洞)·경덕궁(敬德宮)·관덕정(觀德亭)·고릉(顧陵)·현릉(玄陵)[37]·두문동(杜門洞)·박연폭포 등이 있다. 경성에서 기차로 약 2시간, 편도

34 원문에는 척(呎)으로 표기.

35 계단상으로 물줄기를 막아 물이 괴게 하면서 수위를 조절하는 장치.

36 바닷물을 끓여 목욕물로 사용했던 목욕탕.

37 고려 공민왕의 능.

기차 운임 2등석 2원 8전, 3등석 1원 15전.

○수원

수원은 경성에서 기차로 약 1시간이면 도착한다. 읍내에는 서쪽에 울창한 팔달산이 우뚝 서 있고, 동북쪽에는 광교산맥이 기복을 이루고 있다. 높이 20여 척의 성벽은 1794년(正祖, 甲寅)에 착공하여 3년 동안 공들여 준공하였으며, 그 길이는 1만 3,200척에 이른다. 시가지 부근에는 소나무 숲이 우거지고 호수와 강의 물결이 울렁여 예부터 '숲의 도시', '물의 도시'로 불렸다. 반도에서는 매우 드물게 경치가 빼어난 땅으로, 정조의 화성지(華城址)·화령전(華寧殿)·서장대(西將臺)·연무대(鍊武臺)[38]·방화수류정(訪花隨柳亭)·화서문(華西門)·화홍문(華虹門) 등의 유적이 아직도 남아있다.

경성에서 편도 기차 운임은 2등석 1원 18전, 3등석 66전.

○벽제관(碧蹄館)

도요토미 히데요시가 외정을 위해 대군을 일으켜 파견한 장병들이 각지에서 전전(轉戰)한 전쟁의 흔적이 많이 남아있다. 60여 세의 백전 노장 고바야카와 다카카게(小早川隆景)에게 배속된 26세의 용장 다치바나 무네시게(立花宗茂)와 모리(毛利) 일족의 연합군은 명나라 총사(總師) 이여송(李如松)이 이끄는 대군을 일거에 물리치고 다시 일어나지 못하도록 하였다. 뿐만 아니라, 일시적으로 비관 상태에 빠졌던 출정군의 사기를 고무시켜 일본군의 홍패를 결정지었으니, 생각건대 벽제의 일전에 견줄만한 것은

38 원문에는 '연무대(練武臺)'로 표기.

없을 것이다. 이후 340년, 세월이 흘러 별자리도 바뀐다고 하지만, 산과 강은 지금도 변함없이 그 자리에 있어, 이곳을 방문하는 이들로 하여금 우리의 충성스럽고 용맹한 장졸들이 분전한 자취를 상기시키기에 충분하다. 경성에서 자동차로 약 1시간 소요되고, 서대문 정류장 앞에서 승합 자동차가 출발한다(편도 60전).

○온천 순례

경의선 토성역에서 조선 철도회사의 황해선으로 갈아타고 배천온천(白川溫泉)·연안온천(延安溫泉)에서 한차례 목욕을 한 뒤, 해주를 거쳐 신천온천(信川溫泉)·삼천온천(三泉溫泉)·송화온천(松禾溫泉) 등 온천 지대를 순례하고 나면, 경의선 사리원역으로 나올 수 있다. [또한] 경부선 천안역에서 경남철도회사의 충남선으로 환승하면 기차로 20분만에 온양온천(溫陽溫泉)에 도착한다. 온양온천의 신정관(神井館, 철도회사 직영)은 호화로운 설비를 갖춘 근대적 반도 최대의 온천 여관으로 4시부터 입욕객이 운집한다.

○광고

○광고

7. 경성의 상공업

약 60만의 인구를 품으며 일본의 6대 도시에 준하는 경성은 단지 정치와 종교의 부(府)일 뿐만 아니라, 산업·경제의 중추이고, 조선 안에서 경제 시설 대부분을 갖추고 있는 조선 경제계 전체 모습의 축소판이다. 오래된 조선의 상업은 거의 사라지고 극히 일부분만 찾아볼 수 있을 뿐이다. [대신] 근대적 상업기관과 조직은 완비되어 선진도시 못지않고, 남대문통·황금정·명치정 등의 이른바 비즈니스센터에는 수백 개의 은행과 회사의 웅장한 건물이 늘어서 있어 상업적 관찰의 가치가 충분하다. 본정통·종로통은 경성의 대표적인 상점가로 그 활기찬 분위기는 일반 시찰 관광객들 사이에서도 한결같이 인정받는 장소이다.

경성은 종래 소비도시로서 발전해 왔으나, 근래에는 공급 도시로 바뀌고 나아가 이미 생산도시가 될만한 형태를 갖추고 있다. 즉 700개가 넘는 크고 작은 공장에서는 약 7,500만 원의 생산액을 기록하고 있으며 1억 원이 넘는 무역을 담당하고 있다. 특히 근래 경성부에 편입된 영등포를 비롯한 근교에는 광대하고 저렴한 토지와 동력이 마련되고, 양질의 용수와 우수한 노동력을 풍부하게 갖추고 있어 이제 경성은 생산도시로의 전환기에 직면해 있다. 현재는 경성을 중심으로 한 조선 내에서의 소비와 대만주와 중국의 관계를 고려해서 다수의 공장이 잇따라 신설되거나 또는 계획되고 있다. 그리하여 용산 및 영등포 방면은 매일 굴뚝의 수가 늘어나고 공장 지역을 형성함으로써 공업 경성으로의 약진을 여실히 보여주고 있다.

이제 신흥 만주국의 융흥(隆興)과 함께 조선의 산업 경제계에도 일대 변환기를 맞이하였다. 지리적으로나 산업적으로도 일본과 만주의 경제 결합체의 중심을 이루며, 중요한 역할을 해야 한다는 사명을 지닌 조선의 심장부 경성은, 경제적 발전과 그 책무를 관철하기 위한 단계적인 노력을 계속하고 있다. 시찰 관광객에게 도움을 주는 대표적인 산업·경제기관을 소개하면 다음과 같다.

- 조선상공회의소: 장곡천정(長谷川町) 111.
- 경성상공회의소: 장곡천정 111.
- 조선농회: 황금정 2정목.
- 조선수산회: 장곡천정 111.
- 조선광업회: 남미창정 4.
- 조선산림회: 총독부 농림국 내.
- 조선공업협회: 장곡천정 111.
- 조선철도협회: 고시정 14.

• 조선금융조합·연합회: 죽첨정 2정목.

• 경성은행집회소: 북미창정 93.

• 조선무역협회: 장곡천정 111.

• 조선물산협회: 장곡천정 상공회의소 내.

• 조선잠사회(朝鮮蠶絲會): 광화문통 210.

• 선미협회(鮮米協會): 남대문통 4정목 76.

• 조선무진협회(朝鮮無盡協會): 명치정 2정목 32.

8. 경성관광협회의 서비스

○ 관광안내소

경성역 구내 출구에는 관광안내소를 설치해 명소·구적의 설명은 물론 여관·택시·유람버스·토산품 등에 관한 정보를 무료로 안내합니다. 안내소 내에는 일본여행협회의 출장소도 함께 운영되어 경성 근교 및 선만여행(鮮滿旅行)에 대한 안내도 제공합니다. [또한] 기념 스탬프가 비치되어 있으며, 안내소에는 전시 케이스를 설치하여 특산품과 토산품을 전시해 두었으니 구경하시기 바랍니다(즉시 구매는 불가합니다).

○ 관광 안내

명소·구적 외 다른 곳도 안내해 드립니다. 안내 요금은 인원수에 관계없이 하루에 2원입니다. 조선과 만주 안내소에서 알선하는 10명 이상의 단체에 대해서는 무료로 안내합니다.

9. 경성관광협회 조직

경성관광협회는 관민이 협력해서 설립된 회원 조직의 공익 단체입니다. 회장은 경성부윤(시장) 간자 요시쿠니(甘蔗義邦)를 추대하고, 부회장은 경성 상공회의소장 가다 나오지(賀田直治) 씨, 조선생명 보험 주식회사 사장 한상룡(韓相龍) 씨, 상무이사는 경성부 사회과장 김영상(金永祥) 씨, 고문과 이사는 경성의 저명인사와 유력자들로 구성되어 있습니다.

10. 금강산 탐승 안내(경성에서부터)

천하의 절승 금강산을 탐승하려면 어느 정도의 시간과 비용이 들까. 의외로 적은 시간과 비용으로 탐승할 수 있다. 금강산은 동해[39]에 접한 부분을 외금강이라 부르며, 개방적인 풍경으로 인해 대단히 웅대하다. [이에 반해] 외금강 반대 측을 내금강이라고 하며, 계곡미가 뛰어나 가을 단풍은 [그야말로] 절경이다. 만물상과 비로봉은 국내외를 막론하고 널리 알려져 있다. 탐승 계절에는 내외 금강산으로 가는 편리한 직통 열차가 경성에서 운행되고 있다. 금강산에 대한 안내기는 철도 안내소, 일본여행협회, 관광안내소에서 무료로 배포되고 있다.

39 원문에는 '일본해(日本海)'로 표기. 이후 '동해'로 표기함.

○광고

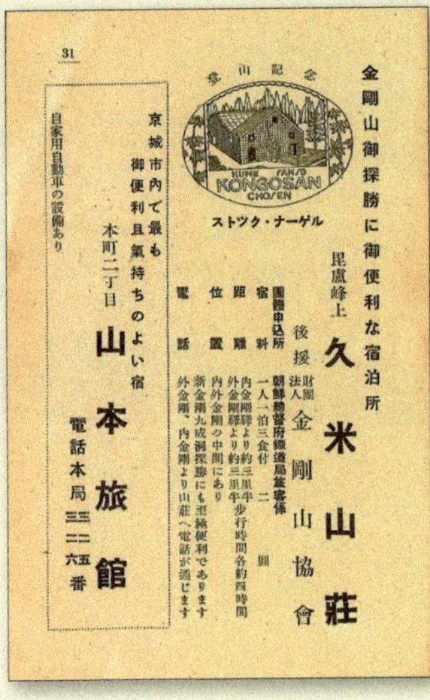

금강산 탐승에 편리한 숙박소

비로봉 정상 **구메(久米) 산장**

- 후원: 재단법인 금강산협회
- 단체 신청소: 조선총독부 철도국 여행계
- 숙박료: 1인 1박 3식 포함
- 거리: 내금강역에서 약 3리 반, 외금강역에서 약 3리 반, 각 역에서 도보로 약 4시간
- 위치: 내외금강의 중간, 신금강 구성동(九成洞) 탐승에도 매우 편리합니다.
- 전화: 외금강·내금강에서 산장으로 전화 연결됩니다.

경성 시내에서 가장 편리하고,

기분 좋은 숙소

본정 2정목 **야마모토(山本) 여관**

전화: 본국 325, 326번

- 자가용 자동차 설비 갖춤

11. 경성 토산품 조사

○ 인삼제품

- 조선 인삼 1상자: 50전~4원 50전.
- 인삼 엑기스 1병: 1원~50원.
- 인삼청 1상자: 20전~1원 50전.
- 홍삼 분말 1상자: 1원 50전.

○ 잣 제품

- 잣 사탕 1상자: 20전~2원.
- 금강 사탕 캔(罐入): 45전~4원 50전.
- 금강 과자(おこし)[40] 캔: 70전~2원 50전.
- 잣 전병 1상자: 50전~2원.

○ 도자기류

- 각종 조선산 자기[高麗燒]: 25전~100원.
- 동(同) 삼화한양가마(三和漢陽窯): 20전~150원.

○ 나전 세공

- 소반(膳)·식기·용품·문구·책상·담배용품 그 외: 2원 80전~150원.

40 찹쌀·조 등을 쪄서 말린 뒤 볶아, 설탕과 물엿으로 굳힌 과자.

○기타 세공품

- 조선 풍속 인형: 20전~1원 20전.
- 풍속 풍경 보자기: 50전~1원 20전.
- 스키야키용 돌솥: 65전~3원.
- 신선로: 1원 50전~10원 50전.
- 각종 바가지(パカチ) 세공: 15전~2원 50전.

○조선 단밤 1되: 80전 정도

- 선물용 레코드 1장: 1원 50전.

○선물용 레코드

- 경성 고우타(小唄), 사계절의 조선, 아리랑, 기생 고우타, 금강산 고우타, 백두절, 국경 경비의 노래.

※ 토산품은 경성역 집찰구(集札口)에 있는 '경성 관광안내소'에 진열되어 있으니 구경하시기 바랍니다(즉시 구매는 시행하지 않습니다).

12. 기생 이야기

기생은 본래 관기(官妓)라는 지위를 지니고 관청(官中)의 연회석이나 양반의 술자리에서 시중을 들었으며, 이는 가마쿠라시대(鎌倉時代)의 시라뵤시(白拍子)[40]와 비슷한 역할을 하였다. 오늘날에는 일반 민중의 연회에 불려 가 노래도 부르고 춤도 춘다. 기생의 대부분은 일본어[42]를 잘하거나 유창하게 구사하는 이도 적지 않다. 그중에는 이소부시(磯節)[43]와 야스기부시(安來節)[44]를 잘하는 이도 있다. 기생은 장고(長鼓)라고 하는 북을 쳐서 연회장의 흥을 돋우며, 기생이 부르는 아리랑은 세계적으로 유명한 노래이다. 시가(詩歌)나 서화(書畵)에 능한 기생도 있어, 백선(白扇)에 염필(染筆)한 작품을 받으면 좋은 선물이 된다. 기생의 본고장은 기생 학교로 유명한 평양이지만, 경성에는 한성권번(漢城券番), 조선권번(朝鮮券番), 그 외의 권번을 모두 합쳐 약 1,000명의 기생이 있다.

13. 밤의 경성

저녁 식사를 마친 뒤 여관에서 뒹굴거리며 시간을 보내는 것만큼 지루한 일은 없다. 산책을 한다면 본정통이나 종로통을 한가로이 거닐며 토산품 가게들을 구경하는 것이 좋다. 또는 남산공원이나 한강으로 드라이브를 나가 둘러보는 것도 괜찮다. 오락시설로는 극장과 영화관, 골프장이 있다.

조선 요리점에 가서 기생의 춤을 감사하는 것도 하나의 즐거움이다.

41 헤이안시대(平安時代) 말기부터 가마쿠라시대(鎌倉時代)까지 유행했던 가무, 또는 이것을 노래하고 춤췄던 유녀(遊女)를 말한다.

42 원문에는 '내지어(內地語)'로 표기. 이후 '일본어'로 표기함.

43 이바라키현(茨城縣)의 민요.

44 시마네현(島根縣) 야스기시(安來市)의 민요.

경성의 일류 카페는 명치통 마루비루(丸ビル) 회관에 있으며, 미국식 설비와 서비스로 유명하다. 이곳의 미모의 여급들이 여행의 시름을 달래준다. 장곡천정(長谷川町) 가게쓰(花月) 식당의 지점(공회당 지하층)에는 세련된 여급이 서비스를 제공하고 있다.

검무(劍舞)

지역에서 인기를 끌고 있는 명물 중 하나로 기생이 있다. 기생은 조선 요리점이나 일본인 요리점에서도 부를 수 있다. 하지만 일류 기생은 3·4일 전에 예약하지 않으면 쉽게 볼 수 없다.

엽기적인 방면으로는 갈보(カルボ)라는 것이 있다. 갈보는 조선의 매춘부로 경성에는 신정(新町)·병목정(竝木町)·미생정(彌生町)에 집중되어 있다. 경성은 치안이 잘 유지되고 있어서 밤 외출도 매우 안전하다.

14. 경성의 화류계

경성의 화류계는 남산정(南山町)과 욱정(旭町) 일대에 일류 일본 요리점이 있고, 신정에는 유곽이 있다. 경성에는 일본과 같은 '마치아이(待合)'[45]

45 '마치아이(待合, まちあい)'는 는 본래 '기다리는 방, 휴게소'라는 의미이지만, 실제로는 요정에서 접객을 마친 후 손님과 예기(藝妓)가 함께 이동하여 은밀하게 시

가 없다.

일본 예기(藝妓)는 본권번(本券番)·동권번(東券番)을 합쳐 약 400명 정도가 있다. 히로시마현(廣島縣)·후쿠오카현(福岡縣)·나가사키현(長崎縣) 등 주코쿠(中國)와 규슈(九州) 방면의 출신이 많다. 예기의 춤은 와카야기류(若柳流)[46]를 이어받은 나가우타(長唄),[47] 기요모토(淸元),[48] 도키와즈(常磐津)[49] 등의 계보를 잇는 경우도 적지 않다. 봄과 가을에는 온습회(溫習會)[50]를 개최하고 있다.

신정 유곽의 기루(妓褸)에는 근대적인 홀이 설치되어 있으며, 미기(美妓)가 나와 서비스를 제공한다. 신정의 모치즈키(望月)에는 조선 여인이 많이 활동하고 있다.

15. 조선 인삼

예부터 조선 인삼은 영약(靈藥)으로 널리 알려져 있으며, 오늘날에는 서양인과 중국인 사이에서도 효과 좋은 강장제·강정제로 각광받고 있

간을 보내던 공간을 말한다. 표면적으로는 휴게실·대기실이지만, 실제는 유흥과 성적 관계까지 이어지는 장소로 기능했던 시설이라고 말할 수 있다.

46 일본의 5대 무용 계파 중의 하나.

47 에도시대에 유행한 긴 속요(俗謠).

48 샤미센(三味線) 음악의 하나로 조루리(淨瑠璃)의 일종.

49 에도시대 중기의 조루리 가락.

50 '온습회(溫習會)'는 기생들이 예능 실력을 발표하고 평가받는 정기 공연 행사였는데, 단순한 행사라기보다는 지역의 큰 문화 행사이자, 예능 계승의 장이기도 했다.

다. 조선 인삼은 고려의 구도 개성에서 재배되어 다량으로 생산되고 있다. 백삼(한뿌리 약 10전)을 베에 싸서 토병(土甁)에 넣어 약한 불에 달인 뒤(철재로 자르거나 철병 등은 안됨), 대추를 잘게 썰어 넣어 마시면 매우 좋다. 단, 너무 진하거나 많이 마시면 몸에 부담이 된다. 인삼 목욕은 몸을 매우 따뜻하게 해주어 부인에게 효과가 좋다. 조선 인삼에는 백삼(白蔘), 홍삼(紅蔘), 인삼 진액이 있으며 협회가 지정한 가게에서 직접 구매하는 것이 가장 안전하다.

16. 경성관광협회 지정(믿을 수 있는 가게)

* 이로하(イロハ) 순

	비젠야(備前屋)(양실·다다미방)	장곡천정
	본정호텔(양실·다다미방)	본정2
	조선호텔(양실)	장곡천정
	하야시야여관(林家旅館)	고시정3[50]
	오쓰카여관(大塚旅館)	어성정(御成町)
	대동관(大東館)	남대문통
	야마모토여관(山本旅館)	본정2
	천진루(天眞樓)	남산정2
	미도리야여관(綠屋旅館)	황금정3
여관(팁 금지)	시라누이여관(不知火旅館)	욱정2
	도키와여관(常盤旅館)	남대문통
	다이쿄여관(大京旅館)	고시정
	우라오여관(浦尾旅館)	본정2
	아사히노여관(朝日乃旅館)	명치통2

51 현 남대문로5가.

여관(팁 금지)	시즈오카여관(静岡旅館)	황금정3
	도라야여관(虎屋旅館)	길야정1
	오나리여관(御成旅館)	남대문통
	무라카미여관(村上旅館)	남대문통
	후타미여관(二見旅館)	고시정
	미에여관(三重旅館)	봉래정
	쇼후쿠여관(笑福旅館)	어성정
	히라타여관(平田旅館)	본정1
	와카바여관(若葉旅館)	영락정
	나카시마여관(中島旅館)	황금정3
	마쓰야여관(松家旅館)	본정5
	긴파여관(金派旅館)	태평통
조선 여관	중앙호텔	삼각정
	신행여관(信行旅館)	관철정
일본 요릿집	백운장(白雲莊)	청운정
	지요모토(千代本)	욱정
	가게쓰(花月) 본점	본정2
	남산장	서사헌정
	기라구(幾羅具)	욱정2
	미야코도리(都鳥)	욱정1
	하쿠스이(白水)	욱정1
	지요신(千代新)	욱정1
	가게쓰 별장	남산정2
	기쿠야(喜久家)	욱정2
	기시노료(岸の寮)	욱정2
조선 요리	명월관	돈의정
	식도원	남대문통
식당	본정그릴(양식, 일식)	본정2
	지요다(千代田)그릴(양식)	지요다 빌딩 지하실
	가게쓰(花月)식당 지점(양식, 일식)	장곡천정
	부민관식당(양식, 일식)	태평통
	가게쓰마루(花月丸)(천[川]요리)	한강 다리 근처
택시	경성택시	장곡천정
	아사히택시(朝日タクシー)	고시정

토산품점	조선미술품제작소	남대문통
	가메야상점(龜屋商店)	본정2
	가네보서비스스테이션(鐘紡サービスステーション)	본정2
	조선물산관	남대문통
	우미이치상회(海市商會)	본정2
	명산관(名産館)	남대문통
카페	마루빌딩회관	명치정2
백화점	미쓰코시(三越)	본정1
	미나카이(三中井)	본정1
	히라타 백화점(平田百貨店)	본정1
	조지야(丁子屋)	남대문통
	화신(和信)	종로2
단밤	이케다상회(池田商會)	남대문통
	현무당	욱정1
사진 촬영	이카리(碇)사진관	남대문통
	가와라사진관(河原寫眞館)	욱정1
	사카이사진관(酒井寫眞館)	본정1
	중앙사진관	종로2
사진 기자재점	남대문사진관	남대문통
	미야코사진관(ミヤコ寫眞館)	황금정
	오사와상회(大澤商會) 경성지부	본정1
커피숍(喫茶店)	메이지제과 경성매점	본정2`
병원	오다병원(織田病院)-내과, 소아과, 엑스레이과	화원정
여행 용품(用具)	다카기가방상점(高木鞄店)	본정2
조선 인삼	조선제약회사	장곡천정
	낙천당제약회사(樂天堂製藥會社)	욱정1
유곽	신정 유곽	신정
	모치즈키(신정 유곽 내)	신정
권번	(예기) 동권번	
	(기생) 조선권번, 한성권번	
기타	명수대	관광 및 분양지
	조양호텔	인천 월미도
	신정관(神井館)	경남철도회사

○광고

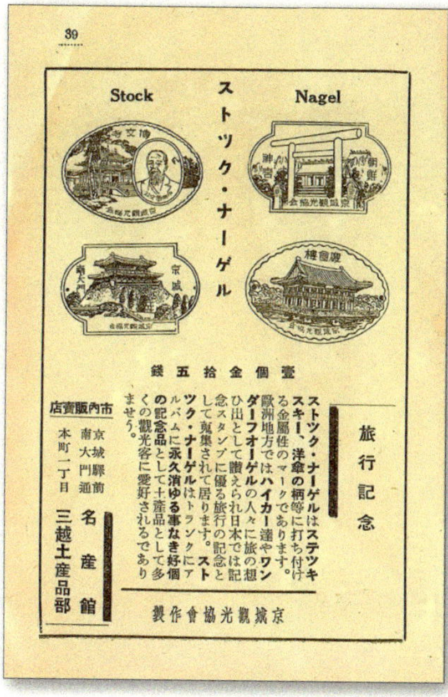

스톡 나겔

- 1개 금 50전
- 여행 기념: '스톡 나겔(ストックナーゲル)'은 스키 스틱이나 양산 손잡이 등에 붙이는 금속성 마크입니다. 유럽에서는 도보 여행자들이나 단체 도보 여행자들에게 여행의 추억을 기념하기 위해 모으며, 일본에서는 기념 스탬프보다 더 나은 여행 기념품으로 여겨져 수집하고 있습니다. '스톡 나겔'은 여행 가방이나 앨범에 붙여도 오래도록 남는 기념품으로, 토산품으로서도 많은 관광객에게 사랑받고 있습니다.
- 시내 판매점
  - 경성역 전 남대문통 **명산관**(名産館)
  - 본정 2정목 **미쓰코시 토산품부**(三越 土産品部)

경성관광협회 제작

○광고

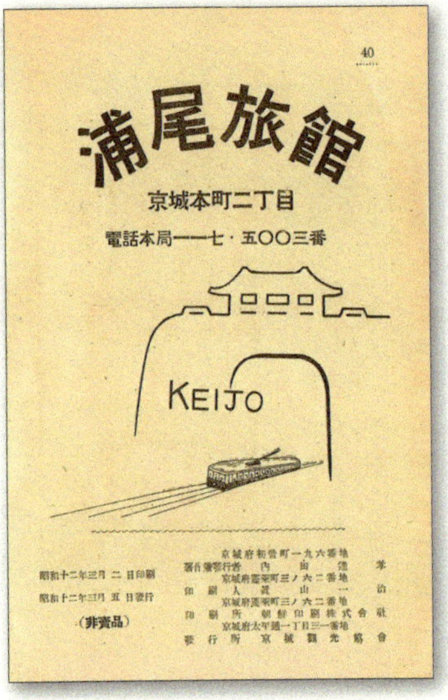

우라오여관(浦尾旅館)

경성 본정 2정목

전화: 본국 117·5003번

저작 겸 발행자: 우치다 다쓰타카(內田達孝), 경성부 초음정(初音町) 196번지

인쇄인: 마야마 카즈하루(眞山一治), 경성부 봉래정 3-62번지

인쇄처: 조선인쇄주식회사, 경성부 봉래정 3-62번지

발행처: 경성관광협회, 경성부 태평통 1정목 31번지

1937년 3월 2일 인쇄

1937년 3월 5일 발행

(비매품)

○ 광고(뒤표지 안쪽 면)

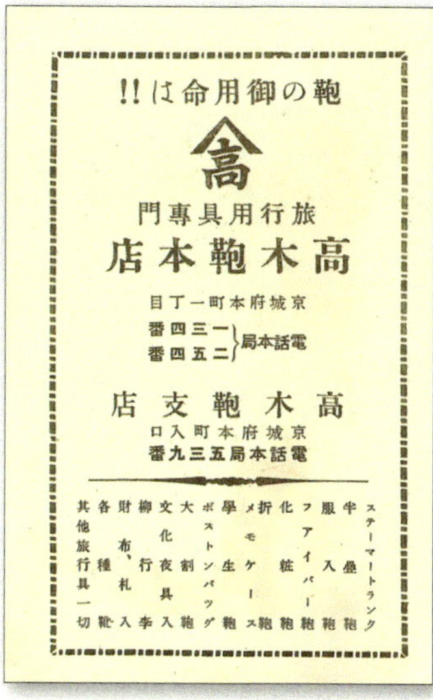

가방 주문은!!

高

여행용품 전문

다카기가방(高木鞄) 본점

- 경성부 본정 1정목
- 전화: 본국 134번, 254번

다카기가방(高木鞄) 지점

- 경성부 본정 입구
- 전화: 본국 539번

- 스테마 트렁크(ステーマートランク)
- 한조 가방(半疊鞄),[51] 슈트케이스
- 인조섬유 가방(ファイバ鞄)
- 화장품 가방(化粧鞄)
- 오리 가방(折鞄)[52]
- 메모 케이스, 학생 가방
- 보스턴 백
- 오와리 가방(大割鞄)[53]
- 문화야구입(文化夜具入)[54]
- 야나기고우리(柳行李)[55]
- 지폐 지갑(財布札入)
- 각종 가방, 기타 여행용품 일절

52 장기 여행용 가방으로 크기는 60㎝~80㎝정도.

53 천막·신발용으로 쓰이는 삼베로 만든 가방으로 다다미 가방이라고 한다. 길이는 45㎝~78㎝정도.

54 트렁크를 변형한 가방으로 중앙에 금속 장치가 있어 좌우로 펼칠 수 있다.

55 서양식 침구, 잠옷 등을 넣는 가방.

56 버드나무나 대나무로 만든 섬유로 된 박스 모양의 용기로 여행이나 이사 등에 물건을 운반하는 데 사용.

○광고(뒤표지)

원조 기념품
전문

우미이치상회(海市商會)

경성 본정
전화: 본국(2) 0250번

[9] 관광의 경성(觀光の京城)

경성관광협회·일본여행협회, 1938

집필·번역 **임다함**

소책자 표지 앞면, 95㎜×168㎜

소책자 표지 뒷면

| 해 제 |

이 자료는 1938년 5월 15일, 경성관광협회와 일본여행협회가 일본인 관광객을 대상으로 발행한 인쇄 팸플릿(소책자)이다. 가로 95㎜, 세로 168㎜의 휴대하기 적합한 크기로 제작되었으며, 표지를 제외하고 총 50페이지로 구성되어 있다. 판매용 책자로 정가는 20전이었다.

앞표지는 경복궁의 처마와 경회루 연못을 배경으로 구성되어 있어 조선의 전통 건축과 자연경관을 강조함으로써 일본인 관광객들에게 이국적 정취를 부각시키려는 의도가 엿보인다. 표지 하단에는 발행처인 '경성관광협회'와 '일본여행협회'가 명시되어 있으며, 이는 관광 산업이 단순한 민간 차원이 아니라 조선총독부의 통제와 지원 아래 운영되었음을 시사한다.

목차는 크게 역사의 경성, 현실의 경성, 비상시 하의 산업, 풍속 이야기, 명소와 고적 해설, 향락가의 야경 등으로 구성되어 있다. 역사 서술 부분에서는 한국병합을 '여명의 서광'으로 묘사함으로써 조선이 일본과의 통합을 오래 기다려 온 것처럼 서술하여, 조선의 역사를 일본 제국의 지배 논리에 맞추어 재구성하고 있음을 확인할 수 있다. 또한, 19세기 말 청일전쟁과 러일전쟁을 조선 독립을 위한 일본의 투쟁으로 미화하는 방식 역시, 제국주의적 역사 인식이 강하게 반영된 부분이다. 이는 조선을 단순한 식민지가 아니라, 일본의 지배 아래 발전한 근대화된 지역으로 보이게 하려는 정치적 의도를 담고 있다.

'비상시 하의 산업' 항목 또한 단순한 경제적 정보 제공을 넘어, 당시 조선이 일본 제국의 전쟁 수행을 위한 자원 공급 기지로 활용되고 있음을 보여준다. 경성을 단순한 관광지가 아니라 군수산업의 중심지로서 홍보하고 있으며, 경성의 금융과 경제기관을 상세히 소개함으로써 일본 자본이 조선 경제를 장악하고 있다는 점을 강조하고 있다. 이는 1938년이라는 발행 시점과 맞물려, 단순한 관광 홍보 차원이 아니라 전시 동원 체제 속에서 경성이 차지하는 위상을 부각하려는 의도로 볼 수 있다.

이 자료에서 또 하나 주목할 부분은 일본인 남성 관광객을 주요 대상으로 한 유흥문화 서술이다. '향락가의 야경'과 '유머리스트의 견물기' 항목에서는 조선의 기생 문화를 상세히 소개하고, 조선 요정과 일본 요정을 비교하며 조선 기생의 특징을 부각하는 방식을 취하고 있다. 기생 문화는 조선의 전통적인 유흥문화로서가 아니라, 일본 남성들이 소비하는 이국적인 성적 대상으로 묘사된다. 이러한 서술은 '제국-식민지' 관계의 젠더적 측면을 보여주는 중요한 단서가 된다.

또한, 이 자료는 일본이 조선을 관광 상품화하는 방식을 분석하는 데에도 유용한 참고 자료가 된다. 자료를 통해 조선의 전통문화, 기생, 요리, 도시 경관 등이 '이국적 체험'으로 포장되었으며, 일본인 관광객에게 매력적인 경험으로 홍보되고 있음을 알 수 있다. 이처럼 경성의 현대적 도시 이미지를 강조하는 한편, 조선의 전통 요소를 전시적으로 활용하는 방식은 관광을 통해 식민지 통치를 정당화하는 전략으로 해석할 수 있다.

이렇듯 『관광의 경성』은 단순한 관광안내서가 아닌, 1930년대 후반 일본 제국이 조선을 어떻게 인식하고 소비했는지를 보여주는 중요한 역사적 자료이다. 이 자료는 경성의 지리, 교통, 숙박, 음식 등 당시 생활 문화사 연구에 귀중한 정보를 제공할 뿐만 아니라, 전시 체제 하의 경제 선전, 식민지 문화의 상품화, 그리고 제국주의적 근대화 담론을 분석하는 데 있어 매우 유용한 사료라고 할 수 있다.

| 번역문 |

○광고

시라누이여관(不知火旅館)

장수각(長壽閣)

- 최신 설비, 건설 호화, 각층 욕실, 각실 세면소, 난방 완비, 풍경 명미(明媚)
- 경성부 욱정(旭町) 2정목, 전화 본국 대표 6186, 6187, 6188
- 장거리(長)[1] 6180
- 위쪽 사진: 정면 현관
- 아래쪽 사진: 객실

1 "장거리 통화"를 의미하는 표기.

○광고

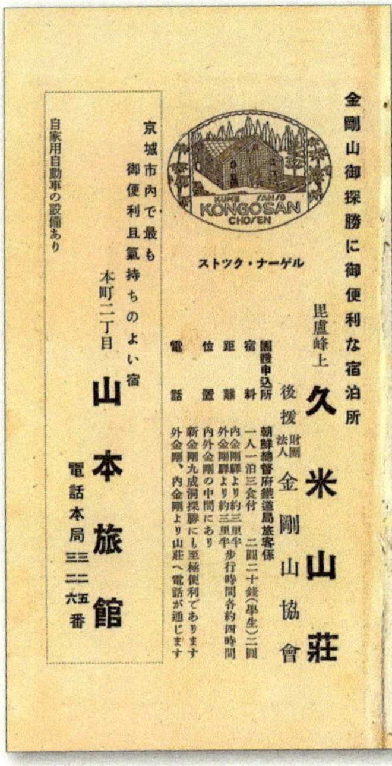

금강산 탐승에 편리한 숙박소,
비로봉 정상
구메(久米) 산장

- 후원: 재단법인 금강산협회
- 단체 신청소: 조선총독부 철도국 여행계
- 숙박료: 1인 1박 3식 포함. 2원 20전(학생: 2원)
- 거리: 내금강역에서 약 3리 반, 외금강역에서 약 3리 반, 보행시간 약 4시간
- 위치: 내외금강의 중간에 있고, 신금강 구성동(九成洞) 탐승에도 매우 편리합니다.
- 전화: 외금강·내금강에서 산장으로 전화가 연결됩니다.

경성 시내에서 가장 편리하고 기분 좋은 숙소
본정(本町) 2정목
야마모토여관(山本旅館)
전화 본국 325, 326번
• 자가용 자동차 설비 있음.

근대식 철근 콘크리트 5층 건물, 경성 본정 2정목
객실 요금제(室料制度) 서비스 요금 1할
혼마치호텔(本町ホテル)
대표전화 본국② 2171, 2172, 2173, 2174, 2176

- 설비: 일본식 방(和室), 서양식 방(洋室), 사교실, 그릴 등. 난방 위생, 방화(防火), 급수(給水), 급탕(給湯), 각 객실 전화 및 호출 벨(呼鈴) 등 근대적 설비가 완벽하게 갖추어져 있음. 깨끗한 객실과 밝은 욕실 설비가 매우 쾌적하며, 여러분이 여행의 정취를 만끽하기에 충분한 서비스를 제공합니다.
- 고급 자동차로 송영(送迎) 서비스를 제공합니다(경성역에서 5분 소요).

재팬 투어리스트 뷰로 쿠폰 가맹 여관
경성역 앞
후타미여관(二見旅館)
전화 ② 688, 724번

- 청결한 설비, 저렴한 숙박료, 각 객실 전화, 아침 목욕(朝湯) 가능

- 여행을 기념하기에는 사진만 한 것이 없다. 이카리 슌코(碇舜江) 사진관은 조선과 만주의 의복을 갖추고 여러분들이 즐기실 수 있는 장소로 개방하고 있습니다.

이카리 슌코 사진관(碇舜江寫眞場)

경성부 남대문통 5-9, 남대문 경성역 중앙
전화 본국 2336

○광고

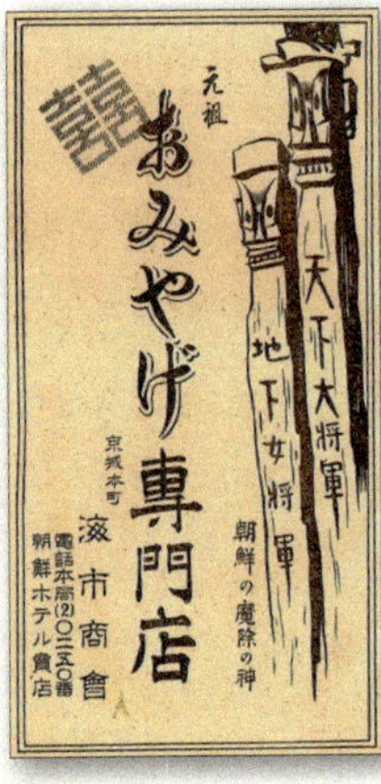

천하대장군·지하여장군
조선의 마귀를 쫓는 신

원조 기념품 전문점

경성 본정
우미이치상회(海市商會)

• 전화 본국 (2) 250번
• 조선호텔 매점

경성 유람버스 광고

경성 구경은 **유람버스**(遊覽バス)로
여성 안내원의 친절하고 정성스러운 명소와 유적지에 대한 설명을 들으면서 반나절로 유쾌하게

일주 3시간 반, 하루 2회 출발
- 출발 시간: 오전 9시, 오후 2시 경성역 앞 출발. 단, 겨울철(11월 1일~3월 31일)은 오전 11시 경성역 앞에서 1회 출발
- 요금: 성인 2원 20전, 어린이 1원 10전(6세 이상 12세까지)
- 단체 신청 때에는 특별하게 할인 상담 가능합니다.
- 자세한 사항은 경성역 출구 관광안내소, 또는 전국 '투어리스트 뷰로'에 문의하세요.

경성부 장곡천정(長谷川町) 42
주식회사 경성택시 유람과
전화 본국 1040번, 2744번

○권두의 말

직선적 시간과 원환적(圓環的) 시대의 교착(交錯)….

1,500년 유구한 시간의 흐름 속에서 북악 기슭과 한강 유역에서는 어떠한 홍망쟁탈의 역사를 펼쳐온 것일까.

초창기의 시대[2]에서 단청의 전당(殿堂) 시대로.

쇠망에서 백악(白堊)의 높은 누각으로….

그리고 이 눈부신 변천을 지나 비로소 오늘날의 상승 과정에 도달하였지만, 이는 얼마나 격렬한 건설의 진통이었던 것일까.

이렇게 새로운 경성은 영원한 발전을 이룩해 간다….

1. 역사의 경성

○원시부터 삼국시대까지

지금으로부터 약 1500년 전, 그때까지 경성의 원야(原野)는 한(漢)의 영토 대방군(帶方郡)[3]에 속해 있었다고는 하지만, 높이 솟아오른 준봉에 둘러싸인 완만한 구릉에는 그저 초목이 원시 그대로 우거져, 집도 없고 사람도 없는 황량한 경치에 허무하게 해가 뜨고 또 저물어 갔다.

2 원문에는 '초말(草昧)'로 표기. '초말'은 풀잎이 어슴푸레한 상태를 의미하는데, 여기서 전이되어 "시초, 초창기, 미개한 시기"를 의미하게 되었다.

3 중국 한나라가 기원전 108년 고조선을 멸망시킨 후 한반도 북부 지역에 설치한 한사군(漢四郡) 중 하나. 313년경 고구려의 미천왕에 의해 축출될 때까지 약 400년간 존속했다. 한반도와 중국, 일본을 연결하는 국제 교역의 중심지 역할을 했으며, 중국의 선진 문물이 한반도로 유입되는 통로였다.

그러나 백제가 건국되자 드디어 때가 이르렀다고나 해야 할까, 11대 근초고왕이 경성 바로 근처로 도읍을 천도하여 비로소 원시의 정숙이 깨어지고, 인류가 활약하는 바쁜 세계에 첫걸음을 내딛기에 이른 것이다.

하지만 그때, 유감스럽게도 백제는 그다지 길게 지속되지 못하고 124년에 북방에서 일어난 고구려에 패주하여 수도를 웅진(지금의 광주[4])으로 옮겼고, 이때부터 이 원야(原野)에서는 전후 300년에 걸쳐 삼국시대 투쟁의 전쟁이 되풀이되었던 것이다.

○ 신라, 고려가 멸망하고 조선[5] 건국

새로운 해가 시작되고 또 한 해가 저물어 갔다. 그 사이 신라의 영토가 되기도 했지만, 지금으로부터 850여 년 전 고려가 개성에 흥하여 15대 숙종왕(肅宗王)이 이 땅에 이궁(離宮)을 세우고 남경(南京)이라 칭하기에 이르러, 비로소 현재 경성의 기초가 생겨난 것이다.

그러나 남경은 아직 수도가 아니었다. 고려 475년 말 두 번 정도 이 땅에 일시적으로 천도한 적도 있었지만 별다른 발전은 없었고, 이윽고 고려도 멸망하여 조선 태조왕이 건국하여 개성에서 이곳으로 천도하자 비로소 500년간의 수도가 된 것이다.

○ 도요토미(豊臣) 군대의 습격

행정부인 한성부도 생겨났다…. 도의 주위에는 5리에 이르는 구불구불한 성벽도 축조되었다. 사람들은 이 새로운 수도를 향해 구름처럼 몰

4 원문 '光州'는 '공주(公州)' 지방의 오기.

5 원문은 '이조(李朝)'로 표기. 이후 '조선'으로 표기.

려들었다. 그리고 조선 건국 200년 동안 경성에서는 선정(善政)이 펼쳐져 번성하였지만, 성쇠는 역사적으로 흔한 일이다. 시간이 흐름에 따라 사람의 마음도 느슨해져 정쟁이 벌어졌을 때 갑자기 일본에서 가토 기요마사(加藤清正), 고니시 유키나가(小西行長) 등의 무장들이 노도처럼 밀고 들어와 혼란을 일으켰다. 즉 '분로쿠의 역(文祿の役)'[임진왜란]이다.

일본군은 히데요시(秀吉)의 죽음과 더불어 곧 물러갔지만, 그 뒤 유명한 병자호란이 일어났다. 약탈과 화재가 발생했고, 아무리 번성했던 경성도 옛 모습을 잃고 원통하게도 황폐하게 변했던 것이다.

○ 한국병합[6]의 기운

이때부터 근세에 이르는 300년간의 경성은 조선의 고된 투쟁의 무대이다. 내란과 정변이 계속되어 역대 왕도 그 난관에 고심하며 타개책에 고심하였지만 좀처럼 쉬운 일이 아니었다. 게다가 그동안 21대 영조 및 22대 정조처럼 현대의 정치를 방불케 하는 정당 교대 정치를 행하고 많은 문화사업을 일으켜 학문이 크게 발흥한 적도 있지만, 이윽고 왕의 사후에는 또다시 괴로운 노력을 지속해야만 했다.

이러는 와중에도 시대는 쏜살같이 흘러, 1894년 동학농민운동[7]을 계기로 청일 양국은 전쟁을 벌였으나 소국 일본군의 선전으로 청의 대군을 격멸하였고, 이에 따라 조선은 사실상 청국의 억압을 벗어나 독립을 선언하고 대한제국이라 칭하기에 이른 것이나, 내부의 사정이 꼭 외형과 일치했던 것은 아니라, 머나먼 극동의 시베리아에서 눈사태처럼 남하

6 원문에는 '일한제휴(日韓提携)'로 표기.

7 원문에는 '동학당의 난(東學黨の亂)'.

해 온 근세 러시아의 중압이 변경을 위협하게 되자 지극히 다사다난하게 된 것이다. 결국 경종이 울렸고, 이미 일각의 여유도 허락되지 않는 상황이었다. 사람들의 가슴 속에는 침울하게 한국병합에 대한 자각이 싹트고 있었던 것이다.

○ 여명의 서광(曙光)으로

1904년, 일본은 자국을 위해 또한 동포 한국을 위해 온 나라가 나서서 비장한 결의로 결국 러시아에 선전포고를 하기에 이르렀다. 그 전쟁 준비는 너무나도 빈약했지만, 열렬하게 불타오르는 불꽃과도 같은 정신! 피바다와 육탄, 끊임없는 희생으로 아군은 러시아의 대군을 격파 섬멸해 버렸던 것이다. 이렇게 한국병합이 성립되었다. 이는 실로 조선이, 또한 경성이 오랜 시간 고대해 왔던 여명의 서광이라 할 것이다.

동쪽 하늘에는 태양이 높이 높이 떠올랐고 경성은 새로운 옷을 두르고 화려한 도정에 나선 것이다. 아아 오늘날의 대경성에 이르기까지, 그 얼마나 긴 역사였던가…!

2. 현실의 경성

자동차의 홍수, 사람의 바다.

평평하고 너른 아스팔트 큰길을 따라 하늘을 찌를 듯이 거대하게 솟은 건물은 다양한 양식으로 근대 건축미를 뽐내고 있다.

1936년 4월 1일 구역을 확장한 경성은 동서 4리, 남북 3리, 면적 8방리

(方里)[8]라는 방대한 도시가 되어 면적에 있어서는 고베(神戶)를 훨씬 능가하며 인구는 70만이라는 숫자를 나타내기에 이르렀다.

남산 중턱에는 전선(全鮮)을 지키는 조선신궁이 장중하게 진좌(鎭坐)하고 있고, 이와 마주 보는 시가의 북방에는 총독부의 웅대한 청사가 조선 통치의 구축을 이루며 우뚝 서 있다.

이곳에서 동서로 상공업이 번성하고 관청, 은행, 회사, 백화점 같은 큰 건축물이 즐비하며 곳곳에 500년의 역사를 말해주는 단청을 칠한 궁전이 펴져 있어 조선의 전모를 우리 눈앞에 펼쳐 보인다.

그리고 공장지대로 눈을 돌리면 동력이 요동치고 공장의 기적이 날카롭게 울려 퍼지며, 노도와도 같은 사람들의 소음과 더불어 경성을 찬미하는 거대한 심포니를 하늘을 향해 연주한다.

이윽고 밤이 되면 전등이 낮인 양 밝고, 네온의 화려함이 보석처럼 명멸하여 빛의 명화를 그려낸다. 기생의 애조를 띤 노랫소리에 담담한 여수(旅愁)를 느끼며 "조선에도 이런 대도시가 있었나…." 이것은 관광객이 모두 다 내뱉는 감탄의 소리다.

3. 역사 이야기

○불교는 백제의 공물

불교가 긴메이(欽明)천황[9] 치세에 일본에 전래한 것은 불교를 전도했다

8 사방으로 1리(里)가 되는 넓이. 1방리는 약 0.16km.

9 일본의 29대 천황으로 재위 539~571년.

는 의미가 아니라, 신라의 압박을 이기지 못한 백제의 성명왕(聖明王)[10]이 일본에 구원을 요청했을 때, 그 공물의 일부로 바친 것이라고 한다. 이는 역사가인 요시오카 시게미(吉岡重實) 씨의 주장이지만, 그 후 성명왕은 참패하여 전사해 버렸다니 아쉽기 짝이 없다.

○ 파고다공원의 명석탑(名石塔)

신라, 고려시대 예술의 발달은 현대의 시각으로 보아도 놀랄 만한 것이었다. 게다가 모두 멸망해 버린 오늘날, 석조 유물에 한해서지만 경주 불국사의 다보탑(신라), 풍덕(豊德)의 경천사(敬天寺)에 있던 석탑, 경성 파고다공원의 대리석탑(고려)은 그 우아함에 경탄할 수밖에 없다. 세키노(關野) 박사[11]는 이를 조선의 3대 명탑이라 한다.

○ 도요토미군의 경성 진지(陣地)

도요토미 군대가 경성에 주둔한 인원은 약 5만 2,000명으로 진지는 대체로 다음과 같았다.

- 본진(本陣)
  - 우키타 히데이에(宇喜多秀家): 현 조선호텔 근처.
  - 우키타 사쿄노스케(宇喜多左京亮): 현 덕수궁. (연극에서 유명한 사카자키 데와노카미[坂崎出羽守])

10 백제의 26대 성왕(聖王)으로 재위 523~554년.

11 일본의 건축사학자이자 도쿄제국대학 교수이기도 했던 세키노 다다시(關野貞, 1868~1935)로 추정.

• 참모

- 가토 미쓰야스(加藤光泰): 지금의 미쓰코시(三越) 지점 근처.
- 이시다 미쓰나리(石田三成): 명치정(明治町) 프랑스교회 근처.
- 오타니 요시쓰구(大谷吉繼): 대화정(大和町) 2정목~3정목.
- 마시타 나가모리(增田長盛): 현재 히노데(日出) 소학교 근처.
- 마에노 나가야스(前野長康): 남·북미창정(南·北米倉町).

○빈틈없는 가토 기요마사

'분로쿠의 역'[임진왜란] 때 고니시 유키나가가 가토 기요마사보다 12시간 빨리 경성에 들어왔지만, 기요마사 쪽이 먼저 사자를 보내 나고야(名護屋)[12]에 알렸기 때문에 히데요시에게서 무공을 인정받았다. 기요마사도 빈틈없는 무장이다.

○경성의 왕궁 건축

지금의 경성에 남아있는 건축물은 조선의 궁궐이지만, 삼국시대의 기교를 전승한 우리 호류지(法隆寺)의 수려한 구조적 형식에 비해, 너무 세부적 장식에 힘을 쏟아 숭고하고 아름다운 구조적 미관을 충분히 발휘하지 못한 아쉬움이 있다. 신라 고려시대의 건축은 완성의 영역에 있었다고 할 수 있다.

12 현재의 사가현(佐賀縣) 가라쓰시(唐津市)에 있던 성으로 도요토미 히데요시가 임진왜란 당시 조선 침략의 전진기지로 사용한 곳.

4. 조선 풍속 이야기

○남과 여

조선에서는 남녀 구별이 매우 엄격하다. 주택에서도 안채(內房)와 사랑방(外房)으로 나뉘어, 여자는 안채에 갇혀 지내고 남자는 가족이라도 안채 출입을 삼갈 정도로 철저하다. 여자는 남자가 말을 걸어오는 것도 치욕이라고 느낄 정도니, 어쩔 수 없는 경우에는 너무나도 민폐라는 듯 무뚝뚝하게 응대한다. 하지만 오늘날에는 그런 습관도 사라져가기는 하지만….

○열두 살의 신랑

조혼 풍습이 있다. 결혼해야 비로소 한 사람의 성인으로 인정받는다. 그래서 남자는 11·12세에 결혼하는 경우도 있지만, 부인까지 어린이라면 난처하니 17·18세인 연상과 맺어지게 된다. 아내가 남편의 소변 처리를 돕는 풍경도 왠지 묘한 정취가 있지 않은가. 하지만 이것도 요즘엔 점점 사라지는 추세다.

○먹거리

쌀이 주식이고 팥, 보리, 좁쌀 등을 섞어 먹는 것은 내지와 마찬가지지만, 반찬에는 고추를 많이 써서 굉장히 맵다. 절임은 김치라고 해서 꽤 돈을 쓰지만, 잣, 밤, 배, 젓갈, 굴 등을 넣어 정말 맛있다. 절임으로서는 좀 호화로울 정도이다.

○조선요리

요즘 조선요리는 일본요리, 중국요리, 서양요리의 영향을 받은 혼혈아 같은 기분이 들지만, 그래도 잣이나 꿀, 명란젓 등을 사용하고 여기에 붉은 고춧가루를 더해 역시 특이한 풍미가 있다.

○따뜻한 온돌

방바닥에 돌을 깔고 흙을 발라 그 아래 불을 때므로, 영하 몇십 도로 떨어져도 실내는 따끈따끈해서 추위를 모른다. 이것을 온돌이라 한다. 익숙해지면 다다미(疊) 같은 데서는 잘 수 없다.

○귀신의 저주

재해·질병·불행 등은 귀신의 저주라며 천지신(天地神), 사령(死靈), 돌이나 벌레, 물고기의 정령 등을 모두 숭배하기 때문에 각종 주술을 한다. 이런 주술은 맹인이나 무녀가 하는데, 예를 들어 기우제 같은 데서는 신성한 산에 묘를 만들어 산신령이 화가 났기 때문이라며 파묘하는 일도 있다. 산신령의 저주는 어디에서나 두려운 것으로 보인다.

5. 비상시 하의 산업

역사의 도시 경성은 또한 상공업의 도시로서 비상시국의 긴장 속에서도 멋진 발전을 이어 나가고 있다. 아무튼 전선(全鮮)의 모든 상공업은 경성에서 관리하며 이 땅을 중심으로 거래가 이루어지기 때문에 경성의 경제는 전 조선의 축도라서 한눈에 전선 경제의 전모를 드러낸다.

경복궁과 박물관을 바라보면서 수백 년의 조선 문화에 도취 된 사람들이 명치정, 황금정(黃金町), 남대문 방면의 비즈니스 거리에 발을 들여놓게 되면, 우뚝 솟은 회사와 상관(商館)의 거대한 건물들과 정신없이 오가는 사람들에게 넋을 잃게 된다.

경성 재계는 비상시국에도 오히려 실질적 향상을 보였는데, 각 상공업은 점점 번창하고 활기가 넘쳐 전혀 흔들리지 않는다. 너무나 믿음직스럽지 않은가.

영등포를 비롯한 근교에는 수많은 공장들이 비상시국의 긴장 속에서도 동력이 요동치고 날카로운 소음을 내며, 고개를 들고 올려다봐야 하는 공장의 연통에서 뱉어내는 연기는 햇빛조차도 가로막을 듯 엷게 퍼져 있다.

정교(政敎)의 수도인 경성은 또한 생산 방면의 약진으로 한층 더 대단하다. 이는 도쿄와 오사카를 긁어모아 작게 뭉친 것 같다고 해도 좋을 것이다. 시험 삼아 숫자로 보자면, 은행 외의 금융기관 27, 회사 수 약 900, 상점 9,000호, 시장 수 25, 공장 수 약 1,000, 그 생산고 약 1억 2,000만 원, 무역 약 3,500만 원이라는 방대한 액수를 나타낸다.

조선은 지금, 만주국의 싱룽(興隆)이나 북중국의 발전에 따라 경제 발전의 일대 전환기에 있다고 할 수 있지만, 이야말로 광대한 토지나 풍부한 동력, 양질의 용수를 무한으로 지녔다는 좋은 조건을 갖춘 경성의 일대 도약의 계기가 될 것이라는 건 당연한 일이다.

지금이야말로 젊은 경성의 전도는 아주 여유롭고 느긋하다. 만약 내방자가 이 방면으로 눈길을 준다면, 얼마나 큰 활약의 앞날이 그대들 앞에 펼쳐지고 있는가.

경성은 유람의 관광객을 환영함과 동시에, 또한 상공업의 연구자는 쌍수를 들고 기다리고 있음을 여기 특별히 기록해 둘 것이다.

○공업

조선의 공업은 오랜 역사를 지니고 있어 일찍부터 발달해왔다는 것은 도자기류나 건축물 등을 통해서도 알 수 있으나, 합병 당시에는 국세(國勢)와 더불어 쇠퇴하여 유치한 상태로 조업하는 데 지나지 않았다. 이 때문에 조선총독부에서 예의(銳意) 지도 장려에 힘쓴 결과, 오늘날에는 방적·제당·도기·제사·펄프·시멘트·제철 등, 게다가 새로운 방면으로는 공중 질소 고정·석탄액화·각유공업(各油工業) 등이 착착 약진 중이다. 경성 공업지대에서는 방적·금속·기계·기구·요업(窯業)·고무·맥주 등 식료품·가스 전기 그 외의 공업이 굉장한 기세로 발전하여, 공산액(工産額)은 앞서 언급한 대로 1억 원을 훨씬 돌파하고 있다.

○광업

근래 급격한 발전을 보이는 분야는 광업일 것이다. 조선의 지하는 금·사금·철·흑연·석탄을 비롯하여 특수광물 등의 보고라 일컬어지기 때문에, 광업의 출원이 매년 증가하여 1년에 3,000건 내지 5,000건을 넘는다고 한다. 그 때문에 경성에서는 생산과는 직접적 연관이 없더라도 거래 관계는 물론이고 사무나 분석 조사 등의 업무가 굉장히 많다.

○상업 및 금융기관

물물교환의 유물인 구식 시장도 사라지고, 현재의 상업 관계는 회사·상점·거래소 그 외, 가장 진보한 체계에서 놀랄 만한 발전을 지속하고 있으며 금융 방면으로는 중앙기관으로서 조선은행, 부동산 기관으로는 조선식산은행 및 동양척식회사가 있어서 금융은 원만하게 회전하고 있다.

○시장

70만 인구가 소비하는 물자, 특히 식료품 등은 방대하여 전선은 물론이거니와 내지 방면에서도 수입되어 시장의 발달이 굉장하고, 특히 수산시장은 1년 매상이 200만 원 안팎으로 1938년 4월부터 경성부청의 직영이 되었다. 가격도 양호하니 적극적으로 상품을 발송하시기를 권한다.

○주요 은행, 회사, 공장

- 조선은행(朝鮮銀行), 조선식산은행(朝鮮殖産銀行), 조선상업은행(朝鮮商業銀行), 조선저축은행(朝鮮貯蓄銀行), 한성은행(漢城銀行), 동일은행(東一銀行), 해동은행(海東銀行), 제일은행(第一銀行), 산와은행(三和銀行), 야스다은행(安田銀行)의 각 지점, 조선우선회사(朝鮮郵船會社), 동양척식회사(東洋拓殖會社), 경성거래소(京城取引所), 가네가부치방적공장(鐘淵紡績工場)), 기린맥주공장(麒麟麥酒工場), 삿포로맥주공장(サッポロビール工場), 동양경성양방직공장(東洋京城兩紡織工場), 용산공작소공장(龍山工作所工場), 조선피혁공장(朝鮮皮革工場), 경성일보사(京城日報社), 조선신문사(朝鮮新聞社).
- 경성전기회사(남대문), 전화 본 3100.

• 조선철도회사(고시정[古市町]), 전화 본 2151.

• 경춘철도회사(황금정), 전화 본 4728.

• 동양면화지점(명치정), 전화 본 6111.

6. 길거리 스케치

○비상시 풍경

비상시 하의 경성, 긴장되는 번영이다. '군사후원연맹'을 비롯한 총후(銃後)의 각 단체는 정연한 조직 통제 아래 활약하고 있다. 국가라는 큰 목표 앞에서 사람들은 업무와 가정을 모두 제쳐두고 일하는데, 인생에서 이 정도로 엄숙한 모습이 또 있을까. 고귀한 분주함이다.

○호텔

귀족처럼 고상하게 자리 잡은 조선호텔 뒤쪽에, 반도호텔이 청년 신사처럼 호화로운 모습을 드러내고 있어 그 대조가 재미있다. 건물에 조선풍을 가미하여 독특한 맛을 내고 있어 새로운 명물이 될 것 같다.

○조선요리를 저렴하게 먹는 법

조선요리를 싸고 간단하게 먹는 법은 없을까(너무 뻔뻔하다). 화신백화점(和信百貨店) 식당에서는 조선요리 정식을 7, 80전 정도면 충분히 배불리 먹을 수 있다. 그리고 일본에 돌아가서는 대연회에라도 참석한 양 허풍을 떨 것(싸구려 허세구먼…).

○성대한 스케이트

추운 겨울에는 스케이트를 많이 탄다. 대학생도 중학생도, 여학생도, 수염 난 아저씨도 쭉쭉. 고물상 앞에는 낡은 스케이트가 말린 북어처럼 매달려 있다.

○근대적인 식당 이야기

근대적인 식당으로 '긴치요회관(金千代會館)'[13]이라는 것이 생겼다. 건물 안에 내지 거리와 조선 거리가 있어 꽤 특이하다. 조선 거리가 특히 풍취가 있어 재미있고, 각종 요릿집 풍의 방이 늘어서 있다.

○우미이치(海の市)[14]

본정통에 '우미이치(海市)'라는 집이 있다. '우미이치'라고 해서 해산물을 파는 상점인 줄 알았더니, 기념품을 파는 가게.

○30전으로 자동차 뽐내기

경성에도('에도'라니 뭐야—에이, 화내지 마) 중앙자동차의 소형 택시가 생겨 편리해졌다. 30전으로 호사(?)를 누리며 타고 돌아다닐 수 있다.

13 '긴치요회관(金千代會館)'은 일제강점기 경성에서 일본인이 경영한 요릿집(料亭)이었으며, 사이토쿠 타로(齋藤久太郎)가 운영했다. 해방 직후 사이토쿠가 귀국하면서 공실이 되었고, 이후 미군이 창고로 활용했다.

14 '우미이치상회(海市商會)'를 말함.

○조선어의 쾌감

조선어는 음악적인 발음을 지닌 아름다운 언어이다. 조선인 영화관에 가서 변사 설명의 음률을 맛보는 것도 추천한다. 조선극장, 단성사, 신부좌(新富座)가 일류.

○조선인삼 이야기

- 조선인삼, 즉 고려인삼은 제조법에 따라 홍(紅)과 백(白)의 차이가 생기는데, 홍삼은 중국으로 수출되며 값도 비싸고, 백삼은 주로 조선 및 내지에서 소비되며 값이 저렴하다. 재미있는 점은 형태를 굉장히 중시해서, 형태가 좋은 큰 홍삼의 경우 금이 쌀 때는 가치가 황금에 필적한 적도 있다.
- 깊은 산속에서 발견되는 야생의 인삼을 산삼이라고 하여 귀하게 여기는데, 지금은 인공 재배로 개성이 그 본고장이다. 채근하기까지 6·7년이나 걸린다.
- 예부터 만병의 영약으로 불리며 조선과 중국은 물론 일본[15]에서도 귀하게 여겼는데, 간분엔포(寛文延寶)[16] 무렵에 스하라 쓰겐(數原通玄)이라는 의사는 폐병을 비롯한 만병에 듣는다고 떠들고 다녀 '인삼 의사'라고 불렸고, 막부(幕府)로부터 1,200석을 받았다고 한다.
- 약효: 개성인삼회사는 다음과 같이 이야기한다. 건위(健胃)·홍분·진정·최음·이뇨·진통.

15 원문에는 '내지(內地)'.

16 1661년부터 1681년 사이. 에도(江戶)시대 중반, 4대 쇼군 도쿠가와 이에쓰나(德川家綱)의 통치 시기.

조선군 사령부

• 먹는 법: 백삼 5문(匁)[17]을 잘게 썰어 물 4홉(合)[18]을 넣고 약한 불로 1시간 정도 달여 이른 아침 한 번, 또는 세 번을 식전에 복용한다. 말린 생강·대추·설탕을 넣어도 좋고, 또한 달이고 남은 인삼은 욕탕에 넣으면 인삼탕이 된다.

17 1문(匁)은 약 3.75g.

18 1홉(合)은 약 180ml.

○광고

준공 후의 조지야(丁子屋)
만선(滿鮮) 최고의 백화점

조선의 유행은 조지야로부터
밝은 점포·편하게 살 수 있는 점포
조지야
전화 ②3131번

7. 명소와 고적(해설 편)

1) 명소 고적

○조선신궁(朝鮮神宮)

아마테라스 오카미(天照大神)와 메이지천황(明治天皇)이라는 두 신을 모시는 관폐대사(官弊大社)[19]로 전 조선 사람들의 존경을 받고 있다. 남산 중턱을 신역(神域)으로 하여 200만 원의 거액과 5년의 세월을 들인 것으로 장엄하고 스스로 신기(神氣)를 띤다.

19 일본 정부에서 특별한 예산을 지원하여 신에게 제사를 올리는 대형 신사.

○남대문(南大門)

본래 이름은 숭례문(崇禮門)이라고 하며, 조선 초기 즉 530여 년 전의 것으로 지붕과 돌로 만든 궐문의 조화가 멋지다. 동대문과 더불어 경성 명문 중의 하나로 꼽을 수 있다.

○한양공원(漢陽公園)·남산공원(南山公園)·왜성대(倭城臺)

조선신궁에서 남산 중턱을 따라 이참도(裏參道)로 통하는 일대를 한양공원이라 부르며, 남산공원과 왜성대로 이어진다. 남산공원 안에는 경성신사(京城神社), 덴만구(天滿宮), 하치만구(八幡宮), 노기신사(乃木神社)를 모시고 있고, 왜성대는 '분로쿠의 역'[임진왜란] 때 마시타 나가모리(增田長盛)[20]가 진영을 구축한 곳이다.

○과학관

은사(恩賜)기념과학관은 다이쇼천황(大正天皇) 성혼 25주년 기념 하사금으로 과학사상 보급을 위해 왜성대 구 총독부 청사를 이용하여 도쿄·센다이(仙台)의 과학박물관과 함께 민중 과학의 전당이다. 진열품은 일반 과학에 관한 것이 3,600종, 1만 7,000여 점이다.

○박문사(博文寺)

장충단공원 언덕 위에 있는 철근 콘크리트로 지은 사원으로 이토 히

20 일본 센고쿠시대(戰國時代)와 아즈치모모야마시대(安土桃山時代)의 무장이자 다이묘(大名). 도요토미 정권에서 중요한 역할을 했던 5 부교(奉行) 중 한 명이다.

로부미(伊藤博文) 공의 영령을 모시는 조동종(曹洞宗)[21]의 절이다. 사원은 1932년 준공하여 경내 뒤쪽으로 돌아가면 성벽 터가 보인다.

○창경원

이왕가(李王家)가 경성 부민에게 개방한 정원의 일부로 원내에는 동물원·식물원이 있다. 식물원의 온실은 동양 제일이라 일컬어진다.

○비원

창경원에서 이어지는 이왕가의 정원으로 목요일을 제외한 매일 오전 11시와 오후 2시에 배관(拜觀)이 허락된다. 배관에는 이왕직의 허가가 필요하며 일반공개되어 있지 않다.

○창덕궁

조선 태조가 조영한 것인데, 중수(重修) 재건하여 1907년 이후 이왕 전하[순종]의 주거가 되어 있다.

○경학원(經學院)[22]

유교 최고 학부로서 공자를 모시는 문묘(文廟)가 부속되어 있다. 봄과 가을에는 송나라 때의 의식으로 성대한 석전제(釋奠祭)[23]가 열리며, 의식에 사용되는 40여 종의 악기가 보존되어 있다.

21 일본 불교의 한 종파.

22 '성균관'의 다른 이름.

23 음력 2월과 8월의 상정일(上丁日)에 문묘에서 공자에게 지내는 제사.

○총독부

10년의 세월과 675만 원이라는 거액을 들여 완성한 곳으로, 중앙탑 높이 180척, 5층 건물 총건평 9,600 여 평, 화강암을 바른 철근 콘크리트로 지은 호화롭고 굉장한 건물이다. 현관 및 중앙 대회의실은 대리석으로 지어진 굉장히 멋진 곳으로, 벽화는 와다 산조(和田三造)[24] 화백의 작품.

○경복궁

조선 태조가 개성에서 천도한 당시 창건을 시작하여, 고려의 영향을 받은 호화로운 궁이었으나 '임진의 난'[임진왜란] 때 소실되었고, 이후 대원군(1867년)이 재건한 것이다. 면적 13만 평, 근정전(각종 의식을 거행하는 곳), 사정전(정치를 행하는 곳), 경회루(연회장) 등, 조선 말기의 대표적인 건축물이며, 또한 총독부 박물관이 있다.

○덕수궁

덕수궁은 450~60년 전 조선 제9대 성종(成宗)의 형 월산(月山)대군의 사저였으나, 1897년 이태왕 전하[고종]의 행궁(行宮)이 되어 경운궁(慶運宮)이라 불렸고, 1907년 양위 후에도 그대로 본궁에 거주하시며 덕수궁으로 개칭되었다. 1919년 이태왕 전하[고종]가 이곳에서 승하하셨는데, 고(故) 고종 황제도 이곳에서 즉위하셨다. 이왕 전하[순종]도 탄생하신 곳이다. 주된 건물은 중화전(中和殿)·함녕전(咸寧殿) 등 볼만한 곳이 많고 미술관 및 이왕가 박물관이 있다.

24 일본의 서양화가이자 삽화가. 메이지·쇼와시대에 활동했으며, 전쟁화(戰爭畵)와 삽화 작품으로 유명하다.

○미술관

덕수궁 내 석조전을 미술관으로 하여 제전(帝展)·원전(院展)·니카(二科)[25]·슌요카이(春陽會)[26]·고쿠가카이(國畫會)[27]·세이류샤(靑龍社)[28]·고조샤(構造社)[29] 등 일류 미술가의 작품을 진열하고 다른 데서 볼 수 없는 종합 미술 전람회장으로서 개방하고 있다. 입장권은 덕수궁 입장권과 함께 입구에서 구매하길 바란다.

○박물관

최근 창경원에서 덕수궁으로 이전한 것으로 고려자기류는 세계적으로 유명.

○영등포

공업 방면의 대표적인 공장 거리로 노량진에서 서쪽으로 3km 남짓, 경부선과 경인선의 분기점이 되어 있다. 종방(鐘紡)·경방(京紡)·기린 맥주·삿포로 맥주·피혁회사·용산공작소를 비롯한 다수의 공장이 집중되어 있어 특이한 구성미를 형성하고 있다. 한강 부근의 드넓은 풀밭에는 경성 비행장이 있어 프로펠러의 폭음을 드높이며 창공에 은빛 날개를 띄우고

25 1914년 결성된 일본의 미술가 단체.

26 1922년 설립된 일본의 재야 서양화가 단체.

27 쇼와시대 유력한 일본의 미술가 단체. 1928년, 원래 교토의 일본화 단체로서 시작된 국화창작협회(國畵創作協會)의 제1부(일본화) 해산 이후, 제2부(서양화·공예·조각)의 명칭을 '고쿠가카이(國畵會)'로 변경하여 전람회를 개최한 데서 비롯됐다.

28 1928년 설립된 일본화 단체.

29 1926년 설립된 일본의 조각가 단체.

있다. 근대적 생산의 거리이다.

○ 청량정(清凉町)

경원선 청량정 역 부근의 총칭으로, 소나무 숲속에 제국대학 예과·임업시험장·농업학교 등이 있다.

○ 세검정(洗劍亭)

경복궁 서북쪽 성벽 밖에 있어, 옛 북한산 수비대의 무인(武人)이 유희를 위한 장소로 이 정자를 세웠다.

○ 한강

조선 5대강 중 하나로 경성의 서남부 용산을 지나 인천 앞바다로 흘러들어간다. 여름에는 납량 뱃놀이, 겨울에는 강물이 4·5척 두께로 얼어 절호의 스케이트 링크가 되며 용산과 영등포 사이에 최신식 한강교가 있다. 이 다리 근처에 오사카의 가키부네(かき船)[30]를 흉내 낸 가게쓰마루(花月丸)가 있다.

2) 근교

○ 금곡능(金谷陵)

청량정에서 2리 남짓 가면 금곡능에 다다른다. 고 고종황제와 명성황

30 굴 요리를 만들어 파는 배.

후의 능이 있다.

○ 인천

인천은 부산·원산에 이은 오래된 개항장으로, 마치 도쿄와 요코하마의 관계와도 닮아있어 경성의 인후(咽喉)를 감싸고, 항구 안으로는 월미도가 가로지르며, 항구 밖으로는 영종(永宗)·용호(龍湖)[31]·자월(紫月)·무의(舞衣)·영흥(靈興)·대부(大阜) 등 크고 작은 섬들이 도열하여 만(灣)과도 같은 형태를 이루고 있다. 간만(干滿)의 차가 30척에 이르는 결점을 항구 안에 이중갑문(閘門)식 축항을 건설함으로써 보완하였고, 황해를 사이에 두고 중부 중국의 모든 항구와 마주보며, 지형상 유리한 위치를 점하고 있기 때문에 대중국무역은 반도 개항장 제1위를 차지하고 있다.

명소는 서공원(西公園)·동공원(東公園)·이중갑문식 축항·월미도·대조탕(大潮湯, 조탕호텔 있음). 시내 자동차 운임 60전 균일 경성에서 기차로 약 1시간. 편도 기차 요금 2등 1.10원, 3등 0.61원.

○ 개성

고려 태조 왕건은 신라의 왕족 궁예 휘하의 장수였지만, 반도 통일의 대업을 달성하고 고려를 세워 그의 고향인 송도(개성)로 도읍지를 정했다. 그 후 고려의 왕위 상속 34대, 470여 년간 왕도는 늘 개성이었고, 찬란한 예술 문화를 자랑하며 예부터 조선 유수의 상업지이자 불로장수의 영약 인삼의 산지로 알려져 있다. 명소 고적은 철도공원·남대문·선죽교·목청

31 '용유(龍游)'의 오기.

전(穆淸殿)·만월대(滿月臺)·채하동(彩霞洞)·경덕궁(敬德宮)·관덕정(觀德亭)·고릉(顧陵)·현릉(玄陵)·두문동(杜門洞)·박연폭포 등이 있다. 경성에서 기차로 약 2시간, 편도 기차 요금 은 2등 2.08원, 3등 1.15원.

○수원

수원은 경성에서 기차로 약 1시간이면 도착한다. 읍내 서쪽으로 울창한 팔달산이, 동북쪽으로는 광교산맥(光敎山脈)이 솟아 있다. 높이 20여 척의 성벽은 조선 정조 갑인년에 공사를 시작하여 3년이라는 시간을 들여 완공한 것으로, 길이만 3,200척에 달한다. 시가 부근에는 소나무 숲이 이어지고, 호수나 강이 많아 예부터 숲의 도읍, 물의 도읍이라 불려 온, 반도에서는 보기 드문 아름다운 경치의 땅으로 정조의 화성지(華城址)·화령전(華寧殿)·서장대(西將臺)·연무대(練武臺)·방화수류정(訪花隨柳亭)·화서문(華西門)·화홍문(華虹門) 등 유적이 아직 남아있다. 경성에서 편도 기차 요금 2등 1.18원, 3등 0.66원.

○벽제관(碧蹄館)

도요토미 공이 외정(外征)으로 대군을 일으켜 파견한 장졸이 각지를 전전한 전쟁의 흔적은 많은데, 예순이 넘은 백전노장 고바야카와 다카카게(小早川隆景)에게 배속된 26세의 용장 다치바나 무네시게(立花宗茂)와 모리(毛利) 일족의 연합군이 명나라의 장수 이여송(李如松) 대군을 일거에 물리치고 재기불능으로 만듦과 동시에 한때 비관적인 상태에 있던 출정군의 사기를 북돋우고 일본군의 홍패를 결정지었는데, 생각건대 벽제의 일전에 견줄만한 것은 없을 것이다. 그 후 340년, 세상은 변하고 별자리도 옮겨간다지만, 당시의 산과 강은 여전히 지금도 남아있어 이곳을 찾는 이들로 하여금 우리의 충성스럽고 용맹한 장병들이 분전했던 자취를 떠올리게 하기에 충분하다. 경성에서 자동차로 약 1시간 거리이고, 서대문 정류장 앞에서 승합자동차가 출발한다(편도 60전).

○온천 순례

경의선 토성역(土城驛)에서 조선철도회사의 황해선으로 갈아타고, 배천온천(白川溫泉)·연안온천(延安溫泉)에서 목욕하고, 해주를 지나 신주온천(信州溫泉), 삼천온천(三泉溫泉), 송화온천(松禾溫泉) 등 온천 지대를 돌아 경의선 사리원역으로 돌아온다. 또한 경부선 천안역에서 경남철도회사의 충남선으로 갈아타면 기차로 20분이면 온양온천에 도착한다. 이 온천의 신정관(神正館, 철도회사 직영)은 호화로운 설비를 보유한 근대적 반도 최대의 온천여관으로 늘 목욕하러 온 손님들로 북적인다.

○하이쿠(俳句) 한 수

> 욕조의 유리문 너머 먼 산에
> 　물방울처럼 떠오른 달이 보이네.
>
> 도쿠타로(とくたろう)

○금강산 탐승 비용

- 단독의 경우: 기차 전차 요금 30% 할인
- 단체의 경우: 기차 전차 요금 10인 이상 40% 할인, 20인 이상 50% 할인

○내금강(內金剛) 2일간 탐승 요금(경성 출발), 대략 13원 정도
○외금강(外金剛) 3일간 탐승 요금(경성 출발), 대략 15원 정도
○내외금강 3일에서 5일간 정도 탐승 요금(경성 출발)
- 3일간 비로봉(毗盧峯) 넘어가는 코스, 대략 14원 정도
- 4일간 비로봉 및 온정령(溫井嶺) 넘어가는 코스, 대략 20원 정도
- 5일간 내무재령(內霧在嶺)[31]을 넘어 유점(楡岾)[32]을 지나가는 코스, 대략 24원 정도

- 철도 안내소, 관광협회 안내소, '투어리스트 뷰로'에 안내서 있음. 무료

○절경 금강산

직접 가서 보면 예상 밖의 절경에 놀라게 되는 곳이 금강산이다. 이 산맥은 고세기(古世紀)에서 신세기(新世紀)에 걸쳐 형성된 거대한 바위산으로 1,000m 이상의 기암 괴봉이 지구의 척추처럼 솟아 있으며, 맑은 격류는 계곡을 휘감아 흘러, 곳곳에서 폭포가 물안개를 피워 올린다. 게다가 그것은 18만 평방리(平方里)[34]에 이르는 웅대한 것으로 이른바 1만 2,000봉은 준령에서 준령으로, 계곡에서 계곡으로 절경이 무한히 이어진다.

32 강원도 금강산 비로봉 지역의 일출봉과 차일봉 사이에 있는 고개. '안무재령'이라고도 한다.

33 유점사(楡岾寺). 금강산 최초의 절.

34 1평방리(平方里)는 1km^2.

동해[35]에 면한 쪽을 외금강(外金剛), 내륙 쪽을 내금강(內金剛)이라 부르는데, 특히 가을 단풍철의 절경은 특히 아름답다. 일생에 한 번은 꼭 대자연이 만들어 낸 조화로운 아름다움을 감상해야 할 곳이다.

○하이쿠(俳句) 한 수

> 하늘을 찌르는 금강산 봉우리에
> 드문드문 우거진 거목들은 장엄하구나.

8. 유머리스트의 경성 구경, 홀로 걷는 기록[36]

○남대문은 가까운데유

'경성'…이라는 외침에 양복 먼지를 털어내고 비뚤어진 넥타이를 바로 잡고, 자라난 수염을 조금 신경 쓰면서 천천히 3등 객차에서 내린 것은 도루노 간잔(弗野閑殘) 선생, 즉 이 몸이다.

이제부터 가장 경제적이면서도 효과적으로 짧은 시간 안에 경성의 전모를 파악하겠다. 주머니에서는 동전이 짤랑대고 조금 불안하긴 하지만, 타고난 담력으로 어떻게든 때워보려는 속셈이다. 기침 소리…. "에헴…." 하지만 감기에 걸린 건 아니다.

경성관광협회의 안내서로 대강 짐작은 하고 있었지만, 역 구내에서 조

35 원문에는 '일본해(日本海)'로 표기.

36 원문의 목차와 제목이 다르다.

선인 짐꾼에게 “남대문은 어느 쪽인가?” 하고 아주 의젓하게 물어보니 “역에서 아주 가까운데유.” 하고 알려주었다. “가까운데유.”라고 하니 걸어가야지.

역을 나서니 자동차가 질서정연하게 늘어서 있고, 대광장 건너편에는 높은 건물이 우뚝우뚝 솟아 있다. 왼쪽으로 가니, 과연 넓은 도로가 북쪽으로 쭉 뻗어 있다. 버스, 자동차, 사람과 사람의 소용돌이…. 이 길을 따라 조금 가니 벌써 남대문이 묵직하게 아침 햇살을 받으며 서 있다.

“과연 멋지군, 이중 지붕과 돌로 지은 관문의 조화로운 아름다움. 고려의 영향을 받은 초기 이조(李朝) 건축의 백미로구나.”

이렇게 혼자 아는 척하며 감탄하고 있는데, 자동차가 흙먼지를 훅 끼얹으며 지나갔다. “윽~”하고 불쾌해하며 무심코 바라보니, 오른쪽에 완만한 오르막길이 있고 조선신궁이 저 멀리 보였다.

○ 조선신궁에서 무심코 한 수

폭넓은 계단이 고르게 이어져 있고, 양쪽에는 각 도가 봉납(奉納)한 균형 잡힌 석등롱이 늘어서 있었다. 다 올라가니 작은 자갈이 깔린 참도(參道)도 깨끗했고, 직선과 단순한 미의 극치라고도 할 만한 노송나무로 지은 사전(社殿)에는 전선진호(全鮮鎭護)의 대신들이 진좌(鎭坐)하고 계시니, 참으로 장엄하기 그지없었다. 손을 씻고 입안을 헹구고 나서 공손하게 참배하며 조선의 번영을 기원했다.

그리고 이때 무심코 “어떤 존재인지 나는 알지 못하오나.”라며 시 한 수를 읊고 조금 득의양양해졌지만, 잘 생각해 보니 나보다 먼저 읊은 옛 가인(歌人)이 있는 듯한 기분도 든다.[37] 이런 상황이라면, 가인도 조금쯤은 불안할 것으로 보인다.

이 주변 일대는 남산이라는 공원으로 경성 전체가 한눈에 내려다보이는 굉장한 절경이다. 이 몸도 잠시 황홀경에 빠져 있었다.

○속성으로 벼락부자가 되는 과학관

여기서부터 북쪽의 넓은 길을 따라 조금 내려가니, 경성신사, 노기신사, 덴만구 등이 있었다. 참배하고 계속해서 이어지는 은사과학관으로 들어갔다.

이곳은 옛 총독부 청사 터인데, 페인트를 칠한 목조 양식 건물. 이곳이 조선 통치의 중추였던가 생각하니 감개무량했지만, 안에 들어가 보니 놀랐다. 다양한 동력 기계의 분해 모형부터 수륙 동식물의 분류 표본, 전기, 세균, 암석 지질, 광업에 이르기까지, 실로 무궁무진했다. 이 과학관은 완전히 '모나카'[38] 같아서, 겉보기는 소박했지만 내부가 충실했다.

전기 가스를 응용한 문화주방 전시실에서는 사모님들이 "식모가 필요 없겠네."라고 하는 듯한 얼굴로 구경하고 있었다. 지질 암석 전시실에서는 커다란 금광석이 눈에 띄었다. 이 몸도 속성으로 얻은 지식으로 금광이라도 발견한 듯한 기분이 들었지만, 자세히 보니 아무래도 이 근방에 굴러다니는 돌멩이와 별 차이가 없어 보였다.

"그렇다면 돌아갈 때 10만 원 정도 되는 금광 두세 개쯤은 발견해 주마" 하고 마음먹으니, 아무래도 인간이란 신기한 존재라 갑자기 거만해

37 일본 헤이안시대(平安時代) 말기의 승려이자 가인(歌人)인 사이교(西行)의 유명한 와카를 그대로 따왔다.

38 찹쌀가루를 반죽해서 얇게 구운 후 팥을 넣어 만든 일본의 화과자이다.

지면서 벼락부자가 된 듯한 기분이 들었다. 다만 좀 신경 쓰이는 것은 주머니 사정이다. 지갑 속의 '짤랑이' 씨(氏)들이여…. 동전들이여, 좀 조용히 해다오.

○본정에서 조선 부인들에게 넋을 잃다

여기서부터 남산을 내려가니, 무섭도록 북적이는 좁은 길로 나왔다. 이곳이 번화가인 본정 거리인 모양인데, 기묘하게도 한복을 입은 사람이 적고 남자들은 대체로 양복 차림이었다. 갓을 쓰고 긴 곰방대를 든 사람은 하나도 안 보였다. 모두 상쾌한 '모던 보이'들 뿐이다.

다만 부인들만은 조선 스타일이 많았는데, 그게 또 꽤 아름다워서 산뜻하게 몸을 감은 상의는 봉긋한 가슴을 살짝 감싸고, 허리 아래로는 스커트(조선에서는 '치마'라고 부름)의 곡선이 여러 갈래로 부드럽게 흐르며, 엷은 색채의 취향도 고상하다. 비단 양말은 날씬한 물오징어 같은 다리를 감싸고(무다리가 아닙니다), 하이힐은 보도 위로 '또각또각'하는 소리를 내며 간다.

하얗고 통통한 볼에 가늘게 뻗은 눈썹, 이지적인 눈동자와 꽃봉오리 같은 입술…. 약간 지명수배된 범인의 인상착의 설명처럼 되어버렸지만…. 그만큼 아름답다. 두루마기도 육체의 곡선을 표현하여 모양이 좋아서 볼품없는 양장보다 얼마나 미적으로 뛰어난지, 일본[39] 부인도 질투의 눈길을 보낼 필요가 있다. 중국의 고전적인 미인이 구두를 벗고 빌딩가를 빠져나오는 것 같다. 현종(玄宗) 황제도 이 모습을 본다면 반혼향(反

39 원문에는 '내지(內地)'로 표기.

魂香) 정도로는 안 된다고 주장할 정도라,[40] 어지간한 이 몸도 넋을 놓고 말았다.

그렇지만 여기서 넋을 잃고 돌아가지 않는다 한들, 우라시마 다로(浦島太郎)[41] 군처럼 보물 상자를 얻을 리도 없으니, 생각을 고쳐먹고 박문사(博文寺)로 해설의 길을 서둘렀다.

○박문사(철근 제단)

본정 거리를 가로질러 쭉 가니 전찻길로 나왔다. 여기서 처음으로 전차를 탔다. 힐끗 주머니에 든 안내서를 들춰보니, 전차 요금이 5전이라 유유히 황금정 행을 타고 장충단 앞을 지나갔다. 황금정 6정목에서 갈아타고 종점에서 내리니 박문사가 바로 눈앞. 산 중턱에 그 당당한 모습을 드러내고 있었다. 종파는 조동종(曹洞宗)으로 철근 콘크리트로 지은 굉장히 근대적인 절이다.

"철근 콘크리트에 스팀이 나오다니 하이칼라 절이군. 하지만 콘크리트 제단이라니 동산화상(洞山和尙)[42]도 좌선할 때 발에 티눈이 생기겠네."
하고 잠깐 동정했지만, 누가 뭐래도 그곳은 선종(禪宗)이다. '일물불장래

40 당(唐) 현종(685~762)과 양귀비(楊貴妃)의 전설적인 이야기로, 현종이 양귀비 사후 깊은 슬픔에 잠기자, 도사가 '반혼향'을 피워 그녀의 혼을 불러냈다는 설화. 이 이야기는 『태평광기(太平廣記)』 등에 전해지며, 후대 문학과 연극에서 반복적으로 다루어졌다.

41 일본 전래동화 『우라시마 다로(浦島太郎)』의 주인공이다. 동화의 내용은 다로가 바다에서 거북이를 구해 주고, 그 보답으로 용궁에 초대되어 행복하게 지냈는데, 이후 보물 상자를 받아 지상으로 돌아와서 상자를 열어보니, 갑자기 세월이 흘러 세상이 변해버렸다는 이야기이다.

42 중국 당대(唐代)의 선승(禪僧)으로, 조동종(曹洞宗)의 시조 중 한 명.

(一物不將來)'[43]로 발의 티눈 따위 '방하착(放下着)[44]' 해버릴 지도 모른다. 조금은 안심하며 원훈(元勳) 이토 공[45]의 위패에 진심으로 참배를 올리고 밖으로 나왔다.

이 근방 일대는 장충단공원으로 경성부청 토목과의 관할이기에 손질이 잘 되어 있어 꽤 볼만하다. 금광을 발견하면, 이 몸도 이런 정원을 만들겠다고 생각하면서 퇴각.

○'호랑이 등줄기'를 쓰다듬는 경학원(經學院)

다시금 앞서 하차한 장소에서 전차에 올라 황금정 6정목에서 동대문행으로 갈아타고, 다시 종로 5정목에서 동소문 행 버스로 갈아탔다. 이곳에는 연락을 해두었기 때문에 승차권을 받기만 하면 요금은 낼 필요가 없다. 경학원 앞에서 하차했다.

경학원은 조선시대 공자를 공경하며 학문을 한 최고 학부로 이른바 제국대학이다. 공자는 "대학(大學)의 길은 밝은 덕(明德)을 밝히는 데에 있다."고 가르치고 있었기에 그 밝은 덕이라는 것을 밝혀야지 하고 안에 들어가니 때마침 유람 버스의 단체 관람객이 왔다. 정면에 공자님의 사당이 있고, 주위에 학문소(學問所)가 있다. 버스 가이드가 예쁜 목소리로 하나하나 설명해 준다.

『대학』에도 "모든 사물에는 근본과 말단이 있고, 모든 일에는 시작과

43 "어떤 물건도 가져오지 않는다."는 뜻으로 어떤 것을 집착하거나 아무것도 소유하지 않는 선종의 가르침을 의미함.

44 "내려놓아라."라는 뜻의 선종 용어로 집착과 번뇌를 버리고 본래의 깨달음을 얻으라는 의미.

45 이토 히로부미.

끝이 있다. 그 순서를 아는 것이 도(道)에 가까워지는 것이다."라는 말이 있으니, 이 버스 가이드의 뒤를 따라 공짜로 설명을 듣는 것도 도의 하나겠지만, "무릇 행복이란 이런 것이겠지."라는 마음으로 경청한다. 2,500년 후에 공자의 가르침에 따라 이렇게 설명을 공짜로 듣는다는 건 공자님도 몰랐을 것이다.

무심코 공자에게 삼배하고 보물전(寶物殿)을 배관(拜觀)하였다. 여기는 악기가 재미있다. 40 몇 종이나 되기에 완전히 오케스트라 같다. 심벌즈와 팀파니도 있고, 트라이앵글 같은 것부터 피콜로 같은 것까지 다양하고, 게다가 그것들이 모두 장식적으로 조각되어 있으니 꽤 흥미롭다…. 마지막으로 '호랑이 등줄기'를 도깨비가 가진 커다란 빗자루 같은 것으로 긁어 돌려서 소리를 내는 악기[46]에 이르러서는 정말 깜짝 놀라버렸다.

호랑이 수염을 잡아당긴다는 말은 들었지만, '호랑이 등줄기'를 긁어 소리를 낸다는 말은 들어본 적이 없다. 악극의 아버지인 바그너 님이 알았다면 잽싸게 악극에 응용했을 것이다. 볼프람이 '호랑이 등줄기'를 긁어가며 슬픈 사랑의 노래를 부르는 탄호이저의 장면은 어떠한가.

버스 가이드에게 "이건 어떤 때 연주하는 겁니까?" 하고 물어보니, "음악의 끝을 알리는 겁니다."라고 말하며, '호랑이 등줄기'를 "드르륵"하고 긁더니 밖으로 나가버렸다. 과연 이걸로 끝난 건가.

46 종묘 제례악에 쓰이는 전통악기 '어'로 추정됨. 무율타악기로 엎드린 호랑이의 형상을 통나무에 새겨서 만드는데 그 등줄기에는 27개의 톱날 모양이 만들어져 있다. '어'를 긁는 채는 '견'이라 하며 견은 대 끝을 세 조각씩 세 번 즉 아홉 조각으로 갈라서 만든다.

○창경원에서 물욕(物慾)이 폭발하다

버스를 잠깐 타니 창경원이다. 과연 한 나라 왕의 정원인 만큼, 무섭도록 규모가 크다. 수목이 울창하고 큰 벚나무가 무수하게 늘어서 있어 밤벚꽃이 볼만하다.

원내에는 식물원과 동물원이 있는데, 이 식물원의 온실은 동양 제일이라 불릴 정도로 멋지고 충실하다. 유리로 만들어져 밖에서 들여다보아도 됐지만, 역시 벼락부자가 되면 온실을 만들 때 참고로 하자며 입장료를 내고 안으로 들어갔다. 과연 대단했다. 열대식물부터 한대(寒帶)식물에 이르기까지(어라 한대식물이 온실에…) 온갖 꽃이 찬란하게 만발하고 요염한 향기가 퍼져나간다.

맛있어 보이는 바나나를 올려다보면서 꿀꺽 군침을 삼키고 있자니, 거동이 수상해 보였는지, 경비원 같은 사람이 눈을 부릅뜨고 이쪽을 바라본다.

동물원에는 동물이 있다(당연하겠죠). 호랑이는 네 다리를 쭉 뻗고 누워 있고, 사자는 눈을 좁히며 구경꾼들에게서 등을 돌렸고, 하마는 크게 하품을 하며, "아아 인생(?)이 따분하고 덧없네."라고 하는 듯한 모습이다. '노루'와 '늑대' 등 조선 특유의 동물도 눈에 들어온다.

여우 앞에 귀부인들이 서서 열심히 그 목도리용 모피를 바라보고 있으니, 여우도 혼이 나가 이놈들 수상하다고 여긴 듯, 귀찮은 듯한 얼굴로 굴로 숨어버렸다.

수달은 부드럽게 헤엄치면서 자꾸만 물속에서 빨래를 하고 있다. 이때쯤부터 이 몸도 배가 고팠던 탓인지, 칠면조가 둥글둥글 살쪄서 너무 맛있게 보인다.

낙타의 혹, 소의 혀, 돼지고기 된장국, 산비둘기 구이에 한잔하고 오면 어떨까. 얼마나 식욕이 자극되었던지…. 결국 참지 못하고 원내 간이 찻집에 뛰어 들어가 닭고기덮밥으로 허기를 달랬다.

자, 배가 부르니, 다음으로 눈에 들어온 것은…. 곰 가죽 깔개…. 아아 신이시여….

박물관을 본다. 여기서 쉽게 얻기 어려운 참고가 될만한 사항은 석기시대부터 조선시대까지의 토기(土器)일 것이다. 인류의 문화사를 눈앞에서 보는 듯한 위엄이 있다. 고려청자는 세계 제일이라고 하고, 불상, 공예미술품 등 다들 갖고 싶어 하는 것뿐이라 이곳에서 이 몸의 물욕이 폭발했다.

○감사하구나, 경복궁의 부처님

다시 버스에 타니 갈아타지 않고 총독부에 도착. 이 총독부 청사에 서 있는 큰 울타리가 경복궁으로 13만 평이나 되며 조선 태조가 창건한 것인데, '임진의 역'[임진왜란]으로 불타버려 현재의 궁전은 대원군이 재건한 비교적 새로운 것뿐이다. 입구는 박물관으로 들어간다.

이 박물관에는 값진 물건이 많다. 금동보관 장식품 및 문방구·낙랑고분 출토품·금령총(金鈴塚) 출토품·전한대(前漢代) 동기(銅器)·고려시대 청동거울 등, 이 몸 같은 '생활 곤란자'[47](프롤레타리아라고 하면 볼품이 없으니까)가 한두 점 손에 넣는다면 평생 놀고먹을 수 있을 물건들뿐이다.

낙랑시대의 뛰어난 문화에 감탄하다가 더더욱 놀란 것은 모조품이어

47 원문에는 '생활간이자(生活簡易者)'로 표기.

도 1,000년 전 신라시대에 만든 경주 석굴암의 불상이다. 전체적으로 단아하고, 작고 자애로운 얼굴이 미소를 머금은 듯하고 법의의 주름이 멋져서 그 예술적 가치는 실로 야마토(大和) 호류지(法隆寺)의 금당 벽화와 상대할 만한 것으로 현대의 거장이 아무리 실력을 뽐낸다 해도 그 발끝에도 미치지 못할 것이다.

요코야마 다이칸(橫山大觀)[48]은 "예술에 진보는 없다. 그저 변화할 뿐."이라고 했지만, 오늘 그 말을 쉽게 수긍했다. 춘추(春秋)의 논법[49]으로 말하자면, "경주의 모조품, 다이칸(大觀)의 예술론을 긍정하게 만들다."라고나 할까.

이 박물관의 서북 일대에 근정전, 사정전, 경회루 등 장엄하고 아름다운 궁전이 있다. 이 건물들은 규모가 큰 것은 물론, 처마도리에서 끝 서까래에 이르기까지 모두 당초 무늬의 원색으로 무척 공들인 것이다.

그중에서도 경회루는 연못 근처에 있어서 한 폭의 명화 같은데, 옛날에 한 임금님이 삼천인지 얼마나 되는지 모르지만, 아무튼 수많은 궁녀를 거느리고 크게 연회를 벌이던 곳일 터이다. 이 몸처럼 어묵집에서나 호기롭게 만취하는 것과는 조금 다른 이야기다.

그런데 경회루라는 건물은 돌기둥과 거대한 지붕만으로 이루어져 있

48 요코야마 다이칸(橫山大觀, 1868~1958)은 일본의 근대 화가로 일본화(日本畵)의 거장. 도쿄미술학교(東京美術學校) 출신으로 오카쿠라 덴신(岡倉天心)과 함께 일본화의 혁신을 주도했다.

49 표면적으로는 비판을 직접적으로 하지 않으면서도 은근히 비판이나 평가를 담아 표현하는 방식을 의미함. 중국 고전 『춘추(春秋)』에서 비롯된 개념으로 역사적 사건을 기록할 때 특정한 단어나 표현을 사용하여 암묵적으로 평가를 드러내는 기법이다.

었다. 쇼펜하우어라는 똥지게꾼 우두머리 같은 이름의 철학자는 그리스의 건축물을 보고, "건축의 미는 강력한 힘(기둥)과 중요한 성질(지붕)의 투쟁에 있다."고 하며 굉장히 감탄하고 있는데, 아무리 지붕과 기둥이 발달한 그리스 집이라도 주인공이 한잔 걸칠 공간과 부인이 잠들 방 정도는 있었을 것이다. 이런 점에서 경회루는 어떤가…. 정말로 지붕과 기둥 외에는 아무것도 없다. 쇼펜하우어 선생이 봤다면, 활짝 웃으며 기뻐하셨을 것이 분명하건만, 보지 못하니 아쉬울 따름이다.

○총독부에서 돈키호테

총독부의 규모가 크다는 건 두말할 필요도 없는 얘기다. 어쨌든 10년 넘게 675만 원이라는 거액을 투자했고, 총건평(建坪)이 9,600평으로 1만 평 가까운 건물이니 대놓고 놀라도 된다.

특히 볼만한 것은 현관, 중앙의 대형 홀과 그 복도인데, 조선산 대리석으로 만들어졌다. 우리나라에서 대리석이라면 조각 재료나 카페 탁자를 만드는 데 쓰인다고 생각하는 정도라 진짜 가치를 아는 사람은 적은 듯하지만, 이렇게 대량으로 사용해야 비로소 그 진가를 알 수 있다. 녹색·붉은색·황색·갈색·흰색·검은색 등 여러 색채가 어우러진 아름다움, '대리석처럼 매끈한 음악'[50]이라는 것은 아마도 이런 것이리라 하고 나는 그저 마음을 빼앗기고 말았다. 와다 산조(和田三造) 화백의 벽화도 조화를 이루어 좋다고 생각했다.

"아, 이 몸도 인간으로 태어나(동물이 아니란 건 예전부터 자각하고 있지만) 생에

50 원문에는 '나메이시(なめ滑, 滑石)의 음악'으로 표기.

한 번쯤은 이런 곳에서 인사 한 번이라도 해보고 싶구나."라며 탄성을 흘리고 있자니, 맞은편에서 걸어오는 사람의 구두 소리가 높은 천정에 반향을 일으키며 울려 퍼진다.

"…돈키호테…. 돈키호테…."

○태평통(太平通)에서 순조롭게 종료

총독부 앞쪽 너른 길을 태평통이라 하는데 잠시 걸어가니 서쪽이 덕수궁, 그 사이가 굉장히 근사해서 근대 고층 건물의 대비가 마치 구미(歐米)에라도 온 듯 멋졌다(구미에 간 적은 있나? 실례되는 질문은 하지 마).

목을 움츠리고 양 날개를 펼친 듯 단정한 경성부 청사가 장중하게 전시가지를 지켜주고 있는가 하면, 부민관의 근대적인 고층 탑이 "7시가 되면 연극이 시작됩니다."라고 대형 시계를 보여주며 목을 늘여 손님을 기다리고 있다. 경일(京日),[51] 체신회관을 비롯하여 모두 큰 건물뿐이다. 그리고 그중에서도 소방서 본관이 아인슈타인의 천문대가 발돋움을 한 듯 이색적이라, 화재가 일어난 곳은 없는지 대 경성을 지켜보고 있다. 이것으로 부민들도 안심하겠지.

덕수궁 미술관에서 현대 일본의 회화를 보고 밖으로 나왔다. 예정했던 금액을 전부 쓰니 시간도 다 지났다. 그래서 전차에 급히 올라타고 순조롭게 돌아가는 도루노 간잔, 다시 말해 이 몸. 참으로 유쾌한 관광의 경성, 보지 않고서는 말할 수 없지. …아아 피곤하다. (끝)….

51 경성일보사 사옥.

조선군사령부(朝鮮軍司令部)

동권번(東券番),
기쿠마루(菊丸)

조선권번(朝鮮券番),
정금파(鄭錦坡)

○광고

뻗어나가는 조선
약진 미쓰코시(三越)

경성 미쓰코시

9. 기생 이야기(향락가 야경 편)

○머리말

남산의 선명한 초록빛이 어둠에 감싸이고 빛나는 별들이 하나둘 늘어나면, 도시는 찬란한 빛으로 어둠 속에 떠올라 샹들리에처럼 화려하게 반짝이고, 중국 음악처럼 활기찬 정취를 풍긴다.

네온과 재즈, 분가루와 미각의 향락에 갈보처럼 매혹적인 눈동자가 깜박이면, 또한 기생의 가녀린 모습도 요염하다. 루비처럼 아름답지만, 조금은 잔혹한 밤을 찬미하는 코러스여….

향수를 가슴에 품은 채, 살며시 울려 퍼지는 현악기의 선율에 취해 술

잔을 기울이는 이방인의 여행 감상도 즐거운 추억의 하나겠지.

홍취가 가득한 밤의 한순간. 경성의 세레나데….

○누구에게나 즐거운 밤 산책의 거리[52]

경성은 발달한 문화도시라 저녁부터 숙소에서 지루해할 일은 없다. 문밖으로 한발 나서기만 하면, 부인이든 어린이든 누구나 감미로운 밤을 만끽하며 즐거운 시간을 보낼 수 있다.

종로 거리는 긴자(銀座), 본정통은 아사쿠사(淺草) 부근 같아서 다양한 네온 장식도 아름답고, 밤에 열리는 노점들도 많아 시끌시끌하다. 마치 밤 산책을 위해 생겨난 거리 같다. 피곤해지면 예쁘고 싼 식당이나 찻집도 많아서 단팥죽이나 커피 같은 걸 맛있게 먹고, 팁 없이도 음악을 즐기며 충분히 쉴 수 있다.

화려한 명치좌(明治座)를 비롯하여 활동사진관도 많고, 구슬 굴리기와 사격 게임, 거리의 점술가와 손금 보기에 이르기까지 놀거리도 셀 수 없이 많다. 특히 창경원의 밤 벚꽃은 대단하다.

어쨌든, 있으면 있는 대로 없으면 없는 대로 충분히 즐길 수 있다는 것이 밤의 경성의 특색이다.

○카페와 어묵집

최근 급격하게 생겨난 것이 어묵집이다. 굳이 따지자면 간사이(關西)식이지만, 다른 요리도 팔고 맛있는데 싸면서도 근사한 집이 많아서 술

52 원문의 목차와 소제목이 다름.

꾼은 물론이고 식사하기에도 좋다. 카페나 바는 멋지게 약진 중인데, 네온과 재즈, 술과 여급의 칵테일이라고 할 수 있다. 어묵집과 마찬가지로 경성 어디에나 있지만, 역시 본정 종로 부근에 마루비루회관(丸ビル會館), 가게쓰식당(花月食堂)을 비롯해 큰 가게가 많다. 장식도 화려하고, 여급의 서비스도 세련되어서 경성 정서 중에서도 아주 매력적이다.

○일본 측[53] 화류계

일본 유흥가라면 욱정(旭町), 동신지(東新地), 서사헌정(西四軒町) 등에 큰 요릿집이 멋진 자태를 뽐내고 있다. 욱정은 저축은행 뒤쪽 남산 중턱에 있는데 규모가 큰 요정이 많고, 동신지와 서사헌정은 경성부 동남부에 있는데 근대적인 스타일의 요정이 많다. 또 신정(新町)에는 유곽이 있어서 불야성을 이룬다.

예기(藝妓)는 각 지역에서 뽑힌 미색들을 모아둔 터라, 일본보다도 오히려 미인이 많다. 동권번과 본권번을 합쳐 약 500명, 일반적으로 관광객을 위한 서비스로는 동권번이 좋고 연회 등에는 본권번이 좋을 것이다. 또 일본 요릿집에서는 기생을 부를 수도 있다.

○조선요리와 기생

조선요리는 일본요리나 중국요리와 비슷한 점이 많지만, 재료가 특이하고 조미료에 독특한 풍미가 있다. 요리는 테이블제이고 한 테이블에 3명 정도가 기본이며, 그 후로는 돈만 내면 몇 명이라도 상관없다. 일류 요

53 원문에는 '내지측(內地側)'.

정은 규모가 커서 크고 작은 수십 개의 방을 갖추고 있고, 전부 온돌이라 겨울에는 따뜻해서 정말 기분이 좋다.

조선의 예기를 '기생'이라 하는데 굉장히 미인이 많아서, 백자처럼 희고 비단결 같은 피부를 지녔다. 칠흑 같은 머리카락에 금색 비녀도 우아하고, 단정하게 입은 저고리와 희미한 악센트를 지닌 치마의 곡선, 무릎을 세워 앉아서 장구를 치며 부르는 노래는 무서울 정도로 아름답다. 일본어도 다들 잘해서 유행가는 물론이고 샤미센(三味線)까지도 켤 줄 아는 사람이 있다. 일류 기생은 옛 관기의 기풍을 갖춰서 기품이 있고 서화나 시가를 잘 하는 사람도 있다. 조선의 독특한 미적 존재일 것이다.

10. 기생 이야기

○기생이라는 이름의 유래

조선은 예부터 남녀 구별이 굉장히 엄격한 나라로서 여자는 남자에게 얼굴을 보이는 것조차 치욕이라 여길 정도이며, 남자도 여자에게 가까이 다가가지 못하게 되어 있다. 하지만 곤란한 것은 부인이 병에 걸렸을 때로 의사라 해도 남자인 이상은 곁에 다가갈 수가 없다. 상류 가정에서는 병에 걸린 부인이 조금 열린 장지문 틈으로 손목을 내밀면, 병자[54]가 여기에 비단 손수건을 덮고 맥을 짚어 진찰하는 형국이다. 보통 가정에서도 이러니, 왕비가 병에 걸리면 큰일이다. 먼저 왕비의 손목에 가는 비단

54 '의사'의 오기로 보임.

실을 묶고, 의사는 몇 칸이나 떨어진 별실에서 이 비단실 끝에 의지해 진찰하는 꼴이니, 구두 위로 가려운 데를 긁는 것이나 마찬가지로 답답하고 애매하다.

그럴 때 필요한 것이 여의사다. 태종(太宗) 때에는 제생원 주청(奏請)으로 처음으로 여의사가 탄생했다. 이들은 관기(官妓) 중에서 재능 있는 자를 선발해서 관비로 의술을 공부시킨 것으로 이들을 혜민기생(惠民妓生)이나 약방기생(藥房妓生)이라고 했다. 물론 기생의 업무도 겸했으므로 더할 나위 없이 편리했다. 그리고 나중에는 의사 쪽 일은 뒷전이 되고, 남은 것은 이름뿐…. 바로 기생이다.

○ 옛날의 관기(官妓)

기생은 관기라고 부르는 것이 본래의 명칭으로 다시 말해 여관(女官) 같은 것이다. 백제시대에 생긴 것이니 천년이라는 긴 역사를 지나온 것으로 국가적인 의식이나 연회에서 무악(舞樂)을 하거나 공주의 시중을 들어 조정에서도 굉장히 세력이 있었다고 한다.

이들의 양성은 예조(禮曹)라는 문부성 같은 곳에서 지방청에 명령하여 재색이 뛰어난 후보자를 선발하여 장악원(掌樂院)에서 관비로 교육 시켜 갈고 닦은 후, 왕족이나 귀족을 모시게 하였기 때문에 정4품이나 종5품 같은 위계도 있고 기품도 겸비하여 대단한 것이었다고 한다. 마치 여자대학을 나온 여관에게 여배우를 시키고 술을 따르게 하는 꼴이다. 그러니 오늘날의 기생이라도 일류라면 일종의 기품과 견식을 지닌 예전의 모습을 방불케 하는 모습이 남아있다.

○요즘의 기생

일본 게이샤는 샤미센, 노래, 춤 정도로 충분하지만, 기생은 그 외에 일본어, 서화, 시가라는 부담이 더해지니까 힘들다. 평양에는 기생학교도 생겨서 그런 과목들을 가르치고 있는데, 최근에는 일본의 노래나 유행가, 댄스 같은 것도 잘하는 사람이 많다. 카르멘처럼 머리에 컬을 말거나 여학생 같은 복장을 한 사람들도 있지만, 역시 기생의 아름다움은 검은 머리에 단정하게 비녀를 꽂은 청초한 치마 차림에 있다.

대체로 조선에서는 연장자나 부인 앞에서는 비속한 이야기나 노골적인 몸짓은 실례라며 극도로 몸을 삼가는 미풍이 있어서 기생도 일류는 극단적인 이야기 같은 것은 별로 좋아하지 않는 경향이 있다. 관광객이라는 사람들도 이런 미풍을 존중하여 일본인의 기품을 잃지 않도록 주의해 주기를 바란다.

11. 관광안내란

1) 경성 관광 행정(行程)

(1) 반나절 일정

○전차를 이용하는 경우

- 상당히 서두를 필요가 있음.
- 비용: 약 60전.
- 역→(전차)→남대문→(버스)→조선신궁→(버스)→남대문→(전차)→창

경궁·창경원→(버스)→조선총독부→(도보)→창경궁→(전차)→덕수궁→(전차)→역.

○ 자동차를 이용하는 경우·

- 자동차를 잘 다룰 필요가 있음.
- 비용: 택시 약 5원, 소형 약 3원.
- 역→남대문→조선신궁→남산공원→박문사(博文寺)→창경원→조선총독부→경복궁→덕수궁→역.

○ 유람 자동차를 이용하는 경우

- 소요 시간 약 4시간.
- 요금: 대인 2원 20전, 소인 1원 10전.
- 역→남대문→조선신궁→남산공원→박문사→경학원(經學院)→창경원→조선총독부→경복궁→덕수궁→미쓰코시(三越)→본정→역(안내원 설명 포함).
- 경성 유람버스(경성자동차)
  - 출발 시간: 오전 9시, 오후 1시, 겨울 오전 11시 1회.
  - 출발 장소: 경성역 관광협회 안내소 앞.
- 단체 유람버스(경성전기)
  - 단체는 경전버스(京電バス) 전세가 경제적.
  - 요금

    대형(좌석·입석 모두): 30명, 30분 3원 50전, 1시간 6원 50전.

    소형(좌석): 16명, 30분 2원 50전, 1시간 4원 60전.

(2) 하루 일정

○ 전차를 이용하는 경우

- 간단히 참조할 것.
- 비용: 약 1원.
- 역→(전차)→남대문·상공장려관→(버스)→조선신궁→(도보)→5정목→(버스)→경학원→(버스)→창경원(동식물원·비원)→(버스)→조선총독부→(도보)→경복궁·박물관→(도보)→경찰참고관→(전차)→덕수궁→(도보)→미쓰코시(三越)→본정→여관.

○ 자동차를 이용하는 경우

- 요금: 택시 약 25원, 소형 약 15원.
- 역→상공장려관→남대문→조선신궁→남산공원→은사과학관→장충단·박문사→동대문→경학원→창경원→파고다공원→조선총독부→경복궁→박물관→경찰참고관→덕수궁→청량리→한강→역→여관.

(3) 이틀 일정

○ 첫날(시내 관광)

- 전기(前記)의 순서에 따른 시내 관광.

○ 둘째 날(시외관광)

- 인천·개성·청량리·영등포·벽제관·세검정·금곡능 등(각자의 선택에 따름)의 근교 시찰.

○비고

이상은 급히 지나가며 보는 구경으로, 자세히 보려고 한다면 한 군데라도 하루 정도는 걸린다. 여유가 있는 사람은 일주일 정도 머무르며 시찰 연구할 것을 추천한다.

2) 탈것과 입장료

○교통비

- 전차·버스: 시내 5전, 교외선 5전(전차 버스 연결 8전으로 전차·버스 자유 이용).
- 자동차·택시: 2km까지 50전(이후 800미터 증가 시 10전).
  - 소형(중앙자동차): 2km까지 30전(이후 600미터 증가 시 5전).
  - 전세: 1시간 3원, 1일(10시간 이내) 25원.
  - 소형(중앙자동차): 30분 90전, 1일(10시간) 15원.
- 유람버스: 대인 2원 20전, 소인 1원 10전.
- 유람버스 경성택시: 장곡천정 42, 전화 본 1040.
- 대절버스 경전버스 사무소: 봉래정(蓬萊町) 3-151, 전화 본 5848.
- 택시 아사히(朝日)택시: 고시정(古市町), 전화 본 0082.

○입장료

- 창경원: 대인 10전 소인 5전(20명 이상은 반액).
  - 식물원 온실: 1인 10전(학생단체 20명 이상 1명 3전).
  - 박물관 본관: 1인 10전(위와 동일, 1명 5전).
- 과학관: 대인 5전 소인 2전(학생단체 20명 이상 반액).

• 박물관: 대인 5전 소인 및 단체는 무료일 수도 있음.

• 덕수궁: 대인 소인 5전.

- 단, 미술관 입장의 경우 대인 20전, 소인 10전(학생단체 20명 이상 50% 할인).

3) 숙박료

○ 여관

• 순 서양식: 3원 이상(여관 및 요금은 책자 부록 관광약도 뒷면 명세표 참조).

• 일본식: 2원 이상(상동).

• 조선식: 1원 30전 이상(상동).

• 단체 숙박료(상동).

4) 기념품과 촬영료

(1) 기념품

○ 인삼 제품

• 조선 인삼: 1상자 0.50원~5.50원.

• 인삼 엑기스: 1병 1.00원~5.00원.

• 인삼 설탕절임: 1상자 0.30원~1.50원.

• 인삼 분말: 1상자 1.50원.

○잣 제품

- 잣 사탕: 1개 0.50원~2.00원.
- 금사탕(金飴): 캔 0.45원~4.50원.
- 금강 쌀과자(金剛おこし)[55]: 캔 0.70원~2.50원.
- 잣 떡: 1상자 0.50원~2.00원.

○도자기류

- 고려자기 각종: 0.50원~5.50원.
- 삼화한양요(三和漢陽窯)[56]: 0.20원~150.00원.

○나전(螺鈿) 세공

- 공기·밥상·용품·문구·책상·담배용품·그 외: 1.80원~150.00원.

○그 외 세공품

- 조선 풍속 인형: 0.20원~1.20원.
- 풍속 풍경 보자기: 0.50원~1.20원.
- 스키야키(すき焼き)용 돌냄비: 0.80원~3.00원.

55 '금강 쌀과자(金剛おこし)'는 쌀 등을 튀기거나 불려서 엿이나 설탕 시럽에 섞어 굳힌 과자를 말한다. 일제강점기에 금강산 관광이 유행하면서 금강산 기념품으로 만들어졌는데, '오코시(おこし)'라는 일본 전통 과자에 '금강(金剛)'이라는 지명을 붙인 것이며, 일본에서는 오사카의 명물인 '이와오코시(岩おこし)'가 유명하다.

56 조선시대 후기부터 대한제국 시기까지 운영된 대표적인 도자기 가마 중 하나로, 특히 한양 지역에서 운영된 관요(官窯)로 잘 알려져 있다. 이곳에서는 왕실 및 관청에서 사용할 도자기를 제작했으며, 특히 백자(白磁)와 청화백자(青花白磁)의 생산이 활발했다.

- 신선로: 0.50원~5.50원.
- 바가지 세공 각종: 0.15원~11.50원.

○조선 단밤

- 1되 0.95원.

○선물용 조선 노래 레코드

- 1장 1.50원.

(2) 식료품

- 명태(明太魚) 가라스미(からすみ)[57]: 1상자 0.35원~3.50원.
- 명태 가스즈케(粕漬)[58]: 1상자 0.90원~3.00원.
- 기러기(雁) 된장 절임(味噌漬): 1상자 0.90원~3.00원.
- 빙어(氷魚) 된장 절임: 1상자 1.20원~1.50원.
  - 기념품 견본은 경성역 출구 관광협회 안내소에 진열되어 있으므로, 들러서 보십시오. 즉석 판매는 하지 않습니다.

(3) 판매점

- 우미이치상회(海市商會): 본정 2-99, 전화 본 0250.

57 명태나 숭어알을 소금에 절여 말린 일본 전통 식품. 주로 일본 규슈(九州) 지방, 특히 나가사키(長崎)와 가고시마(鹿兒島)에서 생산되며, 에도시대부터 일본 고급 진미 중 하나로 여겨졌다.

58 술을 빚고 남은 찌꺼기 사케카스(酒粕, 술지게미)에 채소, 생선, 고기 등을 절여 발효시켜 감칠맛을 높이고 보존성을 증가시킨 일본의 전통 식품.

- 가메야상점(龜屋商店): 본정 2-8, 전화 본 0027.
- 조선물산관(朝鮮物産館): 남대문통 5-11, 전화 본 5225.
- 명산관(名産館): 남대문통 5-17, 전화 본 3857.
- 다카키 가방전문점(高木鞄店): 본정 1-36, 전화 본 0134.
- 종방(鐘紡) 서비스 스테이션: 본정 2, 전화 3864.
- 단밤 이케다상점(池田商店): 남대문통 5-72, 전화 본 759.
- 현무당(玄武堂): 욱정 1-1, 전화 본 759.
- 조선인삼 조선제약회사: 장곡천정 58, 전화 본 1309.
- 낙천당(樂天堂) 제약회사: 욱정 1-24, 전화 본 1400.
- 이상, 이외에 각 백화점.

(4) 기념촬영료

형상		4절(切)	8절(切)	대판(大版)	중판(中版)	합판(合版)	소판(小版)
원판 대금		9.00원	7.00원	4.50원	3.50원	2.50원	1.50원
추가 인화	50매 이상	0.60	0.50	0.40	0.30	-	-
	50매 이하	0.80	0.60	0.50	0.40	0.35	0.25

○사진관

- 이카리사진관(碇寫眞館): 남대문통 5-9, 전화 본 2336.
- 남대문 사진관: 남대문통, 전화 본 2549(전화 연결).
- 미야코 사진관(ミヤコ寫眞館): 황금정 4-96, 전화 본 3642.
- 히카리야 사진관(ひかりや寫眞館): 남대문통 5-72.

○ 재료점

- 오사와상회 지점(大澤商會 支店): 본정 1-39, 전화 본 1166.
- 이상 외에 각 백화점.

5) 극(劇)과 활동사진관

○ 극장

- 일본극(內地劇): 경성극장(京城劇場), 아사히좌(朝日座). 요금 수시(隋時).
- 조선극(朝鮮劇): 동양극장(東洋劇場) 요금 30전, 50전.

○ 활동관(活動館)

- 일본 측
  - 메이지좌(明治座, 松竹): 명치정 1-54, 전화 본 2888.
  - 와카쿠사극장(若草劇場, 東)[59]: 고가네좌(黃金座), 나니와관(浪花館) 요금 30전, 50전.
- 조선 측
  - 신부좌(新富座, 그 외): 요금 1층 10전, 2층 20전.
  - 일본과 서양 영화 상영으로 일본인 전용 영화관[60]과 같지만, 그 외에 조선어 설명이 붙어있어 언어 대조가 재미있다.

59 일본의 도호영화사(東寶映畵社). 와카쿠사극장은 조선에서 도호와 특약을 맺은 전속 상영관이었다.

60 원문은 '내지관(內地館)'.

6) 백화점과 식당

○ 백화점

- 백화점에는 각각 우수한 식당들이 있음.
- 미쓰코시: 본정 1정목, 전화 본 3111.
- 조지야: 남대문통, 전화 본 3131.
- 미나카이(三中井): 본정 1정목, 전화 본 1151.
- 화신: 종로 2정목, 전화 광(光) 2800.
- 히라타백화점(平田百貨店): 본정 1정목, 전화 본 2131.

○ 식당

- 가게쓰식당: 장곡천정, 황금정, 전화 본 81, 본 3860.
- 부민관식당: 태평통, 전화 본 4649.
- 본정그릴(本町グリル): 본정 2-10, 전화 본 2171.
- 메이지제과(明治製菓) 매점: 본 2-92, 전화 본 0738.
- 긴치요 회관: 남대문통, 전화 본 5692.

○ 기타

- 지카자와상점(近澤商店, 인쇄): 장곡천정, 전화 본 6191.
- 오다병원(織田病院, 내과): 화원정(花園町) 99, 전화 본 2349.
- 구마히라상점(熊平商店, 금고): 본정 2, 전화 본 0624.

7) 유흥가(花街) 안내란

○ 일본 요정(料亭)

- 백운장(白雲莊): 청운정(淸雲町) 6, 전화 광화문 2334.
- 지요모토(千代本) : 욱정 1-112, 전화 본 5035.
- 가게쓰(花月) 본점: 본정 2-82, 전화 본 0057.
- 가게쓰 별장: 남산정 2-50, 전화 본 5469.
- 남산장(南山莊): 서사헌정(西四軒町), 전 본 1513.
- 기라쿠(幾羅具): 욱정 2-72, 전화 본 1048.
- 미야코지마(都島): 욱정 1-184, 전화 본 3366.
- 하쿠스이(白水): 욱정 1-147, 전화 본 1391.
- 지요신(千代新): 욱정 1-82, 전화 본 0143.
- 기쿠야(喜久家): 욱정 2-110, 전화 본 7054.
- 기시노료(岸の寮): 욱정 2-48, 전화 본 0076.
- 송원장(松園莊): 욱정 1-99, 전화 본 5085.

○ 조선 요정

- 식도원(食道園): 남대문통 1-16, 전화 본 2474.
- 천향원(天香園): 인사정(仁寺町) 110, 전화 광화문 0858.
- 명월관(明月館): 돈의정(敦義町) 145, 전화 광화문 0064.
- 태서관(太西館): 공평정(公平町) 78, 전화 광화문 2056.

○ 카페(시내에 무수히 있음)

- 마루비루회관(丸ビル會館): 명치정 2정목, 전화 본 1898.

○ 유곽

- 신정 유곽, 미생정(彌生町) 유곽 등이 있지만 신정 유곽이 유명하고 모치즈키(望月)[61] 등은 믿을 수 있음.
- 모치즈키: 전화 본 2915.

○ 조선 요리

- 기생을 부를 수 있는 일류요릿집에서는 요청하면 1인분 3원 정도로 가능하지만, 테이블제이므로 2·3명 이상 가는 것이 좋다.
- 한 상에 6원 이상(15개 요리 정도).

○ 화대와 권번

- 게이샤(藝者): 최초 1시간 2원, 2시간째 1원 50전, 3시간째부터 1원 25전. 차비 40전.
- 기생: 최초 1시간 1원 95전, 이후는 1시간 1원 30전. 차비 80전. 기생은 일본 요정에서도 부를 수 있다.
- 권번(예기)·동권번·본권번
  - (예기) 동권번: 신정 12, 전화 본 2191.
  - (기생) 조선권번: 다옥정(茶屋町) 45, 전화 본 1342.

61 원문은 '月望'로 오기.

- (기생) 한성권번: 무교정(武橋町) 92, 전화 본 1486.

8) 경성관광협회

관민이 협력하여 설립한 회원조직의 공익단체로 역사 상공업, 학술 등 각 방면의 경성을 소개하고 방문객의 유람 조사, 연구 등의 편의를 도모하고 있습니다.

○ 관광안내소(기념 스탬프 있음)

경성역 구내 출구에 있어 여러 명소와 고적, 여관, 택시, 버스, 기념품 등의 소개, 유람 상담에 응하고 있지만, 일체 무료이므로 사양 말고 이용해 주세요. 특산품, 기념품 견본도 진열하고 있습니다.

○관광 안내

안내 담당자가 있어 희망자에게는 각 명소와 고적, 그 밖의 안내를 해 드립니다. 요금은 인원수와 상관없이 하루 2원. 단, 선만안내소에서 알선한 10명 이상의 단체는 무료임.

○광고

○ 역 근처여서 편리한 장소…
○ 누구나 편하게 머물 수 있는 곳…
경성부 남대문통 5-8

대동관(大東館)

전화 본국② 2820, 2830번

○ 진심에서 우러나는 친절한 서비스…
○ 언제까지나 즐겁게 남을 인상의 여관

33
觀光案內所（京城驛構內）

地方より御いでの御方は御遠慮なく
◇見物や、視察の御相談
◇地理や、乗物の御相談
◇演劇や、映畫等の御紹介
◇旅館や、御土産物の御斡旋
一切無料
○ストラク・ナーゲル及記念スタンプあり

京城觀光に際して
御不滿の點 御氣づきのことは
御投書くだされば
氣を附け度いと存じます
京城府廳社會課 京城觀光協會へ

지방에서 오신 분들은 사양하지 마시고
편하게 이용하세요.

○구경이나 시찰 상담, 지리나 교통편 상담, 연극, 영화 등의 소개, 여관이나 기념품 알선 일체 무료

○'스톡 나겔' 및 기념 스탬프 있음.

• 경성 관광 시에 불편한 점이나 불만 사항은 의견을 보내주시면, 유의하도록 하겠습니다.

경성부청 사회과 경성관광협회로

○광고

1938년 5월 12일 인쇄

1938년 5월 15일 발행(정가 20전)

저작 겸 발행자: 우치다 다쓰타카(內田達孝), 경성부 초음정(初音町) 196번지

인쇄인: 지카자와 시게루(近澤茂)

인쇄소: 지카자와상점 인쇄부, 경성부 장곡천정 76번지

발행소: 경성관광협회, 경성부 태평통 1정목 31번지

○ 광고(뒤표지 안쪽 면)

백화(百貨)와 조선 기념품은
여러분의 화신으로

여행에는 경성 화신 내
'투어리스트 뷰로'를
이용하세요.

경성·평양
화신

○ 광고(뒤표지)

호화롭고 굉장한 건축과 화려한 객실
조선 제일의 빌딩 호텔
즐거운 여행의 안식처

반도호텔

경성부 황금정 1정목
전화 대표 본국 ② 7171번

[10] 경복궁안내(景福宮案內)

조선총독부(朝鮮總督府), 1923

집필·번역 **허지애**

소책자 표지 앞면, 93㎜×153㎜

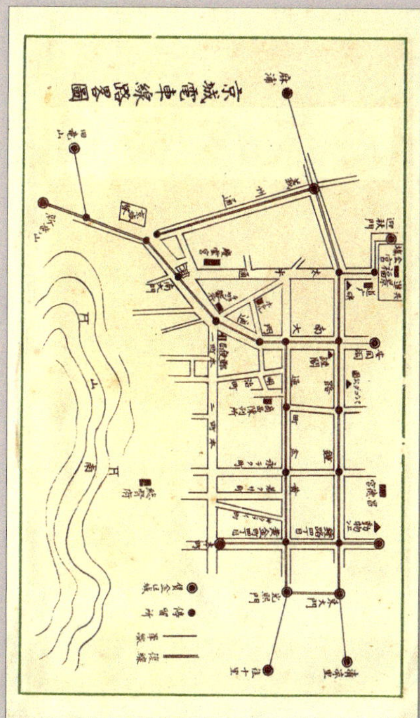

소책자 표지 뒷면

| 해 제 |

이 자료는 1923년 조선총독부에서 경복궁 관람안내를 위해 발행한 『경복궁안내(景福宮案內)』라는 인쇄 팸플릿(소책자)으로 자료 전체는 표지 제외 12면이다. 표지 앞면은 광화문 정면도를 싣고 '경복궁안내'라는 한자 제목이 우에서 좌로 적혀있는데 그림의 출처는 미상이다. 특이하게 광화문의 한자 현판이 실제와 다르게 세로로 그려져 있다. 광화문 현판은 중건 당시 훈련대장이자 영건도감 제조인 임태영의 글씨로 만든 것으로 2023년에 복원되어 광화문에 걸려 있다. 표지 뒷면에는 「경성전차선로 약도」가 실려 있는데, 경성전차선은 복선과 단선이 구분되어 있고, 정류소와 운임구역이 표시되어 있다. 약도에는 도로와 주요 건물이 간략하게 표기되있는데, 경복궁에는 '공진회장'이 기재되어 있고, 총독부는 남산 쪽에 표시되어 있다.

한편, 조선총독부는 1907년 남산 왜성대(倭城臺)에 지은 조선통감부 청사를 총독부 청사로 사용했는데, 경복궁에 신청사 건립을 본격화하면서 1912년에 홍례문과 주위의 행각, 영제교, 유화문, 광화문과 홍례문 사이의 담장, 용성문, 협생문을 철거했다. 1914년에는 '시정5주년기념 조선물산공진회'를 개최한다는 명목으로 경복궁의 주요 전각 10여 채를 제외한 대부분의 전각을 헐어버렸다. 조선물산공진회가 끝난 뒤, 1호관 자리에는 조선총독부 청사가 들어섰고 미술관은 박물관으로 바뀌었다. 1923년

10월에는 조선부업품공진회를 개최하면서 서십자각(西十字閣)을 헐어냈다. 1926년 10월에 신청사를 완공하고 이전하였다.

1쪽에는 170·153㎜ 크기의 「경복궁 약도」가 접혀 실려 있는데 붉은 점선으로 관람구역을 표시하였다. 관람구역 내에는 광화문·건춘문·근정문·근정전·사정전·수정전·경회루·아미산·박물관 본관·탑·탑비·비·창고·새 우리(鳥舍)·부도(浮圖)가 있다. 지도에서 관람구역 내 출입에 광화문과 건춘문이 사용되었음을 알 수 있다. '관람구역 외'에는 영추문, 총독부 신청사, 박물관 사무소가 있는데 총독부 신청사는 1926년 10월에 완공되었으나 1923년에 발행된 이 팸플릿의 지도에 미리 그려 넣은 것이다.

목차는 따로 없으나 경복궁의 연혁, 광화문, 건춘문, 영추문, 신무문, 박물관 본관, 근정전, 사정전, 수정전, 자경전, 경회루의 순으로 안내하고 있다. 1쪽의 수록 지도에는 자경전이 표시되어 있지 않지만 박물관 사무소로 기재된 곳이 자경전 자리이다.

경복궁의 연혁에 건립 배경·명명·가치·현재의 상태·면적이 실려 있는데, 상세 안내에서 문의 위치와 용도, 각 건물의 위치와 용도 및 이력과 가치 등을 소개하고 있다. 또한 총독부 박물관 본관은 자선당과 비현각이 있던 자리에 세운 건물이고, 사정전·수정전·자경전이 박물관의 진열실 및 사무소로 사용되고 있다고 간단히 설명하고 있다.

한편, 이 자료는 조선총독부가 경복궁에서 조선부업품공진회를 개최하면서 일반에게 공개한 '관람구역'을 표시한 점, 경복궁 전각의 이축, 박물관 등을 소개하는 점 등 조선총독부가 인식하는 경복궁 현황을 볼 수 있다는 데에 사료적 가치가 있다.

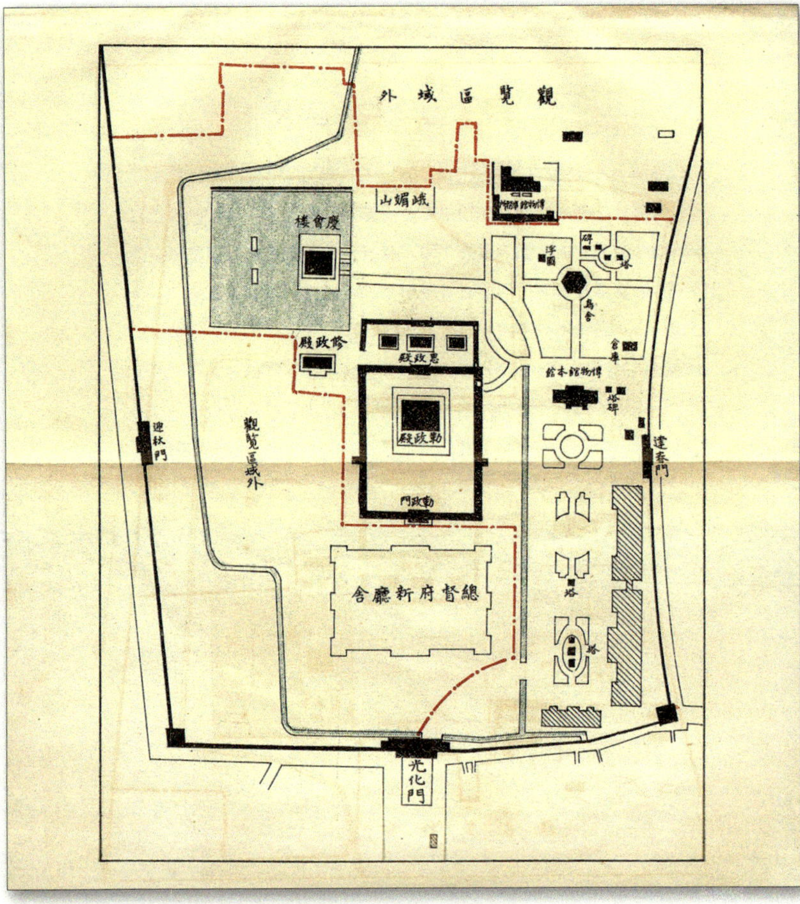

『경복궁안내』 수록 「경복궁약도」

| 번역문 |

1. 경복궁의 연혁

경복궁은 창덕궁(현재 이왕(李王) 전하[순종] 주거), 창경궁(현 이왕직박물관, 식물원, 동물원 소재지)의 두 궁궐보다 조금 앞서 지어진 건축물이다. 1394년(조선 태조 3, 갑술) 10월에 태조가 백관을 거느리고 개성에서 도읍을 한양 즉 지금의 경성으로 옮기면서 우선 종묘를 세우고, 다음으로 궁궐을 지으려고 1395년(태조4, 을해, 고코마쓰천황[後小松天皇], 應永2) 2월에 백악산 남쪽 기슭에 기공하여 동년 9월에 준공하고 이를 경복궁이라 이름 지었다. 지금(1923년)으로부터 거슬러 528년 전이다.

궁 안의 모든 전각 및 문의 이름은 정도전이 왕명을 받아 고른 것이고, '경복'이라는 궁명은 『시경(詩經)』「주아(周雅)」의 "이미 술에 취하고 이미 덕에 배불렀으니 군자 만년에 큰 경복일레라."[1]에서 딴 것이다. 그 후 1398년(정종 원년)에 일시 개성의 옛 도읍으로 돌아갔지만, 1405년(태종5)에 다시 경복궁으로 복귀하였다. 이후 약 200년간 왕의 거처였지만, 1592년(선조25, 고요제이천황[後陽成天皇] 文祿 원년) 4월 도요토미 히데요시(豊臣秀吉)가 일으킨 '분로쿠 역(文祿役)'[임진왜란]으로 인해 왕은 도성을 떠나 의주로 난을

1 원문은 "既醉以酒, 既飽以德, 君子萬年, 介爾景福."

피하기에 이르자, 경성 내의 난민들이 폭동을 일으켜 궁궐 성내에 침입하였고, 그 틈을 타서 불을 지르거나 파괴하였다. 처음 이 궁이 완성되었을 때, 붉은 기둥과 푸른 기와가 매우 화려하고 웅장한 아름다움의 극치를 이루었다는 것은 옛 기록과 본 궁궐 내에서 발견된 유물에 비추어 보아 알 수가 있다. 그런데 선조 이후 270여 년간 완전히 황폐해져 볼만한 것이 거의 없었는데, 이태왕(李太王) 전하[고종] 즉위 초년 집정(執政) 홍선대원군이 중건을 꾀하여, 1865년(고종2, 을축) 옛 궁궐터에 공사를 일으키고 1867년(고종4, 정묘, 慶應3)에 준공함으로써 다음 해 왕의 거처를 창덕궁에서 경복궁으로 옮기게 되었다. 즉, 1868년의 일이다. 현재 본 궁역 내에 있는 근정전, 사정전, 수정전, 자경전, 경회루, 광화문(정문), 건춘문(동문), 영추문(서문), 신무문(북문) 등의 중요한 건축물은 모두 이때의 건조로 당시의 조선 건축을 대표할 만한 것이다.

그 후 20여 년간의 왕정은 오로지 이 궁궐에서 이루어졌는데, 1896년(고종33, 明治29)에 이태왕이 이 궁궐을 나와 러시아공사관으로 옮기고[2] 1년 후에 정동의 경운궁, 즉 지금의 덕수궁으로 돌아오는 사건이 있었다. 그 이후는 폐궁이 되어 잡초가 무성해졌고, 궁전과 누각은 텅 비어 비바람에 남겨두고 관심을 두는 일도 없었다. 1915년에 이르러 조선총독부는 '시정5년기념 물산공진회'를 본 궁역 내에서 개최하였고, 폐회 후에는 박물관을 여기에 설치하여 오늘에 이른 것이다. 본 궁역 내의 전랑(殿廊)은 1909년경에 대부분을 철거하였고, 이어 1919년에 국왕과 왕비의 침전[3]인 강녕전, 교태전 등을 창덕궁 내로 이건하였다. 지금은 후원의 아미산과

2 고종의 아관파천.

3 원문은 '정침(正寢)'.

옛 침전의 굴뚝만이 겨우 남아있다.

이 궁의 사방은 모두 돌담을 둘렀고, 전면 좌우의 모퉁이에는 흔히 '십자각(十字閣)'이라 부르는 단층의 성루가 있다(서쪽 모퉁이의 성루는 최근에 제거되었다). 이 주위의 돌담 길이는 1,813보, 돌담의 높이는 21척 1촌이라 기록되어 있다. 그 넓이는 신무문 남쪽으로만 약 3만 평이다. 또 궁 북쪽의 후원은 신무문 바깥의 경무대와 뒤편의 산림을 포함하고 있다.

2. 각종 건축물

○ 광화문(光化門)

경복궁의 정문으로 화강암의 아치형 삼문(三門) 위에 목조의 2층 누각을 설치한 것으로 그 규모가 웅대하고 양식이 단정하다. 건국 초기에 건조(建造)된 남대문과 괄목상대하여 경성의 2대 장관을 이루고 있다.

○ 건춘문(建春門)

경복궁의 동문이다. 이 문 안에는 이전 왕세자의 거처, 즉 동궁의 전각이 늘어서 있었다. 이 문을 통과할 수 있는 사람들은 종신, 즉 왕족, 척신 즉 외척, 부마 등으로 한정되어 있었는데 궁정에 봉사하는 여관(女官)들도 반드시 이 문으로 출입하도록 하였다.

○ 영추문(迎秋門)

경복궁의 서문이다. 이 문 안에는 이전에 승정원, 홍문관, 규장각 등을 비롯해 다수의 관청이 줄지어 있었다. 이 문을 통행하는 사람들은 대소 일반의 관리들이었다.

○신무문(神武門)

경복궁의 북문이다. 이것은 평소에 통행하는 문이 아니다. 이 문이 열릴 때는 국왕이 경무대의 과거장에 납실 때나 그 외 어떤 특별한 경우로만 제한되어 있었다.

○박물관 본관

건춘문에 가까운 데에 위치하며 구시대의 동궁 부속건물이 있던 곳이다. 그 뒤편에 있는 새 우리(鳥舍)의 전면에 해당하는 빈터에는 왕세자가 거처하던 자선당과 비현각이 있었다. 본관은 1915년에 개설되었던 '시정 5년기념 물산공진회' 때 만들어진 미술관인데, 공진회 폐회 후 박물관을 두어 반도 고대의 미술품을 진열하는 곳으로 삼은 것이다. 본관 건평은 1층 면적 180평이다.

○근정전(勤政殿)

경복궁의 정전이고 국왕의 즉위 및 그 외 공식 대례가 행해지던 장소이다. 예전에는 광화문을 들어서면 전면에 홍례문이 있고, 다음에 근정문이 있었다. 그리고 홍례문과 근정문의 중간에는 동서로 관류하는 도랑이 있어 거기에 금천교라는 돌다리가 있었다. 지금은 광화문과 근정문 사이에 있었던 것이 모두 철거되어 그 부지는 완전히 총독부 신청사 용지가 되었다. 근정문을 중앙으로 하여 좌우에 동서의 행각이 있는데, 그

것이 근정전의 회랑이 되어 전정을 둘러싸고 있으며, 그 행각에는 동쪽에 융문루(隆文樓), 서쪽에 융무루(隆武樓)의 두 누각이 있다. 근정전 마당은 모두 화강암 석단이고, 중앙보도의 좌우에는 문무 양반의 석차를 표시한 정일품에서 정구품까지의 석주가 세워져 있다. 그리고 두 층의 돌계단을 오르면 그곳이 바로 근정전이다. 근정전의 기단 좌우 양 끝에는 커다란 무쇠솥[4]이 하나씩 놓여있고, 그 바깥쪽 사주 이층의 돌계단에는 모두 웅대한 석조 난간을 둘렀다. 특히 근정전은 반도의 목조건축물 중 가장 큰 것일 뿐만 아니라, 중국 당대(唐代) 이래 궁전제(宮殿制)의 옛 모습을 전하고 있으며, 조선의 독특한 기공을 나타내고 있어 상당히 주목할 만한 것이다.

○ 사정전(思政殿)

국왕의 편전으로, 즉 매일 아침 정사를 보살피던 곳이다. 동쪽에는 만춘전(萬春殿), 서쪽에는 천추전(千秋殿)이 있는데, 사정전에 부속해 있다. 부속한 두 작은 전은 사정전보다도 후에 지어진 것이라고 한다. 앞에 기록한 국왕과 왕비의 침전인 강녕전, 교태전은 사정전의 북쪽에 인접하여 세워져 있던 것이다. 사정전은 현재 총독부 박물관의 일부로 사용되고 있다.

○ 수정전(修政殿)

국왕이 청정(聽政)을 하던 궁전이었는데 한때 한국 정부 시대의 내각으로 사용되었고,[5] 국왕이 자주 친림(親臨)을 한 적이 있다. 지금은 박물관의

4 원문은 '동정(銅鼎)'. 높이가 낮고 넓적하게 생긴 솥인 '드므'를 말한다.

5 1894년 갑오개혁 때 군국기무처가 들어왔고, 1895년 1월부터는 김홍집 내각으

일부로 사용되는데 오타니 고즈이(大谷光端)[6] 대사가 수집한 서역 발굴물의 진열실로 사용되고 있다.

○ 자경전(慈慶殿)

이태왕 전하[고종]의 양모에 해당하는 헌종(憲宗)의 아버지 문조(文祖, 추존)의 왕비 풍양 조 씨, 즉 보통 조대비라 불리는 분이 거처하던 곳이었는데, 지금은 총독부 박물관의 사무소가 되어 있다. 그 일부에는 청연루(淸讌樓)가 있는데 조선 특유의 기교가 보인다.

○ 경회루(慶會樓)

군신의 연회 장소로 지어진 것으로 『동국문헌비고(東國文獻備考)』에도 그 사실을 기록하고 있다. 그 구조는 높이 145척의 돌기둥 48주로 떠받치는 누대로 이루어져 있으며, 위층과 아래층 모두 다수의 사람을 수용함에 족하고, 아래층의 평수는 287평이다. 또 그 주위에 연못을 두르고 연못 안에는 섬을 두 개 만들어 두었다.

※이하 관람구역 외에 대해서는 이를 생략한다.

1923년 10월 20일 발행

조선총독부

인쇄소: 경성인쇄소, 경성 욱정 2정목 10

로 사용되었다.

6 오타니 고즈이(大谷光瑞, 1876~1948)는 일본의 승려이자 탐험가.

[11] 경복궁지안내(景福宮址案內)

조선총독부(朝鮮總督府), 1930

집필·번역 **허지애**

소책자 표지 앞면, 91㎜×151㎜

소책자 표지 뒷면

| 해 제 |

이 자료는 1930년에 조선총독부에서 경복궁의 연혁과 궁궐 안의 전각들을 소개하기 위해 발행한 『경복궁지안내(景福宮址案內)』라는 인쇄 팸플릿(소책자)이다. 1930년 9월 27일에 인쇄하여 동년 9월 30일에 발행한 것으로 자료 자체는 표지 제외 12면이며 첫 장에는 지도가 반으로 접혀 실려 있다. 표지 앞면에는 '경복궁지안내'라는 한자 제목이 세로로 기재되어 있고 뒷면에는 기재 사항이 없다.

첨부 지도는 사각형 안에 경복궁 부지 내의 건물을 실선과 점선으로 표시하였는데 1930년 당시 철거되고 없던 영추문, 서십자각과 광화문 좌우의 담장은 점선으로 표시하고 원래 광화문이 있던 자리는 비워두었다. 경복궁역 내는 총독부 청사, 근정문, 근정전, 만춘전, 사정전, 천추전, 수정전, 경회루, 박물관, 자경전, 아미산 등이 있는데, 경복궁의 문과 전각에는 빗금을 그려 넣고, 총독부의 건물은 윤곽만 그려 조선의 건물과 일제가 지은 건물을 구분하였다.

한편, 일제는 1923년 10월에 조선부업품공진회를 개최하면서 서십자각을 헐어냈고, 1925년에 경복궁의 동대문인 홍례문(興禮門)을 헐어 그 자리에 조선총독부 건물을 지었다. 1926년 10월에 조선총독부 신청사 준공을 앞두고 광화문이 총독부 건물을 가린다는 이유로 동년 7월 22일에 해체를 시작하여 1927년에는 건춘문(建春門) 북쪽, 지금의 국립민속박물관 근처로 이전을 강행했다.

목차는 따로 없으나 1~8쪽에 경복궁의 연혁, 역내 각종 건축물의 소개를 싣고, 부록 1~2쪽에 총독부 청사와 박물관의 소개가 있다. 경복궁의 연혁 부분에서는 경복궁 건립 배경, 명명, 가치, 현재의 상태와 함께 경복궁 면적을 설명하고 있다. 그리고 경복궁이 황폐해진 이유를 "임진왜란 때 임금이 의주로 난을 피하자, 난민이 폭동을 일으켜 궁궐 성내에 침입하여 불을 지르거나 파괴하였다."고 하여 당시 조선을 식민지로 지배하고 있던 제국주의 일본의 시각에서 조선 백성에 의한 "폭동, 침입, 방화, 파괴"라는 용어를 사용함으로써 경복궁이 임진왜란 때 일본군의 침략으로 소실된 것이 아니라는 점을 강조하고 있다. 그 후 고종 즉위 후에 중건하여 사용하였으나, 1896년 2월 고종의 아관파천 이후 다시 폐허가 되었다가 1915년 조선총독부가 경복궁에서 '시정5년기념 물산공진회'를 개최하면서 박물관이 설치되었다고 소개하고 있다. 첨부 지도에 총독부 청사가 표기되어 있으나, 본문에서 1926년 10월에 새 조선총독부 청사가 완공되어 이전한 사실, 1929년에 개최된 조선박람회 때 광화문을 전람회의 정문으로 이용한 사실은 언급하고 있지 않다.

역내 각종 건축물 부분에서는 광화문, 건춘문, 신무문, 근정전, 사정전, 수정전, 자경전, 경회루의 순으로 소개하는데 총독부 청사 및 박물관과 관련지어 설명하고 있다. 경회루를 소개하면서 철거되고 없는 영추문에 대해서도 비교적 자세히 소개하고 있다. 부록에서는 총독부 신청사와 박물관을 소개하고 있는데, 특히 총독부 신청사에 대해서는 '근대 건축물'임을 강조하는 내용들로 상세히 설명하고 있다.

한편, 이 자료는 조선총독부 새 청사가 들어서면서 광화문이 이축되고 전각이 훼손된 경복궁을 '경복궁지'라 부르고 있다는 점, 경복궁의 전각들이 총독부의 박물관으로 사용되고 있다는 점 등 1929년 조선박람회 이후 조선총독부가 인식하는 경복궁 현황을 볼 수 있다는 점에 사료적 가치가 있다.

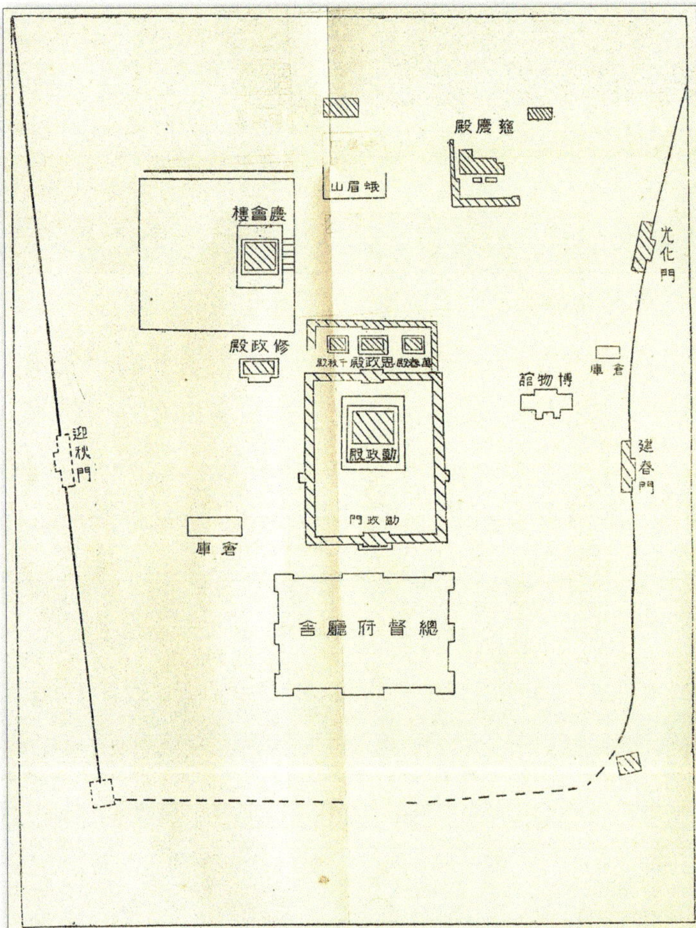

『경복궁지안내』 수록 「경복궁약도」

| 번역문 |

1. 경복궁(景福宮) 연혁

경복궁은 창덕(昌德, 현재 이왕(李王) 전하[순종] 전하 거주), 창경(昌慶, 현재 이왕직 박물관, 식물원·동물원 소재지)의 두 궁궐보다 조금 먼저 건축된 것이다. 1394년(태조3, 갑술) 10월에 [태조가] 백관을 거느리고 도읍을 개성에서 한양(지금의 경성)으로 천도함에 앞서 종묘를 세우고, 그 후 궁궐을 짓고자 하여 1395년(을해) 2월에 백악산 남쪽 기슭에서 공사를 시작하여 같은 해 9월에 준공하고 이를 경복궁이라 이름을 붙였다. 지금으로부터 거슬러 올라 실로 536년 전이다. 궁 안의 모든 전각 및 문의 이름은 정도전(鄭道傳)이 왕명을 받아 고른 것이었고, 궁 이름의 유래는 「주아(周雅)」『시경』의 "이미 술에 취하고 이미 덕에 배부르니, 군자 만년 그대의 큰 복을 도우리라."[1]에서 딴 것이다. 다음으로 1398년(제2대 정종 원년)에 일시 개성의 옛 도읍으로 돌아갔지만, 1405년(제3대 태종5)에 다시 경복궁으로 복귀하였다. 이후 약 200년간 왕의 거처였는데 1592년(제14대 선조25[2], 文祿 원년) 4월 임진왜란 때 임금이 의주(義州)로 난을 피하자, 난민이 폭동을 일으켜 궁궐 성내에 침입하였는데, 그 틈을 타 불을 지르거나 파괴하였다.

1 원문은 "既醉以酒, 既飽以德, 君子萬年, 介爾景福."

2 원문은 '선종(宣宗)'으로 '선조'의 오기.

처음 이 궁이 완성되었을 때 대단히 크고 넓으며 아름다웠다는 것은 구시대의 기록과 본 궁역 내에서 발견된 유물에 비추어 보아 알 수가 있다. 그런데 임진역(壬辰役[임진왜란]) 이후 270여 년간 황폐해져 볼만한 것이 거의 없기에 이르렀는데, 이태왕(李太王[고종]) 즉위 초년에 집정(執政) 홍선대원군이 중건을 꾀하여 1865년(고종2, 을축)에 옛 궁궐터에 공사를 시작하여 1867년(고종4, 정묘, 慶應3)에 준공함으로써 다음 해 왕거를 창덕궁에서 이곳으로 옮기게 되었다. 현재 본궁 내에 있는 근정전·사정전·수정전·자경전(박물관 사무소), 경회루·광화문(정문), 건춘문(동문), 신무문(북문) 등은 이 때의 건조로 당시의 조선 건축을 대표할 만한 것이다.

그 후 국왕은 20여 년간 이 궁궐에 거하셨지만, 1896년 2월 국왕이 경복궁을 나와 러시아공사관으로 옮기셨고[아관파천], 1년 지나 정동의 경운궁(慶運宮, 지금의 덕수궁)으로 옮기셨다. 그 이후는 [경복궁이] 폐허가 되었는데 1915년에 조선총독부가 '시정5년기념 물산공진회'를 이 옛터에서 개최한 적이 있다. 그리고 한구석에 박물관이 설치되었다.

본 궁역 내의 전랑(殿廊)은 1909년경에 대부분을 철거하고, 이어 1919년에 국왕과 왕비의 침전인 강녕전(康寧殿), 교태전(交泰殿) 등을 창덕궁 내로 이축하였고 지금은 겨우 후원의 아미산(峨眉山)과 옛 침전의 굴뚝이 남아있다. 이 궁의 사방은 모두 돌담을 둘렀고 전면 좌우의 모퉁이에는 흔히 '십자각'이라 칭하는 단층의 성루(오른쪽 모퉁이의 성루는 이미 철거됨)가 있다. 이 주위의 돌담 길이는 2,813보, 높이는 22척 1촌[3]이라 기록되어 있다. 그리고 본 궁역 내 총면적은 약 13만 평이다. 또 그 후원은 신무문 밖의 경

3 1923년 조선총독부에서 발행한 『경복궁안내』에는 각 1,813보, 21척 1촌으로 기재되어 길이에 차이를 보인다.

무대(景武臺, 지금은 건물을 철거함)와 뒤편의 산림을 포함하고 있다.

2. 역내 각종 건축물

○ 광화문(光化門)

경복궁의 정문으로 화강암의 아치형 삼문(三門) 위에 목조의 2층 누각을 설치한 것인데 그 규모가 장려하고 양식이 단정했지만, 총독부 청사 신축 후 그것을 동쪽 건춘문의 북쪽으로 이축하였다.

○ 건춘문(建春門)

경복궁의 동문이다. 이 문 안에는 이전 동궁(東宮, 황세자)의 전각이 세워져 있었다. 이 문을 지날 수 있는 사람들은 종신(宗臣, 왕족) 척신(戚臣, 외척·부마) 등으로 한정되어 있었는데 궁정에 봉사하는 여관(女官)들도 반드시 이 문으로 출입하도록 하였다. 현재 박물관에 출입하는 문이 이 문이다.

○ 신무문(神武門)[4]

경복궁의 북문이다. 이것은 평소에 통행하는 문이 아니고, 이 문이 열릴 때는 국왕이 경무대의 과거장에 납실 때 등 그 외 어떤 특별한 경우로만 제한되어 있었다.

4 첨부된 지도에는 신무문이 표시되어 있지 않다.

○ 근정전(勤政殿)

경복궁의 정전이고 국왕의 즉위 및 그 외 공식 대례가 행해지던 장소이다. 예전에는 광화문을 들어서면 전면에 홍례문(興禮門, 지금은 철거)이 있고, 그리고 근정문(勤政門, 현존)이 나왔다. 그래서 홍례문과 근정문의 중간에는 동서로 관류하는 도랑이 있어 거기에 금천교(錦川橋)[5]라는 석교가 있었다. 지금은 광화문과 근정문 사이에 있었던 것이 모두 철거되어 그 지역은 완전히 총독부 청사 부지가 되었다. 근정문을 중앙으로 하여 좌우에 동서 행랑이 있는데 그것이 근정전의 회랑이 되어 전정(前庭)을 둘러싸고 있으며 그 행랑에는 동에 융문루, 서에 융무루의 두 누각이 있다. 근정전 마당은 모두 화강암 석단이고, 중앙보도의 좌우에는 문무 양반의 석차를 나타낸 정일품에서 정구품까지의 석주가 세워져 있다. 그리고 두 층의 돌계단을 오르면 그곳이 바로 근정전이다. 근정전의 기단 좌우 양단에는 커다란 무쇠솥[6]이 하나씩 놓여있고, 그 바깥쪽 사위 2층의 돌계단에는 모두 커다란 석조 난간이 둘러 있다. 특히 근정전은 반도에 있어 목조건축물 중 가장 큰 것일 뿐만 아니라 중국 당대 이래 궁전제(宮殿制)의 옛 모습이 남아있으며, 거기에 조선의 독특한 기공을 나타내고 있다.

○ 사정전(思政殿)

국왕의 편전으로 매일 아침 정사를 보살피던 곳이었다. 동쪽에는 만춘

5 원래는 '금천교(禁川橋)'인데 일제는 '금천교(錦川橋)'라고 했다. 금천교(禁川橋)란 궁궐의 안과 밖을 나누는 금천(禁川)에 놓인 다리로 나쁜 기운을 물리치는 역할을 했다. 금천교는 경복궁뿐만 아니라 창덕궁, 창경궁, 덕수궁, 경희궁 조선의 5대 궁궐에 모두 조성되어 있다.

6 원문에는 '동정(銅鼎)'으로 표기. 높이가 낮고 넓적하게 생긴 솥인 '드므'를 말한다.

전(萬春殿), 서쪽에는 천추전(千秋殿)이 부속해 있다. 강녕전과 교태전은 사정전의 북편에 세워져 있던 것이다.

○수정전(修政殿)

국왕이 청정(聽政)을 하던 궁전이었는데 한때 한국정부시대의 내각에 사용되었고 국왕이 자주 친히 납시었다. 지금은 박물관의 일부로 사용되는데 오타니 고즈이(大谷光端)[7] 씨가 티베트(西藏)에서 수집한 발굴물을 진열하고 있다.

○자경전(慈慶殿)

헌종의 부친인 문조(文祖, 추존)의 왕비 풍양 조 씨, 즉 보통 조대비라 불리는 분(고종황제의 양어머니에 해당)이 거처하던 궁전이었는데, 지금은 총독부 박물관의 사무소가 되어 있다. 그 일부에는 청연루(淸讌樓)가 있다.

○경회루(慶會樓)

군신의 연회 장소로 지어진 것으로 그 구조는 높이 145척의 돌기둥 48주가 지지하는 누대로 이루어져 있으며, 상층과 하층 모두 다수의 사람을 수용함에 족하고, 하층의 면적은 287평이다. 또 그 주위에 연못을 만들어 두었다.

또한 경복궁의 서문에 영추문이 있고, 문 안에 승정원·홍문관·규장각을 비롯해 다수의 업무실이 줄지어 있었으며, 이 문을 통행하는 사람들

7 앞의 각주 '오타니 고즈이(大谷光瑞, 1876~1948)' 참조.

은 대소 관리들이었다고 한다. 지금은 이 문도, 문 안의 건물도 완전히 철거되었다. 그리고 이 외의 건물에 대한 기재는 일단 이것으로 생략한다.

3. 부록

○ 총독부 청사(總督府 廳舍)

총독부 청사는 1916년 7월에 기공하였는데, 약 10년 반의 세월을 들여 1928년 5월에 준공한 것이다. 총경비는 675만 1,982원이 들었다.

르네상스양식(復興式)[8]으로 지상과 지하를 합쳐 5층 건물[9]이다. 폭[정면 길이]은 71칸[10] 8부, 깊이[측면 길이]는 39칸, 처마 높이는 64척(尺), 중앙탑의 높이는 180척, 건평은 약 2,134평이다. 건물 내 실수(室數)는 250실이고, 중앙의 메인홀[廣間]은 210평, 대회의실은 약 106평, 부속 기관실은 174평이다. 구조의 기초는 땅을 파 말뚝을 박았고(抗打地形), 벽체는 철근과 혼응토(混凝土)[11]로 지었다. 기둥과 기둥 사이는 벽돌(煉瓦)을 쌓고, 외벽에는 화강석을 붙이고, 지붕은 말소이드[12]를 씌우거나 동판을 이었다. 바닥은

8 지층과 지상 4층을 올린 총건평 9,600여 평의 건물로 철근 콘크리트 구조에 벽돌로 기둥 사이의 벽을 채우고 외부를 화강석으로 마감한 위에 돔 모양의 중앙 탑옥을 얹었다. 르네상스양식에 바로크 양식을 절충한 네오르네상스 양식으로 식민지 지배기구로서의 권위를 강조하였다.

9 지하 1층, 지상 3층, 돔으로 합계 5층이다.

10 1902년 일본식 도량형제도가 도입되어 1칸을 주척(周尺) 10척(약 2m)으로 제정·통일하였다.

11 시멘트에 모래와 자갈, 골재 따위를 적당히 섞고 물에 반죽한 혼합물.

12 건축재료인 'Maltuoid roofting'으로 지붕 기와의 대용품.

사무실에는 리놀륨[13]을 깔고, 복도에는 인조석, 중앙 메인홀에는 대리석을 깔았다. 그리고 난방 장치는 저압식 증기난방이고, 위생 설비는 변소를 수세식(오수 정화 장치)으로 하였다. 전기장치는 승강기 11대, 전등 1,300개, 전기시계 159개, 전화 292대이다.

○박물관

1915년에 개설된 물산공진회의 미술관을 남겨서 공진회 폐장 후, 이를 본관으로 하여 박물관을 설치하고, 조선 고대의 미술품을 진열하였다. 위치는 건춘문(본관 입구)에 가깝고 일찍이 동궁 부속 건물이 있던 곳으로 그 뒤편의 공지에는 왕세자가 거처하던 궁전인 자선당(慈善堂)과 비현각(丕顯閣)이 있었다. 덧붙이면 박물관 사무소는 옛 자경전(慈慶殿)을 사용하고 있다.

1930년 9월 27일 인쇄

1930년 9월 30일 발행

조선총독부

인쇄소: 조선인쇄주식회사, 경성부 봉래정 삼정목 62번지

13 시트(sheet) 모양으로 된 실내 바닥에 까는 재료. 방음, 탄성, 내수를 목적으로 한 건축재료의 일종이며, 주로 실내 바닥 및 벽면의 피복에 사용한다.

동아대학교 역사인문이미지연구소 총서 06
『일제강점기 한국 관련 프로파간다 팸플릿』
팸플릿 시리즈 제2권 **경성을 가다 - 소책자 편**

초판 1쇄 인쇄 2025년 11월 24일
초판 1쇄 발행 2025년 11월 30일

집필·번역 신동규 박영희 배병욱 임다함 조형열 최은경 허지애
편　　찬 동아대학교 역사인문이미지연구소
전　　화 051-200-8742

발 행 인 한정희
발 행 처 경인문화사
편 집 부 김지선 한주연 김한별 양은경 정효민
마 케 팅 유인순 하재일

출판신고 제406-1973-000003호
주　　소 경기도 파주시 회동길 445-1 경인빌딩 B동 4층
대표전화 031-955-9300　　**팩 스** 031-955-9310
홈페이지 http://www.kyunginp.co.kr
이 메 일 kyungin@kyunginp.co.kr

ISBN 978-89-499-6900-8 94910
978-89-499-4868-3 (세트)
값 42,000원